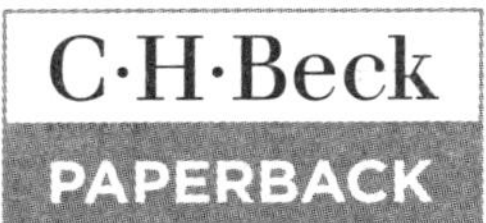
C·H·Beck
PAPERBACK

AF534360

«Wir schweigen nicht, wir sind Euer böses Gewissen, die Weiße Rose lässt Euch keine Ruhe!», heißt es auf einem Flugblatt der kleinen studentischen Widerstandsgruppe «Weiße Rose» in München, zu deren innerem Kreis neben Alexander Schmorell und Hans Scholl auch dessen jüngere Schwester Sophie Scholl (1921–1943) gehörte. Selbst im Gerichtssaal vor Roland Freisler sprach die Einundzwanzigjährige unbeirrt aus, was sie dachte: «Was wir schrieben und sagten, das denken Sie alle ja auch, nur haben Sie nicht den Mut, es auszusprechen.» Maren Gottschalk beschreibt anschaulich und quellennah Sophie Scholls kurzes Leben und macht deutlich, woher sie den Mut nahm, sich anders als die große Mehrheit der Deutschen offen gegen das NS-Regime und seinen Vernichtungskrieg zu stellen.

Maren Gottschalk, Historikerin, arbeitet als Journalistin für den Westdeutschen Rundfunk. Sie hat zahlreiche, von der Kritik hoch gelobte Biografien vor allem für ein jüngeres Publikum verfasst, u. a. zu Nelson Mandela, Andy Warhol und Astrid Lindgren.

MAREN GOTTSCHALK

Wie schwer ein
Menschenleben wiegt

SOPHIE SCHOLL

EINE BIOGRAFIE

C.H.Beck

Dieses Buch erschien zuerst 2020 in gebundener Form
im Verlag C.H.Beck.

1. Auflage. 2020
2., durchgesehene Auflage. 2020
3., durchgesehene Auflage. 2021
4. Auflage. 2021

Mit 36 Abbildungen

1., durchgesehene Auflage in C.H.Beck Paperback. 2022

www.chbeck.de
Umschlaggestaltung: Rothfos & Gabler, Hamburg
Umschlagabbildung: Sophie Scholl,
fotografiert von Werner Scholl, Juni 1938, Archiv Familie Hartnagel
Satz: Janß GmbH, Pfungstadt
Druck und Bindung: Druckerei C.H.Beck, Nördlingen
Printed in Germany
ISBN 978 3 406 79063 8

myclimate

klimaneutral produziert
www.chbeck.de/nachhaltig

Für Ulrike Staudinger

Wir haben alle unsre Maßstäbe in uns selbst,
nur werden sie zu wenig gesucht.
Vielleicht auch, weil es die härtesten
Maßstäbe sind.

Sophie Scholl an Fritz Hartnagel
am 16. Mai 1940

Inhalt

Anhang

Sophies Lachen

An einem sonnigen Wintermorgen im Januar 1943 schlendern die beiden Studentinnen Sophie Scholl und Traute Lafrenz über die Münchner Ludwigstraße. Es ist ungewöhnlich warm, fast fühlt es sich an, als würde der Frühling bevorstehen. Die beiden jungen Frauen haben sich an der Uni getroffen und gehen in Richtung Innenstadt. Sie verstehen sich gut, aber sie sind keine engen Freundinnen und vertrauen sich auch keine persönlichen Geheimnisse an. Traute, eine auffallend schöne, selbstbewusste junge Frau, ist die Exfreundin von Sophies Bruder Hans. Neben ihr wirkt die zwei Jahre Jüngere mädchenhaft. Als schweigsam und in sich gekehrt wird Traute Sophie später beschreiben, aber nicht als schüchtern. Beide Frauen gehören zu dem Freundeskreis, den wir heute Weiße Rose nennen. Sie sind an diesem Morgen unterwegs, um Papier und Umschläge für die nächste Flugblattaktion der Weißen Rose zu kaufen. «An der Straße stand ein Pferd und Wagen, das Pferd schnob laut in die sonnige Luft hinein», erinnert sich Traute. «‹Ha, Kerrle›, sagte Sophie und klopfte ihm lachend den Hals – dann stand sie mit der gleichen Einfachheit, dem gleichen frohen Gesicht im nächsten Schreibwarenhandel und verlangte Briefumschläge.»[1]

Diese lachende Sophie Scholl, die sich auch in Zeiten großer Gefahr und zunehmender Erschöpfung über die Sonnenstrahlen auf ihrem Gesicht freut und im Schnauben des Kutschpferds die gleiche Lebenslust erkennt, die sie selbst spürt, steht immer im Schatten der ernsten Widerstandskämpferin. Zwar gibt es Fotos, die eine lächelnde Sophie zeigen, aber das sind nicht die Bilder, die zuerst in unseren Köpfen auftauchen, wenn wir ihren Namen lesen. Meistens sehen wir sie mit nachdenklichem oder traurigem Ausdruck. Dabei hatte sie noch 1940 ihrem Freund Fritz Hartnagel an die Front geschrieben:

> Ich bedauere die Leute, die nicht über jede Kleinigkeit lachen können, d. h. nicht an jedem Ding etwas zum Lachen entdecken können, Salz u. Pfeffer des täglichen Lebens. Das muß mit Oberflächlichkeit nichts zu tun haben. Ja ich glaube, in der traurigsten Minute könnte ich noch etwas Lächerliches finden, wenn nötig.[2]

Sophie Scholl ist eine Heldin der deutschen Geschichte, heute ist sie fast schon ein Mythos: eine junge, zarte Frau, die sich dem NS-Regime mutig entgegenstellte und aus diesem Grund auf brutale Weise ermordet wurde. Es war nicht zuletzt ihre Freude am Leben, die ihr die Kraft dazu gab, gegen die Nazis aufzustehen. Damit ist sie zu einer Ikone des deutschen Widerstands geworden. Ob in Filmen, Büchern oder Theaterstücken – ihr Leben und ihr tragisches Ende werden besonders häufig erzählt. «Bei der Weißen Rose sind wir uns noch alle einig», sagt der Historiker und Pädagoge Umberto Lodovici, der schon Hunderte von Schülerinnen und Schülern durch die Münchner DenkStätte Weiße Rose geführt hat. Während die Motive anderer Widerstandsgruppen, etwa des militärischen Widerstands vom 20. Juli 1944 oder der Roten Kapelle, immer wieder auch skeptisch betrachtet werden, scheinen die Mitglieder der Weißen Rose von einer Aura der Unschuld umgeben, die sie gegen jede Kritik abschirmt. Das verleiht ihnen auf der ganzen Welt eine besondere Anziehungskraft und lässt sie in Deutschland zu beliebten Namenspaten für Schulen werden.

Aber diese Schulen werden nicht nach der Weißen Rose benannt, sondern nach ihren Mitgliedern. Dahinter verbirgt sich der Wunsch, dass Schülerinnen und Schüler sich mit ihnen identifizieren. Den knapp 200 Geschwister-Scholl-Schulen stehen jedoch nur wenige Schulen gegenüber, die nach den anderen Mitstreitern Alexander Schmorell, Christoph Probst, Willi Graf oder Kurt Huber benannt sind.

Dass die Geschwister Scholl in der deutschen Erinnerungskultur einen so prominenten Platz einnehmen, hat nicht zuletzt mit ihrer ältesten Schwester zu tun: Als Inge Scholl 1952 ihr Buch *Die Weiße Rose* veröffentlichte und darin zuerst den Deutschen und bald darauf den Menschen auf der ganzen Welt ihre Version der Geschichte der Widerstandsgruppe erzählte, stellte sie ihre Geschwister Hans und Sophie ins Zentrum der Ereignisse. Mit ihrem Buch entstand ein Narrativ, das die bis heute sichtbaren Spurrillen gegraben hat. Keine spätere Ergänzung und keine Korrektur des Berichts von Inge Scholl hat es vermocht, den Vorsprung der Bekanntheit zu verkürzen, den die Geschwister vor ihren Mitstreitern genießen. Doch obwohl Inge Scholl ihrem Bruder Hans eine größere Rolle zugestand als ihrer Schwester Sophie, hat diese auch ihn, was die Bekanntheit betrifft, hinter sich gelassen. Im Jahr 2000 wählten Leserinnen der *Brigitte* sie zur Frau des Jahrhunderts. Es ist Sophie Scholls Büste, die in der Ruhmeshalle von Walhalla steht, ihre Wachsfigur wird im Berliner Kabinett von Madame Tussauds präsentiert, und nach ihr haben sich inzwischen zwei evangelische Gemeinden in Deutschland benannt. Ihr großer Mut und ihr unbedingter Wille, das Richtige zu tun, nehmen uns für sie ein. Aber können wir hundert Jahre nach ihrer Geburt hinter dem bewunderten Heldinnenbild überhaupt noch den Menschen Sophie Scholl erkennen? Nur wenn wir verstehen, wie Sophie Scholl dachte, wie modern und frei sie war, aber auch wie kompliziert und selbstquälerisch, wie wütend und entschlossen, können wir ihre Leistung für den deutschen Widerstand in vollem Umfang würdigen. Dazu gehört auch das Lachen der Sophie Scholl, ihre unbändige Lebenslust, ihre Freude an der Natur, an Musik und Literatur. In Sophie Scholls Leben gab es viel Farbe, die wir heute rasch ausblenden, weil wir die NS-Zeit fast nur aus Schwarz-Weiß-Aufnahmen kennen.

1.

Stille Rebellion:

Im Reichsarbeitsdienst

Krauchenwies, 27. April 1941. «Heute ist der dritte Sonntag, den ich hier bin. Da ist mir's so richtig trübselig zumute. Selbst wenn ich es ganz und gar objektiv ansehe, muss ich sagen: hier ist es nicht schön.»[1] Unglücklich schreibt die 19-jährige Sophie Scholl ihrer Freundin Lisa Remppis. Sie ärgert sich, dass ihr Plan, dem sechsmonatigen Reichsarbeitsdienst (RAD) zu entgehen, nicht aufgegangen ist. Aus diesem Grund hatte Sophie nach dem Abitur eine Erzieherinnenausbildung absolviert, denn es hieß, wer einen sozialen Beruf erlerne, würde vom RAD befreit. Aber am Ende ist sie doch gemustert worden, und seit dem 6. April lebt sie im Lager Krauchenwies bei Sigmaringen.

Zum ersten Mal in ihrem Leben ist Sophie Scholl für mehr als ein paar Wochen aus dem vertrauten Zuhause in Ulm, aus dem Kreis von Familie und Freunden herausgerissen. Genau das ist der Plan der Nazis. Sie rekrutieren mit Hilfe des RAD nicht nur billige Arbeitskräfte, sondern sie richten auch ihre Propagandamaschine auf junge Erwachsene, die aus der Hitlerjugend herausgewachsen sind. «Dann kommen sie in den Arbeitsdienst und werden dort wieder sechs oder sieben Monate geschliffen», hatte Adolf Hitler angekündigt.[2]

Sophie Scholl ist 1941 längst eine Gegnerin des NS-Systems. Sie hasst das geistlose Getöse der Politiker ebenso wie die ständige Bevormundung, und sie verabscheut den Krieg, der jetzt schon fast zwei Jahre währt und aus ihrer Sicht nur sinnlose Opfer fordert. In der geschützten Ulmer Nische konnte Sophie den Krieg zwar nicht aus ihren Gedanken ausblenden, zumal ihr Freund Fritz Hartnagel Soldat ist und auch ihr Bruder Hans und eine Reihe von Freunden immer wieder für Monate Kriegsdienst leisten müssen, aber immerhin lebte sie in Ulm unter gleichgesinnten Menschen, die sich für Musik und Literatur interessieren und mit denen sie sich über religiöse und philosophische Fragen austauschen konnte. Beim RAD hingegen herrscht das geistlose Klima der NS-Zwangsgemeinschaft.

Das «Zivilarbeitslager 501 Krauchenwies» befand sich im Nebengebäude eines heruntergekommenen Schlosses, des ehemaligen Sommersitzes der Fürsten von Hohenzollern-Sigmaringen. 1941 war von der früheren Pracht nur noch die idyllische Lage inmitten eines Parks mit alten Bäumen und einem See geblieben. Die Einrichtung des Lagers war spartanisch. Acht bis zehn «Arbeitsmaiden» teilten sich einen Schlafsaal mit einfachen Stockbetten, unter denen in der Nacht die Mäuse hin und her flitzten. Sophie war froh, ein oberes Bett erwischt zu haben, trotzdem konnte sie in den ersten Nächten wegen der Kälte fast nicht schlafen, denn bis auf das Büro der Lagerleitung waren alle Räume nicht beheizbar. Hungrig war sie auch, denn das Essen – hauptsächlich Pellkartoffeln – war nicht sehr reichlich. Auf dem Gang vor den Schlafräumen standen Spinde, in denen die achtzig jungen Frauen ihre persönliche Habe verstauen konnten.

In den ersten Wochen durften sie das Lager nicht verlassen, sondern wurden für ihren Einsatz im Außendienst gedrillt. Dazu trugen sie RAD-Uniform, blaue Kittelkleider mit weißen Schürzen. Außerhalb des Lagers waren erdbraune Kostüme vorgeschrieben, am Revers steckte eine Brosche mit der Inschrift: «Deutscher Frauenarbeitsdienst – Arbeit für Dein Volk adelt Dich selbst.» Auf das Wecken um 6 Uhr folgten Frühsport, Fahnenappell mit Hitlergruß und gemeinsames Singen. Danach wurden die einen zum Putzen, Waschen oder Bügeln geschickt, andere eilten in die Küche oder den Garten. Am Abend mussten alle zum Unterricht in Erster Hilfe, Hauswirtschaft und nationalsozialistischer Weltanschauung antreten, oder es standen Basteln und Singen auf dem Programm.

«Wir leben sozusagen wie Gefangene, da nicht nur die Arbeit, sondern auch Freizeit zu Dienst wird», schreibt Sophie ihrer Schwester Inge.[3] Erst nachdem die Fahne abends im Beisein der ganzen Gruppe feierlich wieder eingeholt worden ist, dürfen die jungen Frauen bis zum Schlafen ein bisschen private Zeit genießen, Briefe schreiben oder lesen. Für Sophie ist der RAD eine Geduldsprobe, sie ist genervt von der nutzlosen Geschäftigkeit im Lager, wo nichts geschieht außer «Strumpfappell, Zahnglas-Hemden-Handtuchappell» und den eigenen Dreck «zusammenkehren und wieder zerstreuen u. somit nur noch Zeit totschlagen».[4]

Ihr Urteil über die Kameradinnen fällt hart aus: «Ich bin beinahe entsetzt, unter annähernd 80 Menschen nicht einen zu finden, der etwas Kultur hätte», schreibt sie an Lisa:

> Es sind wohl Abiturientinnen drunter, die den Faust aus Pietät dabeihaben, sich auch sonst recht kultiviert gebärden, aber alles ist so sehr durchsichtig, so etwas wie ihre Frisur, ihrer eigenen Person zum Schmuck. Der einzige, allerbeliebteste und häufigste Gesprächsstoff sind die Männer. Manchmal kotzt mich alles an. Jetzt zum Beispiel. Deshalb sei so gut und heb diesen Brief nicht länger als einen Tag auf, nicht wahr? Ich verlass mich darauf.[5]

Lisa Remppis hat sich der Aufforderung Sophies nicht gefügt, zum Glück. Denn in den Briefen aus Krauchenwies zeigte die junge Frau eine Seite von sich, die sie sonst lieber verbarg. «Da Du mich nach meiner Belegschaft fragst: [...] Kein besonders guter Durchschnitt. Man muss sich in Acht nehmen vor dieser großen Masse. Sie hat in manchen Dingen unheimlich Anziehungskraft. Andererseits ist es oft schwer, nicht ungerecht zu sein.»[6] Sophie wollte sich abseits halten und nicht in diese Gemeinschaft hineinwachsen. «Ich kenne Gott sei Dank niemanden u. hab bis jetzt noch ziemlich meine Ruhe», schrieb sie ihrem jüngeren Bruder Werner, der ebenfalls gerade mit dem RAD begonnen hatte. Die selbstgewählte Isolation gründete nicht nur auf der Ablehnung nationalsozialistischer Werte und der Missbilligung des Jubels über militärische Siege, die abends im Radio verkündet wurden. Sophie konnte sich denken, dass nicht alle Mädchen in Krauchenwies überzeugte Nazis waren, aber sie wollte auch bei ihren harmlosen Aktivitäten nicht mitmachen.

Sophie Scholl (2. v. li.) im Reichsarbeitsdienst, Krauchenwies, Frühjahr 1941

Manche der Frauen, die mit Sophie in Krauchenwies waren, haben vor allem gute Erinnerungen an den Reichsarbeitsdienst, einige bezeichnen diese Zeit sogar als die «unbeschwerteste»[7] ihres Lebens, vor allem diejenigen, die zuvor oder danach in Arbeitsverhältnissen oder familiären Zwängen steckten, die sie mehr einengten als das Lager. Der RAD bot ihnen eine unkomplizierte Gemeinschaft gleichaltriger Frauen, mit denen sie auch über private Probleme sprechen konnten. Deshalb wunderten sich einige über das zarte Mädchen Sophie Scholl, das so ernst und abweisend wirkte. «Ich sah sie selten lachen», erinnert sich Ruth Steinbuch, die zur selben

Zeit in Krauchenwies ihren RAD ableistete.[8] Irmgard Hallmann, eine Schülerin aus Ulm betont: «Wir haben auch Spaß dabei gehabt, also wirklich!»[9]

Selbst Sophie gelang es nicht, sich auf Dauer abzuschotten. Nach ein paar Wochen schrieb sie nach Hause, sie habe sich von dem nettesten Mädchen aus ihrem Schlafsaal eine Taschenlampe geliehen, um unter der Bettdecke länger lesen zu können. Auch in der Küche fand sie bald Verbündete, «die mir ab u. zu etwas zukommen lassen».[10] In den Briefen an die Eltern stellte sie die Zeit in Krauchenwies als Herausforderung dar, die sie zu meistern hatte: «Trotz dieser negativen Seiten, die ich da aufgezählt habe, fühle ich mich ganz wohl hier. Und dies dank meinem Wurstigkeitsgefühl, das ich hier noch immer pflege.»[11] Die Taktik, Dinge ungerührt an sich abprallen zu lassen, beherrschte Sophie gut. Sie mochte daher auch nicht die «Modesache» mitmachen und über die Lagerleiterin Fräulein Recknagel meckern, wie es alle andern taten: «Mir tut sie in ihrer Verschrobenheit oft leid. Ich glaube, sie hätte es viel leichter, wenn sie weniger bissig wäre.»[12]

Trotz der munteren Worte: Eltern und Geschwister sorgten sich um Sophie. Inge spürte schon Wochen vor Beginn des RAD, dass die Schwester sich einen Panzer zugelegt hatte: «Es ist oft schwer, gut zu ihr zu sein, weil sie in den letzten Tagen so gleichgültig ist. Aber ich weiß ja, diese Gleichgültigkeit ist nichts andres als Abgeschafftsein.»[13]

Von ihrem älteren Bruder Hans, der in München Medizin studierte und sowohl RAD als auch Wehrdienst hinter sich hatte, bekam Sophie einen Rat: «In drei langen Jahren habe ich gelernt, Wesentliches vom Unwesentlichen zu unterscheiden [...] So wird sich immer ein Türlein finden, durch das man hinauswitschen kann, für Minuten frische freie Luft atmen kann, auch bei Dir im Arbeitsdienst.»[14] Die jüngere Schwester enttäuschte den Bruder nicht und schrieb ihm, sie finde «das besagte Türlein immer wieder, und außerdem habe ich ein dickes Fell, an dem alles abläuft, was ablaufen soll. Wenn ihr mir Bücher schickt, dafür bin ich auch immer dankbar. Wenn einem der Betrieb bekannt ist, versteht man es, hier und da etwas Privates einzuschieben.»[15] Ein paar Minuten im Park, eine halbe Seite lesen in der Pause, ein Briefchen zwischendurch in Eile verfasst – das waren die kleinen Freiheiten, die Sophie sich herausnehmen konnte.

Bücher und Briefe waren Sophies rettende Inseln im Meer fremdbestimmter, geistloser Tätigkeit, vor allem in den ersten Wochen des Arbeitsdiensts. «Ich rechne meine Zeit immer von Postausgabe zu Postausgabe», schreibt sie den Eltern.[16] Denn die «Wurstigkeit» nach außen war nur ein Teil ihrer Taktik, um die Zeit zu überstehen. Daneben galt es, sich den inneren Kern zu bewahren, die Freude an intellektuellem Austausch wachzuhalten und die eigenen Ansprüche nicht aus den Augen zu verlieren. Sophie Scholl wollte sich weiterentwickeln, indem sie gerade unter diesen schwierigen Umständen nicht nachließ, ihren Geist zu trainieren. Dafür las sie «mit eiserner Konsequenz» jeden Abend eine Passage in einem ihrer Bücher.[17] Thomas Manns *Zauberberg* hatte sie bald durch, im Spind lag noch ein Band mit Rilke-Gedichten, aber ihre wichtigste Lektüre waren nun die *Bekenntnisse* des Kirchenvaters Augustinus, das erste große Selbsterforschungsbuch unseres Kulturkreises, und *Die Gestalt als Gefüge*, eine Kompilation von Augustinus-Texten, zusammengestellt und kommentiert von dem Theologen Erich Przywara. Sophie erwähnte den Band mehrfach. Inge hatte ihn ihr vor der Abreise in den Koffer gepackt und wies die jüngere Schwester immer wieder auf bestimmte Stellen hin. Sophie musste gestehen, sie sei noch nicht sehr weit gekommen und habe auch Hemmungen, das Buch tagsüber vor den Augen der anderen Mädchen zu lesen. Lieber würde sie es abends im Bett studieren.

Es war nicht nur theologische Belehrung, die sie beim Kirchenvater suchte: «Habe ich Dir schon geschrieben, dass ich allabendlich Augustinus lese? Da steht geschrieben: Du hast uns geschaffen hin zu Dir, und unruhig ist unser Herz, bis es ruht in Dir.»[18] Nur Lisa erfuhr, dass Sophie diese Lektüre manchmal überforderte. «Im Denken, glaube ich, bin ich etwas schwerfälliger geworden. Ich muss oft laut vor mich hinlesen, um den Sinn der Worte zu erfassen. [...] Ich glaube, wenn ich wieder mit jemand Vernünftigem werde sprechen können, dass ich wieder etwas auftaue.»[19] Mit der Lektüre wolle sie sich auch von den Gesprächen der Zimmergenossinnen abschirmen, erklärte Sophie dem Bruder: «Abends im Bett lese ich noch ein bißchen, solange die andern Zoten machen. Daß das abends ekelhaft sein kann, das Geschwätz von soviel anderen (meistens ordinär), wirst Du wohl schon selbst gemerkt haben.»[20] Der gewünschte Effekt trat ein, Sophie blieb für sich, wurde deshalb aber von einigen für hochmütig gehalten.[21]

Ihre Sonderrolle in Krauchenwies zeigte sich auch in der Bevorzugung durch die Lagerleitung. «Unbegreiflicherweise u. ohne mein Zutun ist meine Lagerführerin sehr nett zu mir, ich darf aufs Büro (wo es warm ist) u. schreiben u. zeichnen.»[22] Fräulein Recknagel, die wie Sophie aus Ulm stammte, wusste von ihrem zeichnerischen Talent und forderte von ihr eine große Karte von Griechenland. Seit Beginn des Balkanfeldzugs im Frühjahr 1941 war die Topographie des Landes von Interesse für die RAD-Leitung. Am Abend, wenn die Truppenbewegungen im Radio gemeldet wurden, wollte sie den jungen Frauen zeigen, wo die Deutschen gerade gesiegt hatten. Da Sophie den Nachrichten nicht traute, schrieb sie ihrem Vater, sie wüsste gerne «wie hoch man das Stimmungsbarometer wegen der Kapitulation Griechenlands stellen darf. Hier ist's enorm hoch.»[23] Kaum verschlüsselt antwortete Robert Scholl: «Das Barometer ist vorübergehend für die Oberflächlichen etwas gestiegen und es kann in nächster Zeit vielleicht noch etwas steigen. Aber der Umschwung kommt mit unausbleiblicher Konsequenz.»[24] Er verhehlte der Tochter also nicht seine Überzeugung, dass die Nazis den Krieg verlieren würden.

Um das Material für die Griechenlandkarte zu besorgen, durfte Sophie allein mit dem Fahrrad nach Sigmaringen fahren, was normalerweise nicht erlaubt war: «Und da war ich von 8–12h wieder einmal frei. Ich bekam ein Vesper mit Wurst und Butter des Stabs dick belegt u. setzte mich irgendwo im Wald hin u. vesperte u. ließ mir's wohl sein. Das war mein schönster Tag bisher.»[25]

Im Mai durfte Sophie endlich für drei Tage nach Hause fahren, dort beobachtete die Familie sie genau. «Sie ist so munter, so guter Dinge, dabei so klar und frisch in ihren Gedanken und Gesprächen und keine Sprosse ist ihr zu hoch», notierte Inge in ihr Tagebuch, «Ich habe das sichere Gefühl … dass sie das rechte Verhältnis zum Arbeitsdienst hat und dass sie so am sichersten durchkommen und sich ganz und gar bewahren wird.»[26]

Sophie schien ihren Frieden mit dem RAD gemacht zu haben, und die Frage einer Freundin «Warst Du noch nicht rebellisch in Deinem Verein?»[27] hätte sie mit Nein beantworten müssen. Doch es hätte wenig gebracht, der Lagerleiterin offen mit Renitenz zu begegnen, weil das lediglich Strafen und noch mehr Einschränkungen nach sich gezogen hätte. Sophies Aufmüpfigkeit hielt sich also in Grenzen, wie sie zugab: «Als sichtbares (nicht allzu sichtbares) Zeichen meiner dauernden Opposition werde ich noch heute abend eine von Annelieses guten Zigaretten rauchen (ich erhielt gestern ein Päckchen von ihr, das ist doch nett, gell?), denn auch das ist verboten», schrieb sie an Hans.[28] Auch in einem Brief an Inge klingt die Freude über solche kleinen Vergehen durch:

> Gestern abend saßen Gisela, Trude und ich noch rauchenderweise hinter einem Heuhaufen, aus kindischem Oppositionsgefühl und diese Tat gibt einem doch, so lächerlich sie auch ist (aber eine Tat ist es) ein Gefühl des Götz von Berlichingen. Wenn nicht vorne, dann eben hintenherum.[29]

Äußerlich hatte Sophie sich mit der Situation arrangiert, aber in ihrem Innern sah es anders aus. Dem Tagebuch vertraute sie Nöte an, die sie mit niemandem teilte. Sie reflektierte ihr Verhalten und ging dabei hart mit sich ins Gericht: «[…] ich erwische mich immer wieder bei kleinen Prahlereien. Es ist ekelhaft, diesen Geltungstrieb zu haben. Schon jetzt, wenn ich schreibe, ist nebenher der Gedanke, wie sich das Geschriebene ausnimmt. Es zerstört jede Harmonie.»[30] Beschämt registrierte sie einen Anflug von Stolz, als sie über die Bevorzugung der Lagerleiterin nachdachte: «Sie verfährt sehr vorsichtig mit mir, daß ich mich manchmal wundere. (Schon wieder muß ich mich dabei gegen ein kleines Triumphgefühl wehren).»[31]

Sophie vergleicht sich mit ihrer Schwester Inge, von der sie etwas herablassend sagt, sie sei viel zu schwärmerisch und reagiere oft mit einem zu hohen Gefühlsaufwand. Dafür aber laufe Inge nicht Gefahr, sich so gespalten zu fühlen, wie Sophie sich gerade erlebe:

> Ich glaube, es wäre ihr nicht möglich, neben Gefühlen, oder Gedanken, die einen ganz in Anspruch nehmen sollten, noch nebenher ein so ekelhaftes Teufelchen zu haben, das dich selbst beobachtet u. deine eventuelle Wirkung auf die andern. Ich werde mir das schwer abgewöhnen. Ob es mir gelingt? Dieser Zwiespalt […] verdirbt mir viel u. macht mich schlecht, gemein.[32]

Als Sophie im August 1941 erfährt, dass sie nach dem Ende des RAD im Oktober noch immer nicht studieren darf, sondern noch ein weiteres halbes Jahr Kriegshilfsdienst ableisten muss, ist sie aufgebracht. «Ich werde ein altes Weib bis ich zu studieren anfangen kann. – Aber so schnell gebe ich den Kampf nicht auf. Lieber esse ich Gift.»[33] Was immer sie vom Dienst befreien könnte, würde sie versuchen, schreibt sie an Hans, aber letztlich schlagen alle Versuche fehl.

Der erneute Aufschub wird zu einer besonderen Bewährungsprobe: «Aber seltsam, jetzt erst spüre ich so recht, daß mich nichts zwingen wird, ein herrliches Stärkegefühl habe ich manchmal.»[34] Dass sie ihre Zukunftspläne dem NS-System immer wieder unterordnen muss, geht ihr gehörig gegen den Strich. Doch sie ist sich dessen bewusst, dass nicht nur ihr eigenes Lebensglück vom Krieg betroffen ist. Und ihr wird auch klar, dass es auf Dauer nicht darum gehen kann, sich nach innen zu kehren und alles an sich abprallen zu lassen. Sie will sich dem Leben und seinen Aufgaben stellen.

> Manchmal schon, besonders in letzter Zeit, empfand ich es als bittere Ungerechtigkeit, in einer solchen von Weltgeschehen ganz ausgefüllten Zeit leben zu müssen. Aber das ist natürlich Unsinn, und vielleicht sind uns wirklich heute Aufgaben, nach außen und mit der Tat zu wirken gestellt. Obwohl es scheint, als bestünde unsere ganze Aufgabe darin, zu warten. Das ist schwierig, und oft möchte einem die Geduld vergehen, und man möchte sich ein anderes leichter erreichbares und erfolgreicheres Ziel stecken.[35]

2.

Wurzeln: Pazifismus und Glaube

Sophies Mutter Lina Scholl wird oft als fleißige Hausfrau beschrieben, die sechs Kinder zur Welt gebracht und sie von früh bis spät mit Wärme und Gottvertrauen versorgt hat. Aber das ist nur ein Teil der Wahrheit. Denn Lina hatte zunächst ganz andere Lebenspläne. Diese über den Haufen zu werfen erforderte Mut und Entschlossenheit.

Geboren wurde Lina Scholl am 5. Mai 1881 als Magdalena Müller in der Kreisstadt Künzelsau im Hohenloher Land.[1] Ihr Vater, der Schuhmacher Friedrich Müller, arbeitete als Schichtmeister in einer Fabrik. Er war Freimaurer und ein stiller Zeitgenosse. Ganz anders seine groß gewachsene Frau Sofie, fröhlich und kontaktfreudig. Sie stammte aus dem Nachbarort Niedernhall und war eine glühende Protestantin. Solange sie Gottes Geboten folge, könne ihr nichts passieren, glaubte sie, und mehr verlangte sie vom Leben nicht. Ihre Tochter Magdalena, schon als Kind von allen Lina genannt, ging in ihrer religiösen Hingabe noch einen Schritt weiter und entschied sich, Diakonisse zu werden. Mit 23 Jahren begann sie eine fünfjährige Ausbildung im Diakoniewerk Schwäbisch Hall. Neben dem Unterricht in Krankenpflege hatte sie Bibel- und Diakonielehre. 1909 wurde Lina Müller eingesegnet und trug zu diesem Anlass zum ersten Mal die schwarze Schwesterntracht mit weißem Kragen und weißer Haube. Mit 28 Jahren war sie eine junge Frau, die im Umgang mit hilfsbedürftigen Menschen Selbstbewusstsein zeigte und den Gemeindedienst mit großem Eifer erfüllte.

Nach dem Beginn des Ersten Weltkriegs pflegte sie seit September 1914 Verwundete im Lazarett von Schloss Hochdorf bei Ludwigsburg. Freiherr von Tessin schrieb voller Anerkennung an den Leiter der Diakonissenanstalt, Pfarrer Gottlob Weißer: «Es wird Sie gewiss freuen zu hören, dass die Schwester Lina sehr gut eingeschlagen ist. Da ich schon 11 Mann habe, gibt es sehr viel Arbeit, aber mit Fleiß und Geschick wird sie mit allem fertig. Namentlich ist sie bescheiden und versteht es auch mit den Leuten sehr gut.»[2] Drei Monate später, am 12. Januar 1915, wurde Lina Müller an einen neuen Einsatzort versetzt, das Reservelazarett II in Ludwigsburg. Hier kamen neben der Krankenpflege vor allem hauswirtschaftliche Aufgaben auf sie zu: Wäsche waschen, kochen, backen, Kleidung ausbessern.

Die Leitung der Diakonissenanstalt achtete darauf, nur durchsetzungsstarke Schwestern in die Lazarette zu schicken, die innerlich gefestigt waren. Frauen, von denen man annahm, sie seien zu alt, um sich auf eine Liebesbeziehung einzulassen. Doch als Lina Müller den Sanitäter Robert Scholl kennenlernte, stellte sie bald ihren bisherigen Lebensplan in Frage. Alles, was sie sich versagt hatte, Mann, Kinder und Familienleben, schien ihr auf einmal doch erstrebenswert zu sein.

Vielleicht fiel ihr an dem jungen Mann mit den strengen Zügen als Erstes auf, dass er seine Meinung schlecht für sich behalten konnte. Er war auch empfindlich für Kränkungen, aber vermutlich gelang es ihr mit Geduld und Freundlichkeit, ihm seine Geschichte zu entlocken.

Robert Scholl, geboren 1891, wuchs keine Autostunde von Lina Müllers Heimatstadt entfernt auf, in Steinbrück bei Geißelhardt. Seine Eltern waren Kleinbauern, die hart schufteten, um elf Kinder durchzubringen. Höhere Schulbildung war für keines von ihnen vorgesehen, doch Robert Scholl legte 1909 die Prüfung zur Mittleren Reife an einem Stuttgarter Gymnasium ab. Er entschied sich für eine Ausbildung zum Verwaltungsbeamten im Mittleren Dienst und bestand 1913 die Verwaltungsdienstprüfung. Nach einer ersten Anstellung in der Stuttgarter Polizeibehörde wechselte er ins Steueramt. Doch bevor der 23-Jährige sich neue Ziele setzen konnte, unterbrach der Krieg seine verheißungsvolle Laufbahn.

Der Beginn des Ersten Weltkriegs, der «Urkatastrophe» Europas im 20. Jahrhundert, hat die Mehrheit der Deutschen keineswegs so einhellig in einen kollektiven Rausch versetzt, wie lange behauptet wurde.[3] Die berühmten Filmaufnahmen und Fotografien von jubelnden Menschen auf den Straßen zeigen nur einen Teil der Wahrheit, manche der Aufnahmen wurden gezielt herbeigeführt. Von denjenigen, die in düsterer Vorahnung zuhause saßen, gibt es keine Fotos.

Lina Müller und Robert Scholl gehörten zu den Menschen, die den Krieg kategorisch ablehnten. Robert musste zwar eine Ausbildung zum Infanterie-Soldaten absolvieren, wurde dann aber als nur «garnisonsverwendungsfähig» eingestuft. Nach einer Schulung zum Sanitäter arbeitete er im Ludwigsburger Reservelazarett II in der Verwaltung. Vielleicht war es bei einer Tasse Kaffee im Pausenzimmer, dass die beiden feststellten, wie sehr sich ihre Gedanken über den Krieg ähnelten. Zwei Jahre später fragte Robert Scholl Lina in einem Brief: «Was hat denn der Christengott, das Christentum, mit dem deutschen Sieg zu tun? Sind nicht in allen Ländern wahre Christen?»[4] Der das schrieb, stand, anders als die Adressatin, der Kirche kritisch gegenüber.

Vorsichtig warb der junge Sanitäter um die zehn Jahre ältere Diakonisse, die sich zur Ehelosigkeit verpflichtet hatte. Neben dem Altersunterschied, dem Dissens in Bezug auf Religion im Allgemeinen und das Christentum im Besonderen und Linas Gelübde gab es noch ein weiteres Ehehindernis: Robert Scholl hatte einen unehelichen Sohn. Ernst Gruele, geboren am 5. April 1914, war das Kind aus seiner Beziehung mit einer verheirateten Frau.

Willensstark und selbstbewusst entschied sich Lina für den jüngeren Mann und gegen das Leben als Diakonisse. Einer ihrer Leitsätze lautete: «Es geht, wie Gott will.» Anfang 1916 versprachen die beiden sich einander, doch erst im Herbst weihten sie ihre Familien in das Geheimnis ein. Am 20. Oktober 1916, Lina hatte Urlaub genommen und war in ihr Elternhaus nach Künzelsau zurückgekehrt, legte sie das schwarze Kleid ab und trat aus dem Diakonissenverband aus. Am selben Tag verlobte sie sich mit Robert. Leicht war ihr die Entscheidung nicht gefallen, sie habe viel denken und grübeln müssen, schrieb sie dem Verlobten ein paar Tage später, aber jetzt komme sie «mit Gottes Hilfe wieder ins Helle».[5]

Linas Eltern hießen den jungen Mann wohlwollend in ihrer Familie willkommen, aber die Verbindung stieß auch auf Ablehnung: Robert hatte seinen Vorgesetzten wohlweislich schriftlich in Kenntnis gesetzt. Als dieser die Neuigkeit im Pausenraum des Ludwigsburger Reservelazaretts verkündete, sei es gewesen, «wie wenn eine Bombe eingeschlagen hätte so sprangen alle von ihren Stühlen auf, da gab es lange und erstaunte Gesichter», berichtete ihm ein Freund. Eine Mitschwester von Lina habe den ganzen Tag geweint, denn «sie kannte sich nimmer vor Wut und Ärger».[6] Robert Scholl war also vorbereitet, als ihm nach seiner Rückkehr zum Dienst die Diakonissen die kalte Schulter zeigten. Immerhin wünschten ihm seine Kameraden Glück und schenkten ihm einen Blumenstrauß.

Über die Frage ihrer jüngeren Schwester Elisabeth, ob sie sich überhaupt zutraue, einen Familienhaushalt zu führen, konnte die ehemalige Diakonisse nur lachen. Die 35-Jährige hatte vor der Arbeit im Lazarett als Gemeindeschwester verschiedene Haushalte führen müssen, darunter einige, die sich in chaotischem Zustand befanden. Zuversichtlich schrieb sie ihrem Verlobten, sie fühle sich dieser Aufgabe durchaus gewachsen, und stellte auch gleich klar, wie sie sich das gemeinsame Leben vorstellte: Gesellschaften würden sie ja wohl nicht geben, und falls es später doch dazu käme, «so wüsste ich schon durchzukommen».[7] Es müsse doch machbar sein, nur für sie beide und das gemeinsame Glück zu leben. Halb entschuldigend klang ihre Beteuerung «Sparen kann ich, vielleicht Dir nur zu arg». Robert solle ihr bloß keine Geschenke kaufen, denn mehr als einen Schrank, einen Küchentisch und Stühle bräuchten sie für den Anfang nicht.

Doch die Einrichtung eines gemeinsamen Hausstands musste warten. Lina wurde im Haus ihrer zukünftigen Schwiegereltern in Geißelhardt gebraucht, um Roberts erkrankte Mutter zu pflegen. Christiane Scholl starb schon ein paar Wochen später, mit nur 56 Jahren, am 21. November 1916. Alle hatten gehofft, sie würde den Tag der Hochzeit, der auf den 23. November festgelegt worden war, noch erleben. Aber nun musste sich die Familie vor der Trauung zunächst auf dem Friedhof versammeln.

Des Krieges wegen war zunächst nicht an eine eigene Wohnung und ein Leben zu zweit zu denken. «Wollte Gott, daß bald Friede werde u. wir dieser schönen Zeit näher rücken. Inzwischen wollen wir aber auch jedes an seinem Ort seine Pflicht tun», schrieb Lina ihrem Mann.[8] Sie blieb beim Schwiegervater, kümmerte sich um dessen Haushalt und half bei der Versorgung von Armen und Kranken in der Gemeinde. Ihre Aufgabe in Ludwigsburg vermisste sie trotzdem, auch wenn diese Zeit «nicht ganz ohne Schatten» gewesen sei.[9] Aus ihren Briefen an Robert spricht große Nähe und tiefes Vertrauen. Beide waren bestrebt, den anderen an seinem Alltag und seinen Gedanken teilhaben zu lassen. Nicht nur die Hoffnung auf das Familienglück, auch die Politik war dabei Thema. Lina las begierig die Zeitungen, die Robert bei seinen Besuchen mitbrachte. Gespannt verfolgten sie etwa die Diskussion um die berühmte «Frieden-ohne-Sieg-Rede» des amerikanischen Präsidenten Woodrow Wilson im Januar 1917: «Hast Du die Rede Wilsons gelesen?», schrieb Robert an seine Frau, «Das ist mir politisches Evangelium … Ich bekenne mich zu seiner Anschauung Punkt für Punkt, denn mit meiner Gesinnung ist man im Krieg doch ziemlich einsam, immer wieder muss man sich prüfen, ob man denn nicht einem dummen, unmöglichen Ideal anhängt.»[10]

Am Sonntagvormittag besuchte Lina den Gottesdienst. Dass ihr Mann sich von der Kirche weitgehend gelöst hatte, störte sie nicht. Sie wollte ihn nicht bekehren, ließ den Kirchgang sogar ab und zu ausfallen, wenn er zu Besuch war. Lina war nicht prüde: «Ich durfte ja bei Dir meiner Liebe Ausdruck geben in so mancher Weise und wir durften uns ungestört genießen.»[11] Als sie schwanger wurde, zog sie wieder zu ihren Eltern nach Künzelsau, wo ihre Mutter sie liebevoll versorgte und es ausreichend zu essen gab.

Zwischen 1914 und 1918 starben fast 800 000 Deutsche an Hunger und Unterernährung, überwiegend traf es die Stadtbevölkerung. Lina und Robert Scholl wurden vom Hunger verschont, doch sorgenfrei war das Leben des jungen Paares nicht. Der Krieg überschattete alles, und die dauernde Entfernung voneinander machte beiden zu schaffen.

Doch dann waren es die Kriegsumstände, die Robert Scholl im Frühling 1917 überraschend eine ganz neue berufliche Perspektive eröffneten. Am 2. Juni 1917 trat er das Amt des stellvertretenden Schultheißen in der Doppelgemeinde Ingersheim/Altenmünster an der Jagst an, heute gehören beide Dörfer zu Crailsheim. Solange der Krieg währte, musste Scholl sich vor allem um die tägliche Versorgung der Menschen kümmern: Es fehlte an Lebensmitteln, ständig fiel der Strom aus, und vieles musste instand gesetzt werden. Doch ihm blieb wenig Gestaltungsspielraum: «Es hagelte nur so von Verordnungen und Verfügungen, die die Ortsvorsteher übernehmen mussten.»[12] Der 26-Jährige machte seine Sache offensichtlich gut, denn er wurde im September 1917 fast einstimmig zum neuen Bürgermeister gewählt.

Im Rückblick zählten die Jahre in Ingersheim für Lina und Robert Scholl zu den schönsten ihres Lebens. Ihre Wohnung über dem Laden des Gemischtwarenhändlers hatte die passende Adresse *Am Schollberg 6*. Dort kam am 11. August 1917 ihr erstes gemeinsames Kind zur Welt, Ingeborg, genannt Inge. Nur etwas mehr als ein Jahr später, am 22. September 1918, wurde Johannes Fritz Scholl geboren, von allen Hans gerufen. Die Ingersheimer begrüßten den Sohn ihres Schultheißen mit Böllerschüssen.

Zwei Monate später, an dem Tag, als Hans getauft wurde, endete der Erste Weltkrieg. Zu diesem Zeitpunkt war das Deutsche Reich bereits keine Monarchie mehr. Die Novemberrevolution hatte Kaiser, Könige, Großherzöge und Fürsten von ihren Thronen gestoßen. Der Sozialdemokrat Philipp Scheidemann rief am 9. November 1918 vom Balkon des Berliner Reichstags der versammelten Menschenmenge zu: «Das deutsche Volk hat auf der ganzen Linie gesiegt. Das alte Morsche ist zusammengebrochen; der Militarismus ist erledigt! Die Hohenzollern haben abgedankt! Es lebe die deutsche Republik!»

Während die deutschen Soldaten von Frankreich und Belgien aus nach Hause marschierten, bereitete der Rat der Volksbeauftrag-

Lina und Robert Scholl, 1932

ten in Berlin die Einführung des Frauenwahlrechts, des Acht-Stunden-Tages sowie des Rechts auf Tarifverträge und Arbeitnehmervertretungen in mittleren und großen Betrieben vor. Am 6. Februar 1919 trat die neugewählte Nationalversammlung im Hoftheater von Weimar zusammen, bis Mai 1919 wurde in Versailles der Friedensvertrag ausgehandelt. Darin heißt es, die alleinige Kriegsschuld liege beim Deutschen Reich, das zu Zwangsabgaben von Waffen und Kriegsschiffen und zu hohen Reparationszahlungen verpflichtet wurde. Außerdem verloren die Deutschen neben den Kolonien etwa 13 Prozent ihrer Gebiete und mussten sich Souveränitätsbeschränkungen gefallen lassen, etwa die Begrenzung des Heeres auf 100 000 Mann, das Verbot der Wehrpflicht und die Kontrolle durch eine Kommission der Alliierten.

Nicht nur die meisten Deutschen, auch einige der alliierten Unterhändler hatten den Eindruck, man bestrafe die Deutschen zu hart. Das hatte zur Folge, dass das Bedürfnis nach Abschaffung des «Versailler Diktats» jedes Interesse an der Analyse eigener Fehler verdrängte. Stattdessen lancierte die Oberste Heeresleitung unter Generalfeldmarschall Paul von Hindenburg die sogenannte Dolchstoßlegende, mit der sie die Verantwortung für die militärische Niederlage auf die Zivilisten abwälzte. Die deutsche Armee sei «im Felde unbesiegt» geblieben und von demokratisch gesinnten Politikern, den «Novemberverbrechern», durch den Waffenstillstand «von hinten ermordet» worden. In Wirklichkeit war es genau umgekehrt: Die verblendeten Befehlshaber, die ihr eigenes Scheitern und die tatsächliche Lage nicht hatten wahrhaben wollen, hatten jede Möglichkeit eines Verständigungsfriedens ausgeschlagen und für die vollständige militärische Niederlage gesorgt. Diejenigen, die das hatten verhindern wollen, rangen jetzt verzweifelt um eine neue Ordnung in Deutschland.

Robert und Lina Scholl erhofften sich viel von der neuen Republik. Sie erlebten das Ende des Krieges weit entfernt von Berlin und Weimar, doch in den Jahren 1918/19 war man überall im Deutschen Reich nah dran an den Schauplätzen der Geschichte. Denn auch das Königreich Württemberg verschwand am 9. November 1918 durch eine unblutige Revolution von der Landkarte.

Als Bürgermeister hatte Robert Scholl in Ingersheim/Altenmünster den Übergang von der Kriegs- in die Friedenswirtschaft zu organisieren und die heimkehrenden Soldaten in Arbeit zu bringen. Dabei lernte er Eugen Grimminger vom Oberamt Crailsheim kennen, der als Freiwilliger in den Ersten Weltkrieg gezogen und als Pazifist zurückgekehrt war. Die beiden Männer wurden später Freunde.

Scholl brachte mit Engagement und Hartnäckigkeit vieles auf den Weg. Weil er sich selbst mit 300 Reichsmark an den Kosten einer neuen Brücke über die Jagst beteiligte, immerhin einem Fünftel der Gesamtsumme, tauften die Ingersheimer die Brücke *Schulzensteg* oder *Robertssteg*. Immer wieder kam es jedoch zu Querelen und Kompetenzgerangel zwischen den beiden Gemeindeteilen und dem Oberamt Crailsheim. Deshalb sah der ehrgeizige Bürgermeister sich bald nach einer neuen Aufgabe um.

3.

Ein Paradies: Die Kindheit in Forchtenberg

Im November 1919 trat Robert Scholl nach einem knappen Wahlsieg über drei Mitbewerber sein neues Amt als Bürgermeister von Forchtenberg an, einem Städtchen mit 1300 Einwohnern. Als er mit der hochschwangeren Lina und den beiden kleinen Kindern von Ingersheim fortzog, mussten sie in eine gelbe Postkutsche steigen, denn das 60 Kilometer entfernte Forchtenberg war weder mit der Eisenbahn zu erreichen, noch gab es eine Straße, auf der das Postauto hätte verkehren können. Im zuständigen Oberamt Öhringen hatte man dem Städtchen daher den Spitznamen «Balkan» verpasst. Forchtenberg war malerisch, aber an vielen Hauswänden bröckelte der Putz, es gab keine Kanalisation, bei starkem Regen schoss das Wasser durch die Gassen und drang in die Keller ein. Robert Scholl nahm sich vor, die Stadt zu modernisieren.

Die Bürgermeisterwohnung lag im ersten Stock des Rathauses, eines stattlichen Gebäudes aus dem 18. Jahrhundert mit undichten Fenstern und ohne ein richtiges Bad. Entschädigt wurde man durch den schönen Blick auf die Weinberge, wo die Trauben für den «Forchtenberger Kocherberg» wachsen. Kurz nach dem Umzug, im Februar 1920, kam das dritte Kind der Familie Scholl zu Welt, Elisabeth, auch Liesl genannt. Etwas mehr als ein Jahr später, am 9. Mai 1921, wurde auch Sophie Scholl im ersten Stock des Rathauses geboren. Getauft wurde sie auf den Namen Sofie Lina. Sie selbst schrieb ihren Namen als Kind und Jugendliche mit f, außer wenn sie sich in den Poesiealben ihrer Freundinnen verewigte. Erst im Sommer 1941 entschied sie sich dauerhaft für das ph.

Anderthalb Jahre nach Sophie, am 13. November 1922, wurde der zweite Sohn von Lina und Robert geboren, Werner Scholl, zweieinhalb Jahre später, am 22. März 1925, die vierte Tochter Tilde. In der Familie lebte jetzt auch Ernst Gruele, der uneheliche Sohn von Robert. Die Familie Scholl hat sich viele Jahre über ihn ausgeschwiegen. Es ist Manuel Aicher, Inge Scholls Sohn, und dem Historiker Jakob Knab zu verdanken, dass die schemenhafte Gestalt, die nur auf einem öffentlich bekannten Familienfoto zu sehen ist, wenigstens ein paar Konturen bekommen hat. Ernst war beim Einzug in Forchtenberg fünf Jahre alt. Unklar ist bis heute, wo der Junge nach dem frühen Tod seiner Mutter gelebt hat. Nicht nur die Nachbarn hielten ihn für einen Pflegesohn, auch seine Halbgeschwister wussten offenbar nicht, dass sie mit ihm verwandt waren. Sie erfuhren es erst viele Jahre später, und dass sie den Halbbruder in ihren Kindheitserinnerungen überhaupt nicht erwähnen, beweist die mächtige Wirkung eines solchen Familiengeheimnisses.

Jeden Morgen ging Robert Scholl aus der Wohnung über den kurzen Flur in seine Amtsräume. Seine Frau wirtschaftete derweil in der dunklen Küche. Dort stand ein großer, altmodischer Herd, der mühsam mit Holz angefeuert werden musste, worüber sie sich manches Mal beschwerte. Lina Scholl konnte nun unter Beweis stellen, wie sparsam sie zu wirtschaften vermochte. Wie einige ihrer Nachbarn hatten die Scholls einen Garten hinter der Stadtmauer gepachtet, um dort Blumen und Gemüse zu ziehen. Ein kleiner Weinberg und eine Wiese mit Obstbäumen gehörten auch dazu. Die reichliche Ausbeute an Kirschen, Zwetschgen und verschiedenen Apfelsorten war hoch willkommen, und alles, was die große Familie nicht gleich verbrauchte, wurde eingekocht oder gedörrt. Einen Luxus leistete sich Lina aber doch: Sie buk regelmäßig einen köstlichen Hefekranz, zu dem sie Butter und Kompott auf den Tisch stellte.

Ohne Haustöchter wäre die Arbeit kaum zu schaffen gewesen. Bei Scholls wohnten fast immer zwei junge Bauernmädchen, deren Eltern froh waren, wenn ihre Töchter gegen Kost und Logis eine ordentliche Haushaltsführung lernten. Das Familienleben fand größtenteils in der Diele statt, dort spielten die kleinen Kinder, während die größeren über ihren Hausaufgaben brüteten. In der Diele hing auch eine Schaukel; es war gemütlich und warm dort, während die ungeheizte gute Stube nur zum Klavierüben benutzte wurde und natürlich, wenn Besuch kam, was selten geschah. Ein eigenes Schlafzimmer hatte keines der Kinder.

Während Inge und Hans die evangelische Volksschule in Forchtenberg besuchten, verbrachten die Kleinen, darunter auch Sophie, den Vormittag in der Kleinkinderschule, einer sogenannten Bewahrungs- und Beschäftigungsanstalt für siebzig Kinder im Alter von drei bis sechs Jahren. Obwohl die Einrichtung in erster Linie zur «Erleichterung für Eltern mit Berufsgeschäften» gedacht war, fühlte sich Lina Scholl genügend beansprucht, um die Verantwortung für die Jüngsten ein paar Stunden pro Tag abzugeben. Die Forchtenberger Kleinkinderschule war 1832 als erste in der Region und zweite überhaupt in Württemberg gegründet worden. Morgens spielte Kinderschwester Rosa, eine schwäbische Diakonisse, auf dem Tischharmonium und brachte den Kindern Lieder bei. Erzählte sie biblische Geschichten, mussten die Kinder still und brav auf der Bank sitzen. Gespielt wurde aber auch. Beliebt waren ein Tretroller, Radelrutsch genannt, die Sandkiste und ein Brunnen mit Wasser im «Höfle».

Für die Kinder war Forchtenberg ein Paradies: Sie spielten in den Gärten der Freunde oder liefen hinauf zur Burg. Die Ruine war in Privatbesitz, was die Kinder nicht davon abhielt, dort herumzustromern. Doch wegen Unfallgefahr musste Robert Scholl in seiner Funktion als Bürgermeister das Gelände absperren lassen und den Kindern das Spielen dort verbieten.

Aber im nahen Wald durften sie stundenlang toben, Beeren und Pilze sammeln, sich mit Hagebutten bewerfen oder Schnitzeljagden veranstalten. Mit großem Eifer schleppten sie Steine von den Trockenmauern der Weinberge in den Wald: «Wir benutzten die Steinplatten, um uns ganze Wohnungen einzurichten. Je nach Form und Größe benutzten wir die Brocken als Tisch, Stühle und sogar als Klavier.»[1] Kinder spielen das nach, was sie kennen, deshalb gehörte ein Klavier ins Haus, auch wenn es nur eine Hütte mit Blätterdach war.

Im Sommer war das Stauwehr am Kocher einer der Lieblingsplätze. Man konnte dort faul in der Sonne liegen und dem plätschernden Wasser nachschauen. Nachdem Inge ihr das Schwimmen beigebracht hatte, durchquerte Sophie mit knapp sechs Jahren den klaren, kalten Fluss zum ersten Mal. Sie sollte immer eine Vorliebe für das Wasser hegen, an keinem Bach könne sie vorbeigehen, ohne wenigstens kurz mit nackten Füßen hineinzuwaten, schrieb sie später.[2]

Im Winter tummelte sich die Jugend von Forchtenberg an der Kirchenstiege. Wer sich traute, konnte mit dem Schlitten in halsbrecherischem Tempo von der Dorfmitte nach unten rasen, am Rathaus vorbei «bis zum Milchhäusle am Kocher».[3] Dank der Recherchen der Künstlerin Renate Deck kann man heute auf dem Sophie-und-Hans-Scholl-Pfad in Forchtenberg die wichtigsten Orte der Kindheit von Sophie Scholl und ihren Geschwistern entdecken.

Weil die Scholls mit der Pfarrersfamilie Krauß befreundet waren, durfte Lina ihre Wäsche in deren großem Garten zum Trocknen aufhängen und an Ostern dort die bunten Eier für ihre Kinder verstecken. Sie fühlten sich im verwilderten Pfarrgarten bald ganz zuhause. Zwischen den hohen Bäumen führten sie selbst ausgedachte Theaterstücke und Märchen auf und verkleideten sich dafür mit abgelegten Anziehsachen der Erwachsenen. Meistens war die sehr musikalische Inge die Anführerin, die große Freude am Inszenieren hatte. Einmal schrieb sie sogar eine Kinderoper. Bis das Zeichentalent von Sophie auffiel, galt Inge als die künstlerisch Begabte in der Familie.

Ein beliebtes Spiel im Pfarrgarten war «Hochzeit halten». Pfarrerssohn Arnold, der sich damit am besten auskannte, übernahm die Rolle des Bräutigams und wählte sich gerne Sophie zur Braut. Die Geschwister und Freunde spielten die Brautjungfern und Hochzeitsgäste. «Wir schmückten uns aufs herrlichste», schrieb Sophie später in einem Schulaufsatz, «ich war in meinem Leben nimmer schöner gewesen, als damals im Brautschleier und Kranz aus Maßliebchen.»[4] Die feingemachte Hochzeitsgesellschaft zog lärmend durch die Gassen, manchmal spielte eines der Kinder dazu Trompete. Arnolds Mutter tischte das «Hochzeitsmahl» auf, Schokoladenpudding, Himbeersaft und Kekse. Zum Schluss tobten die Kinder durch den

Garten und manchmal verlor der Bräutigam dabei den falschen Bart, der eigentlich zum Nikolauskostüm gehörte.

Die Scholl-Kinder denken sich die meisten ihrer Spiele aus und basteln sich alles Nötige dafür selbst.[5] Gekaufte Spielsachen gibt es kaum, sie haben trotzdem alles, was sie brauchen: geheime Plätze, Spaß und Aufregung. Sophie Scholls Liebe zur Natur entsteht in diesen Jahren. Was sie als Kind im Hohenloher Land sieht, fühlt und riecht, bleibt für immer in ihrem Gedächtnis. Wenn sie später ihrer Lebensfreude Ausdruck geben will, liefert ihr die Natur dazu die Bilder. Aber sie sucht die Natur nicht nur als Ort des Glücks und der Inspiration, sondern auch als Herausforderung und um sich selbst zu spüren, beim Schwimmen, Wandern oder Skifahren.

Das Paradies von Forchtenberg lebte in den Erinnerungen weiter. Der Vater kam darin wenig vor, die Mutter hingegen schon. Unter der Überschrift «Kleine und große Feste im Jahreslauf» erzählte Sophie in einem Aufsatz vom Badetag, einem der schönsten Rituale der Woche. Weil die Scholls wie die meisten Forchtenberger kein Badezimmer hatten, mietete Lina die Badestube des Bäckers für den Samstagnachmittag. Inge durfte als Älteste alleine baden, aber:

> Wir vier Kleinen wurden dann, zwei und zwei, in die Badewanne gesteckt und unserem Schicksal überlassen. Denn unsre Mutter hatte uns die überaus wichtige Aufgabe gestellt, uns selbst zu waschen. Dies erfüllte uns mit ernstem Eifer [...] Die Rücken bearbeiteten wir uns gegenseitig mit Seife und Bürste so heftig, bis sie krebsrot waren und die Betroffene in Wehgeschrei ausbrach.[6]

Wenn es zu wild wurde und die Kinder sich schreiend um Badeenten, Papierschiffchen oder den Schwamm stritten, beendete die Mutter das Vergnügen, duschte und trocknete alle ab. Die wenigen Meter nach Hause waren schnell geschafft, und am Ende des Tages saßen alle auf ihren Betten, eingehüllt in warme Decken: «Den herrlichen Abschluss dieses Abends bildete eine heiße Zuckermilch und ein Honigbrot. Während wir es langsam und voll Genuß verzehrten, erzählte uns Mutter ein Märchen.»[7]

Sophie (re.) mit Freundin, Ende der zwanziger Jahre

Sophie liebte ihre Puppen und konnte sich stundenlang in das Spiel mit ihnen vertiefen. Die Mutter förderte diese Beschäftigung, weil die Mädchen sich damit auf ihre spätere Rolle als Hausfrau und Mutter vorbereiten sollten. Zu Weihnachten nähte Lina hübsche Kleider und bastelte immer etwas Neues für die Puppenstube. Sophie wünschte sich einmal ein großes Puppenbett mit Rädern, das sie auch bekam. Liebevoll versorgte sie ihre Puppenkinder, zog sie am Abend aus und legte sie schlafen, ganz so, wie die Mutter es mit der kleinen Tilde machte.

Abends betete Lina Scholl mit den Kindern und sonntags führte sie die kleine Schar in die evangelische Michaelskirche. Das «Kinderkirchle», wie der Kindergottesdienst genannt wurde, leitete sie manchmal selbst. Was Lina Scholl vermittelte, war ein Kinderglauben im besten Sinn: «Sie lehrte uns beten und ließ uns von Anbeginn mit dem Dasein eines Unsichtbaren [...] vertraut werden: es war der liebe Heiland [,] der einmal gewesen war, der alles wusste und konnte und der nun für immer für uns da war und uns liebte, obwohl wir ihn nicht sahen.»[8] Als junge Erwachsene werden die Geschwister mit diesem Kinderglauben im Gepäck das Christentum neu für sich entdecken.

Zu Beginn des Jahres 1926 fiel ein dunkler Schatten auf die heile Welt der Familie: Tilde starb, noch kein Jahr alt. Sie hatte gerade begonnen zu laufen und war der verhätschelte Liebling der Familie, als sie zuerst Masern und dann eine Lungenentzündung bekam. Am Morgen des 5. Januar stellte der Kirchendiener in seiner Funktion als Leichenbeschauer offiziell den Tod des Kindes fest. Tilde blieb zwei Tage lang im Hausflur aufgebahrt, wie es der regionale Brauch war. Erst nach einer zweiten Leichenschau durfte die Beerdigung stattfinden. Die Familie folgte dem Sarg vom Rathaus zu Fuß über die Kocherbrücke zum Friedhof. Dort steht die zweite Michaelskirche von Forchtenberg, ein romanischer Bau, der über 1000 Jahre alt ist. Tildes Grabspruch aus dem Buch des Propheten Jeremia lautet: «Ich habe dich je und je geliebt, darum habe ich dich zu mir gezogen aus lauter Güte.» Der Tod eines Kindes, eine der schmerzlichsten Erfahrungen für Eltern, war für Lina Scholl kein Grund, an der Liebe Gottes zu zweifeln.

Am 1. Mai 1928, kurz vor ihrem siebten Geburtstag, wurde Sophie Scholl eingeschult. Da in der evangelischen Volksschule von Forchtenberg immer zwei Jahrgänge zusammen unterrichtet wurden, saßen Sophie und Elisabeth in derselben Klasse. Aus dieser Zeit stammt folgende Familienanekdote: Die Kinder werden streng nach ihren Leistungen und Noten platziert, die Besten sitzen ganz vorne. Meistens sind es Elisabeth und ihre Freundin Lore, die um den ersten Platz in der Klasse wetteifern. Als Elisabeth eines Tages einen Tintenfleck in ihr Heft kleckst, schickt der Lehrer sie auf den zweiten Platz. Da hält es Sophie nicht mehr auf der Bank. Sie geht nach vorn zum Lehrerpult und erklärt selbstbewusst, ihre Schwester habe heute Geburtstag, deshalb setze sie Elisabeth jetzt wieder «hinauf».[9] Ist diese Geschichte wahr oder erfunden? Das lässt sich bei solchen Berichten, die zum festen Erinnerungsschatz einer Familie gehören, im Nachhinein nicht mehr sagen. Barbara Leisner berichtet, der

Lehrer habe sich über Sophies Einmischung amüsiert, seine Entscheidung aber nicht geändert. Hermann Vinke hingegen schreibt, der Lehrer habe es geschehen lassen. Die Biographin hat mit Elisabeth gesprochen, der Biograph mit Inge Scholl. Aber selbst wenn sich die Sache nicht so zugetragen haben sollte, erzählt die Geschichte etwas darüber, wie Sophie von ihrer Familie gesehen wurde: Als mitfühlendes Kind, das sich traut, einer höheren Autorität die Stirn zu bieten. Vielleicht zeigte sich schon jetzt etwas von dem, was Sophie Scholl später von sich forderte: ein weiches Herz und ein harter Geist.

Sophies Eintreten für die Schwester in der Schule wäre in jedem Fall mutig gewesen, denn in Forchtenberg durften die Lehrer noch «Tatzen» verteilen und mit dem Rohrstock auf die flache Hand der Kinder schlagen, was nicht nur weh tut, sondern auch die Hand anschwellen lässt. Sophie habe nur einmal «Tatzen» bekommen, erinnert sich Inge, denn sie sei eine gute und brave Schülerin gewesen. Sie war auch ehrgeizig und wollte unbedingt auf die Mädchenoberrealschule in Künzelsau gehen, genau wie ihre großen Schwestern.

Das bestätigt eine zweite Geschichte aus derselben Zeit, die ein nicht allzu schmeichelhaftes Licht auf Sophie wirft, was sehr dafür spricht, dass sie nicht erfunden ist. Sie soll sich selbst im Vergleich mit den Geschwistern so beschrieben haben: «Die Brävste bin ich nicht, die Schönste will ich gar nicht sein, aber die Klügste bin ich immer noch.» Auch das ist ein Zug von Sophie Scholl: Sie hält sich für besonders schlau und damals vielleicht auch für schlauer als ihre Geschwister. Ein paar Jahre später wird sie sich für ihre Arroganz schämen. Doch das Kind kräht noch fröhlich heraus, was die junge Erwachsene lieber verbergen möchte.

Seit 1928 besuchte Inge Scholl die Oberrealschule in Künzelsau und wohnte nun während der Woche bei Großmutter Sofie Müller. Die Scholl-Geschwister hatten eine innige Beziehung zu den Großeltern und besuchten sie gerne. Für die Kleinen gab es dort ein Säckchen mit Nägeln aus der Werkstatt des Großvaters, mit denen sie stundenlang Figuren legten. Friedrich Müller starb bereits 1924, seine Frau überlebte ihn um fünf Jahre. Inge war zwölf, als die Großmutter

Sophie mit ca. acht Jahren in Forchtenberg

friedlich im Lehnstuhl einschlief, während sie am Küchentisch Hausaufgaben machte. Die Großeltern hinterließen keine Reichtümer, aber ein schönes Haus mit «Gärtle» in Künzelsau, das heute noch steht, aber nicht mehr der Familie gehört.

Häufig besuchte Lina Scholl auch ihre jüngere Schwester Elisabeth Leber im 60 Kilometer entfernten Backnang. Dort lebte bis zu seinem frühen Tod 1919 auch ihr Bruder Friedrich. Die andere Schwester Linas war in Stuttgart mit einem Gold- und Silberwarenhändler verheiratet.[10]

Sophie begleitete die Mutter gerne auf ihren Ausflügen zu «Tante Leber» nach Backnang, denn im selben Haus wohnte Lisa Remppis mit ihrer Familie. Lisa war Sophies beste Freundin und blieb es bis zum Ende. Sie war zwei Jahre jünger als Sophie, was aber die Nähe zwischen den beiden Mädchen nicht verhinderte. Als Lisas Vater Bezirksnotar in Langenburg wurde, einem Ort, der nur 30 Kilometer von Forchtenberg entfernt lag, zog die Familie Remppis in eine große Wohnung im obersten Geschoss des dortigen Amtsgerichts. Nun konnten die Mädchen sich noch häufiger als bisher besuchen. Renate Deck hat Lisa Remppis' Leben in Langenburg recherchiert. Das Buch, das sie darüber verfasst hat, kann manches nur skizzieren, weil viele Spuren verwischt sind. Was aber deutlich wird: Lisa besaß als Jugendliche ein ungezähmtes, unangepasstes Wesen. Vielleicht war es das, was Sophie an ihr schon so früh faszinierte.[11]

Der wirtschaftlich angespannten Lage nach dem Ersten Weltkrieg und dem Tod der kleinen Schwester zum Trotz sind die Kindheitsjahre der Scholl-Geschwister in Forchtenberg weitgehend unbeschwert. Wenn es an mancher Stelle heißt, sie seien in einer liberalen, bürgerlichen Familie mit großzügigen Eltern aufgewachsen, so ist das missverständlich. Zwar näherte sich ihr Lebensstil immer mehr dem des Bildungsbürgertums an, doch stammten die Eltern aus ärmlichen Verhältnissen, was zumindest beim Vater für eine besondere Empfindlichkeit sorgte. Die Scholls lebten bescheiden, aber es fehlte ihnen an nichts. So wie die Jahreszeiten verlässlich aufeinander folgten, feierte die Familie Weihnachten, Ostern und alle Geburtstage nach festen Ritualen. Das Rathaus war ein sicherer Hafen, der aber Freunde nicht ausschloss. Die Kinder durften sie zum Essen oder zum Übernachten mitbringen und auch zum traditionellen Kartoffelfeuer, das anlässlich des Erntedankfests im Garten angezündet wurde.

«Ansonsten haben sich meine Eltern nicht so sehr um uns gekümmert», erinnert sich Elisabeth Scholl, «mein Vater war unentwegt in seiner Ratsstube und meine Mutter war trotz ihrer vielen Kinder auch karitativ tätig. Wir haben uns gegenseitig erzogen.»[12]

Lina und Robert Scholl haben sich jedoch einige Gedanken über die Erziehung ihrer Kinder gemacht. Sie wollten ihnen Freiheit schenken, aber sie hatten auch Erwartungen. Die Kinder sollten sich in der Schule anstrengen, und wer Klavierunterricht haben wollte, musste regelmäßig üben. Außerdem sollten die Kinder viel lesen, wozu man sie aber gar nicht anhalten musste, denn sie lasen alle sehr gern. Zu Sophies ersten Büchern gehörten *Der Struwelpeter*,

Grimms Märchen, Etwas von den Wurzelkindern und die *Kinder-Bilderbibel* von Julius Schnorr von Carolsfeld.

Erziehung zu Selbständigkeit war ein weiteres Ziel der Scholls. Dass sie dafür bereit waren, auch Härte zu zeigen, beweist eine Erinnerung aus Inges Grundschulzeit: Sie hatte der Mutter von dem Streit mit einer Klassenkameradin erzählt und sie gebeten, am nächsten Tag in die Schule zu kommen, um dem anderen Mädchen die Meinung zu sagen. Lina Scholl begleitete Inge tatsächlich zur Schule, ging dann jedoch, ohne ein Wort zu sagen, weiter und ließ die überraschte Tochter allein zurück. Inge interpretierte das als Aufforderung, ihre Probleme mit den anderen Mädchen selbst zu lösen.

Lina Scholl hatte noch eine andere, eher sentimentale Seite. Sie liebte Agnes Günthers 1913 erschienenen Roman *Die Heilige und ihr Narr*, eine rührende Geschichte um Liebe, Frömmigkeit und Seelenverwandtschaft. Der Roman spielte in den Schlössern rund um Langenburg, weshalb Robert Scholl eines Tages auf die Idee kam, seiner Frau zum Geburtstag einen Tagesausflug zu den Schauplätzen des Romans zu schenken. Die ganze Familie war am 5. Mai 1929 oder 1930 mit von der Partie. Dank der Verbindungen von Lisas Vater «bekamen wir Zutritt zum Schloß», erinnerte sich Elisabeth viele Jahre später.[13]

Lina Scholl war keine Mutter, deren Gedanken nur um die Kinder kreisten. Sie fühlte sich verpflichtet, Menschen zu helfen, die in Not geraten waren, auch in Forchtenberg. Dabei behielt sie ihre eigene Familie im Blick und gab den Kindern das Gefühl, für sie da zu sein. Sie war die fröhliche, verlässliche Mitte und damit ein Ausgleich für den schnell aufbrausenden und oft gereizten Vater.

Robert Scholl fühlte sich nicht ausreichend gewürdigt von «seinen» Forchtenbergern. Das verbitterte ihn, wie man an seinem Rechenschaftsbericht von 1929 erkennt. Detailliert führte er seine Leistungen auf: Zunächst habe er für die Instandsetzung und Verbreiterung der Straße zur Oberamtsstadt Öhringen gesorgt, so dass statt der Kutsche nun ein Postauto und damit «das erste brauchbare Verkehrsmittel»[14] die Stadt ansteuern könne. Danach habe er Forchtenberg an das Eisenbahnnetz anschließen lassen. Die Pläne dafür stammten zwar schon aus dem Jahr 1892, als die Kochertalbahn gebaut wurde, doch konnte die Strecke zunächst aus Geldmangel und dann wegen des Krieges nicht verlängert werden. Erst Robert Scholls Hartnäckigkeit war es zu verdanken, dass am 21. Juni 1924 das Teilstück von Künzelsau nach Forchtenberg eröffnet wurde, darauf war er stolz: «Tatsächlich hing damals alles von meiner persönlichen Initiative ab.»[15] Auch diesmal steuerte Robert Scholl einen Geldbetrag aus eigener Tasche bei und stiftete die Bahnsteiguhr. «Da ich weiß, wie oft die Forchtenberger Uhren nachgehen», schrieb er ironisch in seinem Rechenschaftsbericht, «sorgte ich aus Privatmitteln bei der Bahneröffnung für eine Bahnsteiguhr, die gerne jedem genaue mitteleuropäische Zeit angibt.»[16]

Seit Inbetriebnahme der Strecke konnten die Scholl-Kinder mit der Bahn zur weiterführenden Schule fahren. Zuletzt waren es Inge, Hans und Liesl, die den 5-Uhr-Zug nach Künzelsau nahmen. Die praktische Lina hatte dafür ein Übereinkommen mit dem Lokführer getroffen. Sie konnte nämlich die Stadtbeleuchtung im Rathaus ein- und ausschalten und signalisierte ihm damit, ob er im Bahnhof anhalten und auf ihre Kinder warten sollte oder nicht.

Forchtenberg hatte Anfang der zwanziger Jahre keinen Arzt unter seinen Bürgern. Auch hier schaffte Scholl Abhilfe, indem er den Allgemeinmediziner und Zahnarzt Dr. Ferdinand Dietrich dazu überredete, im Herbst 1927 eine eigene Praxis in der Stadt zu eröffnen. Wenn Scholl gewusst hätte, dass Dietrich sich später als strammer Nazi entpuppen sollte, hätte er wohl nach einem anderen Mediziner gesucht. Nun entstand jedoch eine Freundschaft zwischen den Männern und ihren Familien, die so stabil war, dass sie sogar die tiefen politischen Gräben überbrückte.

In Robert Scholls Amtszeit fielen außerdem die Verbesserung der städtischen Wasserversorgung, der Bau der Kanalisation und die Ausbesserung der Straßen. Die Schaffung neuer Arbeitsplätze hingegen war eine Aufgabe, die auch ihm nicht gelang. In der Stadt lebten zu viele «ungenügende Existenzen», befand er und meinte damit Bürger, die arbeitslos in den Gassen herumlungerten und auf Unterstützung durch die Gemeinde hofften.[17] Doch weder die Barometerfabrik noch die Strickerei, die Scholl in Forchtenberg zur Ansiedelung ermutigen konnte, kamen auf einen grünen Zweig.

Robert Scholl war kein bürgernaher Lokalpolitiker. Immer korrekt in dunkle Anzüge gekleidet, Zigarre rauchend und davon überzeugt, selbst am besten zu wissen, was für die Gemeinde gut ist, konnte er keinen herzlichen oder freundlichen Kontakt zu den Menschen in seiner Stadt aufbauen. Sie akzeptierten ihn nicht als einen der ihren.

«Manchmal fühlte sich mein Vater wie ein Fremder», schreibt Inge Scholl im Rückblick, «was er nicht konnte und nicht mochte und was ein Bürgermeister in einer solchen Gegend können muss, das war: in der Wirtschaft mit den Leuten ein Viertele trinken, denn das Kochertal ist ja ein Weinanbaugebiet.»[18] Ihr späterer Ehemann Otl Aicher hält Scholls liberale Ansichten für die eigentliche Ursache der Kluft zwischen ihm und den Bürgern: «Die politische Gesinnung wurde damals deutlich zur Schau getragen. Man äußerte seine Auffassung, und zwar keineswegs mit großer Vorsicht. Im Gegenteil. Und weil Robert Scholl ein Liberaler war, war auch dessen Gesinnung schnell bekannt.»[19] Sophies Vater hat sich nie viel Mühe gemacht, seine pazifistischen Ansichten zu verbergen. Jeder im Ort wusste, dass er nicht nur den *Hohenloher Boten* las, sondern auch die überregionale *Frankfurter Zeitung*. Über das Abonnement der Wochenzeitschrift *Menschheit* rümpfte selbst der befreundete Pfarrer Krauß die Nase. Bald kursierten wilde Gerüchte über seine politische Haltung: Man erzählte sich, er sei Paneuropäer und habe einmal verkündet, «mir ist es wurscht, ob ich Stadtschultheiß in Deutschland oder Frankreich bin».[20] Auch in Forchtenberg war der Nationalismus gesellschaftsfähig geworden, in diesen Kreisen zollte man einem Mann wie Robert Scholl keinen Respekt.

Dies merkte nicht nur der Bürgermeister, auch seine Familie bekam es mit: «Ich spürte es als Kind genau – und vielleicht ist es Sophie ähnlich ergangen –, dass bestimmte Gruppen gegen meinen Vater waren, dass sie ihn in seiner aufgeschlossenen Welt nicht verstanden. Dieses im negativen Sinn mittelalterliche empfanden wir deutlich.»[21]

4.

Härteres Pflaster:
Zwischenstation Ludwigsburg

Die Weimarer Republik war von Anfang an mit schweren Bürden belastet. Sie war nicht nur eine Demokratie, der es an Demokraten mangelte, auch wirtschaftlich rangierte sie von Beginn an am Rande des Abgrunds. Die vorsichtige ökonomische Erholung seit 1924 endete abrupt, als am 24. Oktober 1929 in New York die Börse zusammenbrach. Die dadurch ausgelöste Weltwirtschaftskrise traf Deutschland nach den USA am härtesten.

Auch deshalb war der Dezember 1929 ein ungünstiger Zeitpunkt für die Neuwahl des Forchtenberger Bürgermeisters. Denn so wie viele Deutsche die junge Republik für die schlechten wirtschaftlichen Verhältnisse im Land verantwortlich machten, hielten die Unzufriedenen in Forchtenberg ihren Bürgermeister Robert Scholl für den Schuldigen. Außerdem kursierten Gerüchte über die Herkunft von Ernst Gruele und über eine Affäre Robert Scholls. Der spürte den Gegenwind, aber anstatt den Wählern Hoffnung zu machen, klagte er in seinem Rechenschaftsbericht, den er kurz vor der Wahl auch öffentlich vortrug, er habe in Forchtenberg nur «arbeitsreiche, schwere und sorgenvolle Jahre verlebt, dabei ganz wenig Freude und Anerkennung erfahren. Hier wird der Ortsvorsteher für alles verantwortlich gemacht, während die Behandlung entsprechend ist. Hier sucht man immer nach Schuld, nicht nach Ursachen.»[1]

Im Dezember 1929 unterlag er mit 36,9 Prozent der Stimmen klar seinem Gegenkandidaten, der 62,7 Prozent erhielt. Im *Hohen-*

loher Boten schrieb ein anonymer Verteidiger des abgewählten Bürgermeisters, das sei eine schwere Enttäuschung, denn Scholl habe alles für die Gemeinde getan. Vier Tage später hielt ein anonymer Kritiker in derselben Zeitung dagegen, er habe lediglich das getan, was sein Job sei, und dabei auch noch gut verdient. Scholls Überheblichkeit sei völlig fehl am Platze.

Statt die Niederlage einzustecken, aus der Stadt fortzuziehen und sich und seiner Familie damit weitere Demütigungen zu ersparen, machte Robert Scholl die Dinge nur noch schlimmer, indem er eine Beleidigungsklage gegen den anonymen Schreiber anstrengte. Seine Gegner breiteten daraufhin alles aus, was sie gegen ihn in der Hand hatten. Auch sein ihm wohlgesinnter Vorgesetzter, der Regierungsrat im Oberamt Öhringen, konnte nur konstatieren, «dass die sittlichen Verfehlungen Scholls als solche nicht der Anlass für die Nichtwiederwahl waren», aber «ungeschickt genug freilich war es von ihm, dass er, der kein sauberes Brusttuch hatte, die Beleidigungsklage anstrengte».[2] Das hatte Scholl inzwischen selbst begriffen. Er änderte seinen Ton, bedankte sich für die Unterstützung des Regierungsrats und fügte etwas wehleidig hinzu: «In tiefere Not kann selten ein Mensch geraten als ich seit ½ Jahr [...].»[3]

Auch seine Frau und die fünf Kinder verspürten diese Not. Lina Scholl stand fest an der Seite ihres Mannes und hielt unbeirrt zu ihm. Dass ihr die Angelegenheit gleichwohl zusetzte, erkennt man an einem Brief aus dem folgenden Jahr: «Mit Gottes Hilfe überwinden wir die schändlichen Anschläge, die manche Leute mit uns getrieben haben, uns vorsätzlich ins Unglück zu stürzen, was ihnen aber nicht gelungen ist!»[4]

Und was ging in den Kindern vor? Hat ihnen jemand erklärt, warum der Vater vom Podest gestoßen worden war? Warum er, dessen Auftauchen zuvor bei jeder Feierlichkeit mit Applaus und Ehrenbezeugungen verbunden gewesen war, von vielen jetzt nicht einmal mehr gegrüßt wurde? Kinder haben ein feines Gespür für die Chemie zwischen Erwachsenen, auch wenn sie in die Gründe nicht eingeweiht sind. Die Scholl-Geschwister, zwischen sieben und zwölf Jahre alt, spürten, dass der Vater und mit ihm die ganze Familie in der Achtung der Mitbürger gesunken war. Dann setzte die Gemeinde

Robert Scholl ein Ultimatum: Er hatte die Dienstwohnung bis zum 15. Juni 1930 zu verlassen, andernfalls werde man sie räumen lassen. Es war jedoch nicht leicht für den Vater, eine neue Anstellung und ein Dach über dem Kopf für seine große Familie zu finden. Der Auszug erfolgte lediglich zwei Tage vor Ablauf der Frist. Die Kinder konnten die Trauer über den Verlust der geliebten Heimat angesichts der Erleichterung, aus einer feindlich gewordenen Umgebung fortzukommen, gar nicht richtig ausleben.

Als Einzige der Geschwister kehrte Sophie nie wieder in ihre Geburtsstadt zurück, ein Zeichen dafür, wie tief die Verstörung reichte. Lisa Remppis' Bruder Rudolf und Elisabeth Scholl erinnern sich an einen längeren Aufenthalt von Sophie in Langenburg, daher vermutet Renate Deck, man habe Sophie wegen der aufgeheizten Stimmung aus der Forchtenberger Schule genommen und sie für die letzten Wochen oder Monate bis zum Umzug bei Familie Remppis in Langenburg gelassen.[5] «Sie hatte die Abwahl des Vaters als Bürgermeister von Forchtenberg als einschneidendes und schmerzliches Erlebnis empfunden», kommentiert Deck, «in Forchtenberg lag so nicht nur ihre Naturverbundenheit begründet, sondern auch ihr früh entwickeltes Gefühl für Recht und Unrecht.»[6] Wer in diesem Fall Recht hat, ist für die Neunjährige keine Frage. Das Gefühl, man müsse sich gemeinsam gegen den Rest der Welt verbünden, hinterlässt Spuren; hier liegt möglicherweise der Keim für die in der Familie kultivierte Auffassung, sie hätte mehr Lasten zu tragen als andere Familien. So lehrt es auch das Scholl'sche Familienmotto «Allen Gewalten zum Trutz sich erhalten». Der Spruch entstammt einer *Beherzigung* Goethes und lautet im Ganzen:

Feiger Gedanken
Bängliches Schwanken,
Weibisches Zagen,
Ängstliches Klagen
Wendet kein Elend,
Macht dich nicht frei.

Allen Gewalten
Zum Trutz sich erhalten,

Nimmer sich beugen,
Kräftig sich zeigen,
Rufet die Arme
Der Götter herbei.

«Wir Scholls halten zusammen, stolz und unbeugsam!» Robert Scholl macht es vor. Selbstkritik ist nicht seine Stärke, deshalb werden die Kinder es nicht von ihm lernen, sondern ihre eigenen schmerzhaften Erfahrungen machen müssen, bis sie einsehen, wie sehr sie sich irren können.

Im Juni 1930 zieht die Familie Scholl nach Ludwigsburg. Zwar hat der Vater eine Stelle als Geschäftsführer beim Maler- und Lackiererbund in Stuttgart angenommen, aber im zwölf Kilometer nördlich davon gelegenen Ludwigsburg lebt man günstiger. Ernst Gruele zieht nicht mit um, er ist jetzt 16 und hat in Forchtenberg eine Lehre begonnen. Wie es ihm ergangen ist, nachdem die Familie die Stadt verlassen hatte, ist nicht bekannt.

Die neue Wohnung befindet sich im zweiten Stock eines Altbaus am Wilhelmsplatz 7, Ecke Myliusstraße; heute heißt der Platz Schillerplatz. «Mein Vater hat immer große Wohnungen gemietet», schreibt Inge Scholl, «auch wenn es uns noch so schlecht ging. Er meinte, jeder müsse sich in der Wohnung bewegen und jedem auch mal aus dem Weg gehen können. Meine Mutter bügelte diese Großzügigkeit gelegentlich damit aus, dass sie ein Zimmer vermietete.»[7] Die Familie sah nicht viel vom Vater, der jeden Morgen zur Arbeit nach Stuttgart fuhr und dort abends Kurse an der Verwaltungsakademie besuchte. Sein Ehrgeiz war ungebrochen.

Ludwigsburg, dessen Innenstadt bis heute von Barockfassaden geprägt ist, war schon seit über 200 Jahren Garnisonsstadt. In der Vorkriegszeit waren etwa 6500 Soldaten hier stationiert gewesen, im Jahr 1918 war die Zahl kurzfristig auf 18 000 gestiegen. Doch durch die Beschränkung des Heeres aufgrund des Versailler Vertrags sank die Zahl der Soldaten auf 1500, das bedeutete Einbußen für alle Wirtschaftszweige, die vom Militär lebten.

Aber die Stadt berappelte sich. In den leerstehenden Kasernen siedelten sich neue Unternehmen an wie die Strickwarenfabrik Bleyle und die Pfeifferwerke, die Getriebe für Motorräder herstellten. Eine Bausparkasse wurde gegründet, das Bezirkskrankenhaus war nach seiner Erweiterung außerhalb von Stuttgart das größte Krankenhaus in Württemberg, und das Kaufhaus Stern feierte 1929 sein 25-jähriges Bestehen.

Politisch dominieren die Revanchisten in Ludwigsburg. Schon im März 1923 hatten Nationalsozialisten einen Vortrag des Pazifisten Hellmut von Gerlach zu «Frankreich und Deutschland» gestört und eine Saalschlacht angezettelt. 1929 begrüßten die Ludwigsburger Kommunisten einen der ihren in der «reaktionärsten Stadt Württembergs». Auch die neu hinzugezogenen Scholl-Kinder bekamen schnell mit, wie hitzig die politischen Auseinandersetzungen in dieser Stadt ausgetragen wurden. «Von unseren Wohnungsfenstern aus, die auf die große Myliusstraße zum Bahnhof führten, erhielten wir unsere ersten, sehr komischen Eindrücke von Wahlkämpfen», berichtete Inge Scholl viele Jahre später.[8] Seit der Reichstag im Juli 1930 aufgelöst worden war, zogen fast täglich Aktivisten der extremen Randparteien durch die Straßen. Trafen sie aufeinander, endete es oft in einer Schlägerei.

Das Jahr 1930 markiert einen Wendepunkt in der Geschichte der Weimarer Republik, denn jetzt begann die Zeit der Präsidialkabinette. Nach dem Bruch der Großen Koalition und dem Rücktritt des Reichskanzlers Hermann Müller im März ernannte Reichspräsident Hindenburg den Zentrumspolitiker Heinrich Brüning zum Reichskanzler und beauftragte ihn, eine Regierung ohne Rücksicht auf die realen Mehrheitsverhältnisse im Reichstag zu bilden. Im Rückblick kann man das als den Moment betrachten, in dem die Demokratie in Deutschland faktisch abgeschafft wurde. Harry Graf Kessler, ein aufmerksamer und liberal gesinnter Zeitgenosse, notierte in seinem Tagebuch immerhin, die Ernennung Brünings bedeute «das vorläufige Ende der parlamentarischen Republik», doch noch vertraute er darauf, dass dies lediglich eine Phase sei, in der die Demokratie aus gutem Grund eingeschränkt würde.[9]

Für die Scholl-Kinder, die bisher nur Kleinstädte kennengelernt hatten, war die Stadt von 30 000 Einwohnern mit drei prachtvollen Schlössern, vielen Geschäften und etlichen Autos auf den Straßen aufregend. «Es war eine ausnehmend kommunikative Atmosphäre», erinnert sich Inge Scholl später, die damals fast 13 Jahre alt war. «Das entschädigte uns für die schöne hohenlohische Landschaft, die wir verlassen mussten. Die landschaftliche Umgebung von Ludwigsburg fanden wir natürlich nicht schön.»[10] Auch Sophie fehlte in Ludwigsburg die Nähe zur Natur. Die neue Wohnung war zwar groß, hatte aber weder einen Balkon noch einen Garten. In Forchtenberg waren es nur ein paar Schritte bis zum Fluss oder zu den Weinbergen gewesen, die schöne Altstadt von Ludwigsburg mit Innenhöfen und Gärtchen war dafür kein Ersatz. Hinzu kam, dass die Kinder sich der aufgeheizten politischen Stimmung wegen nicht so frei bewegen durften wie in Forchtenberg.

Eine besondere Attraktion hatte Ludwigsburg aber doch: Jeder Bürger durfte für ein paar Stunden den Schlüssel zum Park des Lust- und Jagdschlosses Favorite mieten. Im zwischen der großen Residenz und dem Rokoko-Seeschloss Monrepos gelegenen Landschaftsgarten mit altem Baumbestand und einem Tierpark stellten die Kinder sich vor, sie seien die Herrinnen und Herren von Park und Schloss: «Das war unser Paradies in Ludwigsburg», erinnert sich Elisabeth.[11]

Es gibt ein Familienfoto vor Schloss Favorite, wahrscheinlich aufgenommen von Lina Scholl. Robert Scholl, lässig im dunklen Anzug, trägt Mantel und Schirm über dem linken Arm und hat die Rechte in die Hosentasche gesteckt. Sein Gesichtsausdruck wirkt, als sei er verärgert. Neben ihm stehen die fünf Geschwister, der Größe nach aufgereiht wie die Orgelpfeifen. Die beiden Älteren blicken freundlich, aber etwas verhalten, die drei Jüngeren lächeln ganz ungezwungen. Hans trägt einen Matrosenanzug, Werner eine Lederhose, die drei Mädchen stecken in Kleidchen und tragen dazu Riemchenschuhe.

Der Park ist nur etwas für die Wochenenden, wenn der Vater zuhause ist. Sonst haben auch die Kinder wenig Zeit für Spaziergänge, denn sie müssen sich in der Schule sehr anstrengen. Inge und Elisabeth brauchen Nachhilfe in Englisch. Robert Scholl bittet die Pen-

Robert Scholl mit seinen Kindern (v. li.) Inge, Hans, Elisabeth, Sophie und Werner vor Schloss Favorite, Ludwigsburg 1930

sionskasse um die baldige Auszahlung des Ruhegeldes, damit er den Privatunterricht der Töchter finanzieren kann.

Wessen Ehrgeiz ist es zu verdanken, dass Elisabeth trotz der Defizite in Englisch eine Klasse überspringt? Lina Scholl gibt später zu, diese Entscheidung sei falsch gewesen, und rät Julie Remppis, die Ähnliches für Lisa plant, davon ab. Sie schreibt ihr aus Ludwigsburg, Elisabeth würde das übersprungene Schuljahr doch sehr merken.[12]

Hans geht auf das Mörike-Gymnasium und gehört dort gleich zu den Besten. Sophie besucht die dritte Klasse der Evangelischen Mädchenvolksschule am «Schulbückele» in der Schulgasse. Sie hatte noch nie Schwierigkeiten mit dem Lernen und ist bald die Beste in ihrer Klasse. Mitschülerin Emmi Hohlbaum, die im Mai 1931 zu Sophies zehnten Geburtstag eingeladen ist, bewundert die Freundin, die so «tolle Bilder» in die Poesiealben zeichnet.[13] In das Album ihrer Schulfreundin Elfriede Breitenbach schreibt Sophie: «Ich komme aus der Ewigkeit und trag' in meinem Sternenkleid der Erde Leid, der

Erde Glück in ferne Ewigkeit zurück. Zum Andenken an Deine Freundin Sophie Scholl.»[14] Dazu malt sie ein Kind unter einem Sternenreigen und einem Wildrosenstrauch. Die hübsche Tuschezeichnung verrät einen überraschend sicheren Strich für eine Zehnjährige. In Ludwigsburg findet Sophie schnell Anschluss, sie darf als Erste in das Poesiealbum von Irene Benz schreiben: «Lass nie den frohen Mut dir rauben, und halte fest an deinem Glauben, in guten wie in schlimmen Tagen, so wirst die Last du leichter tragen, ein fester Stab ist kindlich Gottvertrauen! Zur Erinnerung an deine Sophie Scholl»[15] Die Blütenranke, die sie am 14. Januar 1932 neben das Gedicht zeichnet, hat ebenfalls nichts mit einer Kinderzeichnung gemein. «Sie war schon damals ein rechter Freigeist», erinnert sich Irene Benz, «sie wusste genau, was sie wollte. Man hat sich gut mit ihr unterhalten können. Ein reifer Mensch.»[16] Und weiter: «Sophie hat sich schnell eingelebt. Sie war die Beste in der Klasse, belesen und gut im Aufsatz. Besonders ihr Malen hat mich fasziniert.»

Schwerer hatte es Lina Scholl in Ludwigsburg. Haustöchter gab es in der Stadt nicht. «Hier arbeite ich alles allein [...] Die Kinder müssen tüchtig lernen, sie können mir wenig helfen. Ich muss mich oft selbst wundern, dass ich dauernd so arbeiten kann. Ich wasche auch allein mit Hilfe eines Manglers.»[17] Ob Lina ihrem Mann einmal Vorwürfe machte? Aus Forchtenberg waren sie mehr oder weniger fortgejagt worden, nun lastete alle Hausarbeit in der riesigen Wohnung allein auf ihr. Vielleicht konnte Lina es aber auch gefasst ertragen, weil sie wusste, dass Ludwigsburg nur eine Zwischenstation war.

Denn schon im Herbst 1931 gab es neue Umzugspläne. Robert Scholl hatte sich auf eine Anzeige des Ulmer Steuerbüros Dr. Albert Mayer beworben und wurde dort als Wirtschaftsprüfer und Steuerberater eingestellt – unter der Bedingung, dass er sich als Teilhaber mit 5000 Reichsmark einbrachte. Das Geld ging in die Abfindung seines Vorgängers, in die Büromöbel und in die Finanzierung eines «amerikanischen Sechszylinders», den er sich mit seinem Sozius Dr. Mayer teilte. 4500 Reichsmark brachte er selbst auf, die restlichen 500 lieh ihm Rudolf Remppis, Lisas Vater. Lina bedankte sich herzlich dafür und beteuerte, sie würden das Geld bald zurückzahlen. Ihr Stolz hatte gelitten durch die Vorgänge in Forchtenberg. Im Dezember schrieb Lina an Bekannte, dass es ihnen nun wieder gut gehe und sie an ihrem künftigen Wohnsitz Ulm bereits bekannt seien. Auch die Kinder machten sich gut, betonte sie: Hans säge schöne Dinge aus, Inge sei dem Lehrer die liebste und beste Schülerin und habe einen guten Einfluss auf die ganze Klasse. «Sophie ist wohl u. wird nächsten Monat ihre Aufnahmeprüfung in die Realschule machen», auch sie sei die Beste in der Klasse. Werner sei besonders fröhlich, in der Schule werde er «Krachlampf» genannt. Von Elisabeth heißt es, sie sei «stiller, sie singt gerne».[18]

Keine Frage, die Scholl-Geschwister waren brave Kinder, die ihren Eltern Freude machen wollten. In der Schule zeigten sie sich strebsam, hatten Lust am Lernen und arbeiteten hart, um gute Noten zu bekommen. Sie schlossen aber auch Freundschaften und waren keine eigenbrötlerischen Überflieger. Aufmüpfig waren sie nicht. Das sollte sich erst in Ulm ändern.

5.

Es wurde unentwegt marschiert: Ulm 1932/33

Im März 1932 erfolgte der Umzug von Lina Scholl und den Kindern nach Ulm, ihr Mann war schon seit einigen Monaten dort. Die Familie bewohnte nun die Hälfte eines großen Doppelhauses im Stadtteil Michelsberg, Kernerstraße 29. Die Häuser in Hanglage mit guter Sicht bis zum Ulmer Münster waren gerade erst gebaut worden. Lina schwärmte in einem Brief an Frau Remppis über das tägliche Baden mit warmem Wasser im Winter, wenn geheizt würde, und freute sich auf blühende Rosen im Sommer.[1] Vielleicht, so hoffte sie, könnten sie dieses Haus eines Tages kaufen. Wenn es nach ihr ginge, solle das ihr letzter Umzug gewesen sein.

Sophie Scholl war fast elf Jahre alt, als sie mit ihrer Familie nach Ulm zog. Die Nachmittage verbrachte sie meistens zuhause, las viel und spielte mit ihren Puppen. Aus einem Tagebucheintrag von Inge geht hervor, dass die jüngste Schwester ein fröhliches Wesen hatte: «Sofie sagt: ‹Wenn ich an Weihnachten denke, dann kitzelt's mich so, dass ich lachen muss.› Sie ist überhaupt ein sonniges Ding, Mutters Sonnenschein.»[2] Jeden Morgen ging Sophie gemeinsam mit den großen Schwestern 20 Minuten zu Fuß zur Mädchenoberrealschule in der Steingasse. Die traditionsreiche Schule im Zentrum von Ulm, nicht weit vom gotischen Münster entfernt, war die einzige Mädchenschule in Ulm, die das Abitur anbot. Hans und Werner besuchten die Oberrealschule für Jungen. Keines der Scholl-Geschwister wurde auf das humanistische Gymnasium geschickt.

Sophies Schulkameradinnen waren größtenteils Kinder von Beamten und Kaufleuten. Hier war sie nicht mehr die Erste oder Zweitbeste in der Klasse, aber sie zählte immer noch zu den guten Schülerinnen und nahm einen der vorderen Plätze ein. Neue Freundinnen zu finden, war zunächst nicht so einfach. Noch sechs Jahre später nahm sie in einem Brief darauf Bezug: «[…] wie am Anfang, als wir herkamen. Überall ein bisschen Misstrauen.»[3]

Ein großes Haus, Klavierunterricht und fünf Kinder auf der Höheren Schule, für die jeweils 3 bis 10 Reichsmark Schulgeld anfiel – das alles ging nur, weil die Familie kräftig sparte. Lina pachtete einen Garten auf der anderen Donauseite in Neu-Ulm, wo sie Gemüse und Blumen zog wie zuvor in Forchtenberg. Ihr Tag war mit Kochen, Putzen und Waschen ausgefüllt, und im Stopfkorb lagen immer Kleidungsstücke, die ausgebessert werden mussten. Die Kinder hatten nun im Haushalt zu helfen, öfters den Abwasch zu übernehmen und einmal pro Woche die von der Mutter gekneteten Brotlaibe morgens zum Bäcker zu bringen und sie dann – fertig gebacken – nach der Schule wieder abzuholen.

Robert Scholl wollte möglichst bald seine Schulden abbezahlen und das Büro allein weiterführen. Die Kinder erlebten ihn als ungeduldigen und aufbrausenden Vater, der oft von finanziellen Sorgen geplagt war. Auch als er ein Jahr später wieder «ein schönes Geschäft»[4], nämlich sein eigenes Büro, führte, waren die Einkünfte zunächst noch knapp. Deshalb fürchtete sich Inge vor einem Schulausflug, bei dem ihre Klasse in ein Café einkehren wollte, wofür sie Geld mitbringen musste.

Mit ihren engen Gässchen erinnerte die Ulmer Altstadt ein wenig an Forchtenberg, aber damit endeten auch schon die Gemeinsamkeiten der beiden Orte. Ulm war eine aufstrebende Industriestadt, in der nicht nur die Fahrzeughersteller Magirus Deutz und Kässbohrer ansässig waren, sondern viele mittelständische Unternehmen. Daneben spielte das Militär in der Garnisonsstadt eine zentrale Rolle. Im 19. Jahrhundert war Ulm zur Bundesfestung ausgebaut und mit zahlreichen Wällen, Bastionen und Vorwerken versehen worden. Die drastische Reduzierung des deutschen Heeres aufgrund des Versailler Vertrags hatte wie in Ludwigsburg auch hier für einen Einbruch bei den Firmen gesorgt, die von Aufträgen des Militärs abhängig waren. Als die Scholls nach Ulm kamen, waren viele Betriebe stillgelegt, manch ein arbeitsloser Familienvater schickte seine Kinder aus Verzweiflung zum Betteln auf die Straße. Die *Ulmer Bilderchronik* berichtet von Initiativen, um die Not zu lindern: So versorgte die evangelische Gemeindehilfe 30 bis 40 Familien mit Lebensmittelspenden, eine wohlhabende Familie schickte alle drei Wochen Grundnahrungsmittel an 100 hilfsbedürftige Haushalte, und ein anderer Gönner ließ täglich Kinder in einem Gasthaus kostenlos essen.[5]

Bei denen, die noch Arbeit hatten, wuchs die Angst vor Armut und Elend. Der Versailler Vertrag galt vielen als die Ursache allen Übels, nicht der ihm vorausgegangene Krieg. Als der Antikriegsfilm *Im Westen nichts Neues* im August 1931 in Ulm gezeigt wurde, kam es tagelang zu von den Nationalsozialisten organisierten Protestdemonstrationen vor dem Kino, die mehrfach in Schlägereien mündeten.

Während die Scholls sich in Ulm langsam einlebten, taumelte die Weimarer Republik ihrem Ende entgegen. Nachdem Mitte April 1932 in einer Notverordnung «Zur Sicherung der Staatsautorität» die paramilitärische «Sturmabteilung» (SA) der NSDAP verboten worden war, ließ sich Hitler in geheimen Absprachen mit General Kurt von Schleicher für die Unterstützung einer Minderheitsregierung unter dem konservativen Zentrumspolitiker Franz von Papen die Wiederzulassung der SA sowie rasche Neuwahlen zusichern. Der Wahlkampf im Frühsommer 1932 war der gewalttätigste seit Gründung der Weimarer Republik: 99 Tote und 1125 Verletzte listete die Bilanz der Straßenkämpfe und Saalschlachten zwischen Nationalsozialisten und Kommunisten. Aus den Reichstagswahlen vom Juli 1932 ging die NSDAP mit 37,3 Prozent der Stimmen als stärkste Fraktion hervor, die Kommunisten errangen 14,3 Prozent. Damit stellten die erklärten Feinde der Weimarer Republik im Reichstag die Mehrheit der Abgeordneten. Sie blockierten die parlamentarische Arbeit, deshalb regierten Franz von Papen und sein Nachfolger Kurt Schleicher weiterhin per Notverordnung.

Am 30. Januar 1933 wurde Hitler zum Reichskanzler ernannt.

Der demokratische Aufbruch in Deutschland war nach 15 schwierigen Jahren gescheitert. Doch die NS-Diktatur ist weder vom Himmel gefallen noch aus der Hölle gekrochen, Schritt für Schritt hat sich der Nationalsozialismus im Alltag der Deutschen breitgemacht. Und am 30. Januar 1933 ereignete sich keine «Machtergreifung», wie es im Nazi-Jargon hieß, sondern eine Machtübertragung: Hitler wurde ohne eigene Mehrheit und trotz rückläufiger Wahlergebnisse für die NSDAP zum Reichskanzler ernannt.

Die NSDAP hatte es verstanden, Ängste zu instrumentalisieren. Ob Arbeitslose, Bauern, Studenten, Beamte oder Kaufleute – für jede dieser gesellschaftlichen Gruppen lieferte die Partei Feindbilder und bot sich selbst als Retter an. Zunächst brachte sie mit der SA den Terror auf die Straße, um dann zu behaupten, sie müsse für Ordnung sorgen.

Wenn Sophie mit ihren Schwestern zur Schule ging, sah sie auf den Bürgersteigen nicht nur Bettler, Kriegsversehrte und Arbeitssuchende, ihr begegneten auch immer wieder SA-Männer. Ulm war eine Hochburg der NSDAP, die Partei schnitt dort schon seit Jahren überdurchschnittlich gut ab.

Am Abend des 30. Januar 1933 marschierten auch in Ulm Kolonnen von SA und SS in ihren paramilitärischen Uniformen durch die Straßen. Noch in dieser Nacht flogen Steine in die Fenster der Redaktion der sozialdemokratischen Zeitung *Donau-Wacht.* Die Journalisten spotteten, das sei offenbar die einzige revolutionäre Tat der Nazis, und schrieben am nächsten Tag: «Wir haben das Gefühl, als werde in kurzer Zeit dem Rausch ein fürchterlicher Katzenjammer folgen, dem Katzenjammer aber ein Erwachen, bei dem sich mancher die Dummheit aus den Augen wischen wird.»[6] Johannes Weißer, Herausgeber und Redakteur der *Donau-Wacht,* wurde wenige Wochen später von den neuen Machthabern verhaftet.

Auf Hitlers Betreiben hin löste der 85-jährige Reichspräsident Hindenburg das Parlament am 1. Februar 1933 auf und kündigte Neuwahlen an. Wieder herrschte Wahlkampf, auch in Ulm. Dass Kommunisten und Sozialdemokraten sich Saalschlachten lieferten, freute die Nazis, die allein 100 Kundgebungen in Ulm und Umgebung organisierten. Ihr Ziel verkündeten sie ganz offen im *Ulmer Tagblatt*: «Nun soll der Endkampf geschlagen und das System der Parteien vernichtet werden.»[7] Einschüchterung der Gegner und Gewalt waren ihre Methoden. Der Reichstagsbrand vom 27. Februar 1933 war ein willkommener Anlass, um wichtige Grundrechte im ganzen Land außer Kraft zu setzen. Meinungs-, Presse-, Vereins- und Versammlungsfreiheit galten «bis auf Weiteres» nicht mehr, und Hitler kündigte an: «Es gibt jetzt kein Erbarmen; wer sich uns in den Weg stellt, wird niedergemacht.»[8]

Bei der Wahl am 5. März 1933 erhielt die NSDAP auf Reichsebene 43,9 Prozent der Stimmen, in Ulm kam sie auf 45 Prozent, in Neu-Ulm auf 48,5 Prozent. Und doch: Die Mehrheit der Deutschen gab ihre Stimme selbst zu diesem Zeitpunkt nicht der NSDAP.

Am 21. März 1933 trat der neue Reichstag zusammen. Da die Nationalsozialisten noch auf eine Koalition mit den Deutschnationalen angewiesen waren, verfielen sie darauf, die Konstituierung mit enormem Aufwand als «Tag von Potsdam» zu inszenieren, auf dem symbolisch die Verbindung von preußisch konservativem «alten» und nationalsozialistischem «neuen» Deutschland begangen wurde. So wollten sie konservative Skeptiker beruhigen und das Lager um Hindenburg in Sicherheit wiegen. Hitler gab sich betont verfassungstreu, hatte aber längst das Ermächtigungsgesetz in der Tasche, mit dem er drei Tage später die Gewaltenteilung aufhob und die Republik de facto abschaffte.

Auch in der Ulmer Innenstadt wurde der «Tag von Potsdam» groß gefeiert. Weil alle Schulen geschlossen an der Veranstaltung teilnehmen mussten, stand auch Sophie mit ihren Klassenkameradinnen auf dem mit Fahnen geschmückten Münsterplatz, als Reichswehr, SA und SS aufmarschierten. Von der Predigt des Garnisonspfarrers verstand die Elfjährige wahrscheinlich wenig: «Darum empfinden wir, die Glieder eines vierzehn Jahre lang in endlose Parteien und Parteilein zersplitterten Volkes, es wirklich wie das Wehen eines heiligen Geistes, dass nun ein Großteil unseres Volkes sich zu einem Wollen und einem Streben zusammengefunden hat.»[9]

Vermutlich erzählten die Geschwister zuhause von dem, was sie an diesem Tag erlebt hatten. Hat Sophie damals schon begriffen, dass ihre Eltern alles andere als begeistert waren von den neuen Tönen, die nun tagtäglich auf den Straßen Ulms zu hören waren? Die großen Geschwister wussten das wahrscheinlich schon länger. Inge Scholl war 15 Jahre alt und von den Nazis fasziniert. «Jetzt ist Hitler ans Ruder gekommen», schrieb sie am 30. Januar in ihr Tagebuch, «ich glaube, daß sich im ganzen Volk eine furchtbare Spannung gelöst hat.»[10] Einen Monat später notierte sie: «Letzte Woche wurde von den Roten das Reichstagsgebäude angezündet. Schauderhaft! Heute waren Wahlen.»[11] Auch der Tag von Potsdam fand Erwähnung: «Gestern wurde der neue Reichstag gegründet. Schulfrei natürlich!!! Große Parade u. Feldgottesdienst auf dem Münsterplatz u. große Putzerei zu Hause! Abends prima Fackelzug, beinahe eine halbe Stunde lang.»[12]

In Ulm waren zwei Männer für die Gleichschaltung verantwortlich: Wilhelm Dreher, 1918 zunächst SPD-Mitglied geworden, war 1923 nach dem Verlust seiner Stelle als Lokheizer der NSDAP beigetreten und gehörte 1928 zu ihren ersten Abgeordneten im Reichstag. Er saß seit 1931 im Ulmer Gemeinderat. Über die Beförderung zum geschäftsführenden Polizeidirektor 1933 spöttelten seine politischen Gegner: «Der passt zur Polizei, der kennt die Ausnüchterungszelle.»[13] Eugen Maier, der sich nach dem Krieg ohne Ausbildung mit Tätigkeiten etwa als Arbeiter, Schreiber und Vertreter durchgeschlagen hatte, war 1928 in die NSDAP und in die SA eingetreten und brachte es in Ulm bis zum Kreisleiter.

Dreher und Maier begannen unverzüglich damit, die Stadtverwaltung zu «säubern». Sie entließen den linksliberalen Oberbürgermeister Emil Schwamberger und bestimmten seinen Nachfolger Friedrich Foerster ohne jede demokratische Legitimation. Nach und nach verschwanden Sozialdemokraten und Liberale aus der Ulmer Stadtverwaltung. Mit dem «Gesetz zur Wiederherstellung des Berufsbeamtentums» wurden seit April 1933 insbesondere jüdische Mitbürger aus der städtischen Gemeinschaft ausgegrenzt. Prominentes Opfer war Julius Baum, der Direktor des von ihm 1924 gegründeten Museums Ulm. Das Gesetz traf Richter, Lehrer und Notare, Angestellte und

Arbeiter im Öffentlichen Dienst, Angestellte der Reichsbank und der Reichsbahn. Die Ulmer Sportvereine zogen sofort gleich und entließen ihre jüdischen Mitglieder. Jüdische Händler wurden von städtischen Aufträgen ausgeschlossen und jüdische Geschäfte boykottiert.

Wenn im Jahr 1933 bei Familie Scholl am Esstisch über die Nazis diskutiert wird, sitzen sich ungleiche, aber sehr überzeugte Kontrahenten gegenüber: Auf der einen Seite der 42-jährige Vater, der bereits einen Krieg miterlebt hat und weiß, was nationalistische Kräfte anrichten können. Aber Robert Scholl ist auch kein Anhänger der Demokratie nach Weimarer Vorbild, sondern neigt trotz seiner pazifistischen Überzeugungen der konstitutionellen Monarchie zu, die bis 1918 eine «vorzügliche Regierung und Verwaltung» ermöglicht habe.[14] Für solche Gedanken hat sein 14-jähriger Sohn kein Verständnis. Hans ist nicht auf den Mund gefallen und wiederholt voller Leidenschaft die Argumente, die er in der Schule aufgeschnappt hat. Er glaubt an die Erneuerung Deutschlands durch Hitler und ist beseelt von der Idee, dabei selbst eine Rolle zu spielen. Deshalb will er jetzt unbedingt in die Hitlerjugend eintreten.

Die HJ war die einzige NS-Organisation, die Hitlers Namen trug, und seit dem Frühjahr 1933 auch der einzige staatlich anerkannte Jugendverband in Deutschland. Alle anderen Jugendorganisationen wurden in den nächsten Wochen und Monaten aufgelöst oder verboten und ihre Mitglieder in die HJ überführt. Nur die kirchlichen Jugendverbände durften noch eine Weile weiter existieren, wurden aber an ihrer Arbeit gehindert.

Ziel der Hitlerjugend war es, alle «deutschen», also «arisch-stämmigen» Kinder zu begeisterten Nationalsozialisten zu erziehen: «Diese Jugend, die lernt ja nichts anderes als deutsch denken, deutsch handeln», so das Kalkül Hitlers, «und wenn nun dieser Knabe und dieses Mädchen mit ihren zehn Jahren in unsere Organisationen hineinkommen und dort nun so oft zum ersten Mal überhaupt eine frische Luft bekommen und fühlen, dann kommen sie vier Jahre später vom Jungvolk in die Hitlerjugend, und dort behalten wir sie wieder vier Jahre, und dann geben wir sie erst recht nicht zurück in die Hände unserer alten Klassen- und Standeserzeuger [...] und sie werden nicht mehr frei ihr ganzes Leben. Und sie sind glücklich dabei.»[15]

Unter dem Oberbegriff Hitlerjugend waren vier verschiedene Abteilungen zusammengefasst: 10- bis 14-jährige Jungen bildeten das Jungvolk und 14- bis 18-jährige Jungen die Hitlerjugend im engeren Sinn. Analog dazu gab es für die 10- bis 14-jährigen Mädchen die Jungmädel (JM) und für die 14- bis 18-jährigen den Bund Deutscher Mädel (BDM). Da die Jungmädel dem BDM unterstanden, sagten sie manchmal, sie würden zum BDM gehen, auch wenn sie eigentlich den Jungmädelbund meinten.

Der Dauerclinch zwischen Hans Scholl und seinem Vater Robert wurde über ein Porträt Hitlers ausgetragen, das Hans in seinem Zimmer aufgehängt hatte. Der Vater nahm das Bild jeden Morgen ab und legt es in eine Schublade, Hans holte es nach der Schule wieder heraus und hängte es an die Wand. Oft drangen lautstarke Wortwechsel zwischen Vater und Sohn durch die Wohnung, überliefert Inge in ihrem Tagebuch: «Natürlich kam es wieder zu Tränen. Das ist einfach Hans' wunder Punkt. Da lässt er sich einfach nichts gefallen. Das gefällt mir.»[16] Um den Bruder zu unterstützen, setzte sie sich ans Klavier und spielte so laut sie konnte «– – – – das Vaterland muss aus dem Leid genesen […] Ein Adolf Hitler wird die Wege bahnen – – – –». Als dann auch Inge erklärte, sie wolle zum BDM, handelte sie sich mit dem Verbot eine Ohrfeige des Vaters ein. In der Schule meldete sie sich freiwillig für ein Referat über Hitler und war froh, auch einmal vor der Klasse glänzen zu können, denn eine so gute Schülerin wie Elisabeth und Sophie war sie nicht. «Das ist sooo herrlich, wenn man sich so öffentlich zu diesem großen Mann bekennen darf.»[17] Inge sammelte Geld von ihren Mitschülerinnen ein, um für den Klassenraum ein Hitlerporträt zu kaufen.

Dass sie auch bei Lina kein Verständnis für ihre Begeisterung fand, machte sie traurig. «Das tut mir so weh […] Mutter versteht mich gar nicht mehr gut. Die Kluft zwischen uns beiden wird immer größer. Ich glaub manchmal, sie will mich auch nicht immer verstehen.»[18]

Natürlich spielten hier auch pubertäre Ablösungsbestrebungen eine Rolle. Die Nazis stießen mit der Hitlerjugend ganz bewusst in diese sensible Phase hinein. Sie befeuerten familiäre Konflikte, indem sie Kinder und Jugendliche dazu anleiteten, ihre Eltern zu kritisieren, zu belehren und sogar zu bespitzeln. Für die drei jüngeren Scholl-Geschwister, die noch nicht so recht begriffen, was hier vor sich ging, wurde das Familienleben jetzt oft unbehaglich. Elisabeth Scholl machte sich mit ihren 13 Jahren einen eigenen Reim auf die Wut des Vaters: «Er ist zu alt! Das versteht er nicht mehr!»[19]

Der angeblich Unverständige gab schließlich nach. Im April 1933 schrieb Inge zufrieden in ihr Tagebuch: «Hans ist jetzt in der Hitlerjugend. Heute u. morgen ist großes Treffen u. Höhenfeier. Das Braunhemd steht ihm gut.»[20] Sie bewunderte den Bruder, weil er mutig für seine Überzeugung eintrat: «Heute gab's eine Schlägerei zwischen Hitlerjugend u. Katholischem Jugendbund. Hans kriegte auch was ab.»[21] Dass nach und nach alle anderen Jugendbünde aufgelöst oder in die Hitlerjugend überführt werden, freute sie: «Das ist gut, da wird Deutschland immer einiger.»[22] Das Pathos der Nazis traf den Nerv der 15-jährigen Inge: «Jedes deutsche Mädchen, das Nazi sein will, ist Hitler schuld, dass es sich äußerlich u. innerlich rein hält. Mit Leib und Seele gehöre ich Hitler. Natürlich nach Gott.»[23]

Wie viel Überwindung es Lina und Robert Scholl kostete, ihre beiden Ältesten in HJ-Uniform herumstolzieren zu sehen, kann man nur ahnen. Sie konnten nicht mehr tun als warten und hoffen, dass die Begeisterung verflog. Die ebenfalls in Ulm aufgewachsene Eva Amann, deren Vater immer wieder gegen die Nazis wetterte und die nur wenig jünger ist als Sophie, erinnert sich an die Argumente von Freunden ihrer Familie: «Wir sind nach wie vor dagegen, aber wenn man als Beamte nicht unter die Räder kommen will, dann muß man jetzt auch mitmachen. Auch wenn man nicht dafür ist.»[24] So weit wäre Robert Scholl sicher nicht gegangen, mitmachen kam für ihn nicht in Frage. Er sollte sich mit seinen kritischen Äußerungen später sogar in große Schwierigkeiten bringen. Aber einen Kompromiss mit dem System schloss auch er, denn er trat dem Nationalsozialistischen Rechtswahrerbund (NSRB) bei und vermerkte das auf seinem Bürobriefpapier. Die Kinder scheinen ihm das nicht als Inkonsequenz ausgelegt zu haben. Möglicherweise hätte Scholl ohne diese Mitgliedschaft sein Büro gar nicht weiter betreiben können.

Von diesen Themen war an Sophie Scholls zwölftem Geburtstag am 9. Mai 1933 sicher nicht die Rede. Inge notierte die Geschenke der jüngsten Schwester: eine Mundharmonika, Seife, einen Waschlappen, Kuchen und Schokolade. Wovon Inge nichts berichtet, das ist die Verunsicherung der drei jüngeren Geschwister, die spürten, dass es zwischen den beiden großen Geschwistern und den Eltern ernsthafte Meinungsverschiedenheiten gab.

So wenig politischen Sachverstand die nationalsozialistischen Funktionäre in Ulm mitbrachten, von pompösen Massenveranstaltungen verstanden sie etwas, und sie nahmen jede Gelegenheit wahr, den Menschen ein Spektakel zu bieten. Ständig gab es Aufmärsche, zu denen Reichswehr, SA, SS, HJ und BDM in ordentlichen Reihen anzutreten hatten, Fackeln oder Fahnen in der Hand. Inge Scholl erkennt im Rückblick: «Aber noch etwas anderes kam dazu, was uns mit geheimnisvoller Macht anzog und mitriß. Es waren die kompakten Kolonnen der Jugend mit ihren wehenden Fahnen, den vorwärtsgerichteten Augen und dem Trommelschlag und Gesang. War das nicht etwas Überwältigendes, diese Gemeinschaft?»[25] Nach dem Tag von Potsdam wurde auch der 20. April, Hitlers Geburtstag, mit Massenaufmärschen gefeiert. Als Nächstes vereinnahmten die Nazis den 1. Mai, den Internationalen Tag der Arbeiterbewegung, den sie zum «Tag der nationalen Arbeit» erklärten. Die Ulmer Gewerkschaftsvertreter durften 1933 noch am Festumzug teilnehmen, einen Tag später wurden sie verhaftet, das Gewerkschaftshaus besetzt und das Vermögen der Gewerkschaft eingezogen.

Zur Mai-Kundgebung mussten die Ulmer Schülerinnen und Schüler im Münster erscheinen und im Anschluss daran an einer Feier in ihren Schulen teilnehmen, auf der das Horst-Wessel-Lied gesungen wurde, die Parteihymne der NSDAP, die bald so populär war, dass sie oft direkt nach der ersten Strophe der Nationalhymne gesungen wurde.

Die Fahne hoch! Die Reihen fest geschlossen!
SA marschiert mit ruhig festem Schritt.
Kam'raden, die Rotfront und Reaktion erschossen,
marschier'n im Geist in unsern Reihen mit.

Die Straße frei den braunen Bataillonen,
die Straße frei dem Sturmabteilungsmann!
Es schaun aufs Hakenkreuz voll Hoffnung schon Millionen,
der Tag für Freiheit und für Brot bricht an.

Was versteht die knapp zwölfjährige Sophie von solchen Texten? Mitschmettern kann sie das Lied, denn sie hat es in der Schule schon gelernt. Der Schulleiter Dr. Reinhold Frick erklärt den Schülerinnen in seiner Rede, sie könnten sich im neuen Deutschland wie in einer Familie aufgehoben fühlen, wenn sie sich nur treu, hilfsbereit und hingebungsvoll zeigten. Solche Worte lassen die Mädchen nicht kalt. Dass der Direktor so wertschätzend von ihnen spricht, sind sie nicht gewöhnt. Keine der Scholl-Schwestern ist immun gegen diese Nazi-Propaganda, obwohl ihre Eltern sich deutlich davon abgrenzen.

Hohle Floskeln rauschen vielleicht noch an Sophie vorbei. Aber sie atmet jeden Tag die verpestete Luft ein, getränkt von schwülstigem Nationalismus. Die Schule ist kein unpolitischer Raum, der Nationalsozialismus dringt durch jede Ritze, sein Gift wird durch den Direktor, das Lehrpersonal, den Hausmeister, die Mitschülerinnen und deren Familien hineingetragen. Mit zwölf Jahren kann Sophie noch nicht kritisch hinterfragen, worum es hier tatsächlich geht. Gewiss sind nicht alle Kinder und Jugendlichen auf dieselbe Weise empfänglich für die Versprechungen der Nazis, aber Interviews mit Zeitzeuginnen zeigen auffallende Parallelen. Ute Badura und Sibylle Tiedemann haben 1997 für ihren Dokumentarfilm *Kinderland ist abgebrannt* Frauen interviewt, die im Jahr 1933 dieselbe Schule besucht haben, wie Sophie Scholl und ihre Schwestern. Die meisten erinnern sich daran, wie beeindruckt sie von der NS-Bewegung waren: «Wir standen auf dem Balkon, wie abends dann ein großer Fackelzug der SA durch die Straße zog, und das hat mich unglaublich fasziniert damals, ich war noch keine zehn Jahre alt und dieser Fackelzug, das hat so eine Art Aufbruchsstimmung signalisiert. Und nach den bedrückenden Jahren davor, die wir als Kinder auch sehr wahrgenommen haben, war das irgendwie ein Fanal [...] und da hatte ich eigentlich den Gedanken, ich möchte mich dem irgendwie anschließen, ich wär am liebsten auf die Straße gelaufen und hätte auch eine Fackel genommen und wäre mitgegangen.»[26]

Wer in der Innenstadt wohnte, konnte die Aufmärsche nicht übersehen, erzählt eine andere Zeitzeugin: «Es wurde unentwegt marschiert, marschiert, marschiert, von der einen Richtung kamen Soldaten, von der anderen Richtung kam Jungvolk und HJ und BDM und SA [...] es wurde immer marschiert und immer gesungen. Das war wie eine Welle [...] es war unglaublich.»[27]

Im Juni 1933 wollte auch Inge Scholl mitmarschieren. Sie hatte mit dieser Entscheidung eine Weile gerungen, wahrscheinlich um dem Konflikt mit den Eltern auszuweichen, aber jetzt stand fest: «Ich muss unbedingt in den BDM gehen. Ich hab's mir überlegt. Alle Gründe und Ausreden, die ich mir schon hundertmal vorgesagt habe, sind nicht triftig u. ganz belanglos eigentlich. Ich muss doch einfach meinem Gewissen folgen.»[28] Am 20. Juni erhielt sie die elterliche Erlaubnis, tatendurstig wollte sie in den Ulmer BDM «Schneid reinbringen».[29] Zwischen Anfang 1932 und Ende 1933 stieg die Zahl der BDM-Mitglieder von 25 000 auf knapp 600 000.[30] Dafür wurden händeringend Führerinnen gesucht, deshalb durfte die 16-Jährige schon nach wenigen Monaten eine eigene Mädelschaft von 10 bis 15 Mädchen leiten. Denn das war die Idee: Jugend führt Jugend.

Wer das Denken der Bürger steuern will, muss ihre Lektüre kontrollieren. Die Nationalsozialisten griffen deshalb schon im Frühjahr 1933 zum brachialen Mittel der Bücherverbrennung. In den meisten deutschen Städten wurden die Aktionen von der Deutschen Studentenschaft gesteuert; da Ulm damals jedoch noch keine Universität besaß, lag die Organisation hier in den Händen von NSDAP und HJ. Es war ausgerechnet der Kunstverein, der die Ulmer Bürger dazu aufrief, Werke jüdischer oder demokratisch gesinnter Autoren «der Sammelstelle der Hitler-Jugend zuzuleiten».[31] Am 15. Juli 1933 wurden nun also auch in Ulm die Werke von Erich Kästner, Bertolt Brecht, Albert Einstein, Sigmund Freud, Karl Marx, Alfred Döblin, Irmgard Keun und vielen anderen Autorinnen und Autoren ins Feuer geworfen. Inge Scholl hatte begeistert zugeschaut: «Eben komme ich vom Münsterplatz. Dort war eine Feier. Alle Schund- und nicht deutsche Schriften und Fahnen wurden auf einen Haufen gebracht und verbrannt. Wie lustig das Feuer prasselte.»[32] Hat sie den elterlichen Bücherschrank auf der Suche nach verbotenen Büchern durchforstet? Hat sie die Eltern aufgefordert, sich von bestimmten Büchern zu trennen? Man erfährt nichts davon, und es ist auch kaum vorstellbar. In der Familie Scholl wurde viel gelesen, und es galt ein weiter Begriff von Allgemeinbildung.

Das Kino hingegen war bei den Scholls eher verpönt, es galt als Medium der leichten Unterhaltung.[33] Dennoch wird den Geschwistern kaum der Film *Hitlerjunge Quex* entgangen sein, der im September 1933 uraufgeführt wurde. Dieser *Film vom Opfergeist der deutschen Jugend,* so der Untertitel, erzählt die Geschichte eines Jungen, der im Einsatz für die HJ ums Leben kommt. Dass sogar Joseph Goebbels, der Propagandaminister, den Plot für zu durchsichtig hielt, will schon etwas heißen. Das Lied «Vorwärts, vorwärts» wurde hier zum ersten Mal präsentiert und bald unter dem Namen «Unsere Fahne flattert uns voran» ein richtiger Renner in der HJ. Reichsjugendführer Baldur von Schirach selbst hatte den Text verfasst.

«Du bist nichts, Dein Volk ist alles», lautete einer der markigen Sprüche der Nationalsozialisten. Das Faszinosum, Teil einer Masse zu sein, ist inzwischen gut erforscht.[34] In der Masse gibt es keine Individualität mehr, keine Gesichter. Stattdessen Uniformen, Gleichschritt, synchrone Gesten wie den Hitlergruß. Wann erlebte Sophie Scholl diese Form der Verführung zum ersten Mal? Noch durfte sie nicht mitgehen bei den Fackelzügen am Abend. Aber sie konnte von einem Fenster der Wohnung aus zuschauen, denn die Familie zog im September 1933 vom Michelsberg in die Innenstadt, in die Olgastraße 81. Dort hatte der Vater eine große Wohnung mit zwei einander gegenüberliegenden Eingangstüren gemietet, in der auch sein

Büro Platz fand. Die Olgastraße ist Teil des Ulmer Innenstadtrings und geht in die Promenade über. Beide Straßen wurden schon Ende März in Adolf-Hitler-Ring umbenannt. Die meisten Aufmärsche der Nazis zogen also am Haus der Scholls vorbei.

Bis heute beteuern diejenigen, die als Kinder und Jugendliche in der HJ gewesen sind, Kameradschaft habe in diesem Jugendbund einen hohen Stellenwert gehabt. Doch das Beschwören von Gemeinschaft, speziell der «Volksgemeinschaft», war ab 1933 untrennbar mit der Ausgrenzung derjenigen verbunden, die von den Nazis als «fremdrassisch» gebrandmarkt wurden. In Ulm lebten zur Zeit der Machtübertragung 62472 Menschen, davon waren 530 Juden. Die antisemitische Hetze bekam jeder mit, der lesen konnte. Wenn Sophie und ihre Geschwister das Donaubad besuchten, kamen sie an dem Banner neben dem Eingang vorbei, auf dem in großen Lettern stand: «Hunden und Juden ist der Zutritt verboten!» Solche Schilder konnte auch die zwölfjährige Sophie nicht übersehen, zumal sie jüdische Mitschülerinnen hatte, mit denen sie befreundet war. Beim Einkaufen mit der Mutter in der Ulmer Innenstadt sah Sophie auch die Schilder vor den Geschäften: «Deutsche kauft nicht bei Juden.» Hielt sich Lina Scholl an das Gebot, oder kaufte sie weiter in jüdischen Geschäften ein? Ihr neuer Vermieter war der jüdische Kaufmann Jakob Guggenheimer, zu dem die Eltern ein gutes Verhältnis hatten. Robert Scholl arbeitete für mehrere jüdische Mandanten und wusste um deren Nöte.

Am Ende einer Unterrichtsstunde musste es Sophie auffallen, dass die jüdischen Mädchen den vorgeschriebenen Hitlergruß nicht leisteten. Sie durften es nicht. Manche von ihnen gaben der Lehrerin nach der Stunde noch die Hand, so wie sie es vorher alle gemacht hatten. Aber die meisten nichtjüdischen Mitschülerinnen machten sich wenig Gedanken darüber, erinnert sich Hilde März, die auf dieselbe Schule ging wie Sophie: «In der Schule mit der Fanny, das war für uns ganz normal, wir haben da nicht dran gedacht, dass jemand Jude ist, das hat uns nicht interessiert, das kam dann erst später.»[35] Anneliese Wallersteiner, Mitschülerin und Freundin von Sophie, erinnert sich daran, dass ihre jüdische Herkunft zunächst kaum eine Rolle gespielt hat: «Ich kam mir nicht ausgeschlossen vor, und manchmal haben die Leute gesagt: ‹Ja die Juden [...] die sind schlimm!› Aber dann haben sie zu mir gesagt, ‹Du nicht, net du, Anneliese! Net du, die andre›. Die haben das nachgeschwätzt, ‹die Juden sind unser Unglück›.»[36]

Verstehen diese indoktrinierten Kinder schon, dass die Menschen, die sich den neuen Machthabern widersetzen, gefährlich leben? Marianne Weißer war zehn Jahre alt, als ihr Vater, der Herausgeber der *Donau-Wacht*, verhaftet wurde. An ihrer Schule sprach sich das sofort herum. «Mein ganzes Leben war gezeichnet. Die Schülerinnen waren nicht immer freundlich zu mir», erinnert sie sich. «Ich war meinem Vater gewisse Zeit Gram, weil ich in eine Sache hineingeboren worden war, die noch nicht meine war.»[37]

Die Ulmer Nazis brachten ihre politischen Gegner seit dem 20. März 1933 in das 100 Kilometer entfernte KZ Heuberg bei Stetten am kalten Markt. Das Lager war kein geheimer Ort, sondern es bedurfte «einer großen Anstrengung, nichts über die Konzentrationslager zu erfahren».[38] Dass die Aufseher Gefangene misshandelten und demütigten, sogar Scheinerschießungen durchführten, war bekannt. An manchen Tagen trieben die Polizisten die neuen Häftlinge zur Abschreckung aneinandergekettet durch die Altstadt.

Schon im Mai 1933 war das Lager von Heuberg überfüllt, die neuen Gefangenen wurden zunächst in ein altes Garnisonsarresthaus gesperrt, im November 1933 wurde das KZ Oberer Kuhberg eröffnet. Es bestand bis 1935, danach brachte man die Häftlinge von Ulm nach Dachau. Auch die Scholl-Kinder kannten bald den Spruch, mit dem jeder, der an den Nazis Kritik übte, gewarnt wurde: «Halt dei Gosch, sonsch kommsch nach Dachau!»[39]

Als das Jahr 1933 zu Ende ging, hatten die Nazis die gesellschaftliche Gleichschaltung weit vorangetrieben: Es gab nur noch eine Partei, Medien und Kulturinstitutionen wurden kontrolliert, Vertreter der Wirtschaft und der Kirchen waren mehrheitlich auf Kurs gebracht. Wer gegen das neue System arbeitete, wurde mit allen Mitteln verfolgt. In den ersten Monaten der Nazi-Herrschaft waren etwa 100 000 Regimegegner verhaftet worden, viele Tausend Menschen verließen das Land und suchten z. B. in Paris oder Prag Zuflucht. 37 000 Juden verließen Deutschland im ersten Jahr der Diktatur. Diejenigen, die im Land blieben, wurden immer stärker ausgegrenzt, aus ihren beruflichen Funktionen entlassen oder bei deren Ausübung behindert.

Dass die Nazis auch nicht willens waren, sich in eine internationale Staatenordnung einzufügen, wurde spätestens am 14. Oktober 1933 offensichtlich, als Propagandaminister Goebbels den Austritt Deutschlands aus dem Völkerbund ankündigte. Zwar schloss das Deutsche Reich bald darauf einen Nichtangriffsvertrag mit Polen, doch halten wollte Hitler diese Vereinbarung auf Dauer nicht. Sie diente nur dazu, die Polen in Sicherheit zu wiegen und die Gefahr eines Zweifrontenkriegs zu bannen.

Sophie Scholl wusste von diesen politischen Entwicklungen wenig, es kümmerte sie auch noch nicht. Sie traf Ende des Jahres eine Entscheidung und wurde Mitglied in der Hitlerjugend.

6.

Wie ein feuriger wilder Junge:
Faszination Hitlerjugend

Im Januar 1934 nahm Sophie zum ersten Mal an einem «Heimabend» der Jungmädel teil. Die vorgeschriebene Uniform hatte sie mit ihrer Mutter oder den großen Schwestern in einem Ulmer Spezialgeschäft kaufen müssen. Sophie trug eine weiße Bluse mit langen Ärmeln, dazu einen dunkelblauen Rock, der vorne an der Bluse festgeknöpft wurde, damit er nicht verrutschen konnte, lange graue Strümpfe und braune Halbschuhe. Zur Winteruniform gehörten außerdem ein schwarzes Barett und die hellbraune «Kletterweste», die mit kleinen aufgesetzten Taschen einer Jeansjacke ähnelt. Im Sommer hatten die Blusen kurze Ärmel und die Socken wurden bis zum Knöchel gerollt.

Ob es auch zwischen Sophie und den Eltern Streit um den Beitritt gab, ist nicht bekannt. Die jüngste Tochter dürfte es leichter gehabt haben als die älteste. Sie könnte ähnlich argumentiert haben wie die schon erwähnte Eva Amann, deren Eltern ebenfalls gegen die Nazis waren: «Alle traten in die Hitlerjungend ein, da wollte ich auch dabei sein, und habe meinen Vater bekniet, da will ich auch hin, da macht man tolle Sachen […] Und er hat dann klein beigegeben, er wollte mich nicht isolieren.»[1] Es ging aber nicht nur darum, dort zu sein, wo «alle» sind, sondern dort, wo die coolen Jugendlichen sind: «De Pfundskerle in der Schul waret halt bei de Nazis … und deshalb hat ma halt au mitgmacht.»[2]

Sophies Jungmädelführerin hieß Charlotte Thurau, kurz Charlo oder Scharlo genannt. Die Jungmädel himmelten sie an, denn sie war «schneidig», mitreißend und witzig, dachte sich spannende Geländespiele aus und ließ die Mädchen sogar manche Frage diskutieren, was eigentlich nicht im Sinne der HJ-Führung war.

Was bei den Jungmädeln geboten wurde, begeisterte Sophie. Sie lernte Volkstänze und alte deutsche Lieder, erkundete die Natur und übte sich darin, beim Wandern mit Karte und Kompass den Weg zu finden. Wenn die Mädchen hungrig waren, kochten sie sich über einer selbstgemachten Feuerstelle eine Suppe. Bald durfte auch Sophie mit «auf Fahrt» gehen. Es wurde in Scheunen oder Zelten übernachtet, abends saßen die Mädchen singend am Lagerfeuer oder lernten die Sternbilder kennen. Ohne elterliche Aufsicht unterwegs zu sein, war für viele Mädchen damals etwas Besonderes. Geländespiele, Turnen und Marschieren gehörten ebenfalls zum Programm, auch die Jungmädel sollten fit und abgehärtet sein, wenngleich die Ansprüche längst nicht so hoch waren wie bei den Jungen. Die verlassenen Ulmer Bundes- und Reichsfestungen waren als militärisch geprägter «Abenteuerspielplatz»[3] geradezu ideal für die Hitlerjugend. Außerdem stellte die Stadt Gruppenräume für die Heimabende zur Verfügung.

Viel Zeit verbrachten die Mädchen auch mit Basteln, Malen, Nähen oder Stricken. Sie sollten Freude an häuslichen Fertigkeiten finden und Kleidung oder kleine Nippsachen selbst herstellen, denn «arteigene» Handarbeiten – so erklärte man ihnen – seien besser als minderwertige «ausländische» Waren, die man bezahlen muss. Sophie, die gut zeichnen konnte und gerne bastelte, machte das alles freudig mit. Auch Theaterspielen gehörte zu den beliebten Aktivitäten der Jungmädel. Mit Märchen und Sagen ließen sich einfache Botschaften gut verpacken. Treue, Volk und Ehre waren Schlagwörter, die den Jungmädeln ständig eingetrichtert wurden.

Was die Mädchen weniger mochten, waren die monatlichen Schulungsabende: «Das war bei allen verhasst. Bei unseren Führerinnen wie auch bei uns Jungmädeln. Kein Mensch mochte die politische Schulung. Das hat man möglichst schnell gemacht. Da hat man aus Heften vorgelesen, was z. B. jetzt der Dr. Goebbels gesagt hat.»[4] Vorgefertigtes Unterrichtsmaterial gab es 1934 noch nicht, die Führerinnen suchten sich aus der Monatszeitschrift *Die Mädelschaft*

Texte, Lieder und Gedichte heraus. Die Themen für den weltanschaulichen Unterricht waren jedoch vorgegeben und mussten streng nach Vorschrift abgearbeitet werden. Es hing viel davon ab, wie gut eine Führerin erzählen konnte. Sophie lernte im ersten Jahr etwas über germanische Götter und Helden, im zweiten Jahr kamen die «Großen Deutschen» an die Reihe, darunter Widukind, Friedrich der Große, Otto von Bismarck und Carl Peters. Auch Andreas Hofer stand zunächst auf der Liste, doch als die Reichsjugendführung erfuhr, dass es in Südtirol eine antinationalsozialistische Widerstandsgruppe seines Namens gab, wurde er gestrichen. Im dritten Jahr lautete das Schulungsthema der Jungmädel «Kampf um Deutschland», im vierten «Adolf Hitler und seine Mitkämpfer».[5]

Heimnachmittage und Heimabende fanden zunächst immer mittwochs statt, ihr Besuch war für alle Mitglieder der HJ Pflicht, daher wurden sie auch als «Dienst» bezeichnet.

Am 20. April 1934 wurde Sophie Scholl gemeinsam mit den anderen Mädchen ihres Jahrgangs feierlich in die Jungmädelschaft aufgenommen, Hitlers Geburtstag war zum Gelöbnis- oder Verpflichtungstag erklärt worden. Die gesamte Ulmer Hitlerjugend kam an diesem Abend auf der Gänsewiese zusammen, um stramm zu stehen. Im Schein der Fackeln deklamierten die Mädchen: «Jungmädel wollen wir sein. / Klare Augen wollen wir haben / Und tätige Hände. / Stark und stolz wollen wir werden: / Zu gerade, um Streber und Duckmäuser zu sein, / Zu aufrichtig, um etwas scheinen zu wollen, / Zu gläubig, um zu zagen und zu zweifeln, / Zu ehrlich, um zu schmeicheln, / Zu trotzig, um feige zu sein.»

Viele Frauen berichten im Rückblick, sie hätten diese Feier als erhebend empfunden. Schlüsselbegriffe wie Aufrichtigkeit und Geradheit sollten für Sophie Scholl ein Leben lang wichtig sein. Innerlich bewegt legte sie ihren Schwur ab. Jetzt endlich bekam sie das begehrte Zeichen der Zugehörigkeit zur HJ, ein schwarzes Halstuch und dazu den braunen Lederknoten, mit dem das Tuch vor der Brust zusammengezogen wurde.

Allerdings: Jungmädel Sophie Scholl sah nicht besonders mädchenhaft aus. Sie hatte keine langen Haare, die zu Zöpfen geflochten oder hochgesteckt waren, sondern trug einen frechen Kurzhaarschnitt. Damit fiel sie auf. Susanne Hirzel, Pfarrerstochter und bald eine gute Freundin Sophies, erinnert sich: «Sie war wie ein feuriger wilder Junge, trug die dunkelbraunen glatten Haare im Herrenschnitt und hatte mit Vorliebe eine blaue Freischarbluse oder eine Winterbluse ihres Bruders an. Sie war lebhaft, keck, mit heller klarer Stimme, kühn in unseren wilden Spielen u. von einer göttlichen Schlamperei.»[6] Vielleicht ging es Sophie so wie dem Ulmer Jungmädel Hilde März: «Wir wollten sein, wie die Buben … und wir haben gedacht, was die Buben können, das können wir auch.»[7] Einige Jahre später schrieb Sophie tatsächlich einmal in ihr Tagebuch: «Ich wäre manchmal gern ein Junge.»[8] Dabei ging es ihr aber mehr um die Freiheit, sich auszutoben, als darum, in ein anderes Geschlecht zu schlüpfen.

Mit 13 Jahren war Sophie kein braves Mädchen mehr, sondern eine burschikose, etwas draufgängerische Jugendliche, die mit ihrem Auftreten die Erwachsenen auch gerne einmal provozierte. Das war nicht gerade das, was bei den Jungmädeln oder beim BDM erwünscht war. Zwar wollte man dort nicht die elegante junge Dame, geschminkt und nach französischer Mode gekleidet, sondern propagierte das «frische, natürliche deutsche Mädel», kräftig und anspruchslos. Aber unweiblich sollten die Mädchen nicht sein.

Sophie war ein Gegenentwurf zu ihrer Schwester Inge, die sich besonnen, verantwortungsvoll und mütterlich gab. Susanne Hirzel war auf ihrer Gelöbnisfeier schwer beeindruckt von der ältesten Scholl-Tochter: «Die Inge hat eine Rede gehalten, das hat mir sehr gut gefallen, die hat eine ruhige Art und ich habe gedacht, die möchte ich kennenlernen.» Bald kam Susanne Hirzel oft zu Scholls nach Hause, sie freundete sich jedoch nicht mit Inge, sondern mit der gleichaltrigen Sophie an. «Und die Sophie, die war damals einfach lustig, sehr lustig und so in der Pubertät, möglichst ohne Taschentuch, möglichst ohne Kamm leben, und eine wilde Zeit war das, als Begrüßung ist man sich nur mit allen fünf Fingern durch die Haare gefahren […] da braucht man nicht sonderliches dahinter sehen, das war einfach eine lustige Zeit von ein paar jungen Mädle.»[9] Beide, Sophie und Susanne, hatten das Bedürfnis, sich körperlich zu verausgaben, um ihre eigene Kraft zu spüren: «Fast in allen Ferien

Inge Scholl (2. v. re.) mit BDM-Gruppe, um 1935

machten wir Fahrten; aus dem Bedürfnis nach Freiheit, auf der Suche nach dem wirklichen Leben, um durchdrungen, durchrüttelt, durchleuchtet zu werden. Wir suchten die Gefahren. Wir schwammen durch die beiden mittleren Pfeiler der großen Ulmer Donaubrücke, weil dort die Wellen am gewaltigsten waren, u. hielten uns dabei an d. Hand. [...] Wir schaukelten in den höchsten Wipfeln der Tannen mit aller Kraft [...].»[10]

Zwei Drittel der Dienstzeit, so verfügte es Baldur von Schirach, sollten die Mädchen mit Sport verbringen und ihre Körper «stählen». Damit folgte er Hitlers Vorgaben: «Der völkische Staat hat [...] seine gesamte Erziehungsarbeit nicht auf das Einpumpen bloßen Wissens einzustellen, sondern auf das Heranzüchten kerngesunder Körper. Erst in zweiter Linie kommt dann die Ausbildung geistiger Fähigkeiten.»[11] In der Schule wurde die Zahl der wöchentlichen Sportstunden nach 1933 von zwei auf fünf erhöht, zudem ein eigenes Leistungsabzeichen für Mädchen gestiftet. Bei ihren Sportfesten ging es jedoch nicht so sehr um den Wettbewerb wie bei den Jungen, sondern auch um Gemeinschaft, Gleichklang, Gleichförmigkeit.

Die Jungmädel wurden genau wie das männliche Jungvolk mit der Trillerpfeife herumkommandiert, sie mussten marschieren oder laufen, stillstehen und die Augen geradeaus richten. Dass der Gleichschritt bei Menschen, die freiwillig miteinander marschieren, ähnlich positive Gefühle auslöst wie das gemeinsame Singen oder das Rufen von Sprechchören ist bekannt. «Und keiner trottelt hinterher, sondern Gemeinschaft war das Wichtige [...], und da ist man durch die Stadt marschiert, vielleicht eine Kapelle voraus von der HJ, und das Volk ist am Rand gestanden und hat uns beguckt.»[12]

Sichtbarkeit war ein weiterer Aspekt, der die Mitgliedschaft bei den Jungmädeln und im BDM attraktiv machte. Mädchen durften nun nicht nur öffentlich Sport treiben, was trotz aller Emanzipationsbestrebungen in der Weimarer Republik bisher oft noch als unschicklich gegolten hatte, sie traten ganz selbstbewusst auf öffentlichen Plätzen in Erscheinung, nahmen Raum ein und fühlten sich als wichtiger Teil der Gesellschaft. Für die Mädchen war das eine Genugtuung; sie marschierten mit dem Bewusstsein durch die Stadt, dass niemand sie mehr übersehen konnte. Schirach war sich dessen bewusst und wies stolz darauf hin, dass «für manche Teile Deutschlands die Körperschulung des BDM ein revolutionäres Ereignis gewesen ist».[13]

Mädchen und junge Frauen fühlten sich dadurch wertgeschätzt, dass die HJ in ihnen scheinbar mehr sah als kostenlose, willige Haushaltshilfen wie ihre Familien. Man muss sich die Situation der Frauen in dieser Zeit vergegenwärtigen: 1918 hatten sie in Deutschland zwar das Wahlrecht erhalten, und in der Weimarer Reichsverfassung hieß es: «Männer und Frauen haben grundsätzlich dieselben staatsbürgerlichen Rechte und Pflichten.» Doch im tatsächlichen Leben waren Frauen damit noch lange nicht gleichberechtigt. 1925 war zwar ein Drittel der Erwerbstätigen in Deutschland Frauen, aber diese übten ganz überwiegend einfache Tätigkeiten aus und wurden auch deutlich schlechter entlohnt als die Männer. Außerdem lastete der Haushalt fast immer auf ihnen allein. Dass viele Frauen mit ihrer Lebenssituation unzufrieden waren, spürten deren Töchter. Der NS-Staat machte sich diese Stimmung geschickt zunutze, indem er die Mädchen gezielt umwarb: «Ohne Dich, Mädel, geht es nicht.

Du musst mithelfen am Bau des Dritten Reiches. Tritt ein in den Bund Deutscher Mädel.»[14] Dass der BDM faktisch ihre Bestrebungen nach Unabhängigkeit unterlief und der NS-Staat ihr Recht auf Berufstätigkeit wieder einschränkte, fiel den Mädchen und jungen Frauen bei so viel scheinbarer öffentlicher Wertschätzung oft nicht auf. Nach der Machtübernahme waren Frauen aus dem Staatsdienst entlassen worden; verheiratete Ärztinnen, Richterinnen und Rechtsanwältinnen waren nicht mehr erwünscht. An den Universitäten wurde der Frauenanteil auf zehn Prozent gedrückt, erst wegen des Krieges wurde er später wieder erhöht. Der NS-Staat war eindeutig antifeministisch, und in der NSDAP gab es keine Frauen in Führungspositionen.

Lediglich in den NS-Frauenorganisationen besaßen Frauen Einfluss, niemals durften sie jedoch über Männer bestimmen. Die Nazis sprachen ganz bewusst nicht von Gleichberechtigung, sondern von Gleichwertung. Sie betrieben die «Emanzipation von der Frauenemanzipation»[15], glorifizierten die Rolle der Hausfrau und Mutter und lockten junge Frauen mit Aufrufen wie diesem: «Deutsches Mädel! Besinne dich auf dich selbst! Bist du zufrieden mit deinem jetzigen Leben, mit deinem Kampf und deinem Schicksal? Bist du befriedigt von deiner Arbeit in den Fabriken, in den Büros, in den Geschäften? Nein?»[16]

Wenn NS-Prominenz anreiste oder die Ulmer Nazis Aufmärsche planten, standen alle Abteilungen der Hitlerjugend Spalier und sangen aus voller Kehle, oder sie bildeten einfach nur einen gefälligen Hintergrund, eine Massenkulisse. «Da wird man begeistert, daß man auch zu diesem großartigen Schauspiel dazu gehört [...] Gerade wenn man selbst als Persönlichkeit noch nicht gefestigt ist, dann ist man da immer in Gefahr, daß man von solchen Veranstaltungen mitgerissen wird», erinnert sich Eva Amann.[17]

Bei der Ulmer HJ-Sonnwendfeier Ende Juni 1934 war auch Sophie dabei und sang mit ihren Jungmädel-Kameradinnen das Lied «Flamme empor». Es stammt aus dem Jahr 1814, aus der Zeit der Befreiungskriege gegen Napoleon, und war bei der HJ ein richtiger Hit:

Flamme, empor! / Steige mit loderndem Scheine /
Von den Gebirgen am Rheine / Glühend empor!
Siehe, wir stehn / Treu im geweihten Kreise /
Dich zu des Vaterlands Preise / Brennen zu sehn!
Heilige Glut! / Rufe die Jugend zusammen /
Dass bei den lodernden Flammen / Wachse der Mut!
Leuchtender Schein! / Siehe, wir singenden Paare /
Schwören am Flammenaltare / Deutsche zu sein!

Die Lieder der Hitlerjugend sind oft bis zur Schmerzgrenze pathetisch und heben sich deutlich vom Stil der Neuen Sachlichkeit ab, der für die Weimarer Republik in Literatur und bildender Kunst typisch war und nicht zuletzt eine Erziehung zum kritischen Denken hatte sein wollen. Die Nationalsozialisten hingegen wollten die Menschen mit ihrer Propaganda vom kritischen Denken abhalten. Die Jugendlichen gaben sich gern dem Taumel hin, den die Großveranstaltungen auslösten, und waren bald süchtig nach dieser Aufbruchsstimmung, wie Susanne Hirzel sich erinnert: «Man verachtete das Geld und die Großstadt, liebte die Natur und ein einfaches Leben. Innere Disziplin, Wahrhaftigkeit und Kameradschaftsgeist war gefordert, es ging um den ganzen Menschen. Ein stolzer junger Mensch musste sich angezogen fühlen.»[18]

Charlo, Sophies Jungmädelführerin, war eine Klassenkameradin und Freundin von Inge, sie kam oft in die Olgastraße und saß mit den Schwestern im Mädchenzimmer. Hans und Werner hatten bald ihr eigenes Reich unter dem Dach des Mietshauses. Bei Scholls wurde viel musiziert. Mutter Lina buk Hefekranz und kochte Tee für alle. Die Familie hatte einen Waffenstillstand geschlossen, es wurde nicht mehr ständig über die Nazis diskutiert. Zu friedlich muss man sich das nicht vorstellen, denn dass der Vater, der als schroff und besserwisserisch geschildert wird[19], ein freundliches Gesicht machte, wenn die Jugend in seiner Wohnung zusammenkam, um Heimabende und Fahrten der HJ zu planen, darf bezweifelt werden.

Das Engagement in der HJ ermöglichte es den Scholl-Geschwistern, sich von ihrem dominanten Vater abzugrenzen. Bis auf Werner stiegen sie alle zu Anführerinnen und Anführern in der Hitlerjugend auf, das ist nicht untypisch für Jugendliche aus bürgerlichen Familien, die zuhause dazu erzogen wurden, Verantwortung zu übernehmen. Die Führungsriege der HJ rekrutierte sich überwiegend aus Jugendlichen, die weiterführende Schulen besuchten. Sie zeigten nicht nur Autorität und Sicherheit im Umgang mit ihrem «Führungsauftrag», sondern verfügten auch schlicht über mehr Zeit als diejenigen, die in einer Ausbildung oder schon im Beruf steckten. «Alle, die ein bisschen temperamentvoll oder sportlich waren, waren Jungmädelführerinnen», erinnert sich die Schulkameradin Eva Amann, «da waren von 35 Schülerinnen 30 Jungmädelführerinnen.»[20]

Ausgeschlossen davon waren selbstredend die jüdischen Schülerinnen. Inge Scholl berichtet, Sophie sei empört darüber gewesen, dass ihre blonde, blauäugige Freundin Luise Nathan nicht beim BDM habe mitmachen dürfen, während sie selbst, trotz dunkler Haare und dunkler Augen, dabei sein durfte.[21] Doch Luise Nathan war weder blond noch blauäugig, und sie zählte sich auch nicht zu Sophies Freundinnen, sagt ihre Tochter Nicole Strate: «Meine Mutter und Sophie Scholl gingen vier Jahre in dieselbe Klasse an der Ulmer Mädchenoberrealschule. Aber Sophie Scholl gehörte nicht zu ihrem Freundeskreis.»[22] Luise Nathan hat einen jüdischen Vater und eine christliche Mutter, sie wurde getauft und auch konfirmiert. Kann es sein, dass Sophie deshalb zunächst wirklich nicht verstanden hat, warum die Freundin nicht beim BDM mitmachen durfte? Ist es überhaupt wahrscheinlich, dass Luise Nathan mitmachen wollte? Ihre Tochter hält das für höchst unwahrscheinlich.

Es gibt eine Zeitzeugin, die noch lebt und sich daran erinnert, dass Sophie über den Ausschluss ihrer jüdischen Freundin empört gewesen ist. Anneliese Dorzback, geborene Wallersteiner: «‹Befreundet› ist ein relativer Begriff. Luise und ich waren etliche Male im Hause Scholl. Nachmittags nach der Schule. Wir haben einige Male musiziert, 6 oder 7 Mädchen [...].»[23] Sophie spielte Flöte, Luise und Anneliese Violine. Lina Scholl versorgte die Mädchen mit Hefekranz und fragte, ob sie dazu Marmelade oder Butter mochten, denn es gab bei den Scholls immer nur das eine oder das andere, erinnert sich Anneliese Dorzback. Während sie selbst sehr gut gekleidet war, weil ihrem Vater eine Textilfabrik gehörte, trug Sophie «sehr einfache Kleidung, keine Spitzen, sie sah aus, als wolle sie damit sagen, ‹Ich habe keine Zeit für solche Sachen!›» Sophie sei in ihrer Klasse beliebt gewesen, sagt Anneliese Dorzback, und weil sie so gut zeichnen konnte, hatte sie immer einen Schwarm Mädchen um sich. «Sie war klein, aber gewandt, sie war respektiert und hatte Humor.» Was die Ausgrenzung der jüdischen Mädchen vom BDM betrifft, stützt Anneliese Dorzback Inge Scholls Aussage: «Als Sophie erfuhr, dass Luise und ich nicht ‹beitreten› durften, hat sie fuer uns einen eigenen ‹Klub› gegruendet. Eines Nachmittags saßen wir um den großen Esstisch, Frau Scholl entleerte einen kleinen Waschkorb mit etwa 10 verschiedenen Garn-Wollresten, wir alle hatten eine Haekelnadel, und an diesem Nachmittag entstanden kleine Muetzchen aus den verschiedenen sortierten Farben. Wir trugen dieselben stolz zur Schule am naechsten Tag um zu zeigen, dass wir zusammen gehoeren. Aber nach etwa 4 Wochen wurde Sophie benachrichtigt, dass so ein ‹Klub› im 3. Reich nicht erlaubt ist, und dieser Klub sofort ‹aufgeloest› werden muss.»[24]

Zwei Jahre später verloren sich die Mädchen aus den Augen, denn 1936 mussten Anneliese und Luise wie alle anderen jüdischen Kinder und Jugendlichen die Schulen verlassen, sie durften nur noch neu eingerichtete jüdische Schulen besuchen. Luise Nathan ging in die Schweiz, Annelieses Familie floh 1939 nach England und im selben Jahr weiter in die USA.

Während Sophie unbekümmert neue HJ-Lieder lernte und die passende Gitarrenbegleitung dazu übte, schlossen die Nationalsozialisten die Lücken, die es im Prozess der Gleichschaltung Deutschlands noch gab. Mit dem Gesetz über den Neuaufbau des Reichs vom 30. Januar 1934 verloren die Länder ihre staatliche Souveränität. Der Reichsrat, der als Ländervertretung bisher ein Einspruchsrecht gegen alle Gesetzesvorlagen der Reichsregierung besessen hatte, wurde aufgelöst. Deutschland war damit ein Zentralstaat.

Hitler rechnete jetzt auch mit denen ab, die er in den eigenen Reihen als Gegner ausgemacht hatte. Ende Juni 1934 ließ er SA-

Stabschef Röhm, etwa 200 SA-Funktionäre sowie weitere missliebige Personen ermorden und die Lüge verbreiten, damit einen von Röhm geplanten Putsch vereitelt zu haben. Einen Monat später starb Reichspräsident Hindenburg, woraufhin Hitler sich im August 1934 in der «Volksabstimmung über das Staatsoberhaupt des Deutschen Reichs» von der deutschen Bevölkerung als Führer und Reichskanzler bestätigen ließ. Zusätzlich übernahm er den Oberbefehl über die Streitkräfte, die ab sofort ihren Gehorsamseid nur noch auf ihn persönlich leisteten, nicht mehr auf die Verfassung.

7.
Romantisch, idealistisch, fanatisch: Jungmädelschaftführerin

1935 wurde Sophie zur Jungmädelschaftführerin in Ulm-Söflingen ernannt. Nun betreute sie selbst eine Gruppe von 10 bis 15 Mädchen. Einiges hatte sie sich von Inge abgeschaut, aber sie wollte auch vieles anders machen. «Sophie war damals sehr begeistert, sehr fanatisch für den Nationalsozialismus. Aber mit einem Schuß bündischer Jugend. Das hat nun bei unseren Handwerkern in Söflingen gar keinen Anklang gefunden», erinnert sich Eva Amann, die damals zu Sophies Jungmädeln gehörte. So ordnete Sophie an, dass die Mädchen bei Ausflügen ihr Geld abzugeben hatten, damit für alle Sprudel gekauft werden konnte. Auch den mitgebrachten Proviant, Brote und Obst, ließ sie einsammeln: «Bei der Freßpause musste das auf ein Tuch gelegt werden, und dann wurden die Augen verbunden, und dann durfte jeder sich rausangeln, was man so erwischt […] die Sophie hat es auch begründet: Die einen haben das dicke Wurstbrot, der andere nur ein trockenes Brot, und das ist ja auch nicht gut, wenn solche Unterschiede sind. Und so ist das gerecht verteilt.» Die meisten Eltern konnten sich mit dieser Methode des Ausgleichs nicht anfreunden: «Die Söflinger waren sehr erbost. Denn die haben gesagt, wir geben jetzt unserem Mädchen fünf Mark mit und ein Wurstbrot und jetzt hat sie dann überhaupt nichts, und es wird alles verteilt. Die waren da nicht dafür. Das hat also die Sophie in Söflingen in einen sehr schlechten Ruf gebracht, daß sie da alles nun so kommunistisch verteilt hat.»[1]

Sophie war eine selbstbewusste Jugendliche, die ihre eigenen

Ideen umsetzen wollte. Als 15-Jährige durfte sie zum ersten Mal allein eine Fahrt organisieren, eine große Herausforderung: Sie musste dafür sorgen, dass das gesamte Gepäck auf die Fahrräder geschnallt wurde, und es oblag ihrer Verantwortung, dass alle nach einer mehrstündigen Fahrt sicher am Ziel ankamen. Im Lager war sie für die Verpflegung sowie das Programm zuständig und auch für die Versorgung, wenn jemand krank wurde. Eva Amann war dabei: «Einmal haben wir eine Fahrt gemacht ins Allgäu mit der Sophie. Da war es auch wieder so, daß man alles verteilt hat. Dann war es romantisch. Man hat nachts auf einer Waldlichtung ein Feuer gemacht. Tagsüber hatten wir schon das Holz gesammelt und sind dort gesessen, Sophie hat immer gerne Balladen gesungen, ganz heldische Balladen. Es handelte sich um Siegfried, der das Gold von der Heide trug [...] Ich sehe das heute noch vor mir, so hat mir das imponiert und mich beeindruckt. Sophie hat dazu auf ihrer Klampfe, ihrer Gitarre, gesungen und dazu das Lagerfeuer. Also das hat uns sehr gefallen. Das war ganz romantisch. Aber die Eltern waren davon teilweise nicht so begeistert. Die hätten uns lieber schlafen sehen anstatt im Wald zu sitzen und Balladen anhören. Sophie war also sehr romantisch und idealistisch auch und auch fanatisch. Schon ein Außenseiter, kann man sagen. Bei den anderen Führerinnen, die wir hatten, hat man so etwas nicht gemacht.»[2]

Wie «normale» Fahrten aussahen, geht aus Berichten hervor, die für die Ulmer Jungmädelbeauftragte angefertigt wurden: «Sport, Spiel, Heimarbeit, Schulung und Singen wechselten in bunter Reihenfolge miteinander ab. Das Essen war reichlich und prima und dies hob natürlich die allgemeine Lagerstimmung auch noch ganz besonders. Natürlich durfte auch ein pfundiges Geländespiel nicht fehlen.»[3]

Die Eltern der Söflinger Jungmädel bezeichneten Sophie als «Buabmädle»: «Das war damals ganz außer der Weis'. Sie ist auch im Winter in Söckchen gelaufen. Das war auch ungewöhnlich. Uns hat das gefallen. Wir hätten das auch gerne gemacht, aber wir mussten unsere warmen Hosen anziehen. Und unsere gestrickten Strümpfe [...] Aber sie machte das und ist dann immer nebenher gelaufen. Wir sind marschiert, und die Sophie lief nebenher und sagte links zwei drei … Das war so richtig zackig. Die Söflinger sagten dann: ‹So ein Mannweib, das bräuchte es auch nicht!› Die hat ihnen nicht gefallen.»[4]

Wie überzeugt Sophie Scholl von ihrer Aufgabe als Anführerin war, zeigte sich auch im Umgang mit denen, die dem Dienst fernblieben. Als das Jungmädel Helene eines Tages nicht erschien, weil sie in der elterlichen Metzgerei aushelfen musste, schickte Sophie ein anderes Mädchen, um sie zu holen. Als Helene ein weiteres Mal fehlte, schickte Sophie einen Polizisten, um der Dienstpflicht Nachdruck zu verleihen.[5] Dieses Vorgehen war damals durchaus üblich. HJ-Führerinnen und -Führer durften sich in solchen Fällen auch direkt an die Eltern wenden. Unklar ist allerdings, ob Sophie mit ihrem strengen Durchgreifen das Mädchen disziplinieren wollte oder die Eltern.

Zu den Aufgaben einer Jungmädelführerin gehörte es, Werbung für die HJ zu machen, vor allem dort, wo sie noch nicht stark vertreten war. Inge Scholl, 1935 als Ringführerin schon für circa 540 Mädchen zuständig, nahm Sophie und ein paar andere JM-Führerinnen mit nach Einsingen, zehn Kilometer südlich von Ulm, um einen öffentlichen Heimabend für die Mütter des Dorfes zu veranstalten. Die Resonanz war gering. In ihrem «Ringheft» notierte Inge danach: «Einige Jungmädel u. die Einsinger JM-Führerin, Elisabeth, erschienen. Keine einzige Mutter!» Weil das HJ-Heim am Ortsrand lag, wurde die ganze Veranstaltung kurzerhand in die Dorfmitte verlegt; nun kamen doch noch ein paar Frauen. «Wir fingen an, Volkslieder zu spielen u. singen. Die andern verkleideten sich. Rumpelstilzchen wollen wir aufführen. Ich erzähle das Märchen den andern Jungmädel u. den Frauen. Ursprünglich wollten wir ja ein Märchen vorlesen und dann den Sinn auslegen. Die Zeit war nun zu kurz.» Zum Schluss gab es eine Parole: «Zusammen sprechen wir: Wir wollen nichts sein für uns, sondern alles nur für unser Volk. Wir wollen nichts erreichen für uns, sondern alles nur für Deutschland. Denn wir sind vergänglich, Deutschland aber muß leben.»

Auf der Rückfahrt sagte eines der Mädchen, so wie diesen Abend stelle sie sich die «Kampfzeit» vor, in der die ersten Mitglieder der NSDAP mühsam nach Unterstützern hätten suchen müssen. Inge stimmte zu und notierte in ihrem Berichtsheft: «Aber den Müttern hat's gefallen, das haben wir an ihren Augen gesehen – u. wenn's auch nur wenig waren – sie tragen es hinein ins Dorf, lernen uns vielleicht ein wenig verstehen. Unser Eroberungsfeldzug geht weiter: Wir erobern uns unser deutsches Volk.»[6]

Über Silvester 1935/36 nahm Sophie an einem Lager für Ulmer BDM-Führerinnen teil, das ebenfalls von ihrer ältesten Schwester geleitet wurde. Inges Kalender war voll mit Schulungsterminen, denn sie konnte ein enormes Pensum an Arbeit vertragen. Anders Sophie: Jungmädel, Schule und Hilfe im Haushalt – das wurde ihr zu viel, was sich auch in der Schule bemerkbar machte. Im Herbstzeugnis 1935 lautete das «Gesamturteil»: «Ist körperlich gewandt u. tüchtig, doch sollte sie sich einer strafferen Haltung befleißigen. In ihren Arbeiten ist sie ungleichmäßig u. sollte im ganzen fleißiger u. gewissenhafter sein. Sie hat etwas nachgelassen, wohl infolge Überlastung. Der Gesamterfolg ist zufriedenstellend.»[7]

Es gibt keine überlieferten Selbstaussagen von Sophie Scholl zu ihrer Zeit als JM-Führerin, doch was wir wissen, widerlegt die Theorie, die Inge Scholl in ihrem Buch *Die Weiße Rose* formuliert und in Interviews wiederholt hat: «Soviel ich mich erinnern kann, hat der Begeisterungssturm der Jahre 1933/34 Sophie nicht so mitgerissen wie Hans und mich. So fröhlich sie bei dem Jungmädelbetrieb mitgemacht hat, beim Zelten, Wandern und den Geländespielen, so beeindruckend die feierlichen Sprüche und Lieder beim Feuer- oder Fackelschein gewesen sein mochten, sie konnten Sophie nie ganz vereinnahmen. Vielleicht war der permanente Betrieb, mit dem man damals die jungen Menschen in Atem hielt, mit ein Grund für sie, sich allmählich zu distanzieren.»[8] Doch von Distanzierung konnte noch lange nicht die Rede sein. Im Gegenteil stürzte sich Sophie so begeistert in die Arbeit bei den Jungmädeln, dass sie dafür auch die Schule vernachlässigte.

Ein Führerinnen-Amt forderte großen Einsatz. Zweimal in der Woche hatte Sophie nachmittags bzw. abends jeweils drei Stunden Dienst, hinzu kamen zwei Sonntage im Monat Pflichtdienst plus die Ferien- und Wochenendfahrten und alle möglichen Extra-Aufgaben, wenn die HJ beispielsweise bei Veranstaltungen der Partei aufmarschierte. Seit 1934 galt der Samstag als Staatsjugendtag, an dem HJ-Mitglieder vom Schulunterricht befreit waren. Bald stellte sich heraus, dass die HJ damit überfordert war, die Samstage für ihre Mitglieder sinnvoll zu gestalten; deshalb wurde der Samstagsunterricht 1936 wieder eingeführt, aber auf vier Stunden begrenzt. Die HJ forderte dafür zwei schulfreie Nachmittage, um Zeit für ihre Aktivitäten zu haben.

Auf die Frage, ob die Jungmädel und der BDM politische Jugendbünde seien, würde Sophie damals wohl mit Nein geantwortet haben. Aber genau das waren sie, Organisationen mit einem klaren politischen Ziel. Auch wenn in den ersten Jahren vieles improvisiert wirkte, stellte die BDM-Reichsreferentin Trude Mohr schon 1935 in Aussicht: «Im BDM wird eine klare und sichere Aufbauarbeit mit dem Endziel geleistet, unserem Land eine Mädelgeneration zu geben, die zu wirklichen Trägerinnen nationalsozialistischer Weltanschauung geformt ist, die fähig ist, den nationalsozialistischen Gedanken auch in spätere Geschlechter fortzutragen.»[9] Trude Mohr, aus bürgerlicher Familie stammend, hatte die Schule abgebrochen und war im einfachen Postdienst tätig gewesen. Ihr Credo: «Nicht reden, nicht debattieren, nationalsozialistisch leben in Zucht, Haltung und Kameradschaft!»[10]

Ihre Nachfolgerin, die Psychologin Dr. Jutta Rüdiger, konkretisierte die Zielsetzung: «Wir wollen darum bewusst politische Mädel formen, das bedeutet nicht: Frauen, die später in Parlamenten debattieren und diskutieren, sondern Mädel und Frauen, die um die Lebensnotwendigkeiten des deutschen Volkes wissen und dementsprechend handeln.» Gemeinschaftsdenken, Treue, Gradheit, Reinheit, Aufrichtigkeit, Ehre, Opferbereitschaft, das sind die Werte, die sie den Mädchen vermitteln wollte. Was lange als typisch weiblich gegolten hatte, fand in der BDM-Welt keinen Platz: «Wir wollen keine Mädel erziehen, die sich romantischen Träumereien hingeben, die nur etwas malen, singen und tanzen können oder das Leben einseitig verzerrt sehen – sondern Mädel, die fest in der Wirklichkeit stehen und bereit sind, sich für ihr Ideal praktisch bis zum letzten einzusetzen und Opfer dafür zu bringen. Unsere Jungmädel nehmen gemeinsam mit ihren Kameraden vom Jungvolk den Kampf auf gegen Hunger und Kälte.»[11] Das war genau das, was auch Sophie wollte: sich stählen und abhärten, so wie die Brüder es machten.

Und da öffnete sich eine Kluft zwischen dem Selbstverständnis des BDM und dem Anspruch, den die männlichen NS-Funktionäre an ihn stellten. Hitler hatte gefordert: «Das Ziel der weiblichen Erziehung hat unverrückbar die kommende Mutter zu sein.»[12] Aber was sollten 10- bis 14-jährige Jungmädel mit diesem Rollenbegriff anfangen? Auch die älteren BDM-Mädchen waren nicht bereit, sich gleich nach der Schule auf die Mutterschaft vorzubereiten. Viele von ihnen wollten zuerst einen Beruf erlernen. Daher betonte die Reichsleiterin der NS-Frauenschaft, Lydia Gottschewski, 1934 in der Zeitschrift *Deutsches Volkstum*: «Hier muss einem Irrtum entgegengetreten werden. Es ist falsch, die Mädel ständig und dauernd ‹zum Muttertum› erziehen zu wollen, das haben die meisten wirklich nicht nötig. Sie würden sich auch – lebendig wie sie sind – mit Händen und Füßen dagegen wehren, in eine Lebensordnung eingespannt zu werden, die erst in fünf oder zehn Jahren für sie verbindlich wird.»[13] Der BDM stellte den Mädchen deshalb sogenannte weibliche Ausbildungsberufe in der Pflege oder Erziehung als passende Perspektive dar. Ungeachtet dieser Bemühungen kursierte eine Reihe von frauenfeindlichen Witzen über den BDM, der auch als «Bund Deutscher Matratzen» oder «Bubi Drück Mich» bezeichnet wurde.

Sophie dachte mit 14 Jahren noch nicht an ihre berufliche Zukunft. Sie war mit Leib und Seele Jungmädelführerin und bemühte sich, ihren Mädchen immer etwas Spannendes zu bieten. Dafür holte sie sich nicht nur bei Inge, sondern auch bei Hans Anregungen. Das ist der Hintergrund von Eva Amanns Aussage, Sophies Begeisterung für den Nationalsozialismus sei mit einem «Schuß bündischer Jugend»[14] versetzt gewesen.

Deshalb sei an dieser Stelle ein Blick auf Sophies Bruder geworfen und auf die Einflüsse, die ihn prägten. Hans Scholl war ein attraktiver junger Mann, groß und schlank, mit dunklen Haaren, leuchtenden Augen und einer gewinnenden Ausstrahlung. Wenige Monate nach seinem Beitritt zur HJ 1933 begann sein Aufstieg, und

Sophie Scholl als Jungmädel, ca. 1935

zwei Jahre später befehligte er als Fähnleinführer 150 Jungen. Hans stand in dem Ruf, elitär, stolz und fanatisch zu sein, und er galt als besonders waghalsig. Zwar gehörte er als Anführer zur Hitlerjugend, aber er orientierte sich auch an den Ritualen der Deutschen Jungenschaft oder dj.1.11, deren Name auf ihr Gründungsdatum hinweist. Sie hatte sich 1929 unter Eberhard Koebel von dem Jugendbund Deutsche Freischar abgespalten. Einiges hatten dj.1.11 und Hitlerjugend gemein, so die Betonung von Disziplin und Härte, doch es gibt wichtige Unterschiede: Die Anhänger Koebels waren aufgeschlossen für Philosophie, Kunst und moderne Literatur, sie lasen Friedrich Nietzsche, Stefan George und den von den Nazis verbotenen Stefan Zweig. Sie verstanden sich als Ästheten und gaben sich gerne elitär. Koebel wird der Ausspruch zugeschrieben: «Wir wollen alles besser lernen und besser können: besser singen, besser schweigen, besser schlemmen, besser fasten, grimmig arbeiten und hemmungslos faulenzen.»

Schon 1933 wurde die dj.1.11 als Organisation aufgelöst, aber ihre Anhänger blieben den Ideen Koebels treu, und manche ihrer Rituale und Erkennungszeichen wanderten – wie ihre Anführer – in die Hitlerjugend. Dazu gehörte die blaue Jungenschaftsbluse, die zeitweise so beliebt war, dass die HJ sie für ihre eigenen Uniformen kopieren ließ. Sophie lieh sie sich gerne von ihren Brüdern aus. Auch die Begriffe Schar, Fahrt, Heimabend und die Bedeutung der Fahne übernahm die HJ von der Jungenschaft.[15] Hans Scholls erster Fähnleinführer Max von Neubeck kam aus der dj.1.11 und benutzte zunächst auch das Liederbuch und die *Heldenfibel* von Koebel einfach weiter. Erst im Jahr 1935 wurden die bündischen Rituale, ihre Hefte und Fahnen verboten, weil die Reichsjugendführung «fremdvölkische Zersetzung» witterte. Folgsam löste sich Max von Neubeck von den bündischen Ideen. Hans Scholl jedoch, der seine HJ-Gruppe in einer Mischung von «Abenteuerromantik und Männerbündelei»[16] gestaltete, dachte nicht daran, auf die Bluse, die Lieder und die Schriften von Koebel zu verzichten.

Nach zwei Jahren an der Macht hatten die Nationalsozialisten einige wesentliche Etappenziele erreicht. Bei der Abstimmung über die Zukunft des Saarlands im Januar 1935 hatten sich rund 90 Prozent für den Anschluss an das Deutsche Reich ausgesprochen. Zwei Monate später war die allgemeine Wehrpflicht wieder eingeführt worden, was nach dem Versailler Vertrag verboten war und zum Protest der westlichen Nachbarn führte. Sanktionen gab es jedoch keine, nicht zuletzt weil die Deutschen behaupteten, sie würden sich lediglich gegen die Bedrohung durch die kommunistische Sowjetunion wappnen. Das durch den Friedensvertrag auf 100 000 Mann begrenzte Heer sollte auf 550 000 Mann aufgestockt werden; 1939 waren es tatsächlich 2,8 Millionen Männer, die unter Waffen standen. Zudem baute Hermann Göring eine schlagkräftige Luftwaffe auf. Entlarvend ist in diesem Zusammenhang die Umbenennung des «Reichswehrministeriums» in «Reichskriegsministerium». Aus der «Reichswehr» wurde nun auch offiziell die schon länger so bezeichnete «Wehrmacht».

Auch wenn Hans Scholl nicht ganz HJ-konform dachte, reiste er 1935 als Fähnleinführer zum Reichsparteitag nach Nürnberg. Dass sich dort der «Funken quälenden Zweifels»[17] am NS-System in ihm entzündet habe, wie Inge Scholl behauptet hat, ist eine These, die widerlegt wurde, seit der Scholl-Nachlass der Forschung zur Verfügung steht. Die Abkehr vom Nationalsozialismus fand bei ihm wie bei den Geschwistern erst später statt. Wahrscheinlich waren ihnen die großen Umwälzungen, die der «Reichsparteitag der Freiheit» mit sich brachte, gar nicht bewusst, denn mit den Nürnberger Rassegesetzen änderte sich für sie nichts. Ab sofort galten nur noch diejenigen als Reichsbürger mit vollen Rechten, die «arisches Blut» nachweisen konnten. Juden, Sinti, Roma und alle anderen, die keinen lückenlosen «Arier-Nachweis» vorlegen konnten, wurden zu Reichsangehörigen ohne oder nur mit eingeschränkten Rechten erklärt. Das «Blutschutzgesetz» verbot Eheschließungen zwischen Juden und Nichtjuden, und der außereheliche Geschlechtsverkehr zwischen ihnen wurde als «Rassenschande» unter Strafe gestellt.

Einen Prestigegewinn konnte Hitler 1936 nach der Besetzung des entmilitarisierten Rheinlands einstreichen, auch dies ein klarer Verstoß gegen die Bestimmungen des Versailler Vertrags, doch wieder beschränkten sich die Reaktionen des Auslands auf Proteste. Für die Deutschen sah es so aus, als könnte sich ihr Führer viel erlauben. Um sich nachträglich die Zustimmung des Volkes zu seiner aggressiven Politik geben zu lassen, löste er den Reichstag auf und ließ Neuwahlen durchführen, bei denen nur seine Partei zur Wahl stand. Die NSDAP erhielt wie erwartet 98,9 Prozent der Stimmen.

Auch Sophie, Elisabeth und Inge übernahmen für ihre BDM- und Jungmädelarbeit manches von der verbotenen Jungenschaft dj.1.11. «Wir lernten Bücher durch sie kennen, sangen ihre Lieder, wussten viel von ihren Fahrten, auch wenn wir nicht dabei waren.»[18] Das Wissen darum, verbotene Dinge zu tun, verstärkte das Gefühl, etwas Besonderes zu sein, erinnert sich Susanne Hirzel, die mit den Scholls oft gemeinsam unterwegs war: «Fast jedes Wochenende fand sich privatim eine kleine Schar, die sich stolz als ‹Elite› fühlte, zusammen, um an der Iller oder am Donauufer zu zelten. Da sehe ich Sofie, am Feuer sitzen und im jagenden Rhythmus, atemlos, in begeisterter Hingabe Rilkes ‹Cornet› vorlesen. Die Worte flogen ihr nur so vom Munde weg, durch u. durch lebendig, erfüllt – sie war ganz Werkzeug.»[19]

Die Weise von Liebe und Tod des Cornets Christoph Rilke, eine Erzählung Rainer Maria Rilkes, erschienen 1912 im Insel Verlag, war schon während des Ersten Weltkriegs zum Kultbuch für Soldaten avanciert, weil Rilke darin den Heldentod glorifizierte. Sophie und ihre Geschwister liebten die Geschichte, die vieles vereinigte, was ihnen wichtig war: die Fahne, die Ehre, die Sehnsucht und den Tod.

Dass der Tod in der Rhetorik einer national gesinnten, kämpferischen Jugendorganisation wie der Hitlerjugend einen wichtigen Platz einnahm, verwundert nicht. Auch nicht, dass Jugendliche sorglos Parolen wie «treu bis in den Tod» schmetterten, denn der eigene Tod scheint in diesem Alter noch Lichtjahre entfernt. Andererseits lag der letzte Krieg noch keine 20 Jahre zurück. Auf den deutschen Straßen waren die Kriegsversehrten immer noch allgegenwärtig, und jeder kannte eine Familie, die einen Vater, Sohn oder Bruder im Ersten Weltkrieg verloren hatte. Die Scholl-Geschwister wuchsen zudem in einem Haushalt auf, in dem christliche Werte und der Respekt vor dem Leben etwas galten. Der Vater war bekennender Pazifist. Wie konnten sie trotzdem unbekümmert singen: «Ja! Die Fahne ist mehr als der Tod!»? Mit welchem Gefühl gelobten Sophie und Elisabeth 1936 erneut: «Wir schlossen uns zum Bunde des Opfers und der Tat. Auch in der Feierstunde will Gott uns fest und grad. Dass wir den Schwur nicht brechen, dass wir im Tod noch treu des Führers Namen sprechen, drum bitten wir dich neu»? Und wem fiel damals die Ungeheuerlichkeit der Parole auf, die auf einem Mahnmal bei Murnau geschrieben stand, wo sich Hunderte von HJ-Mitgliedern trafen: «Wir sind zum Sterben für Deutschland geboren»?[20]

Der Dienst in der Hitlerjugend, bei den Jungmädeln und im BDM glich durch die ständige Wiederholung von Parolen, Liedern und Sprechchören einer Gehirnwäsche. Auch in Inge Scholls Ringheft finden sich gespenstische Sätze, die sie «ihren» Führerinnen mit auf den Weg gab: «Blut will zu Blut, trotz Grenze und Wall, Volk will zu Volk, deutsch überall.» Im März 1936 blickte Inge stolz und bewegt auf die neuen Führerinnen, die sie ausgebildet hatte, und notierte: «Sie sind ganz ernst u. benommen von diesem ihrem ersten Marschieren. Es liegt eine eigene Stimmung über der Gruppe. Sie sehen nicht das Grinsen u. Rufen der Menschen, hören nicht das Lärmen der Straßenbahnen. Nicht die Menschen, nicht ihre eigene Person stehen im Mittelpunkt ihrer Gedanken, sondern der Rhythmus u. die Gemeinschaft. Ich werde mitgerissen.»[21]

Ostern 1936 wurde Hans Scholl als Fähnleinführer abgesetzt, weil er sich geweigert hatte, die selbstgestaltete Fahne seiner Gruppe gegen die offizielle Hakenkreuzflagge einzutauschen. Max von Neubeck erklärte später, er habe deshalb disziplinarische Maßnahmen ergreifen müssen. Der Konflikt, um den es hier ging, war nicht der zwischen Nazi und Nazi-Gegner. Hans Scholls Aufmüpfigkeit zeigte seinen Willen zu Unabhängigkeit und Individualität. Aber noch spielte er mit dem Gedanken einer Karriere bei der Wehrmacht, daher stellte er sich nicht gegen das Regime. Bis zu seinem 19. Geburtstag und dem Beginn des Militärdiensts blieb Hans in der Hitlerjugend, Max von Neubeck übertrug ihm bald sogar die Aufsicht über einen Zug von 40 Jungen bei der HJ. Hans konzentrierte sich nun darauf, «einen kleinen Kreis bester Kameraden» um sich zu scharen, um mit ihnen das auszuleben, was ihn an der dj.1.11 und an der HJ faszinierte.[22] Die verbotenen Zeitschriften und Bücher Koebels blieben in Gebrauch. Elisabeth Scholl sagte dazu: «Der Hans war etwas elitär und hat gesagt, die dj.1.11 ist die einzige Möglichkeit, sich von dem großen Haufen etwas zu absentieren und zu unterscheiden.»[23] Mit einer kleinen Jungengruppe, die sich «Trabanten» nannte, unternahm er 1936 sogar eine verbotene Reise nach Lappland. Im Fahrtenbuch heißt es: «Fanatisch werden wir das Neue bauen, dessen großes Finale wir heute nur ahnen können. […] Wir sind der große Orden mit einer neuen Bahn.»[24]

Im Mai 1936 wurde Sophie Scharführerin und war nun für etwa 40 Mädchen verantwortlich. Ein paar Monate später kassierte sie in ihrem Zeugnis wieder einen Rüffel. Hatte es im Frühjahr 1936 noch

Sophie galt im Sportunterricht als «gewandt und tüchtig», 1936

geheißen, sie zeige sich in den Leibesübungen «gewandt und tüchtig», hätte aber im Unterricht aufmerksamer und fleißiger sein können, so wurde ihr im Herbst 1936 bescheinigt, sie könne entsprechend ihrer Begabung Gutes leisten, sei aber «leider manchmal etwas gleichgültig und unpünktlich». Auch ihre beste Freundin, Lisa Remppis in Langenburg, musste sich damit abfinden, dass Sophie den Dienst bei den Jungmädeln über die Freundschaft stellt. Sophie schrieb ihr im Oktober 1936, sie habe diesmal in den Herbstferien keine Zeit:

> Liebe Lisa! Ich habe Deinen Brief bekommen. Wir haben nur 5 Tage Ferien und ich muss mit den J. M. [Jungmädeln] auch was machen. Ich kann also nicht kommen. Das verstehst Du doch? […] Wenn Du beleidigt bist, kannst Du mich in Gedanken verhauen, so viel Du willst. Ich wäre zu faul dazu. Wenn Du vielleicht doch kommen wolltest, 2 Betten sind immer frei, falls Du Abwechslung liebst. Vielleicht gibst Du mir bald Antwort.
> Viele Grüße
> Deine energische Sofer.[25]

8.

Jeden Augenblick leben:
Die Suche nach sich selbst

Mit 16 verwandelt sich Sophie langsam vom bubenhaften Teenager in eine schöne junge Frau. Auffallend sind ihre großen dunklen Augen und der fein geschwungene Mund. Sie trägt ihr dunkles, glattes Haar jetzt gescheitelt, zuerst noch kurz, dann kinnlang. Manchmal lässt sie es ins Gesicht fallen, meistens steckt sie es mit einer Klammer fest. Im Badeanzug macht sie eine gute Figur, in Kleidern wirkt sie hingegen brav, was an der Mode der dreißiger Jahre liegt: Bis zum Hals zugeknöpfte Kleider, kleingemustert oder mit Biesen, dazu große Kragen, Keulenärmel und Strickjacken. Sophie hat ein gutes Verhältnis zu ihrem Körper und scheint sich – was ihr Aussehen betrifft – nicht mit den üblichen pubertären Komplexen herumgeschlagen zu haben. Sie ist sportlich, wandert, radelt, schwimmt und erkundet dabei die Grenzen ihrer Leistungsfähigkeit. Aber sie kann auch hemmungslos faulenzen. Wenn Lina Scholl das Gefühl hat, eines ihrer Kinder brauche eine Pause und müsse sich ausschlafen, dann schreibt sie seelenruhig eine Entschuldigung für die Schule, vorausgesetzt, es gibt wenigstens ein paar Anzeichen für einen Schnupfen oder Bauchweh. Sophie ist am häufigsten krank und bleibt immer mal für einen Tag zuhause.

Wie erlebte Sophie den Wandel vom Mädchen zur Frau? «Als die Periode kam, war sie stolz wie eine Königin», erzählt Inge, «interessant und auch bezeichnend für die an sich rationale Sophie, dass sie körperlich so stark empfunden hat.»[1] Für sie stand schon lange fest, dass sie Kinder haben wollte, und in ihrem Tagebuch, das sie nun zu führen begann, erwähnte sie mehrfach, wie gerne sie mit den kleinen Geschwistern ihrer Freundinnen spielte.

Am Palmsonntag 1937 wurden Sophie und Werner konfirmiert. Dass die beiden jüngsten Scholl-Kinder wie die älteren zur Einsegnung gingen, war nicht selbstverständlich, da die Hitlerjugend den Kirchen nicht ohne Erfolg das Wasser abgrub. War es daher ein Affront, dass die beiden in ihren HJ-Uniformen vor den Altar der Ulmer Pauluskirche traten? Einige Biographinnen und Biographen sehen darin eher eine Solidaritätsbekundung gegenüber der Kirche, die gerade jetzt massive Angriffe von Seiten der Regierung hinnehmen musste. Aber wäre die Konfirmation im Kleid nicht ein viel deutlicheres Bekenntnis zur christlichen Religion gewesen? Sicher ist: Sophie setzte mit der Uniform nicht ein Zeichen gegen die HJ.

Die Zeiten des trügerischen Friedens zwischen Kirchen und NS-Staat waren vorbei. Versammlungen wurden gestört, Kreuze und andere religiöse Symbole aus öffentlichen Gebäuden und Schulen entfernt, Prozesse gegen Orden und Priester angezettelt. Kirchen waren aus Sicht der NSDAP überflüssig, denn die Partei selbst bot mit ihrem Kult des Neuheidentums eine Ersatzreligion für alle, die sich weihevolle Rituale und einen Erlöser wünschten. Für Sophie muss diese Spannung im Konfirmandenunterricht deutlich spürbar gewesen sein, denn die HJ sorgte bewusst dafür, dass nur wenig Zeit für die christliche Unterweisung blieb. Daher ist die Tatsache, dass sie sich überhaupt konfirmieren ließ, vielleicht das stärkste Zeichen, das sie hier setzte, möglicherweise unter dem Einfluss der Mutter. Sophie machte damit deutlich, dass die Kirche noch einen Platz in der Gesellschaft und in ihrem Leben hatte.

Der Palmsonntag 1937 markiert für die katholische Kirche in Deutschland ein besonderes Datum. In der Morgenmesse wurde auf allen Kanzeln der päpstliche Hirtenbrief «Mit brennender Sorge» verlesen. Papst Pius XI. griff darin die Weltanschauung und die Politik Hitlers an und erinnerte die Gläubigen an die überzeitliche Gültigkeit der zehn Gebote: «Gott hat in souveräner Fassung seine Gebote gegeben. Sie gelten unabhängig von Zeit und Raum, von Land und Rasse.»[2] Das päpstliche Schreiben war zuvor unter großer

Geheimhaltung gedruckt und in den Gemeinden verteilt worden, weshalb die Nazis von der Veröffentlichung überrascht wurden. Als sie mit Hausdurchsuchungen und Verhaftungen reagierten, hatten die Worte des Papstes bereits viele Köpfe und Herzen erreicht.

Auch in den Reihen der evangelischen Christen hatten sich Kritiker des Regimes inzwischen organisiert. Nachdem sich 1933 siebzig Pfarrer aus Protest gegen den «Arierparagraphen» zum Pfarrernotbund zusammengeschlossen hatten, entstand daraus 1934 die Bekennende Kirche. Ihre Mitglieder verweigerten der von den Deutschen Christen dominierten Reichskirche den Gehorsam und richteten sich gegen die Verfälschung der christlichen Lehre durch die völkisch-rassische NS-Ideologie. Allerdings verstanden sie sich nicht als politische Oppositionsbewegung, sondern verteidigten ihre kirchlichen Freiheiten gegen den Staat.

In einer vertraulichen Denkschrift, von der Bekennenden Kirche im Mai 1936 direkt an Hitler gerichtet, heißt es: «Wenn hier Blut, Rasse, Volkstum und Ehre den Rang von Ewigkeitswerten erhalten, so wird der evangelische Christ durch das erste Gebot gezwungen, diese Bewegung abzulehnen [...] Wenn dem Christen im Rahmen der nationalsozialistischen Weltanschauung ein Antisemitismus aufgedrängt wird, der zum Judenhass verpflichtet, so steht für ihn dagegen das christliche Gebot der Nächstenliebe.»[3] Durch eine Indiskretion gelangte der Text ins Ausland und damit in die Öffentlichkeit. Drei der Autoren wurden verhaftet und in das KZ Sachsenhausen verschleppt. Sicherlich hat auch die Familie Scholl von den Protesten evangelischer und katholischer Christen erfahren.

Im Frühjahr 1937 begann Sophie Scholl mit dem Tagebuchschreiben. Möglicherweise hatte sie das karierte Buch mit dem Stoffbezug am 9. Mai zum Geburtstag bekommen, sie weihte es knapp drei Wochen später, am 28. Mai 1937, ein.[4]

> Es ist herrliches Wetter. Jeden Tag baden wir in der Iller, die sehr kalt ist. Heut war ich mit Suse und nachher mit Inge. Mit Suse verstehe ich mich gut. Wir saßen in einer hohen Wiese, von außen konnte man uns nicht sehen vor Gras und Margariten.

Ich möchte wissen, was aus Großfahrt wird. Herrgott, wir sind verdammt wenig. Ich komme ohne dies alles nicht aus [...] Ich will mich nicht immer bilden. Ich will mich ab und zu austoben. Sonst meine ich manchmal, ich ersticke.
Lisa ist weit fort und wir sehen uns alle Jahre einmal. Das hilft mir nicht viel. Ich verstehe sie gut und vertraue ihr ganz.[5]

Schon in den ersten Sätzen sprudelt Sophie alles heraus, was sie umtreibt. Sie liebt es, sich in der freien Natur zu bewegen und sich zu verausgaben. Beim Baden kann sie richtiggehend in die Natur eintauchen und sich eins mit ihr fühlen. Ein andermal schreibt sie, sie sei mit Suse am späten Nachmittag, als alle anderen Badegäste schon gegangen waren, noch einmal nackt ins Wasser gestiegen: «Das ist etwas ganz anderes. Jeden Strudel spürt man. Es ist herrlich und wir konnten uns beinahe nicht trennen.»

Ein weiteres Herzensthema sind die Freundinnen Lisa Remppis, Susanne Hirzel, Anneliese Kammerer. Wie genau fühlt sich jede dieser Beziehungen an, wer steht ihr wie nahe? Immer wieder analysiert Sophie ihre Gefühle. Dabei schwankt sie zwischen Empathie und Herablassung: «Alle Mädchen, auch Anneliese, bedeuten mir immer weniger», heißt es bald. Im Mittelpunkt steht ihre eigene Befindlichkeit, nicht die jeweilige Person der Freundin.

Und schließlich sehnt sie sich nach der nächsten «Großfahrt» mit den Jungmädeln. Während die Heimabende in ihren Augen uninteressanter werden, bieten Zeltlager, Wanderungen oder Radtouren mit Rucksack und Essgeschirr die Chance auf eine kleine Flucht aus dem bürgerlichen Familienleben. Nur dann kann Sophie sich selbst als eine andere erleben:

[...] kein Tag, an dem ich mich nicht auf Fahrt sehne, u. einfach weg sehne. Und wenn ich so in meinem Tagebuch lese, sehe ich, Fahrt ist immer u. immer wieder das wichtigste darin. Ja wirklich! Es kann kein Erwachsener, auch sonst nur wenige mir nachfühlen, was mir Fahrt bedeutet. Es bedeutet mir eine Nahrung, an der ich während der Schulzeit, der anderen Zeit zehren kann.[6]

Fahrten, das sind bald nicht nur die Ausflüge mit den Jungmädeln, sondern auch die Reisen und Ausflüge mit den Geschwistern und Freundinnen. Hauptsache raus aus der Stadt. Oft schreibt Sophie in ihren Briefen davon. Ulm scheint sie mehr und mehr zu beengen.

Die Stimmung in Sophies Tagebüchern wechselt rasch, manchmal auf ein und derselben Seite. In einem Moment fühlt sie sich unbeschwert und heiter, dann wieder klingt sie bedrückt. Sie erwartet ungeduldig neue Erlebnisse und hadert einen Satz später mit sich und der Welt: «Ich bin gerad in einem Wellental meines Lebens», zitiert sie eine Freundin aus der Schule und fügt hinzu: «Wellental, Wellenhügel, ach ist doch alles gleich, nur der Anstieg ändert sich.»[7] Wegen jeder Kleinigkeit könnte sie losheulen, weil sie so ein dünnes Fell habe, klagt sie. Anders als in ihren Briefen blitzt im Tagebuch nur selten einmal fröhlicher Überschwang auf, meistens ist ihr Ton nachdenklich oder melancholisch. Die ironischen Randbemerkungen, mit denen sie ihre Briefe gerne würzt, haben im Tagebuch keinen Platz, denn hier schreibt sie für sich selbst und muss vor niemandem glänzen, niemanden zum Lachen bringen.

Psychologen streiten darüber, ob das Tagebuchschreiben bei der Bewältigung des Lebens hilft, ob es Menschen zu Grüblern erzieht oder ob es eben nur die Grübler sind, die Tagebuch schreiben. Zweifellos spiegeln Tagebücher unbewusste Wünsche und können dem Außenstehenden manchmal mehr erzählen, als dem Schreibenden selbst klar ist. Die an vielen Stellen schludrige Handschrift beweist, dass Sophie ihre Gedanken oft auf die Schnelle ins Heft schreibt, und weil sie ihr manchmal zu heikel erscheinen, streicht sie ganze Sätze oder macht auch mal eine halbe Seite unleserlich. Ihre Tagebücher sind ein Auffangbecken für spontane, unkontrollierte Ideen, Momentaufnahmen, die vom Herzen ohne Umschweife auf das Papier wandern. Deshalb sucht man unwillkürlich nach Passagen, die auf die spätere Widerstandskämpferin hindeuten. Aber kann man aus solchen Selbstbespiegelungen überhaupt Rückschlüsse auf die Persönlichkeit der Schreiberin ziehen? Gibt es in Sophie Scholls Tagebuch Hinweise auf ihre Unbeugsamkeit und ihren Wagemut?

Ohne zu viel in die spontan hingeworfenen Zeilen einer 16-Jährigen hineinzulegen, kann man erkennen, dass es für Sophie Scholl unmöglich ist, sich auf Dauer selbst zu belügen. Immer wieder stellt sie sich selbst, ihre Motive und Gedanken in Frage, zweifelt daran, ob sie schon zu der Wahrheit vorgedrungen ist, die ihr Handeln bestimmt. Sophie überprüft ihren Platz im Freundeskreis, in Familie und Schule – selten auch in der HJ – immer wieder aufs Neue und legt sich Rechenschaft darüber ab. Aus diesem System der Selbstbeobachtung sucht sie ab und zu auszubrechen, indem sie sich in Aktivitäten stürzt, die ihr vorübergehend Selbstvergessenheit schenken: Schwimmen, Tanzen, Musizieren, Zeichnen. Im Juli 1937 nimmt sie sich vor: «Jeden Augenblick leben, als gäbe es nur diesen Augenblick.»[8]

Im Spätsommer 1937 verliebt Sophie sich auf einer Jungmädelfahrt in den Böhmerwald in Werner Hein, einen Jungen aus Bottrop, den sie in der Jugendherberge kennengelernt hat. Er geistert eine Zeitlang durch ein zweites Tagebuch, das sie parallel zum ersten beginnt:

> Sonst soll es niemand wissen … Ach, ich merke, es ist gar keine Geschichte, es ist nur eine Berührung. Eine ganz scheue u. zärtliche Berührung. Ja, eines Menschen, den ich 10 Stunden lang kannte … Er hatte blaue Augen … dunkel u. mit einem stillen Gold im Grunde, das dunkler war als das ganze Gesicht. Ich kann es dir nicht beschreiben, alles so still, weiße Zähne zwischen dem schmalen Spalt der Lippen und alles weckte ein glückseliges Gefühl in mir. Nun lag sein Kopf an meiner Hüften, es war eine zarte Berührung, die einen goldenen Faden zwischen ihm u. mir spann. Und wenn ich auf sah, blickte ich in das lachende Gesicht seines blonden Kameraden, der immer wachend saß u. uns still anschaute. Ich glaube noch nie waren Menschen, so gut um mich u. zu mir, wie in dieser Stunde. Und dann? Ach, weiter nichts.[9]

Sophie wird den Jungen nie wiedersehen, aber sie vergisst ihn nicht und spürt, dass ein Teil des Zaubers in der Kürze ihrer Begegnung liegt: «Ich sehe deine Augen groß auf mich gerichtet, ich fühle lange u. gerne den Druck deiner Hand. Dank dir, daß es nicht mehr war, so blieb mir dein Bild unverzerrt.»

Die Nähe zu einem anderen Menschen ist ein seltenes Glück, denn wie viele Pubertierende kennt Sophie vor allem eines: Einsamkeit.

Dort, wo sie wie in der Schule unter vielen Menschen ist, leidet sie besonders darunter. Sie komme sich ausgeschlossen vor, klagt sie, und es graue ihr vor dem Ende der Ferien: «Ich fühle, wie ich mich von den andern immer mehr entferne», schreibt sie, aber den Grund dafür nennt sie durchaus mit Genugtuung: «Ich bin auf dieser Fahrt einige Stufen höher gestiegen. Ich spüre dies mit einer beglückenden Gewissheit.»[10]

Fremdheitsgefühle und das Bedürfnis sich abzugrenzen sind Grundbedingungen für das Erwachsenwerden. «Ich bin so allein», schreibt Sophie im Juli 1937, «ich wäre ganz froh, wenn wir in eine andere Stadt ziehen würden. Ich würde wieder neue Menschen kennen lernen.» Aus ihrem alten Leben scheint sie herausgewachsen zu sein:

> Herrgott, und ich warte Tag für Tag auf etwas […] Ich fuhr heut 3 Std. mit dem Rad herum, wo sollte ich hin, was sollte ich tun? […] Ach Gott, ich möchte gar nicht mehr. Ich mag nicht mehr. Haben alle Menschen solch unsinniges Heimweh wie ich. Wenn mir nur geholfen würde, wenn ich mir nur helfen könnte.[11]

Von dieser inneren Anspannung bekommt ihre Umwelt wenig mit. Dass der Vater sie immer anschreit, wenn sie pfeift, daran habe sie sich gewöhnt, vertraut sie dem Tagebuch an, sie lasse sich die Laune davon aber nicht verderben, denn es gebe so viel anderes, worüber sie sich freuen könne. Wenn ihr die Geschwister auf die Nerven gehen, zieht sie sich zurück, angriffslustig ist sie nicht. Auch mit der Mutter scheint es nicht viele Auseinandersetzungen zu geben. Lina Scholls Gesundheit ist angeschlagen, und die Töchter gehen ihr ohne Klage zur Hand. Auch Sophie gibt sich Mühe, obwohl sie sich gerne vor dem Haushalt drückt und auch keinen Blick für das Nötige hat, erinnert sich Elisabeth Scholl.[12]

Als Tochter funktionierte Sophie Scholl weiterhin, aber in ihrem Innern tobten die Stürme. «Ich will nicht oberflächlich werden. Ich will nicht spießig werden.» Nichts war schlimmer als die Vorstellung, ein vorgegebenes Leben zu führen:

> Ich war heut so brav, half fleißig da heim, ja, wie alle Leute in Ulm. Ich führe so ein geregeltes Leben, genau wie sie, ich bin kein Härchen anders. Was kannst du da schon sagen mit 16 Jahren. Aber ich sehne mich sehr nach etwas. Wir bilden uns viel zu viel ein u. hätten es nicht nötig, andern gegenüber so hochmütig sein. Ach! Spießer! [...] Mal wieder richtig auf Fahrt; mit wem? Es ist vielleicht bei Mädels wirklich nicht möglich.
> Nein, ich bin noch nicht über dies hinausgewachsen, wie meine Schwestern, ich nicht.[13]

Sophie nahm sehr deutlich die Kluft wahr zwischen dem geregelten Alltag in einer bürgerlichen Familie und dem freien, wilden Leben, das ihr die Fahrten versprachen. Obwohl sie auch dort an Grenzen stieß, wie sie in dem Satz andeutet, es sei vielleicht «bei Mädels [...] nicht möglich». Denn die Zeit des Wildwuchses im BDM war vorbei. Seit das «Gesetz über die Hitlerjugend» vom 1. Dezember 1936 die Mitgliedschaft für alle Mädchen ab zehn Jahren verpflichtend vorschrieb, erhielt die Erziehung eine andere Note. Die Mädchen sollten vor allem braver und angepasster werden. Gewaltmärsche wurden abgeschafft, stattdessen mehr Anmut gewünscht. Was die Nazis darunter verstanden, konnte man bei den Olympischen Spielen 1936 beobachten: Tausend gleich gekleidete Mädchen, die mit Bällen turnen und sich dabei völlig synchron bewegen, das war das weibliche Schönheitsideal der Nazis.

Sophie wollte jedoch als Individuum wahrgenommen werden und provozierte die Erwachsenen lieber, als dass sie deren Erwartungen entsprach. Die Biologielehrerin Else Frieß beobachtete amüsiert, wie Sophie sich mit gelangweiltem Gesichtsausdruck in der hintersten Schulbank lümmelte. Stellte die Lehrerin ihr jedoch eine Frage, war die Schülerin gut informiert. Denn Sophie mochte den Biologieunterricht und auch die Lehrerin, «die ich immer mehr verehre», wie sie Inge gesteht.[14] Vielleicht lag das daran, dass Else Frieß ihr mehr Freiraum ließ als andere Lehrer. In ihren Schulzeugnissen finden sich immer wieder Klagen über mangelnden Eifer, aber richtig schlecht waren ihre Noten nie.

Im August 1937 findet sich in Sophies Tagebuch ein missverständlicher Satz über die Jungmädel. «Von der HJ habe ich mich ohne mein Wollen ganz gelöst. Ich habe nichts mehr zu geben, nichts mehr zu nehmen.» Eine Woche später heißt es: «Hilde ist Adjutantin von der Untergauführerin. Ich kann Hilde nicht verstehen.» Dass dies jedoch noch nicht der Moment ist, in dem sie sich von dem NS-Regime abwendet, macht ein Brief an Lisa Remppis deutlich, den Sophie ein Jahr später schreibt: «Das ist recht, dass du so eifrig in den Dienst gehst, ich werde es auch tun. Es ist z. Zt. wieder eine höchst unangenehme Sache im B.d.M. mit Annlis und mir.»[15] Es geht also im Jahr 1937 nur um Streitereien innerhalb der Gruppe, das wird Sophie Scholl im Rückblick auch selbst so bewerten. Im Herbst 1937 ist sie bei den Jungmädeln noch Scharführerin, zum Jahreswechsel wird sie als Gruppenführerin für circa 120 Mädchen verantwortlich sein. Ob die Hitlerjugend ihr außer der Möglichkeit, sich auf Fahrten auszutoben, noch etwas anderes gibt, geht aus ihren Tagebüchern und Briefen nicht hervor. Für ihre Fragen nach dem richtigen Leben, die sie sich jetzt immer häufiger stellt, scheint die HJ keine Rolle zu spielen.

Im Familienleben der Scholls kam es 1937 zu einigen Veränderungen: Hans legte das Abitur ab und leistete seit dem 1. März seinen sechsmonatigen Reichsarbeitsdienst beim Straßenbau in Göppingen. Elisabeth hatte die Schule nach der Mittleren Reife verlassen und begann am evangelischen Fröbelseminar in Ulm-Söflingen eine Ausbildung zur Kindergärtnerin. Inge arbeitete schon seit dem Frühjahr im Steuerberaterbüro des Vaters, auch sie hatte kein Abitur gemacht. Nur Sophie und Werner gingen noch zur Schule. Der Jüngste war der Einzige unter den Geschwistern, der keine HJ-Ambitionen hatte. Er war zwar Mitglied, wurde aber kein Anführer.

Sophie begann in dieser Zeit, sich ernsthaft mit dem Zeichnen zu beschäftigen. Im Herbstzeugnis 1937 erhielt sie dafür ihre einzige Eins. Das Zeichnen kam ihrer Neigung entgegen, Dinge ganz genau zu betrachten und auf sich wirken zu lassen. Im Tagebuch beschreibt sie sehr anschaulich, wie sie mit ihren Augen über das Gesicht der

Freundin Anneliese «gewandert» sei, möglicherweise war das eine Übung, die sie in der Schule gemacht haben:

> Wir haben lange unsere Gesichter angesehen. Was ist das für ein Wunder, das Auge. Wie ein Tier oder ein Wesen liegt es in seiner Höhle, oben u. unten 2 lange schmale Gebirge, die es halb verbergen. Leicht u. mühelos bewegt sich das Tier in seinem Bette, die schwarze Pupille, die sich dehnt u. wieder zusammenzieht, dann die blaue Iris, aus vielen kleinen regelmäßigen Stückchen zusammengesetzt. Es sieht aus, als sei ein kreisrundes Stück ausgebrochen gewesen, man habe es wieder hineingeleimt, aber an der Bruchstelle schimmert immer so schön die Sonne durch, von innen, das weiße des Augs ist wie altes Porzellan wie feine zarte rote Sprünge. Einen schönen Glanz haben die Augen [...] Am Schluße konnte ich es fast nicht mehr glauben, daß es Annelieses Augen sind [...] Annlis sagt auch: Ich glaube nicht, daß deine Augen dir gehören.[16]

Sophie arbeitete an ihrer Technik und fertigte eine Reihe von Skizzen, die einen guten Blick verraten. Federico Vercellone, Professor für Ästhetik in Turin, erkennt darin ein künstlerisches Talent: «Ich halte sie für eine sehr begabte Zeichnerin. In ihren Porträt-Studien steckt viel Gefühl, Weichheit und Empathie. Oft zeichnet sie die Menschen mit geschlossenen oder gesenkten Augen, als wolle sie ihnen ein Geheimnis belassen und ihnen nicht zu nahe kommen.»[17]

Anfang Oktober 1937 schreibt Sophie in ihr Tagebuch, sie wolle sich bemühen, Malerin zu werden.[18] Weil ihr die Kunst zunehmend wichtiger wird, will sie in den Herbstferien sogar auf die obligatorische HJ-Fahrt verzichten und stattdessen nach München reisen, denn «die Kunstausstellung muss ich gesehen haben».[19] Es gab zwei wichtige Ausstellungen in München, die sie mit diesem Eintrag gemeint haben könnte. Seit dem 18. Juli wurde im Haus der Deutschen Kunst die erste «Große Deutsche Kunstausstellung» gezeigt. «Deutsche Kunst», so formulierte es Hitler in seiner Eröffnungsrede, solle «eine ewige sein. Entbehrt sie aber eines solchen Ewigkeitswertes für unser Volk, dann ist sie auch heute ohne höheren Wert.»[20] Auch die deutsche Kunst sollte das Bemühen der Nazis, einen «neuen Menschentyp» zu schaffen, aufgreifen. «Denn der Künstler schafft

Sophie Scholl, «Momentaufnahme» von Inge Scholl, Zeichnung, um 1937

nicht für den Künstler, sondern er schafft genauso wie alle anderen für das Volk! Und wir werden dafür Sorge tragen, daß gerade das Volk von jetzt ab wieder zum Richter über seine Kunst aufgerufen wird.»[21] Wer sich einen Eindruck von der tristen Schau machen möchte, findet eine Fotostrecke dazu im Internet.[22]

Einen Tag nach der Vernissage im Haus der Deutschen Kunst

wurde nur ein paar Gehminuten entfernt in den Hofgartenarkaden eine ganz andere Ausstellung eröffnet, sie zeigte die sogenannte Entartete Kunst. Hier waren Meisterwerke der Moderne versammelt, Werke von über hundert Künstlerinnen und Künstlern, vornehmlich Vertretern von Expressionismus, Dadaismus, Surrealismus und Neuer Sachlichkeit, darunter Max Beckmann, Marc Chagall, George Grosz, Vincent van Gogh, Paul Klee, Oskar Kokoschka, Paula Modersohn-Becker, Franz Marc, Oskar Schlemmer und Kurt Schwitters. 650 Bilder aus 32 prominenten deutschen Museen und Sammlungen waren für diese Ausstellung beschlagnahmt worden. Um die geringe Wertschätzung der Kuratoren auszudrücken, wurden die Bilder betont lieblos, schief, zu eng beieinander und oft auch ohne Rahmen gehängt und mit hämischen Kommentaren versehen. Adolf Ziegler, Präsident der Reichskammer der bildenden Künstler und selbst Maler, verhöhnte die Arbeiten in seiner Eröffnungsrede: «Wir sehen um uns herum diese Ausgeburten des Wahnsinns, der Frechheit, des Nichtskönnertums und der Entartung. Uns allen verursacht das, was diese Schau bietet, Erschütterung und Ekel.»[23]

Über zwei Millionen Besucher entschieden sich für die Ausstellung «Entartete Kunst», während nur 420 000 Menschen eine Eintrittskarte für die Schau im Haus der Deutschen Kunst kauften. Sicherlich konnten viele von denen, die in die Hofgartenarkaden strömten, mit moderner Kunst nichts anfangen, zudem war der Eintritt frei. Aber es gab auch Besucher, die mit banger Sorge durch die Räume gingen und sich fragten, ob sie diese Bilder wohl jemals wiedersehen würden.

Mit Sicherheit interessierte sich Sophie Scholl für die Ausstellung im Hofgarten, denn sie liebte moderne Kunst und sammelte Kunstpostkarten von Bildern Paula Modersohn-Beckers und französischer Impressionisten. Susanne Hirzel stibitzte einmal eine Postkarte von Franz Marc aus dem Zeichensaal, die nur durch Zufall dorthin geraten war. Darauf waren seine blauen Pferde zu sehen. Susanne eilte «überglücklich zu Sofie, um ihr mein Fundstück zu zeigen, das so etwas wie ein Guckloch durch eine Mauer darstellte».[24]

Die Ausstellung «Entartete Kunst» war für Jugendliche verboten, vielleicht haben Sophies Eltern es ihr auch nicht erlaubt, in die

Großstadt zu fahren. Jedenfalls schrieb sie am 6. Oktober in ihr Tagebuch: «München wird also nichts. Mal sehen, was ich tue.»[25]

Vier Jahre zuvor hätte Sophie nicht bis nach München fahren müssen, um Werke der Moderne zu sehen. Das Ulmer Museum besaß zu der Zeit noch eine sehr gute Sammlung, zusammengetragen von Julius Baum. Nach seiner Entlassung 1933 wurden in einer «Schandausstellung» Baums Ankäufe gezeigt, Arbeiten von «minderer Qualität» und von «ausländischen Künstlern». Der *Ulmer Sturm* empfahl den Besuch der Ausstellung, damit jeder Ulmer begreife, was mit seinen Steuergeldern unter der «jüdischen Museumsleitung» geschehen sei. 1937 wurden etwa 230 Bilder des Museums beschlagnahmt. Ihr Schicksal war lange unklar, heute vermutet man einige von ihnen in der Sammlung Gurlitt.

Ende 1937 kam es im gesamten Reich zu einer Verhaftungswelle wegen bündischer Umtriebe. Die Gestapo ging gegen alle vor, die im Verdacht standen, das Gedankengut verbotener Jugendbünde wie des dj.1.11 zu pflegen. Am Morgen des 10. November klingelten auch zwei Polizisten bei Scholls an der Wohnungstür. Als Lina Scholl öffnete, war sie sofort alarmiert, verbarg das aber geschickt. Während sie die Uniformierten in die Wohnung führte, wo diese sofort mit der Durchsuchung begannen, griff sie sich einen Korb, erklärte, sie müsse zum Bäcker gehen, und verließ die Wohnung. Hastig stieg sie zum Dachgeschoss des Hauses empor, wo Hans und Werner ihr Zimmer hatten. Dort packte Lina alle Papiere und Bücher, die sie für verdächtig hielt, in den Korb, trug ihn zu den Nachbarn und kehrte in ihre Wohnung zurück. Die Polizisten hatten gründliche Arbeit geleistet, selbst das Tagebuch von Elisabeth blätterten sie durch, für die 17-Jährige eine demütigende Erfahrung. «Wir hatten damals eine Schaukel und Ringe zum Turnen, die in einem Türrahmen befestigt waren, weil mein Vater immer wollte, dass wir uns viel bewegen. Ich saß auf der Schaukel, während die Gestapo-Männer mein Tagebuch lasen und sich darüber amüsierten. Ich habe mich so geschämt, dass ich danach nie wieder Tagebuch geschrieben habe.»[26] Im Mädchenzimmer stieß die Gestapo auf ein graues Liederheft der dj.1.11 und sah ihren Verdacht bestätigt, denn das war Lektüre, die auf «bündische Umtriebe» schließen ließ. Die 20-jährige Inge und der fast 15-jährige Werner wurden verhaftet und in das Ulmer Stadtgefängnis gebracht. Oft ist zu lesen, dass auch Sophie zunächst verhaftet worden sei, weil man sie wegen ihrer kurzen Haare für einen Jungen hielt, doch Elisabeth stellt klar, Sophie sei nicht mitgenommen worden. Inge und Werner mussten sich trotz Kälte und Schneegestöber zusammen mit einem Dutzend anderer Jugendlicher auf die Ladefläche eines offenen Lastwagens hocken und wurden nach Stuttgart gebracht, wo man sie verhörte. Nach acht Tagen kamen die beiden wieder frei, Werner hatte seinen Geburtstag im Gefängnis verbringen müssen. Als Hans, der inzwischen seinen Militärdienst in Bad Cannstatt ableistete, von der Verhaftung erfuhr, schrieb er den Eltern: «Wir wollen uns nicht als Märtyrer fühlen, obwohl wir manchmal Grund dazu hätten. Denn die Reinheit unserer Gesinnung lassen wir uns von niemandem antasten. Unsere innere Kraft und Stärke ist unsere stärkste Waffe.»[27]

Lina las den Brief dem Rest der Familie vor, und alle machten sich diese Sicht zu eigen: Man hatte ihnen Unrecht getan, denn sie waren keine Abtrünnigen. Hans hatte eine solche Ungerechtigkeit bereits einmal durchlebt, als er wegen der «falschen» Fahne degradiert worden war. «Und das ist mein größter Wunsch», schrieb er weiter, «daß trotz allen Unannehmlichkeiten und trotz aller Verleumdung diese Gesinnung in den Herzen meiner früheren jungen Kameraden wach bleiben möge.» Zugespitzt bedeutet das: Die Scholl-Geschwister glaubten, sie wüssten besser als die HJ und die Gestapo, welche Werte hochzuhalten seien. Kam es ihnen noch nicht in den Sinn, dass sie in diesem System auf Dauer keinen Platz hatten? Der Bund bekam Risse, aber er wurde noch nicht gelöst, sonst hätte die Reaktion auf die Verhaftung eine ganz andere sein müssen.

Mitte Dezember wurde auch Hans wegen bündischer Umtriebe verhaftet und ins Untersuchungsgefängnis Stuttgart gebracht. Als Soldat unterstand er der Militärgerichtsbarkeit, die in diesem Fall später reagierte als die Gestapo. Die Familie rückte zusammen und unternahm, solange Hans im Gefängnis saß, jeden Abend einen gemeinsamen Spaziergang. Dabei ließ Robert Scholl seiner Wut freien

Lauf und drohte: «Wenn die meinen Kindern etwas antun, gehe ich nach Berlin und knalle ihn nieder.»[28]

Die Verhöre von Hans und den Mitgliedern seiner Ulmer Hitlerjungen führten bald zu einem viel schwerwiegenderen Verdacht: Hans wurde vorgeworfen, zwischen Januar 1935 und Herbst 1936 mehrfach «Unzucht» betrieben zu haben, also homosexuelle Handlungen mit einem Jungen aus seiner Schar, einem Schutzbefohlenen. Hans gab die Vorwürfe zu und erklärte sie mit seiner großen Liebe zu dem anderthalb Jahre jüngeren Rolf Futterknecht.[29] Dass ihm Zuchthaus drohte und danach weder eine Karriere beim Militär noch ein Studium möglich gewesen wäre, war ihm bewusst. Den Eltern schrieb er, es tue ihm unendlich leid, «dieses Unglück über die Familie gebracht» zu haben. «Aber ich verspreche Euch: Ich will alles wieder gut machen; wenn ich wieder frei bin, will ich arbeiten und nur arbeiten, damit Ihr wieder mit Stolz auf Euren Sohn sehen könnt [...] Ich fühle jetzt erst ganz den Willen meines Vaters, den er selbst hatte, und den er mir übergab: etwas Großes zu werden für die Menschheit.»[30] Der heikle Anklagepunkt war zunächst nur den Eltern und Werner bekannt, Hans wollte, dass die Sache vor den Geschwistern geheim gehalten wurde, außer vor Inge.

Sophie wusste also nichts von den weiteren Anklagen gegen Hans, davon geht die Forschung bisher aus, aber sicher ist das nicht. Ein paar Jahre später, während ihres eigenen Verhörs 1943, erklärte sie, die Verhaftungen von 1937 seien aus ihrer Sicht «vollkommen ungerechtfertigt»[31] gewesen. In der Schule wurde sie zum Direktor gerufen und sollte ihm erklären, was ihre Geschwister angestellt hätten. Und obwohl ihr selbst damals nichts geschehen war, sprach sie vom «Vorgehen gegen uns», was zeigt, wie stark sie sich mit den Geschwistern verbunden fühlte. Auch sie fühlte sich vom NS-Regime unfair behandelt. Aber selbst das war kein Anlass, ihr Amt bei den Jungmädeln abzugeben. Sie wurde nun sogar Gruppenführerin und befehligte 120 Mädchen.

Während Inge im Gefängnis saß, gab es eine BDM-Führerinnenbesprechung, auf der die Lektüre für Heimabende ausgewählt wurde. Sophie habe Heinrich Heine vorgeschlagen, als sei das völlig selbstverständlich, erzählten die Führerinnen Inge später. Da die anderen nichts davon hätten hören wollen, weil er ein jüdischer Dichter sei, habe Sophie leise gesagt «Wer Heinrich Heine nicht kennt, kennt die deutsche Literatur nicht.»[32] Ob diese Geschichte, die Inge nur zugetragen wurde, stimmt, ist nicht sicher. Passen würde sie zu Sophie durchaus.

Wie sehr die Familie schon nach der Verhaftung von Inge und Werner unter Schock stand, geht aus einem Brief Sophies vom 29. November hervor. Nach einem Tanzabend seien sie und Elisabeth so spät nach Hause gekommen, dass die Haustür unten abgeschlossen gewesen sei. «Wir haben gezittert und gebebt und dann mutig geläutet. Mein Vater guckte zum Fensterl raus und glaubte, es sei die Gestapo. Er war freudig überrascht, dass nur wirs sind, und wir wurden nicht verschimpft.»[33]

Dass Sophie diese Geschichte trotz des ernsten Hintergrunds wie eine witzige Anekdote erzählte, hatte einen Grund. Sie wollte den Adressaten ihres Briefes beeindrucken, denn sie war in ihn verliebt. Und diesmal blieb es nicht bei einer kleinen Schwärmerei.

9.

Liebe?
Alles sentimentaler Quatsch!

«Ich muß schon sagen, manchmal erfüllt mich das Bewußtsein des Alleinseins mit einem so klaren Glück», schrieb Sophie im Oktober 1937 in ihr Tagebuch,

> es ist, wie wenn man auf einem Berg steht. Im Herbst, die Luft ist so klar u. golden, die Bäume u. alles so schön, alles so mit klaren Umrissen, ja, dann fühle ich mich glücklich. Andern gegenüber sicher u. ohne etwas Schreiendes. Aber das ist oft so anders. Siehst du bei schönem Wetter die Bäume weiter von dir entfernt dazwischen das Gegriesel in der Luft, so ist das vielleicht ein Stück Alter. Wenn so das Alter ist, möchte ich gern alt werden, dann ist es ‹köstlich›[1]. Aber manchmal ist zwischen mir u. andern nur Nebel u. Dunkelheit u. Nässe u. Dreck. Wie gerne hättest du jemand. Ach es ist zum Kotzen. Was hilft alles heulen u. suchen u. Heimweh.[2]

Wie stark und verloren zugleich wirkt Sophie in diesen Zeilen. Wie nah liegen Zuversicht und Verzweiflung. Kaum hat sie das Glücksgefühl in Worte gefasst, da kippt ihre Stimmung ins Bodenlose, und sie fühlt sich allein und von Dunkelheit umgeben. Doch dann fand ihre langgehegte Sehnsucht nach einem Menschen, dem sie nahe sein wollte, im Winter 1937 endlich ein Ziel.

Fritz Hartnagel kannte Sophies Brüder schon eine Weile. Er stammte aus Ulm, hatte dieselbe Schule besucht wie Hans und war Anführer beim Jugendbund Deutsche Freischar gewesen, wo Werner zu seiner Gruppe gehört hatte. Als Sophie und Fritz sich nun bei

Fritz Hartnagel mit etwa 17 Jahren, um 1934

einem Tanzabend begegneten, war er 20 Jahre alt. Er hatte die Offizierslaufbahn eingeschlagen, momentan war er in Augsburg stationiert. Natürlich konnte Fritz nicht ahnen, dass dieses ungewöhnliche Mädchen sein Leben einmal völlig umkrempeln würde, und weil er im Moment schon eine Freundin hatte, die ehemalige Jungmädelführerin Charlo, musterte er Sophie gelassen. «Ich glaube, Fritz hat sich zuerst in ihre Frisur verliebt. Er mochte kurze, glatte Haare», erinnert sich Elisabeth Scholl, «Charlo hatte eine ähnliche Frisur.»[3] Wahrscheinlich wirkte die 16-jährige Sophie noch ein bisschen unreif auf Fritz. Sie sah sehr jung aus, aber sie benahm sich nicht so, sondern rauchte, trank Wein, machte freche Bemerkungen, und wenn sie ausgelassen tanzte, nannten böse Zungen das «unsolide». Sophie hatte sich geweigert, die Tanzstunde zu besuchen und Walzer zu lernen. Sie liebte die neuen amerikanischen Tänze wie den Foxtrott. Der trug seinen Namen «Fuchstrab» damals noch zu Recht und hatte keine Ähnlichkeit mit dem braven Tanzstundenschleicher von heute. Arme und Beine flogen, die Tänzer gingen tief in die Knie, machten Spreizschritte und Sprünge. Mit solchen Bewegungen fiel Sophie bei den «Teekränzchen» auf, die regelmäßig von ihrer Freundin Annelies Kammerer veranstaltet wurden. Deren Eltern besaßen ein Grammophon und erlaubten großzügig, dass in ihrem Wohnzimmer getanzt und geraucht wurde.

Fritz Hartnagel war ein attraktiver junger Mann und auf Partys ein begehrter Tänzer. Schüchtern war er nicht, aber vielleicht etwas zu ernsthaft, um lässig zu wirken. Sein Vater hatte sich vom einfachen Vertreter zum Firmenchef hochgearbeitet, verkaufte Schmier- und Waschmittel und gehörte zu den ersten privaten Autobesitzern in Ulm. Doch kurz nach dem Kauf des «Wanderer» hatte er einen Unfall und beschloss, nie wieder selbst zu fahren. Fritz konnte Sophie und ihre Geschwister daher oft zu einer Autofahrt über Land einladen.

Im Gegensatz zu der herzlichen Atmosphäre bei Scholls ging es bei Hartnagels freudloser zu, denn die Beziehung der Eltern war schon lange abgekühlt, und es gab kaum noch Gemeinsamkeiten zwischen ihnen.[4] Über Politik wurde nicht gesprochen und das NS-Regime nicht hinterfragt. Bei den Scholls hingegen war die aktuelle Politik ebenso ein Thema wie Literatur, Musik und Kunst. Fritz spürte, dass in der Olgastraße ein anderer Wind weht, aber er schämte sich seiner Familie nicht: An Lina Scholl schrieb er: «Sie ist sehr einfach und schlicht, meine Mutter, aber echt und gut. Sie hat mir dadurch bestimmt Wertvolleres mitgegeben, als andere an Wissen und Bildung von zu Hause erhalten haben.»[5]

Am 2. November schreibt Sophie in ihr Tagebuch: «Fritz Hartnagel kann ich direkt prima leiden. Er mich auch. Ich merk das u. weiß es auch, von Scharlo. Sie sagte: Wenn Fritz weiß, dass du dabei bist, kommt er bestimmt.»[6] In diesen wenigen Zeilen verbirgt sich der Stoff für ein ganzes Drama um Liebe und Eifersucht. Wochenlang war Sophie hin- und hergerissen zwischen Hoffnung und Kummer.

Zeigen wollte sie ihre Gefühle jedoch nicht. Am 20. November schrieb sie gemeinsam mit ihrer Freundin Annelies während des Unterrichts ihren ersten Brief an den jungen Mann, ein harmloses Zettelchen:

> Lieber Fritz
> Die Anneliese scheniert sich, deshalb schreibt die Sofie. (In der Schule). Hiermit schickt Dir die Annelise eine Einladungskarte. Du kommst doch? Jetzt fehlt aber der Lisl u. mir noch ein Mann. (kein Ehemann) Wenn Du jemand nettes kennst, kannst Du ihn von der Anneliese aus gern einladen. Andernfalls würden wir auch ohne Männer auskommen. Ich lasse jetzt der Anneliese das Wort.
> Der Anfang von Sofer ist gar nicht wahr. (A)
> Wir wollen nicht streiten, deshalb hören wir auf, Annlis weiß doch nichts Gescheites.
> Mit deutschem Gruß
> (herzl. Gruß)
> Sofie Scholl
>
> Heil Hitler.
> Annlies.[7]

Eigentlich war Sophie nicht nach albernen Briefen zumute. Sie war mit der schwierigen Frage beschäftigt, wer sie eigentlich sei und ob sie es wagen könne, jemandem ihre Gefühle zu offenbaren. Im Tagebuch heißt es am 23. November:

> Es hat sich viel geändert. Ich entferne mich mehr u. mehr von den andern. Ich bin so viel älter geworden, Beherrschung ist wichtig. Ich habe eine Maske, hinter die ich mich verstecken kann u. die doch nicht nur Maske ist, nein, gar nicht, nur Kindlichkeit. Und ich habe einen Raum um mich, wie jeder Mensch. Ich empfinde diesen Raum sehr stark, wie eine Mauer, hinter der ich mich verstecken kann.[8]

Die nächsten Zeilen hat sie unleserlich gemacht und die darauffolgende Seite herausgerissen. Dann heißt es:

> Wenn ich enttäuscht bin. Das bin ich so oft. Ich kann gar nicht mehr so harmlos glauben. Wie wäre es, wenn du statt in deiner eigenen Einsamkeit zu einem Menschen kommen könntest! Das gibt es wohl nicht. Nein, das gibt es wohl nicht. Aber ich kann eine Wärme in mir fühlen, wenn ich manchen Menschen sehe. Ein dankbares Gefühl.[9]

Tagelang beschäftigte Sophie sich mit dem Gedanken, ob aus ihr und Fritz etwas werden könnte. «Es ist alles so ein Scheiß u. ich mag mir gar keine Mühe geben.» Sie wünschte sich, sie könne auf Fahrt gehen oder an einem Jungmädel-Lager teilnehmen, um abgelenkt zu sein. Selbstquälerisch malte sie sich aus, Fritz und Charlo könnten sich auf ihre Kosten lustig gemacht und sie «geschippt» haben. Das wäre dann aber «hundsgemein» und dann wolle sie nichts mehr mit ihnen zu tun haben. «Ich kann u. kann nichts Gutes denken. Es tut mir leid.»

Von dem Besuch der Gestapo und der Verhaftung der Geschwister ist in diesen Tagen mit keiner Silbe die Rede. Fürchtet Sophie, auch ihr Tagebuch könne gelesen werden? Ihre Selbstzensur ist drastisch, immer wieder werden Stellen unkenntlich gemacht.

Als Sophie merkt, dass Fritz sich tatsächlich für sie interessiert, lösen sich die Zweifel für einen kurzen Moment auf. Am 28. November schreibt sie: «Auf dem Tanzkränzchen des G. war Fritz. Es ist alles wieder gut. Ich bin ihm unendlich dankbar. Fritz.»[10] Betont munter schreibt sie ihm einen Tag später, er solle zu Inges Tanzkränzchen kommen «als mein Partner oder noch besser mit Charlo».[11] Vielleicht war das der Versuch, die Entscheidung zu provozieren, denn wieder einen Tag später notierte sie im Tagebuch: «Bald, Weihnachten im Winterlager, feiern wir zusammen, sagte Fritz zu mir. / Ja, ja, ja, das wollen wir.» Doch die gemeinsamen Ferien mit Geschwistern und Freunden in einer Skihütte im Allgäu mussten ausfallen, vermutlich, weil die Eltern dagegen waren. Die Leidenszeit war noch nicht vorbei, noch waren nicht alle Gefühle ausgekostet, die eine solche erste Liebe entfacht. Sophie sah sich jetzt als Schenkende, die nichts vom anderen erwartet: «Ich werde Fritz nur geben, die selbstverständl. Wärme u. Liebe, die er braucht, ich werde sie ihm geben. Ich will nichts von ihm, solange er nicht ganz von allein schenkt. [...] Es ist mir genug, daß ich Fritz glücklich machen durfte.» Aber die Rolle der entsagenden Geliebten entsprach Sophie ganz und gar nicht, deshalb hielt sie sie auch nicht lange durch. Einen Abend vor Inges Tanzkränzchen lagen ihre Nerven blank: «Hoffentlich kommt Fritz. Er muß doch wohl kommen. [...] ich muß mich anstrengen, noch mehr, noch ganz aus der Geschichte herauszukommen. An mir liegt es.»

Charlo verließ Ulm, um in Heidelberg mit dem Studium zu beginnen, verriet Grund und Ziel ihres Verschwindens jedoch niemandem. Als sie dann in der Stadt wieder auftauchte, sah es zunächst so aus, als würde das Drama erneut beginnen, doch nun war Sophie bereit zu kämpfen:

> Ich werde Fritz jetzt schreiben. Wegen Scharlo u. überhaupt. Ich weiß nicht, wie ich dran bin, Scharlo weiß es auch nicht, aber ich bin jetzt älter geworden u. kann es vielleicht abbrechen, wenn es sein muß. Sonst will ich nicht. Ich habe Fritz gern wie keinen Menschen. So gern. Was schreibe ich auch. Ist doch alles sentimentaler Quatsch.[12]

Noch im Januar 1938 kam Charlo in jedem Brief vor, den Sophie an Fritz schrieb, aber sie war nur noch eine Randfigur. Fritz hatte sich von ihr gelöst, und auch wenn es noch lange keine schriftliche Liebeserklärung geben sollte, war nun klar, dass Fritz und Sophie eine besondere Beziehung verband, in der sie sich langsam tastend aufeinander zu bewegten.

Der Briefwechsel von Sophie Scholl und Fritz Hartnagel ist – bis auf den letzten Teil ihrer Briefe, der an der Front verloren ging – fast vollständig erhalten. 313 Briefe sind in dem Band *Damit wir uns nicht verlieren* abgedruckt. In den ersten Wochen schrieb Sophie viel über Verabredungen zum Tanzen oder zu Ausflügen. Sie erzählte auch von ihrem Alltag in Ulm, von Spaziergängen, von der Schule und den Geschwistern. Weil Fritz sich über seine hässliche Stube in der Augsburger Kaserne beklagte, schlug sie vor, ihm ein paar Kerzen zu schicken.

Dass Fritz ihr seine Gedanken über den Schriftsteller Manfred

Sophie. Ende der dreißiger Jahre

Hausmann schickte, gefiel Sophie besonders. Sie antwortete ihm umgehend mit einem sehr eindeutigen Satz, der aus *Lilofee* stammt, einem ihrer Lieblingsbücher von Hausmann: «Das Sündige auf dieser Welt, ich glaube, das ist doch immerdar, wenn jemand für sich selbst behält, u. sich nicht hingibt ganz u. gar an das, was seine Sehnsucht war.»[13] Da Sophies Zitat an zwei Stellen vom Original abweicht, und sie an einer Stelle ein ganz anderes Wort benutzt, kann man davon ausgehen, dass sie den Satz aus dem Gedächtnis zitiert hat. In *Lilofee* geht es um eine schöne junge Frau, die sich aus Angst vor der irdischen Liebe für das Leben mit einem Wassermann auf dem Meeresboden entscheidet.

Vielleicht gibt es noch andere Passagen in dem Buch, die Sophies Gefühle spiegeln, wie diese: «Ich habe Angst in der Welt, ich bin so kleinmütig in meinem Sinn. Was will ich denn hier, was fang ich denn an?»[14] Aber Sophie war mutiger als Lilofee und sehr lebenshungrig. Ein paar Wochen später wagte sie es, mehr von sich preiszugeben, auch wenn sie dabei in ironische Spielchen abdriftete:

> Auf jeden Fall träume ich gerne, ich lebe da in einer seltsamen Welt, in der ich nie ganz froh bin, aber trotzdem denk jetzt bitte nicht, ich sei schwärmerisch oder sentimental, da wehr ich mich schwer dagegen, ich bin sogar schwer Materialist. Ich kann z. B. das Fräulein, mit der Du auf Fasching warst, gut leiden, weil sie mir ein Buch 1,05 RM billiger gab, als es kostete. Sie versteht auch was von Büchern. Darf ich ihr einen Gruß von Dir ausrichten?

Eleganter kann man eine kleine eifersüchtige Stichelei wohl kaum verpacken – nur um sofort im nächsten Absatz fortzufahren:

> Du wunderst Dich bestimmt, daß ich Dir son Dreck schreibe. Aber ich muß manchmal was von mir runterschreiben, u. wenn es noch so blöd ist. Wenn Dich der Brief ärgert, so zerreiß ihn bitte. Du siehst, daß es für mich höchste Zeit ist, auf Fahrt zu gehen. Das will ich Sonntag auch tun. Man sollte nie aus einer Stimmung heraus schreiben. Das tu ich sonst auch nie. Aber darf ichs nicht einmal bei Dir, Fritz? Es erleichtert mich so. Es ist so dumm, daß Augsburg so weit weg ist von Ulm.[15]

Dass Fritz Hartnagel Soldat ist und das Kriegshandwerk sein Beruf, kommt in ihrer frühen Korrespondenz ebenso wenig vor wie Politik. Auch die Hitlerjugend taucht nur am Rand auf. Interessant ist eine Bemerkung Sophies vom Januar 1938: Inge verfasse gerade ein Märchenspiel für die Jungmädel, in dem sie selbst auch mitspielen werde. «Sie macht das sehr fein. Ich freue mich, daß wir doch auf diese Weise etwas tun können.»[16] Geht es darum, dass im Winter, wenn keine größeren Lager und Fahrten stattfinden, wenigstens das Märchenspiel eine besondere Aktion darstellt? Oder bezieht sich diese Bemerkung darauf, dass Sophie, die gerade erst Gruppenführerin geworden ist, ihr Amt bei den Jungmädeln schon wieder verloren hat und jetzt nur noch einfaches BDM-Mitglied ist? Sie erwähnt diese Angelegenheit erst Jahre später im Verhör. Dort formuliert sie sehr knapp, sie habe ihr Amt als Gruppenführerin wegen eines Konflikts mit der BDM-Obergauführerin niedergelegt: «Bei diesem Zerwürfnis handelte es sich um eine rein innerdienstliche Angelegenheit des BDM ohne jeden politischen Hintergrund.»[17] Mehr Details erfahren wir aus der Autobiografie von Susanne Hirzel, die ebenfalls betroffen ist. Sie datiert den Vorfall auf den Frühling 1938, ist sich aber nicht ganz sicher. Hirzel spricht jedoch nicht von einer «Niederlegung» des Amtes, sondern von einer «Absetzung»: «Liesel, Sofie Scholl, einige weitere ‹Führerinnen› und ich wurden in feierlicher Zeremonie in den Räumen der Geschäftsstelle der HJ in der Bockgasse abgesetzt. Den Anlass bildeten unsere neuen Wimpel, auf die wir nicht, wie üblich, Hakenkreuze, sondern Runen aufgenäht hatten zur Abwechslung und als Nadelstich. Dies bedeutete Verrat.»[18]

Es verwundert, dass die Mädchen ein Jahr nach der Erfahrung, die Hans mit seiner umstrittenen Fahne gemacht hatte, und wenige Wochen nach der Verhaftungswelle wegen bündischer Umtriebe im Frühjahr 1938 Fahnen nähten, die nicht HJ-konform waren. Verständlicher wäre es, wenn die Aktion ein Jahr vorher stattgefunden hätte, aber dann hätte Sophie nicht aussagen können, sie sei 1937/38 Gruppenführerin bei den Jungmädeln gewesen.

Doch auch wenn eine gewisse Unsicherheit in Bezug auf die Datierung besteht, was den Vorgang der Degradierung betrifft, kann man Susanne Hirzel vertrauen, denn solche Erlebnisse bleiben im Gedächtnis haften. Susanne, Sophie und die anderen ausgeschlossenen Führerinnen mussten am Rand stehen, während die anderen einen Kreis bildeten und sangen: «Wo wir stehen, steht die Treue, unser Schritt ist ihr Befehl, wir marschieren nach der Fahne, so marschieren wir nicht fehl.» Eine BDM-Funktionärin, die zu der Degradierung extra aus Stuttgart angereist war, verfügte «gnädig», man wolle den abgesetzten jungen Frauen «nicht den Lebensweg verbauen» und sie daher nicht ganz aus der Hitlerjugend ausschließen. Stattdessen sollten sie zukünftig als einfache Mitglieder des BDM zum Dienst gehen. Da man in Ulm ohne HJ-Ausweis nicht zum Abitur zugelassen wurde, haben die Mädchen also tatsächlich noch Glück gehabt. Susanne Hirzel erinnert sich, sie sei froh gewesen, «nichts mehr mit diesen dummen Leuten zu schaffen zu haben». In den nächsten zwei Jahren nahm sie an keinem Heimabend mehr teil und schrieb sich ihre Entschuldigungen selbst. Sophie hingegen ging noch bis April 1941 regelmäßig zu den BDM-

Treffen, wenn sie auch in den letzten zwei Jahren «mit dem Herzen nicht mehr bei der Sache» gewesen sei.[19]

Dies alles wird in Sophies Briefen an Fritz nicht thematisiert, auch nicht, was sie davon hält, dass deutsche Truppen am 12. März in Österreich einmarschieren, um den «Anschluss» vorzubereiten. Nur indirekt nimmt Sophie darauf Bezug, als sie Fritz am 10. April schreibt, sie plane eine Fahrt mit Lisa nach Österreich, und zwar am Tag nach der Abstimmung. Gemeint ist die Volksabstimmung vom 10. April 1938, bei der sich 99,7 Prozent der österreichischen Wähler für den Anschluss aussprachen. Die, die ganz gewiss etwas dagegen hatten, durften bei dieser Wahl ohnehin nicht mit abstimmen: 200 000 Juden, 177 000 als «Mischlinge» eingestufte Menschen und über 72 000 Österreicher, die bereits in den ersten Tagen nach dem Einmarsch der Deutschen als politische Gegner verhaftet worden waren. Die internationalen Reaktionen bestanden aus halbherzigen Protestnoten. Nur zwei Länder akzeptierten den «Anschluss» nicht: Mexiko und die Sowjetunion. Alle übrigen nahmen das Vorgehen Hitlers schließlich hin.

Als die deutschen Soldaten die Grenze nach Österreich überschritten, wurden sie mit großem Jubel empfangen. Sofort setzte der Terror gegen die Juden im Land ein, von denen Tausende erst in den letzten Jahren nach Österreich geflohen waren. Gewaltsame Übergriffe waren an der Tagesordnung. Bilder von jüdischen Mitbürgern, die mit Zahnbürsten die verschmierten Trottoirs in Wien reinigen mussten, gehören zu den Schreckensszenarien, die sich nach dem «Anschluss» in das kollektive Gedächtnis von Deutschen und Österreichern eingegraben haben.

Am 14. März schrieb Hans Scholl seinen Eltern, er bedaure, dass seine Einheit nicht in Österreich eingerückt sei: «In unserer erregten Fantasie hatten wir allerhand Luftschlösser gebaut: Abend in Wien, Promenade an der Donau. Es sind eben nur ausgesprochene Panzer-Regimenter und dann vor allem bayr. Truppen einmarschiert. Die A 25 [...] aus Kornwestheim (dieselbe Waffe wie wir) hatten das Glück, die Vergnügungsfahrt mitmachen zu dürfen.» Dass Hans den

«Anschluss» als «Vergnügungsfahrt» bezeichnet, ist befremdlich, zeigt jedoch, was viele Menschen damals dachten: Österreich und Deutschland gehören zusammen, man spricht dieselbe Sprache und teilt viele Jahrhunderte Geschichte miteinander.

Doch Hans witterte auch Gefahren: «Aber was wird alles noch kommen? Bei uns wird ja ordentlich mit dem Säbel gerasselt. Sonst enthalte ich mich jeder Stellungnahme zu den politischen Ereignissen. Mir ist der Kopf schwer. Ich verstehe die Menschen nicht mehr. Wenn ich durch den Rundfunk diese namenlose Begeisterung höre, möchte ich hinausgehen auf eine große einsame Ebene und dort allein sein.»[20] Die Ambivalenz seiner Gefühle ist deutlich: Der abenteuerhungrige Soldat wäre beim Einmarsch gerne dabei gewesen, doch den nachdenklichen Beobachter beschleicht ein Schrecken, wohin sein Land steuert.

Sophie reiste nicht nach Österreich, und wie sie zum Anschluss stand, erfahren wir nicht. Lisa solle in den Osterferien zu ihr nach Ulm kommen, schrieb sie am 23. März 1938 und malte ihr eine schöne Zeit miteinander aus: «Wenn ich mir nun so vorstelle, daß wir in 10 Tagen Ulm auf den Kopf stellen [...] Herrliches Gefühl.»[21] Eine Woche später musste Sophie etwas zurückrudern: Die geplante Reise ins Gebirge werde kürzer ausfallen als geplant, denn «meinen Eltern wäre es nämlich gerade zu teuer [...] Aber an Ostern, wenn Hans Urlaub hat, gehen wir in die Berge. Du langweilst Dich bestimmt nicht bei uns u. wir freun uns alle auf Dich.»[22] Was die beiden Freundinnen in Ulm alles anstellten, ist nicht bekannt, bis auf eine wirklich leichtsinnige Aktion: Sie trampten spontan zu dem überraschten Fritz nach Augsburg. Weil es zu spät war, um am Abend nach Ulm zurückzukehren, die Mädchen aber nicht in der Kaserne übernachten durften und Fritz sie nicht allein in ein Hotel stecken wollte, schmuggelte er sie am Abend heimlich hinein und am nächsten Morgen ebenso heimlich wieder aus der Stube heraus. Nun erst wurde Sophie klar, dass dieser Ausflug keine gute Idee gewesen war, und sie bat Lisa inständig darum, Schweigen darüber zu bewahren, damit ihre Eltern nichts davon erführen: «Es gäbe eine Katastrophe. Bitte beruhige mich darüber, ich hab schrecklich Angst

Inge und Spohie Scholl, um 1935

deshalb. Mit dem guten Ansehen von Fritz wäre es auch vorbei. Lass den Brief bitte niemand lesen ...»[23] Ein paar Wochen später, als Fritz schrieb, sein «Bursche» habe eine Haarspange in der Stube gefunden, war der Schrecken jedoch schon fast vergessen. Sophie antwortete amüsiert, das Spängchen gehöre Lisa, und sie hoffe doch, der Bursche habe es in Fritz' Bett gefunden.

Als Inge Scholl im Frühjahr 1938 für ein halbes Jahr als Haustochter nach Bremen ziehen soll, macht Sophie sich schon Wochen vorher Sorgen, denn sie weiß, dass sie die große Schwester vermissen wird: «Wer kümmert sich jetzt um meine Arten u. Unarten? Ich werde selber groß. Jetzt gehe ich dann mit ihr in die Stadt, u. wir versuchen, die Männer erröten zu machen. Weil Werner sagt, Mädchen werden rot, wenn ein Mann sie ansieht.» Auf diesen munteren Unsinn zu antworten fällt Fritz schwer. Er schreibt in den ersten Monaten überhaupt selten, worüber Sophie sich beschwert. Immer wieder versucht sie, ihn aus der Reserve zu locken: «Wenn ich mich Dir, Dir mich jetzt vorstelle, dann grinst Du jetzt u. deshalb möchte ich Dich ganz fürchterlich verhauen. Du sollst nicht über mich grinsen, hörst Du? Mach bitte ein ernstes Gesicht. Ich glaube, Du grinst immernoch. Das wäre aber gemein. Dann wollte ich überhaupt nichts mit Dir zu tun haben.» Am 5. Mai, ein paar Tage vor ihrem 17. Geburtstag, habe sie kräftig gefeiert und dennoch keinen Kater bekommen, versichert sie ihm, «obwohl es bei Kammerers ziemlich zu trinken gab. Mit den Kerls, die da waren, hättest Du Dich sicher nicht besonders verstanden [...].»[24]

Es wirft ein deutliches Licht auf Lina Scholl als resolute Mutter, dass sie auf Sophies Klagen über Atembeschwerden entgegnete, das käme wohl davon, dass sie zwei Abende nacheinander spät ins Bett gegangen sei. Sophie erzählt solche Dinge im lockeren Plauderton, sie flirtet, kokettiert, und springt dann manchmal ganz abrupt zu einem ernsten Gedanken.

Ende April 1938 berichtete Sophie Lisa, sie habe in der Schule eine «doofe» Zeichenlehrerin bekommen und würde gerne Privatstunden nehmen. Dafür war sie sogar bereit, den geliebten Klavierunterricht aufzugeben, denn doppelte Kosten mochte sie ihren Eltern nicht zumuten. Das war nicht nur so dahingesagt, ein paar Tage später fragte sie Fritz, ob er am Samstag mit ihr und der Freundin Erika Reiff nach Geislingen zu Albert Kley fahren würde, den sie etwas fragen wolle. Kley, ein Freund der Familie Scholl, war Künstler und arbeitete als Gymnasiallehrer. Auch der bildende Künstler Wilhelm Geyer aus Ulm gehörte zu den guten Freunden der Familie. In den zwanziger Jahren galt er als Erneuerer religiöser Kunst, seine Bleiglasfenster zieren zahlreiche Kirchen, darunter den Kölner Dom und das Ulmer Münster. Doch die Nationalsozialisten stempelten ihn als «entartet» ab und verbannten seine Werke aus den Museen.

Robert und Lina finanzierten Sophie die ersehnten Privatstunden schließlich an der privaten Ulmer Schule, nach anderen Quellen bei der Ulmer Künstlergilde.[25] Auch ihre Freundin Erika meldete sich dort für einen Kurs an. In der Familie galt Sophie bald als an-

Sophie Scholl, «Märchenfigur», Zeichnung, um 1938

gehende Künstlerin. Zuvor war Inge diejenige gewesen, die viel gezeichnet hatte, doch nun wurde klar, dass Sophie das größere Talent besaß. Zum 17. Geburtstag schenkte Hans ihr auf Anraten der Mutter einen Kasten mit Ölfarben.

Als die Schulfreundin Gretl zu Besuch kam und ein Gemälde Sophies bewunderte, das über dem Klavier hing, konnte diese es sich nicht verkneifen, das Mädchen auf den Arm zu nehmen: «Sie sagte, es gefiele ihr fabelhaft, u. wir sagten, es sei von der berühmten Künstlerin ‹Sonja Distelfink›. Gibt's nicht. Sie sagte Distlfink, ja, der

Name sei ihr sehr bekannt. Mensch, ich ging weg u. lachte. Ich hab die Gretl was geschippt.»[26]

Tief beeindruckt las Sophie die Lebensbeschreibung der Bildhauerin Renée Sintenis, die wegen ihrer jüdischen Großmutter von den Nazis angefeindet wurde. Ihr Selbstbildnis war Teil der Münchner Ausstellung «Entartete Kunst». Weil Sintenis international anerkannt war und ihre Tierplastiken sich auch in Deutschland großer Beliebtheit erfreuten, durfte sie weiterhin ausstellen. Hans Scholl hatte die 1935 erschienene Biografie von Hanna Kiel gekauft und an die Geschwister weitergereicht.[27] Sophie bewunderte die Sintenis nicht nur für ihr Werk, sondern auch dafür, wie «fabelhaft, [...] sie sich zu ihrem Beruf durchgekämpft hat, weil sich ihr viele äußere Schwierigkeiten in den Weg gestellt haben, mit dem Geld u.s.w.»[28] Was Sophie an den Skulpturen der Künstlerin besonders schätzte: «Es ist so ein wahnsinniger Schwung in allem.»[29]

Am 10. Mai bedankte sie sich für den Geburtstagsbrief von Fritz, aber sie hatte auch ein Hühnchen mit ihm zu rupfen: Er hatte ein paar Tage zuvor nach Ulm kommen wollen, wo Sophie lange auf ihn gewartet hatte:

> [...] wie Du nicht kamst, ging ich mit Oskar Stammler zum Maitanz seiner Klasse. Es war sehr glatt, Oskar u. ich saßen allein in einer Ecke u. konnten alles übersehen. Ich habe wieder mal so richtig getanzt. Das war natürlich ein Fehler, denn jetzt heißt es, ich hätte sehr unsolid getanzt. Ich bin immer viel zu harmlos. Aber es reut mich nichts, dazu war mir der Abend viel zu nett, mögen sie jetzt schwätzen. Es ist mir nur nicht ganz egal, wenn es Leute wie Butz Seeger tun. Ich hatte gedacht, sie kenne mich soweit. Na, ich werde den Mädchen hier sowieso immer fremder u. im übrigen habe ich meine Familie. Das ist fabelhaft viel.[30]

Man kann sich vorstellen, wie Sophie mit ihrem kessen Kurzhaarschnitt wild tanzt, während die braven Mädchen mit den langen Zöpfen über sie tuscheln. Butz Seeger ist eine Freundin der Scholls. Ihre Eltern haben eine große Villa, in deren ehemaligem Pferdestall die Heimabende der Jungmädel stattfinden.

Im selben Brief machte Sophie dem Freund klar, sie würde nicht noch einmal so lange auf ihn warten, er solle bitte vorher Bescheid sagen, ob er komme oder nicht. «Weißt Du, ich möchte meine Sonntage ganz ausnützen. Andernfalls würde ich etwas anderes ausmachen.»[31] Ob das eine klare Ansage oder nur ein Bluff ist? Zuzutrauen ist ihr beides.

Sophie lag daran, Fritz zu zeigen, dass sie eine unangepasste junge Frau war. Dabei wirkte ihr Humor manchmal fast skurril: Sie sei mit Charlo und der Jungmädelschaft früher oft zum Baden an die Iller gegangen und habe dann immer so getan, als könne sie nicht schwimmen. «Ich spielte dann versauferles u.s.w. Dabei kann ich seit meinem 6. Lebensjahr schwimmen, aber ohne die Kunststückchen drum rum.»[32] So ganz kann man ihr diese Geschichte nicht glauben. Aber es scheint, als wüsste sie nicht immer so genau, welchen Ton sie anschlagen soll, um den vier Jahre älteren Fritz für sich zu gewinnen. Oft entschied sie sich dann für eine herbe Variante: «Lieber Fritz, weißt Du, was ich mir wünsche? Ich weiß es auch nicht. Ne ganze Masse. Beinah hätte ich Dir meinen z. Zt. Hauptwunsch verraten.»[33] Ein Paar sind die beiden noch nicht.

Während Sophie sich Schritt für Schritt auf Fritz einließ, entwickelte sie sich in der Schule zur Außenseiterin: «Ich ziehe mich vor den Mädchen hier mehr und mehr zurück, die Schule kommt mir vor wie ein Film, ich sehe zu und bin beim Mitspielen beinah ausgeschaltet, ein seltsames und nettes Gefühl.»[34] Als sie einen Klassenausflug absagen musste, um stattdessen Lina zuhause zu unterstützen, die Probleme mit ihrem Fuß hatte, war sie ganz erleichtert und freute sich auf das Ausschlafen. Und doch schwang in ihrer stolzen Ablehnung auch etwas Gekränktheit mit:

> In meiner Klasse schauen sie mich an wie ein Wunder. Sie halten mich anscheinend für etwas Besonderes. Sie sind mir fremder als je, ich mag mich auch nicht im Geringsten um sie kümmern. Ich hab ja meine Familie.[35]

Ihre Sonderrolle als unangepasste, selbstbewusste junge Frau, die weniger mädchenhaft ist als die Klassenkameradinnen, machte sie einsam.

Es gab nun immer weniger Menschen, in deren Gegenwart Sophie sich wohl fühlte, neben den Schwestern waren es die Freundinnen Lisa, Susanne und Erika – und natürlich Fritz. An Inge schrieb sie am 11. Mai 1938: «Den Mädchen stehe ich allmählich gegenüber wie am Anfang als wir herkamen. Überall ein bisschen Misstrauen.»[36] Dass die Schule ihr auch inhaltlich immer weniger Freude machte, spiegelte sich im Frühjahrszeugnis wider: «Sie zeigte Eifer in den sprachlichen Fächern, dagegen konnten in Mathematik und Naturwissenschaften ihr Fleiß u. die Mitarbeit im Unterricht in keiner Weise befriedigen. Im ganzen sollte sie mehr Pflichtbewußtsein u. straffere Haltung zeigen. Gesamtleistung: befriedigend, teilweise gut.»[37]

Anfang Juni 1938 stand die Familie Scholl vor einer schweren Prüfung, möglicherweise sorgte dieses Familiengeheimnis für eine tiefe Verunsicherung in Sophies Gefühlsleben. Am 2. Juni musste sich Hans Scholl vor einem Sondergericht in Stuttgart in zwei Anklagepunkten verantworten: Zum einen wurde ihm das «Weiterführen der Ulmer Gruppe» vorgeworfen, womit die bündischen Trabanten gemeint sind, zum anderen ging es um homosexuelle Handlungen mit einem Schutzbefohlenen. Auch Werner Scholl musste in diesem Prozess aussagen, da er von Ernst Reden, einem Freund von Hans und Inge, sexuell belästigt worden war.

Hans muss diesen Termin extrem gefürchtet und doch herbeigesehnt haben. Er hatte viel zu verlieren, und das halbe Jahr voller Ungewissheit und schwelender Angst hatte ihm sehr zugesetzt. «Es gibt Stunden, da ist alles in bester Ordnung, und dann ist wieder dieser trübe Schatten da und überdeckt alles», hatte er am 20. Januar an die Eltern geschrieben. «Ich kämpfe dauernd mit Minderwertigkeitsgefühlen. Ich kann mir nicht helfen, aber es ist so. Meinen Kameraden und Vorgesetzten gegenüber muß ich natürlich dauernd Theater spielen. Hoffentlich wird das bald anders. Ich bin sehr froh, dass zu Hause bei Euch alles gut ist.»[38]

Aber wie gut war es zuhause? Was war mit der vielbeschworenen familiären Nähe? Die Scholls waren in zwei Gruppen geteilt, in die Eingeweihten und die Nichteingeweihten. Fünf wussten Bescheid, und zwei wurden ausgeschlossen. Selbst die Eingeweihten drifteten auseinander: Hans plagte sich mit Scham- und Schuldgefühlen herum, er hatte eine Liebesbeziehung mit Sophies Freundin Lisa Remppis begonnen, die ihm vielleicht mit ihrer Jugend und Unschuld dabei helfen sollte, die Erinnerung an seine homosexuellen Wünsche, die er selbst als «ekelhafte Sache» bezeichnete, zu überwinden. Ging das so einfach? Für Lina Scholl schon. Sie hielt zu ihrem Sohn, ermahnte ihn aber, nicht mehr zu sündigen. Lina zog also nicht die Möglichkeit in Betracht, ihr Sohn könne tatsächlich homosexuell sein. Für sie zählte nur, dass ihr Ältester möglichst unbeschadet aus dem Prozess herauskam, schon deshalb musste sie die ganze Angelegenheit kleinreden. In diesem Sinne schrieb sie dem Vorsitzenden des Sondergerichts: «Was in seinem 16.–17. Lebensjahr vorgefallen ist, ist dem unbestimmten Drang der Entwicklungsjahre zuzuschreiben, nicht aber der perversen Neigung eines geschlechtsreifen Menschen.» Hans besitze «überhaupt eine ganz entschiedene Abneigung gegen das Unreine, Gemeine, jeder Art».[39] Da Lina sich in dieser Sache also ganz hinter Hans stellte, konnte sie ihren Sohn Werner nicht als Opfer sehen. Werner hatte ausgesagt, Ernst Reden habe ihn mehrfach sexuell belästigt, diese Vorfälle musste Lina nun genauso bagatellisieren wie die Vorwürfe gegen Hans, um vor sich selbst glaubwürdig zu bleiben. Daher schrieb sie in ihrem Prozessbericht an Inge, es sei Hans schwergefallen, auszusagen, «wenn er sich auch kaum etwas andres zu schulden kommen ließ als E. Reden bei Werner, nur kams viel öfter vor.»[40] Dieser plagte sich ebenfalls mit Schuldgefühlen herum, weil er Ernst Reden an die Gestapo verraten hat. Hat es Werner verletzt, dass die Eltern ihn nicht als Opfer sahen?

Inge Scholl, die seit Anfang Mai Haustochter in Lesum bei Bremen war, nahm das Thema Homosexualität ebenso wenig ernst wie ihre Mutter, denn sie liebte Ernst Reden und wartete noch lange auf einen Heiratsantrag von ihm.

Und Robert Scholl? Er wollte für seinen Sohn da sein. Schon im Januar hatte er ihm geschrieben, er werfe sich vor, «dass ich Dir in den letzten Jahren nicht Kamerad und Freund gewesen bin, sondern unsere Wege habe allzu sehr getrennt gehen lassen. Wenn sich jemand voller Vertrauen aussprechen kann, kommt man leichter über kritische Zeiten hinweg. Auch der Mensch braucht für Regungen des Gefühls oder des Blutes gewissermaßen Blitzableiter.»[41] Ob es zu einem Gespräch zwischen Vater und Sohn über Hans' sexuelle Orientierung gekommen ist, ist fraglich, nicht zuletzt da Hans selbst Homosexualität als Verirrung abtat.

Der Staatsanwalt forderte ein Jahr Haft, was bei Hans Panik und bei seinen Eltern große Sorgen auslöste. Doch am Ende entschied der Richter milde. Hans wurde zu einem Monat Gefängnis verurteilt und fiel damit unter die Amnestie, die Hitler anlässlich des Anschlusses von Österreich erlassen hatte. Er verließ den Gerichtssaal als freier Mann. Ernst Reden, der bis zum Prozess in Untersuchungshaft geblieben war, hatte seine dreimonatige Strafe damit abgesessen, durfte jedoch nicht weiter studieren, weil er als vorbestraft galt.

Ist es vorstellbar, dass Sophie und Elisabeth von all dem wirklich nichts mitbekommen haben und davon ausgingen, dass der Prozess lediglich den Vorwurf bündischer Umtriebe verhandelte? Immerhin schrieb Sophie sich die Fähigkeit zu, die Gefühle anderer Menschen sehr genau wahrzunehmen:

> Es ist so komisch, wenn du einen Menschen anguckst, du siehst dann, wie an ihm etwas drückt, wie er sich so allein fühlt, ich merke das, bei vielen feinen Menschen. Grad an den Feinen. Ich meine, manche können sich ja fabelhaft beherrschen, aber Lisl, Inge, Anlis, Suse, alle die, auch Jungen herz ich, was kannst du schon helfen, du sitzt ja selber drin.[42]

Während Inge Scholls Biographin Christine Hikel der Familie Scholl zutraut, den Deckmantel des Schweigens erfolgreich über den gesamten Prozess gebreitet zu haben, vermutet Hans Scholls Biograph Robert Zoske, es könnte durchaus etwas durchgesickert sein, wenn nicht bei den Scholls, dann doch bei den Angehörigen der anderen Ulmer Angeklagten und ihren Familien. Und über diese könnte es dann auch zu Sophie und Elisabeth gelangt sein. Dann hätten beide vermutlich eine große Scham verspürt. Damit ließe sich Sophies Rückzug erklären, das häufig geäußerte Fremdheitsgefühl, vor allem in der Schule.

Wenn Sophie jedoch nichts von den Vorwürfen gegen Hans wusste, muss sie sich dann nicht gewundert haben, dass ihr Bruder vor ein Sondergericht zitiert wurde. Musste es dann nicht tatsächlich auf sie so wirken, als sei die Strafverfolgung gegen Hans völlig überzogen? Genau das könnte ein Grund für ihre spätere Radikalisierung sein, meint der Historiker Sönke Zankel.[43] Doch dafür gibt es noch eine Reihe anderer möglicher Gründe.

In den Pfingstferien musste Sophie in diesem Jahr auf einen Ausflug verzichten, denn zuhause wurde im Augenblick jeder Pfennig umgedreht. Dafür wollte sie zumindest im Sommer unbedingt in Norddeutschland Inge besuchen. Sie habe bereits 13,49 Reichsmark zusammengespart und werde sicher auf 30 kommen, etwa so viel, wie ein Zugticket nach Bremen koste, schrieb sie der großen Schwester. Leider wolle der Vater nichts davon wissen. Sie habe Erika gefragt, aber die wolle nicht mitkommen, weil sie «schaffen» und mit dem Zeichnen weiterkommen müsse. Kleinlaut gab Sophie zu, sie selbst vergeude noch viel Zeit in «jugendlichen Vergnügungen». Zwar zeichne sie viel mit Erika und arbeite auch ernsthaft an ihrem Talent, aber «ich schaffe eben mal zu, hauptsächlich weil ich es furchtbar gern tue, nicht weil ich es notwendig muss. Vielleicht kommt das mal, vielleicht auch nicht.»[44] Eine Berufung fühle sie nicht:

> Aber wenn man Künstler werden will, muss man wohl vor allen Dingen zuerst Mensch werden. Durch das Tiefste empor. Ich will versuchen, an mir zu arbeiten. Es ist sehr schwer. Ich bin im Vergleich zu Erika schrecklich oberflächlich.[45]

Im selben Brief berichtete Sophie von ihrem neuen Interesse an der Biologie und zeigte sich dabei nicht zimperlich. Sie habe in der Schule schon ein Ochsenauge zerschnitten und bei einem Fisch alle inneren Organe «so reizend freigelegt», auch das Gehirn und den Kopf,

> und alles lag so sauber und sinnvoll und prall darinnen. Und denk Dir, das Herz ging noch ganz regelmäßig, langsam heraus, herein, heraus, herein. Die Fische haben goldene Augen. Und eine ganz kugelrunde, reizende Linse. Furchtbar nette Tierchen. Sie haben mich so gedauert.[46]

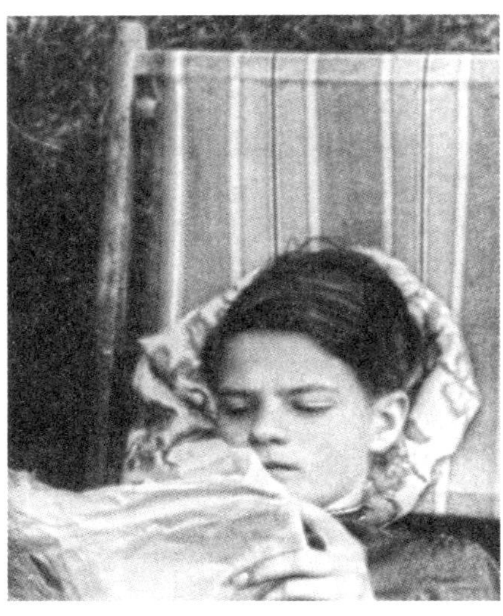

Sophie, Nordseefahrt, 1938

Im Juli 1938 kam Fritz mit schlechten Nachrichten in die Olgastraße, ihm drohte eine Versetzung nach Wien. «Deshalb ist er so schweigsam», schrieb Lina Scholl an Inge in Lesum und fügte hinzu: «Sofie grämte sich etwas ab, die Fahrt wird ihr in allem wohltun.»[47] Denn Sophie konnte schließlich doch nach Norddeutschland fahren, dank Herrn Kammerer, der seine Tochter Annelies samt Sophie, Werner und Lisa Remppis mit dem Auto kutschierte. Zwar hatte Sophie sich gerade in ihrem letzten Brief bei Inge beklagt, wie schlecht sie sich mit Annelies verstehe: «Ich muss mich oft sehr zusammennehmen, um sie noch zu ertragen.»[48] Sie hoffe aber, dass diese es nicht merke. Und manchmal hätten sie ja doch eine nette Schulstunde miteinander.

Über die Reise schrieb Sophie Wochen später einen launigen Bericht. Bei der Abfahrt war sie krank, durfte daher vorne sitzen, in eine Decke gewickelt und mit Medizin versorgt. Dreimal musste Herr Kammerer nach einem Platten den Reifen wechseln, und weil sie bei ihrer ersten Station, der Jugendherberge in Gießen, keine Betten vorbestellt hatten, mussten sie auf dem Boden schlafen, was aber trotzdem «sehr nett» gewesen sei. In Lesum angekommen, begrüßte

Inge sie «halb hochdeutsch», woraufhin Lisa einen Lachanfall bekam. Sie machten einen Ausflug mit dem Fischkutter; allen sei schlecht geworden, aber «wir genossen alles unsagbar».[49] Von Lesum ging es nach Bremen und danach in die Künstlerkolonie Worpswede, wo Sophie den Dichter Manfred Hausmann kennenlernte.

Den Rest der Sommerferien verbrachte sie bei Lisa, die seit dem letzten Winter mit ihrer Familie in Leonberg wohnte. Hier spürte Sophie plötzlich, dass sich etwas verändert hatte. Sie setzte sich hin, um einen langen Brief an Fritz aufzusetzen, dem sie von Bremen und Worpswede aus kaum geschrieben hatte. Sie habe etwas auf dem Herzen und wolle ganz ehrlich sein:

> In dem Verhältnis, in dem ich zu Dir stehe, kann ich nicht weiter bleiben. Ich habe es von einer Stunde auf die andre eingesehen. Der Grund? Ich bin einfach noch zu jung, lach bitte nicht, es ist so, es drückt mich zusammen. [...] Ich bin noch nicht erwachsen, bitte nimm mir nichts übel, aber ich kann es noch nicht. Das ist der einzige u. wahre Grund.[50]

Sie fügte hinzu, dass sie ihn weiterhin gerne sehen wolle, erst einmal aber brauche sie «eben jetzt wieder» seine Hilfe. Er möge ihr bitte ganz schnell antworten. Aber Fritz reagierte auf ihre Bitte nicht. Es dauerte fast sechs Monate, bis er ihr auf diesen Brief eine Antwort gab.

10.

Die Sache mit Fritz: Fragiles Gleichgewicht

Was ist das für ein Verhältnis, in dem Sophie nicht bleiben kann? Fühlt sie sich zu jung für eine ernsthafte Liebesbeziehung? Für Sex? Möglicherweise strahlt Fritz, 21 Jahre alt und fest im Beruf stehend, eine Ernsthaftigkeit aus, von der die 17-jährige Schülerin sich unter Druck gesetzt fühlt. Sicher würde es ihr helfen, wenn Fritz ihr versicherte, er habe Geduld und würde warten, bis sie sich für eine Beziehung zu ihm bereit fühle.

Aber Fritz geht nicht auf Sophies Bitte ein. Er ist ernsthaft erkrankt, noch sei aber nicht klar, woran, schreibt er ihr. Sophies Mitgefühl ist sofort geweckt, und sie schickt ihm Ende August einen ausführlichen Bericht über die Sommerferien, in dem sie gut gelaunt über alle Missgeschicke plaudert. Sie empfiehlt ihm außerdem Thomas Manns *Buddenbrooks*: «Es gefällt mir sehr gut, die Menschen sind sehr objektiv betrachtet u. ganz überlegen geschildert, aber nicht hochmütig.»[1] Fritz antwortet aus dem Krankenhaus in Augsburg, er wisse jetzt, dass er an Typhus leide, das Fieber sei aber nicht mehr hoch. Mit dem Bart, den er sich habe stehen lassen, sehe er aus wie ein Meuterer von der Bounty, ein Heiliger oder auch Rasputin, je nachdem, wen man nach seiner Meinung frage. Mit keiner Silbe geht Fritz auf Sophies Frage nach ihrem Verhältnis ein, nur eine winzige Andeutung am Ende verrät, dass etwas in ihm arbeitet: «Ich lese fast den ganzen Tag und die übrige Zeit phantasiere ich die tollsten Geschichten zusammen. Ich warte auf einen Brief von Dir!»[2]

Anneliese Kammerer, Inge und Sophie Scholl (v. li.), bei Lesum, Sommer 1938

Was bleibt Sophie anderes übrig, als weiter die Rolle der besorgten Freundin zu spielen, die dem Kranken aufmunternde Briefe schickt? Sie gibt sich Mühe damit, erzählt von einer Party und von einem Ausflug mit Lisa nach Blaubeuren, wo sie das Luftschiff «Graf Zeppelin II» gesehen haben. Scheinbar beiläufig fragt sie: «Hast Du meinen Brief von Leonberg aus erhalten?» Doch wieder reagiert Fritz mit keiner Silbe darauf. Tapfer schreibt Sophie ihm weiter und behält den lockeren Ton bei:

> Ich muß gerade dran denken, wie ich mit Inge durch das Moor zog auf der Landstraße u. wir haben die Klampfe herausgeholt u. einfach gesungen, u. uns einen Dreck um die dummen Gesichter der verwunderten Menschheit gekümmert.[3]

Fritz schildert seine langsame Genesung. Er könne es gut im Bett aushalten, denke nach, lese, höre Radio. Bald, so hofft er, könne er auch wieder nach Ulm kommen. Kein Wort darüber, dass Sophie ihm ihr Herz so weit geöffnet hat. Ihre Antwort fällt diesmal knapp aus: Sie sei auf dem Sprung zum BDM und nehme ein Buch mit, weil es beim letzten Mal so fad gewesen sei: «Aber meine Pflicht, nicht wahr! […] Alles Gute! Mit deutschem Gruß! (ich geh doch in den Dienst)».[4] Der BDM ist inzwischen nicht viel mehr als eine lästige Pflicht.

Im Herbst 1938 waren die europäischen Staaten mit der Sudetenkrise beschäftigt, die Hitler ganz kalkuliert ausgelöst hatte, um sie dann bewusst eskalieren zu lassen. Angesichts der Erfahrungen, die Scholls kaum ein Jahr zuvor mit der Gestapo hatten machen müssen, verwundert es nicht, dass Sophie die Ereignisse in ihren Briefen nicht erwähnte. Auch ist nicht klar, wie sehr sie diese Dinge damals bereits interessierten. Informiert war sie auf jeden Fall, denn ihr Vater verfolgte die Entwicklung aufmerksam und teilte seine Einschätzung der Familie auch ungefragt mit. Um nicht auf die gleichgeschaltete Presse im Deutschen Reich angewiesen zu sein, hatte Robert Scholl ein Radiogerät angeschafft, mit dem er den Schweizer Sender Beromünster hören konnte, der jeden Freitagabend um 19 Uhr die *Weltchronik* sendete. Noch stand das Hören von ausländischen Radioprogrammen nicht unter Strafe, und Lina Scholl schrieb der ältesten Tochter nach Lesum nur wenig verschlüsselt, «dass wir nicht taub und blind sind in diesen Tagen. Vater sorgt schon dafür und wir müssen immer hübsch den Mund halten, wenn die Nachrichten kommen.»[5]

Nachdem die europäischen Großmächte tatenlos der Annexion Österreichs durch das Deutsche Reich zugesehen hatten, zögerten sie, sich einzumischen, als Hitler die Tschechoslowakei bedrohte. In dem Vielvölkerstaat lebte eine Minderheit von etwa 3,1 Millionen Sudetendeutschen. Die Nazi-Propaganda berichtete von massiver Verfolgung und Unterdrückung der sudetendeutschen Bevölkerung, was nicht den Tatsachen entsprach. Der Konflikt war ein anderer: Die Sudetendeutsche Partei unter ihrem Anführer Konrad Henlein lehnte die tschechoslowakische Regierung ab und drängte «heim ins Reich». Hitler kündigte an, wenn diese Frage nicht in seinem Sinne gelöst werde, werde er seine Truppen einmarschieren lassen. Um einen Krieg zu verhindern, unterzeichneten die Vertreter der französischen, englischen und italienischen Regierung am 30. September 1938 mit Hitler das Münchner Abkommen, das die Abtretung des Sudetenlands an das Deutsche Reich innerhalb von zehn Tagen bestimmte. Dass diese Appeasement-Politik, die Beschwichtigung Hitlers, ihr Ziel, einen Krieg zu verhindern, auf längere Sicht verfehlen würde, war schon damals vielen klar, auch Robert Scholl sah das so. In einem Brief an Inge prophezeite er: «Ein moderner Krieg würde mit der furchtbaren Luftwaffe kaum eine größere Stadt unversehrt lassen.»[6]

Denn genau das war Hitlers Ziel: Krieg. Am 10. November 1938 legte er bei einem Presseempfang mit 400 Journalisten die Karten auf den Tisch: «Die Umstände haben mich gezwungen, jahrzehntelang fast nur vom Frieden zu reden.» Nun solle die Presse ihm dabei helfen, die Deutschen «psychologisch» umzustellen. «Das heißt also, bestimmte Vorgänge so zu beleuchten, daß im Gehirn der breiten Masse des Volkes ganz automatisch allmählich die Überzeugung ausgelöst wurde: wenn man das eben nicht im Guten abstellen kann, dann muss man es mit Gewalt abstellen.» Ganz offen brüstete sich der Diktator mit seinem Erfolg in der Sudetenfrage: «Meine Herren, wir haben tatsächlich dieses Mal mit der Propaganda im Dienste einer Idee 10 Millionen Menschen mit über 100 000 Quadratkilometern Land bekommen. Das ist etwas Gewaltiges.» Die Presse sei für ihn dabei der wichtigste Partner: «In den liberalen Ländern wird die Mission der Presse so aufgefaßt, daß es heißt: Presse plus Volk gegen Führung. Und bei uns muß es heißen: Führung plus Propaganda und Presse usw. vor dem Volk! Das alles ist Führung des Volkes.»[7]

Anfang Oktober lud Sophie ihre Freundin Lisa ein, die Herbstferien bei ihnen in Ulm zu verbringen. Fritz sei auf Erholungsurlaub, so hätten sie vielleicht die Möglichkeit, mit ihm im Auto einen Ausflug zu machen, «obwohl unsere Beziehungen ziemlich locker geworden sind, wie Du weißt».[8] Aber schon im nächsten Brief musste sie diese Einschätzung revidieren:

> Die Sache mit Fritz nimmt mich zu sehr in Anspruch. Doch nicht ganz so einfach, wie es aussah. Nicht daß ich meine Einstellung geändert

> hätte, aber, nun, es kam in den Herbstferien noch was vor, und jetzt habe ich ihn trotz allem gerne, nur, weil er mir sehr leid tut, und weil er alles so aufnimmt. Ich möchte ihm gerne helfen.[9]

Was zwischen ihnen vorgefallen ist, kann man sich zusammenreimen, wenn man einen Brief von Fritz daneben legt: «Weißt Du, wenn ich die letzten 8 Tage überdenke, die ich in Ulm verbracht habe, dann überkommt mich eine seltsame Unruhe. Da liegt dieser Brief vor mir, den Du mir vor wenigen Wochen geschrieben hast, und dann kann ich das alles nicht verstehen, dann belasten mich so viele Vorwürfe, so viel Schuld, dann nenn mich einen Lumpen und Verbrecher, verachte mich – hasse mich! Bitte! Du würdest mir viel helfen. Fritz».[10]

Offensichtlich hatte Fritz eine Grenze überschritten, ohne auf Sophies Jugend Rücksicht zu nehmen. Sie antwortete auf seinen Brief ähnlich aufgewühlt, von der Abgeklärtheit, die sie Lisa gegenüber zeigte, ist darin nichts zu spüren:

> Ich weiß ja, daß ich an einer Schuld ebenso trage wie Du, daß ich zurückgesunken bin, ich weiß – ach ich weiß nichts mehr. Wenn Du mich nicht mehr sehen noch hören kannst, wenn Du von mir loskommen willst, so verstehe ich das. [...] Aber Gefühle kannst Du von mir nicht verlangen, die man nicht selbst in sich wecken kann.[11]

Dass es um körperliche Nähe geht, scheint keine Frage zu sein, doch alles Übrige bleibt Spekulation, denn mehr erfahren wir nicht. Sophie sei ganz unverkrampft mit dem Thema Sexualität umgegangen, erzählt Inge viele Jahre später; es war die kleine Schwester, die sie aufgeklärt hat.[12] Doch das ungeklärte Verhältnis zu Fritz belastete Sophie. Noch einmal bat sie ihn um Klärung: «Wenn ein Schluß sein soll, so soll er doch ganz klar sein», damit sie daran denken könne, ohne unzufrieden mit sich selbst zu werden. «Kannst Du vielleicht mir helfen?»[13]

Im Dezember klagt sie, sie sei krank gewesen, sie habe zu nichts mehr Lust, würde am liebsten die Schule verlassen und nur noch malen. Aber selbst in solchen Momenten bricht bei Sophie immer wieder die Hoffnung durch, wie ein Sonnenstrahl durch dichte Wolken: Es seien ja nur noch eineinhalb Jahre bis zum Abitur, dann könne sie sich endlich «in die richtige Arbeit hineinstürzen. Ich freue mich unbändig darauf, Du kannst es Dir gar nicht vorstellen.»[14]

In dieser Zeit denkt Sophie oft darüber nach, was sie von einer Beziehung erwartet. An Lisa schreibt sie einen jener besonderen Sätze, mit denen sie ihrem Gegenüber ganz unvermittelt einen tiefen Einblick in ihr Innenleben schenkt:

> Ich glaube, ich muss immer in Ungewissheit, immer hungrig sein, wenn ich etwas lieben soll. Und sehne mich doch immer nach Gewissheit. Es sind die blödesten Gegensätze in einem.[15]

Im Herbst 1938 verschärfte sich die antisemitische Hetz- und Gewaltpolitik des nationalsozialistischen Regimes. Doch obwohl die rechtliche, ökonomische und soziale Ausgrenzung jüdischer Mitbürger durch Gesetze und Verordnungen seit 1933 unerbittlich vorangetrieben worden war, hofften viele deutsche Juden noch darauf, dass der Spuk bald vorbei sein würde, und versuchten, diese Zeit auszusitzen, abzuwarten und unauffällig zu bleiben. Andere wollten nur noch fort aus diesem Land, das sich nun Großdeutsches Reich nannte. 350 000 deutsche und 200 000 österreichische Juden suchten eine neue Heimat. Doch die Bereitschaft anderer Staaten, jüdische Flüchtlinge aufzunehmen, war beschämend gering, wie die Konferenz im französischen Évian im Juli 1938 gezeigt hatte. «Niemand will sie haben», kommentierte der *Völkische Beobachter* hämisch. Die Nazis gingen längst mit roher Gewalt gegen Juden vor.

Am 9. Juni 1938 war bereits die Hauptsynagoge in München zerstört worden, einen Monat später die große Synagoge in Nürnberg. Juden mussten jetzt die Vornamen Israel und Sara annehmen, seit Anfang Oktober wurde ihnen ein rotes J in die Reisepässe gestempelt. In den drei größten Konzentrationslagern Dachau, Buchenwald und Sachsenhausen wurden die Häftlinge angewiesen, Tausende von Judensternen auf Lagerkleidung zu nähen. In den letzten Oktobertagen 1938 ließ Reinhard Heydrich, Chef der Sicherheitspolizei, die «Polenaktion» durchführen. Anlass war ein Gesetz, mit dem die polnische Regierung den Bürgerinnen und Bürgern, die mehr als fünf Jahre im Ausland gelebt hatten, die Rückkehr verweigerte. Es war die große Zahl geflüchteter polnischer Juden nach dem «Anschluss» Österreichs, die zu diesem Gesetz geführt hatte. Heydrich ließ 17 000 polnische Juden zur polnischen Grenze abschieben. Da sie weder nach Polen einreisen noch nach Deutschland zurückkehren durften, mussten diese Menschen tagelang unter freiem Himmel im Niemandsland ausharren, hin und her gejagt von Grenzsoldaten beider Länder. Nicht nur der spätere Literaturkritiker Marcel Reich-Ranicki zählte zu diesen Flüchtlingen, auch der Schneider Zindel Grynszpan aus Hannover. Sein 17-jähriger Sohn Herschel lebte in Paris und machte am 7. November mit einer Verzweiflungstat auf das Schicksal der polnischen Juden an der deutschen Grenze aufmerksam: Er schoss auf den deutschen Botschaftssekretär Ernst vom Rath, der am 9. November starb. Weil das der Jahrestag des Hitlerputsches war, ließ sich dieses Attentat mühelos instrumentalisieren. Joseph Goebbels hielt eine hasserfüllte antisemitische Rede und sorgte dafür, dass die anwesenden Parteifunktionäre im Anschluss daran zu den Telefonen stürzten und ihre Dienststellenleiter aufhetzten. Es kam zu Ausschreitungen gegen Juden, wie es sie in Deutschland seit Jahrhunderten nicht mehr gegeben hatte, aber anders, als die Nazis es darstellten, waren die Aktionen nicht das Produkt eines sich spontan entladenen Volkszorns, sondern wurden ganz gezielt initiiert und gesteuert.

Zwischen dem 7. und dem 13. November 1938 ermordeten Nationalsozialisten, meist Angehörige von SA und SS, mindestens 1200 jüdische Mitbürger oder trieben sie in den Selbstmord. Sie zerstörten fast alle 1400 Synagogen in Deutschland, außerdem Betstuben, Versammlungsräume sowie Tausende Geschäfte, Wohnungen und jüdische Friedhöfe. 30 000 Juden wurden festgenommen und in Konzentrationslager deportiert, wobei die Anordnung lautete, die Polizei solle sich vor allem auf «wohlhabende Juden» konzentrieren. Viele von ihnen überstanden die körperlichen und psychischen Misshandlungen nicht. Wer das KZ überlebte, konnte vor allem dann auf Freilassung hoffen, wenn er sich zur Ausreise aus Deutschland verpflichtete und sein Vermögen zurückließ.

Wenige Tage nach der Pogromnacht vom 9. November wurden die Opfer dieses Pogroms dazu verpflichtet, die Schäden in den deutschen Innenstädten zu bezahlen. Als «Sühneleistung» wurde ihnen eine Sondersteuer von einer Milliarde Reichsmark auferlegt. Zwei Tage später trat die «Erste Verordnung zur Ausschaltung der Juden aus dem deutschen Wirtschaftsleben» in Kraft. Juden durften fortan keine Geschäfte und Handwerksbetriebe mehr führen, jüdische Ärzte erhielten Berufsverbot.

Das Klirren von zerbrochenen Schaufensterscheiben und die Rufe grölender Nazibanden waren auch in der Ulmer Olgastraße zu hören. Es war ein Mittwochabend. War Sophie zum Dienst gegangen? Hat sie auf dem Hin- oder Rückweg etwas beobachtet? Am Abend verhängte die Ulmer Polizeidirektion ein Ausgehverbot für alle Juden, deshalb waren sie den Horden von SA und SS schutzlos ausgeliefert, als diese in die Wohnungen stürmten, die Menschen in Schlafanzügen oder Unterwäsche auf die Straße jagten und zur brennenden Synagoge am Weinhof trieben. Zwar war die Initiative zu den Pogromen vom Staat ausgegangen, doch viele Bürger standen unaufgefordert dabei und schauten zu. Und nur mit Unterstützung einiger Hundert Ulmer Bürger konnte die Polizei die im Weinhof versammelten Juden dazu zwingen, in den Brunnen vor der Synagoge zu steigen, wo sie mit Knüppeln geschlagen und verspottet wurden. Die Polizei nahm die Juden in «Schutzhaft» und setzte die Misshandlung im Gefängnis fort. Der Ulmer Rabbiner Julius Cohn musste nach dieser Nacht mehrere Wochen im Krankenhaus verbringen.

Was dachten die Scholls über die Ereignisse? Ihr jüdischer Vermieter und Freund Jakob Guggenheimer hat das Haus bereits im Frühjahr 1938 weit unter Wert an einen Ulmer Nationalsozialisten verkaufen müssen, dann war er ausgezogen und im Juni verstorben. Es gibt ein berühmtes Foto, auf dem er und seine Tochter Irene Einstein über eine Ulmer Eisenbahnbrücke gehen. Hinter ihnen ist ein Banner zu sehen, auf dem geschrieben steht: «Juden sind in Ulm unerwünscht».[16] Guggenheimers Tochter und ihrem Mann Arthur Einstein gelang es mit Robert Scholls Hilfe, aus Nazi-Deutschland auszureisen. Ihr Urenkel Andrew J. Einstein pflegt die Freundschaft mit der Familie bis heute; er sagt: «Herr Scholl war ein selbständiger Denker und ein anständiger Nichtjude, der oftmals seine eigene Sicherheit aufs Spiel setzte, um meinem Urgroßvater und meinen Großeltern, die seine Nachbarn und Freunde waren, zu helfen.»[17] Als Steuerberater arbeitete Scholl auch für andere jüdische Familien und kannte deren verzweifelte Bemühungen, das Land zu verlassen und wenigstens einen Teil des Ersparten mitzunehmen. Der Großvater von Schriftstellerin Amelie Fried wollte sein Unternehmen, das Ulmer Schuhhaus Pallas, an seine nichtjüdische Ehefrau übergeben: «Mit der Abwicklung beauftragten meine Großeltern Wirtschaftstreuhänder Robert Scholl, einen Bekannten der Familie. Der Vater der Geschwister Scholl ist bekannt für sein Engagement und seine Vertrauenswürdigkeit, und natürlich ist er ein ausgewiesener Nazi-Gegner.»[18]

Verschiedene Biographen berichten, Sophie Scholl habe sich am Tag nach der Reichspogromnacht in der Schule über die Behandlung des Ulmer Rabbi empört. Diese Behauptung geht auf die Erinnerungen von Mathilde Dengler zurück, die in Sophies Schulklasse gewesen ist. Sie schrieb sechzig Jahre später unter dem Titel «Wie ich Sophie Scholl erlebt habe» ihre Erinnerungen an diese Schulzeit auf: «Sophie Scholl war die erste, die den Mund auftat, und zwar nach der ‹Reichskristallnacht›, wie man damals sagte, als sie empört in der Klasse erzählte, dass man den Rabbiner am Bart gerissen und durch den Brunnen gezogen habe.»[19] Man kann durchaus glauben, dass Sophie von den Vorgängen der Nacht abgestoßen war. Ob sie in der Klasse aber wirklich laut gegen die Vorgänge protestiert hat, ist eine andere Sache, niemand sonst berichtet davon. Die Erinnerung von Maria Wicker, einer anderen Schülerin der Ulmer Mädchenoberrealschule zeigt, wie schnell die Geschehnisse aus dem Bewusstsein der nichtjüdischen Schülerinnen wieder verschwanden: «Als es hieß, die Synagoge ist abgebrannt, oder der Rabbi wurde in den Weinhofbrunnen geworfen, da haben wir uns als Schüler hell empört und haben gesagt, das ist unmöglich. Aber man hat es dann in der Schule nicht besprochen oder nicht diskutiert, wir haben nur im kleinen Freundeskreis darüber unseren Unmut abgegeben und dann kamen andere Dinge wieder an die Oberfläche, also so intensiv haben wir uns mit diesem Problem nicht beschäftigt.»[20]

Das gilt höchstwahrscheinlich auch für Sophie Scholl. Einen Tag nach den Pogromen schrieb sie an Lisa und verlor dabei nicht nur kein Wort über den Vorabend, sondern formulierte einen Satz, der uns heute seltsam unpassend erscheint: «Das ist recht, dass du so eifrig in den Dienst gehst, ich werde es auch tun. Es ist zur Zeit wieder eine höchst unangenehme Sache im B.d.M. mit Annlies und mir. Was endgültiges weiß ich noch nicht, man muss abwarten.»[21] Man muss wohl davon ausgehen, dass die 17-jährige Sophie Scholl immer noch nicht durchschaute, dass und wie die Nazis auch sie missbrauchten und indoktrinierten. Sie kannte es nicht anders. Seit ihrem zwölften Lebensjahr waren die Nazis an der Macht. Seitdem gehörten die massiven Anfeindungen der Juden zum Alltag, und weil der Antisemitismus in der deutschen Gesellschaft tief verwurzelt war, regte sich erschreckend wenig Widerstand dagegen. «Man hatte leicht im Unterbewusstsein, der Jude ist schon ein Mensch zweiter Klasse», erinnert sich die ehemalige Ulmer Schülerin Maria Wicker an die Auswirkungen der Propaganda.[22]

Sophie machte sich in dieser Zeit über vieles Gedanken. Die Verfolgung der Juden scheint nicht dazu gehört zu haben, denn es findet sich in ihren Briefen und Tagebüchern nicht der leiseste Hinweis auf dieses Thema, auch nicht versteckt. Inge sei zurück aus Lesum, erzählte sie Lisa, sie fühle Freude und Fremdheit zugleich. Augenzwinkernd fügte sie hinzu, «in unserem Schlafzimmer mieft's morgens auch um 1/3 schlimmer». Dann wurde ihr Ton schwärmerisch, sie habe noch so viel vor, auch wenn sie oft bedrückt sei. Aber im Wald fühle sie sich geborgen und glaube,

> auf alle Menschen verzichten zu können [...] was natürlich wieder nicht stimmt. Denn letzten Endes sehnt man sich doch immer nach einem Menschen, der einen ganz versteht und kennt und tröstet. Obwohl ich in letzter Zeit gar nicht mehr so suche, Lisa.[23]

Die nagende Unruhe, mit der Sophie bisher auf Fritz' Antwort gewartet hatte, wich in den Weihnachtstagen 1938 einer friedlichen Gelassenheit. Sie komme jetzt richtig in Weihnachtsstimmung, schrieb sie dem Freund, «es ist bei uns nämlich das schönste Familienfest, u. wird von allen sehr wichtig genommen».[24] Für ihn hatte sie ein Päckchen mit einer Wachskerze und einem Buch gepackt, dem Gedichtband *Jahre des Lebens* von Manfred Hausmann. Sophie lieferte gleich eine Anleitung dazu: Fritz solle öfter darin lesen, um sich in den Ton der Gedichte hineinzufinden, «sie berühren dich sonst vielleicht nicht. Die mir gerade am besten gefallen, habe ich angestrichen, Du kannst es wieder wegradieren.» Das Buch ist verschollen, aber man kann die Ausgabe von 1938 antiquarisch noch bekommen und darüber nachsinnen, welche Gedichte Sophie angestrichen haben mag. Eines war mit Sicherheit *Trost*, denn ebendieses Gedicht hatte Sophie für Lisa ein paar Wochen zuvor abgeschrieben.[25]

> *Trost*
> Ich möchte eine alte Kirche sein
> voll Weihrauch, Dunkelheit und Kerzenschein.
>
> Wenn du dann diese trüben Stunden hast,
> gehst du herein zu mir mit deiner Last.
>
> Du senkst den Kopf, die große Tür fällt zu.
> Nun sind wir ganz alleine, ich und du. …

Gerne wäre sie dabei, wenn Fritz die Gedichte lese, schrieb Sophie und griff den Gedanken von «Trost» zum Schluss ihres Briefes auf: «Überhaupt möchte ich Dich gerne ein bißchen alleine haben. Es gibt noch so sehr vieles zu klären. Aber laß es Dir übermorgen recht gut gehen.»[26]

Einen Monat später verlor sie dann aber doch die Geduld und forderte von Fritz die Erklärung, auf die sie schon seit Monaten wartete:

> Was möchtest Du an mir haben? Du sollst mir das bitte sagen, weil ich mir ja selbst nicht im klaren bin. Verstehst Du, ich bin nicht unabhängig von Dir, was ich ja sein sollte u. sein möchte, denn es wäre für uns beide doch befreiender.[27]

Dass Sophie sich nicht in der Lage sah, ihren Platz selbst zu bestimmen, dass sie die Einschätzung des Freundes dafür brauchte, belastete sie. Ihr Brief war nicht das Produkt einer sorgfältigen Überlegung, stattdessen hangelte sie sich von Gedanken zu Gedanken und geriet dabei auch in Widersprüche, was ihr durchaus bewusst war:

> Es ist so schlimm, immer diese beiden Seiten in mir, Du mußt mir das entschuldigen. Ich möchte Dich so gerne dahaben jetzt, es ist solches Frühlingswetter, wenn man sich das nur alles weglaufen könnte. Sei doch so gut und lasse mich nicht im Stich. Deine Sofie.

Es folgte ein Nachsatz: «Du, nach dem Brief komme ich mir so lächerlich vor, bitte heb ihn nicht auf.»[28]

Als Fritz nach einer Woche noch nicht geantwortet hatte, schlug Sophies Ungeduld in Wut um: «Du darfst mich doch nicht einfach so hängen lassen.»[29] Es sind massive Vorwürfe, die sie Fritz entgegenschleudert: Als sie ihn kennengelernt habe, sei sie ganz anders gewesen, daran denke sie manchmal mit Neid zurück. Sie wolle aber nicht mehr zurück, es sei viel geschehen in diesem Jahr, «ich bin nicht mehr so dumm u. leichtgläubig, ich bin aber auch nicht mehr so sicher u. rein wie früher.»[30] Das klang enttäuscht, war aber genau die Provokation, die Fritz brauchte. Denn nun endlich erlöste er die Freundin aus der Ungewissheit und schrieb am 1. Februar das, was sie vielleicht die ganze Zeit hatte hören wollen, obwohl sie versucht hatte, so zu wirken, als sei sie auf alles gefasst. «Wie soll ich all das ausdrücken, was ich selbst nicht begreife? Ich weiß nur, daß es etwas Großes und Schönes sein muß, das mich bewegt! Ich kann das nicht zergliedern und definieren, denn es ist ein Ganzes, es ist nicht dieses oder jenes, sondern alles. Was ich von Dir haben möchte? Nichts Sofie, gar nichts – nur, was Du mir schenken magst und kannst. Ich will es wahren als mein Heiligstes. Aber nicht als Fordernde wollen wir uns gegenübertreten, beschenken wollen wir uns.» Er frage sich jedoch, ob er gut genug für sie sei, fuhr Fritz fort, er habe manchmal schreckliche Minderwertigkeitsgefühle. Und er wünschte sich, dass sie sich gegenseitig vertrauen. Der Brief endete mit einer weiteren Liebeserklärung: «Ich wüßte nicht, wie die Woche vergehen würde, wenn ich nicht die Freude auf einen Sonntag hätte, den wir gemeinsam verbringen.»[31]

Nun erst konnte Sophie aufatmen, da sie sich seiner Fürsorge sicher war: «Ich bin Dir so dankbar, daß Du bis jetzt immer für mich da warst. Das ist das Allerschönste, was Du mir geben konntest, was es vielleicht gibt. Zu wissen, daß jemand da ist. Damit hilfst Du mir ja am allermeisten, daß Du mich lieb hast.»[32] Auch sie stelle sich die Frage, ob sie gut genug für ihn sei, denn sie empfinde sich immer als Nehmende. Er müsse Geduld mit ihr haben, aber sie brauche ihn und denke viel an ihn. Sophies Worte gaben Fritz nicht nur das Selbstvertrauen zurück, er durfte sich jetzt auch wieder als der Starke fühlen neben ihr, denn sie sei so «echt und unverkünstelt, wie ein junges Pferd, das noch in keine Kandare gezwängt wurde. Und dafür danke ich Dir.»[33]

In den nächsten Wochen dominierte in ihrer Korrespondenz der liebevolle Ton. Sie tauschten Gedanken über Musik, Literatur und vor allem Kunst aus. Fritz war gerade in München stationiert und schickte Sophie Postkarten mit Werken von Georg Kolbe, den er sehr verehrte. Es sei ein großartiges Gefühl, zum ersten Mal vor einer Skulptur zu stehen, die er zuvor nur auf Fotos gesehen habe, schrieb er.

Als Elisabeth Scholl ihre Ausbildung zur Kindergärtnerin erfolgreich abgeschlossen hatte, erhielt sie von den Eltern zur Belohnung 50 Reichsmark und lud Sophie ein, Anfang April mit ihr nach Schindelberg ins Allgäu zu fahren. Weil das Wetter am ersten Tag umschlug, blieben sie in der Hütte, lasen sich gegenseitig Gedichte vor und lernten sie auswendig. Plötzlich merkten sie, dass die 50 Mark aus Elisabeths Portemonnaie gestohlen worden waren. Zunächst ratlos, wie sie ihre Rechnung bezahlen sollten, kam Sophie die rettende Idee, Fritz um Hilfe zu bitten. Der Freund brachte nicht nur selbst das Geld vorbei, sondern blieb auch gleich noch drei Tage bei ihnen im Schnee.

In diesen Tagen sprachen sie viel über Politik. Die jüngsten Entwicklungen gaben Anlass zu großer Sorge. Drei Wochen zuvor war die Wehrmacht in die Tschechoslowakei einmarschiert und hatte das vollzogen, was die Zeitungen im Nazi-Jargon die «Erledigung der Rest-Tschechei» nannten. Die Slowakei war nun ein deutscher Vasallenstaat, der Rest des Landes als «Protektorat Böhmen und Mähren» dem Deutschen Reich zugeschlagen worden. Als Großbritannien und Frankreich daraufhin eine Garantieerklärung für die Unabhängigkeit Polens abgaben, sah Hitler darin einen willkommenen Anlass, seinerseits den Nichtangriffspakt mit Polen und das Flottenabkommen mit England zu kündigen. Kurz nach der Zerschlagung der Tschechoslowakei schüchterte die NS-Regierung auch die Regierung von Litauen so massiv ein, dass diese das Memelland freiwillig an das Reich abtrat. Hitler hatte es vor allem auf den Ostseehafen an der Kurischen Nehrung abgesehen. Dass die Zeichen auf Krieg standen, war unübersehbar und deshalb auch ein Thema, über das die beiden Scholl-Schwestern und der Soldat diskutierten.

Als einzige der Schwestern wird Sophie das Abitur machen. Nach den Osterferien beginnt ihr letztes Schuljahr, aber der Unterricht interessiert sie nicht mehr. «Es kommt mir vor, als müßte ich dort durch ein kleines viereckiges Fenster mit braunen Scheiben sehen», schreibt sie an Elisabeth.[34] Das Gesamturteil auf dem Frühjahrszeugnis spiegelt ihre Distanz wider: «Sofie erzielte in den Leibesübungen befriedigende Leistungen. Im Unterricht zeigte sie wenig Teilnahme. Die Leistungen sind ungleichmäßig, weil es an willensbetonter Arbeit u. Pflichtbewußtsein fehlt. Gesamtleistung: noch befriedigend.»[35]

Die angehende Abiturientin hat ganz andere Dinge im Kopf als die Schule. Der Frühling inspiriert sie dazu, über die Wirkung der Natur nachzudenken. Nur draußen beim Spazieren oder Wandern fühle sie sich ungestört und unbeobachtet, die Bäume schenkten ihr Ruhe, schreibt sie an Lisa: «Dann übertragen sie auf mich ihre leise Gelassenheit, das ist wunderbar, es wird so vieles klarer in mir, ich sehe wieder, was wahr ist und was unwahr.»[36] Sie wolle später lieber auf dem Land leben, denn die Stadt mache sie zerstreut und verlogen, vertraut sie der Freundin an. Die Angst davor, oberflächlich zu werden, ist ein wiederkehrendes Motiv in Sophies Briefen, was vor allem Fritz gut nachvollziehen kann. Er klagt oft selbst über den rohen und gemeinen Ton, der im Kreis seiner Kameraden herrsche. Dem gegenüber erscheint ihm die Stimmung bei Scholls einfach «erwärmend». Wenn Sophie daran denkt, dass sie die Geborgenheit der Familie bald gegen das Kasernenleben im Reichsarbeitsdienst eintauschen muss, wird sie unruhig und besorgt. Deshalb überlegt sie, nach dem Abitur eine Ausbildung als Kindergärtnerin zu beginnen, wie Elisabeth sie gerade absolviert hat. Wer einen sozialen Beruf erlerne, brauche nicht zum RAD zu gehen, habe sie gehört. Auf diese Weise werde sie nur ein halbes Jahr verlieren, bis sie endlich studieren könne.

Für Hans Scholl ist dieser Traum schon wahr geworden, er hat sich zum Sommersemester 1939 an der Münchner Ludwig-Maximilians-Universität für Medizin eingeschrieben. Daneben besucht er Vorlesungen in Biologie, Philosophie und Griechisch. Das Studium begeistert und beflügelt ihn, und seine Beziehung zu Lisa Remppis, die ihm einmal «ganze Heimat»[37] gewesen ist, verliert für ihn an Bedeutung. Hans hat die Schrecken des Prozesses überwunden und blickt nach vorn. Die Loyalität seiner Eltern hat er nicht vergessen, speziell seiner Mutter Lina gegenüber zeigt er sich aufmerksam und dankbar. Ganz der bedürftige Student, bittet Hans die Eltern unbekümmert um Geld, um eine Leselampe, ein bestimmtes Buch, ein Bild von zuhause. Die stolzen Eltern, die ja beide keine Universität besucht haben, bemühen sich, dem Sohn jeden Wunsch zu erfüllen.

Am 9. Mai 1939 wurde Sophie 18 Jahre alt. Die Familie Scholl nahm Geburtstage sehr wichtig. Jeder machte sich Gedanken über ein Geschenk, und wer fort von zuhause war, schrieb dem Geburtstagskind oder schickte ein Päckchen. Fritz konnte Sophie in diesem Jahr nicht besuchen, aber er schickte ihr einen liebevollen Brief: «Aber da Du morgen Geburtstag hast, sollst Du noch wissen, daß ich auch morgen bei Dir sein werde mit meinen Gedanken wie alle Tage. Beim Aufstehen und beim Schlafengehen, wenn ich etwas schönes oder freudiges erlebe, dann erzähle ich es Dir und es ist doppelt so schön, und wenn mich etwas bedrückt, dann läßt der Gedanke, daß Du dabei wärest, alles ins Lächerliche sinken.»[38] Fritz schickte ihr zudem eine kleine Plastik, über die Sophie im nächsten Brief Aufschluss verlangte; sie sei eines ihrer schönsten Geschenke gewesen. Sophie ist gerührt und fürchtet, sie sei egoistisch, weil sie so viel mehr von

Hans Scholl, Student in München, um 1940

ihm nehme als umgekehrt. «Hoffentlich erwartest Du nicht zu viel von mir, ich möchte Dich so ungern enttäuschen.»[39] Über die Skulptur ist heute leider nichts Näheres mehr zu erfahren.[40]

Ende Mai plante die Familie einen weiteren Umzug. Robert Scholl hatte eine schöne große Wohnung direkt am Münsterplatz gemietet. Sie lag im vierten Stock eines Miets- und Geschäftshauses und bot einen direkten Ausblick auf das Ulmer Münster. Sophie schrieb voller Übermut an Elisabeth, die gerade in Hall, ganz in der Nähe von Forchtenberg, eine Stelle angetreten hatte: «Wir freuen uns so auf unser Zimmer, überhaupt auf die neue Wohnung freut sich alles ganz doll. Wir werden dann gewissermaßen erhabener über die ganze Menschheit sein. Manche dürfen dann uns besuchen.»[41] Für das Mädchenzimmer hätten sie einen Stuhl des Möbelbauers Karl Nothelfer ausgesucht, erzählt Sophie der Schwester glücklich. Er koste 75 Reichsmark, also müsse ab sofort gespart werden, denn: «Das ist gar nicht so schlecht, man gewöhnt sich so schnell an die behagliche Wohlhabenheit.»[42] In der neuen Wohnung sollen auch ein paar Bilder von Albert Kley aufgehängt werden, die sie als Leihgabe vom

Künstler erhalten. Hans habe auch ein Selbstbildnis von Kley für seine Studentenbude nach München mitgenommen.

Sophie war künstlerisch gerade selbst sehr aktiv, da sie Hanspeter Nägele, einem gemeinsamen Freund der Geschwister, versprochen hatte, seine Peter-Pan-Übersetzung zu illustrieren. Dass es sich dabei um ein Werk der in Nazi-Deutschland verpönten englischen Literatur handelte, zeigt, wie wenig Sophie sich von der NS-Kulturpolitik gängeln lassen wollte. Das galt auch für ihre Geschwister. In diesem Sommer begannen sie damit, englische oder französische Wendungen in ihre Briefe einzuflechten, eine ganz persönliche Antwort auf die Deutschtümelei der Nazis. «Hast Du schon unsere Karte erhalten? Could you understand it? Then it is allright», schrieb Sophie an Elisabeth. Diese wiederum grüßte zum Geburtstag: «My dear Sister Soffer! For your birthday the best wishes.»[43] Sophies Briefe an Lisa endeten schon mal mit «Salut á toi, ton ami Sophie», hier schrieb Sophie sich bereits mit ph.

Viel Abwechslung bot der Alltag in Ulm gerade nicht, aber Sophie schaffte es trotzdem, Elisabeth einen unterhaltsamen Brief zu schreiben. Das große Ulmer Volksfest sei leider komplett verregnet gewesen, und leider «kriegte Inge einen dicken Backen, und mußte überhaupt im Bett bleiben». Sie habe von Fritz das Autofahren gelernt, erzählte sie stolz, und sei ganz allein vom Bodensee bis nach Ulm gefahren. Die Jungen hätten im See gebadet, «während ich das Los der Mädchen verflucht habe, denn es hatte ganz herrliche Wellen.»[44]

Die kleine Sensation hob Sophie sich für den Schluss auf: Ihre Reisepläne für den Sommer hätten sich geändert, denn statt mit Lisa nach Norddeutschland werde sie mit Fritz nach Jugoslawien fahren. Endlich hätten die Eltern ihre Zustimmung gegeben. «Stell Dir vor, die ganze Küste entlang mit dem Schiff (ich werde seekrank werden) der albanischen und griechischen Grenze entlang. … Ich freu mich arg darauf. Hoffentlich kommt nichts dazwischen.»[45]

Fritz Hartnagel hatte bereits alles ganz genau geplant. Knapp drei Wochen sollte die Reise dauern, teilweise mit und teilweise ohne Reisegruppe. Beglückt rechnete er Sophie vor, sie würden 19 Tage zusammen sein, Stunde für Stunde. Dass die Scholls ihrer Tochter, die ja mit 18 noch nicht volljährig war, diese Reise erlaubten, war großzügig. Fritz formulierte dann auch etwas scheinheilig: «Ich bewundere Deine Eltern.»[46]

Die größte Hürde war die Beschaffung von Devisen, die man nur gegen die Vorlage der Pässe bekam. Sophie brauchte für die Beantragung eines Passes aber zuerst die Einwilligung der Reichsjugendführung, die alle Reisen von Jugendlichen ins Ausland genehmigen musste. Schließlich konnte die Reise weder in der geplanten Form noch auf zwei Wochen verkürzt stattfinden, denn Sophie wird die Genehmigung, ins Ausland zu reisen, verweigert. Man könne ohnehin keine Devisen für Jugoslawien mehr bekommen, schrieb Fritz am 19. Juli. Die beiden trösteten sich, indem sie zusammen mit Lisa und Werner nach Worpswede fuhren.

Von dort schickte Sophie am 9. August ein Geburtstagspäckchen an Inge. Darin lag eine handgewebte Bluse aus der Werkstatt von Martha Vogeler, der Exfrau von Heinrich Vogeler, die seit 1920 im Haus im Schluh lebte und dort eine Handweberei betrieb. Anders als ihr Mann, der 1931 als Kommunist in die Sowjetunion emigriert war, hatte Martha Vogeler sich mit den Nazis arrangiert. Sie war Parteimitglied geworden und ließ sich mit ihrer «arteigenen» Volkskunst einige Jahre von ihnen vereinnahmen, was Sophie offenbar nicht störte. «Wir waren schon öfters in der Weberei bei Frau Vogeler, sie ist eine sehr freundliche Frau, und wir dürfen kommen, wann wir wollen», berichtete sie der Schwester. Es gebe ganze Schubladen voll mit Zeichnungen von Heinrich Vogeler, aber die imponierten ihr nicht mehr. «Dagegen hat mich Paula Modersohn hell begeistert, ich verehre sie richtiggehend.» In Bremen sah Sophie diese Bilder zum ersten Mal im Museum und war tief beeindruckt: «Sie hat für eine Frau ungeheuer selbständig gearbeitet, sich in ihren Bildern nach niemandem gerichtet. Du musst alles sehen. Nach ihren Bildern glitten alle anderen in der Ausstellung nur so an mir vorbei.»[47]

Zum Zeichnen komme sie leider kaum, es fehle ihr ein richtiger Arbeitsplatz dafür und Inges Urteil: «Ich bin eben noch schrecklich unselbständig.»

Fritz musste als Erster wieder abreisen und unternahm mit Sophie noch einen letzten Spaziergang an der Hamme, dem Flüsschen, das an Worpswede vorbeifließt und auf vielen Gemälden verewigt ist. «Da hat mir die Landschaft einen grossen Eindruck gemacht. Sie war so sanft und dunkel. Sonst aber möchte ich lieber auf der Alb sein. Lieber unter süddeutschen Menschen. Den norddeutschen komme ich nicht nahe. Deshalb freue ich mich auch wieder auf Ulm», schrieb Sophie an Inge.[48]

Ihre Rückreise erfolgte überstürzt, weil es in der Jugendherberge von Worpswede zu einer unangenehmen Situation gekommen war. Während Sophie, Werner und Lisa für ein paar Tage an einem anderen Ort wohnten, hatte die Wirtin ihre Betten an andere Gäste vermietet. Einer von ihnen hatte Sophies Bücher durchgeschaut, die sie auf dem Nachttisch hatte liegen lassen. «Das Buch von Hanspeter wollte er sofort zur Polizei nehmen u. uns anzeigen. Frau Ötken hat das nochmal verhindert, da wir ihre Gäste sind. Aber Du weißt ja selbst, wie die Ötkens sind. Sie interessieren sich nun auch für meine Bücher u. sind voll Mißtrauen. Na ja, wir gehen morgen. Ist auch besser so.»[49] Wahrscheinlich war es die englische Ausgabe von *Peter Pan,* die Anstoß erregte.

Norddeutschland habe ihr wieder sehr gefallen, schrieb Sophie an Elisabeth, das Land und das Meer seien schön, nur das Salz störe sie immer wieder. Darauf folgte etwas unvermittelt ein die Schwester vermutlich ernüchternder Auftrag: Die Mutter bäte sie, zu ihrer Tante Elise zu fahren, denn diese sei ganz «abgeschafft, da ist es ja eigentlich unsere Schuldigkeit, ihr zu helfen. Hoffentlich bist Du nicht böse, daß es Dich trifft. Mutter möchte gern, daß Du Tante eine Karte schickst und sie darin fragst, wann Du kommen sollst.»[50] Damit Elisabeth nicht auf die Idee kam zu fragen, warum Sophie das nicht übernehme, lieferte sie die Antwort vorsorglich gleich mit: «Ich würde jetzt zu ihr gehen, wenn ich nicht soviel zu zeichnen hätte.» Es verwundert nicht, dass Elisabeth später sagt, Sophie habe sich vor der Arbeit im Haushalt gern gedrückt.

Als die Schwestern in Ulm zusammentrafen, stand der Beginn des Krieges unmittelbar bevor. Die Luftschutzbunker in den Städten wurden ausgebaut, Erste-Hilfe-Kurse angeboten, Lebensmittelkarten ausgegeben, Gasmasken verteilt. Während eines Donauspaziergangs Ende August sagte Elisabeth plötzlich: «Hoffentlich gibt's keinen Krieg.» Die Antwort der Schwester erschreckte sie: «Doch, sagt Sophie, und hoffentlich wehrt sich jetzt endlich mal jemand dagegen.»[51] Sophie hatte eine klare Haltung gefunden. Spätestens von diesem Zeitpunkt an erkennen wir in ihr eine Gegnerin des Hitlerregimes.

Am 23. August 1939 flog Reichsaußenminister Joachim von Ribbentrop nach Moskau und unterzeichnete gemeinsam mit seinem sowjetischen Kollegen Wjatscheslaw Molotow den Hitler-Stalin-Pakt. In den Zeitungen war zu lesen, dass sich die Sowjetunion nicht einmischen werde, falls Deutschland mit Polen oder den westlichen Nachbarn in einen Krieg verwickelt würde. Was die Menschen nicht erfuhren, war der Inhalt des geheimen Zusatzprotokolls: Die Vertragspartner wollten im Fall einer «territorial-politischen Umgestaltung» Polen und das Baltikum unter sich aufteilen.

11.

Sag nicht, es ist für's Vaterland:

Kriegsgegnerin von Anfang an

Der Zweite Weltkrieg begann am 1. September 1939 mit einem schlecht inszenierten Schmierenstück. Eine Handvoll SS-Männer überfiel, als polnische Freischärler getarnt, den deutschen Sender im schlesischen Gleiwitz und brüllte «Hoch lebe Polen» ins Mikrophon. Die Techniker wurden gefesselt und in den Keller gesperrt. Einen Toten hatten die SS-Leute selbst mitgebracht, um zu demonstrieren, wie brutal die Polen vorgegangen seien. Der fingierte Überfall lieferte Hitler den Vorwand, die Wehrmacht in Polen einmarschieren zu lassen. Die deutsche Presse wurde dazu verpflichtet, in Überschriften oder Artikeln nicht das Wort Krieg zu benutzen, doch Hitler täuschte seine Feinde nicht. Am 3. September erklärten Frankreich und Großbritannien Deutschland den Krieg, aber niemand kam den Polen zu Hilfe. Innerhalb weniger Wochen brachten die Deutschen den westlichen Teil des Landes in ihre Gewalt, sowjetische Truppen annektierten am 17. September den Osten. Damit war Polen als Staat zerschlagen. Die Deutschen teilten die Bevölkerung in dem von ihnen eroberten Gebiet in «volksdeutsch» und «eindeutschungsfähig» ein. Wer in keine der beiden Kategorien fiel, wurde als minderwertig betrachtet und als Arbeitskraft brutal ausgebeutet, die polnische Intelligenz sowie politische Gegner wurden verhaftet, deportiert und ermordet, ebenso die polnischen Juden.

Die Kriegsbegeisterung der Deutschen hielt sich zwar in Grenzen, dennoch war die Zustimmung zu diesem Krieg groß. Auch der Münsteraner Bischof Clemens von Galen, der drei Jahre später mutig gegen die Tötung geistig behinderter Menschen seine Stimme erheben sollte, hielt diesen Krieg für nötig, «um das Vaterland zu schirmen und unter Einsatz des Lebens einen Frieden der Freiheit und Gerechtigkeit für unser Volk zu erkämpfen».[1]

Der Krieg sorgte für einen neuen Ton zwischen Sophie und Fritz. Statt «Lieber» und «Liebe» schreiben sie jetzt «Mein lieber Fritz» und «Meine liebe Sofie». Doch Sophie fühlt Distanz zu Fritz, weil er als Soldat Teil der Kriegsmaschine ist: «Für Dich geht jetzt jedenfalls so recht das Geschäft los», hatte sie schon ein paar Tage vor dem 1. September geschrieben, «aber ich habe euer Geschäft nicht gern. Und ich hoffe, daß ihr recht bald damit fertig seid.» Etwas wehmütig fragt sie, ob er noch Zeit finde, an ihre gemeinsamen Ferien zu denken: «Ich denke oft an Dich. Ich wollte Dir auch oft schreiben, wenn ich genau wüßte, wohin. Hoffentlich erreicht Dich dieser Brief. Alles Gute! Sofie».[2]

Fritz antwortete am 3. September aus Calw im Schwarzwald. Er bereitete sich als Adjutant in einer Nachrichtenkompanie auf den Angriff der Franzosen vor. «Wir warten nun stündlich, daß es auch hier bei uns zum Knallen kommt. Wenn wir's auch nicht hoffen wollen, so freuen wir uns natürlich insgeheim darauf. Wir arbeiten nun schon über 8 Tage von den frühen Morgenstunden bis in die späte Nacht hinein […]. Es macht sehr viel Spaß, wenn man mal seine Kriegsschulkenntnisse und Friedenstheorien in die Praxis umsetzen kann.»[3] Diese sorglose Begeisterung ging Sophie mächtig gegen den Strich, aber mit wem sollte sie darüber reden? Als Hans nach Ulm zurückkehrte und dort abwarten musste, ob er weiter studieren durfte oder an die Front geschickt würde, verbrachten die beiden Geschwister viel Zeit miteinander. Hans glaubte, der Krieg werde die Menschen aufrütteln: «Vielleicht dauert dieses Massenmorden lange Zeit. Vielleicht müssen die Menschen Europas sehr umgepflügt werden. Werden wir dann eine Stufe höher steigen? Unsere ganze Hoffnung hängt an diesem fürchterlichen Kriege!»[4]

Sophie kann Hans nicht zustimmen, auch wenn sie selbst noch vor ein paar Wochen ähnlich dachte. Aber inzwischen sieht sie die Dinge anders und schreibt an Fritz:

> Nun werdet ihr ja genug zu tun haben. Ich kann es nicht begreifen, daß nun dauernd Menschen in Lebensgefahr gebracht werden von andern Menschen. Ich kann es nie begreifen und ich finde es entsetzlich. Sag nicht, es ist für's Vaterland.[5]

Diese Sätze müssen für Fritz wie eine Ohrfeige gewesen sein, denn natürlich diente er als Soldat seinem Vaterland, für wen sollte man den ganzen Aufwand denn sonst betreiben? Indem Sophie nicht zwischen den deutschen Soldaten und ihren Feinden unterscheidet, sondern betont, dass es Menschen sind, die andere Menschen in Gefahr bringen, stellt sie den Sinn des Krieges in Frage und folgt damit den pazifistischen Gedanken ihres Vaters. Doch schon im nächsten Absatz macht sie sich Sorgen um ihren Freund: «Wenn es Dir nur immer gut geht. Gelt, Du hast keinen so gefährlichen Posten?» Hier klingt sie wie eine typische Soldatenfrau, und sie fügt hinzu, sie habe jetzt schon Angst um Hans, der aber noch bei ihnen in Ulm sei. Mit diesem Brief hat Sophie ihre eigene Rolle abgesteckt: Sie bangt und hofft für ihre Lieben, aber sie kann keine Rechtfertigung für die Gewalt erkennen. Und mit dem Begriff Vaterland braucht man ihr schon gar nicht zu kommen.

Angeblich hat Sophie ihren Freunden das Versprechen abgenommen, niemals auf andere zu schießen. Die Aussage lässt sich nicht mehr verifizieren, aber zur Gesinnung von Sophie passt sie durchaus.[6]

Fritz entschied sich, Sophies radikale Äußerungen zu übergehen. Er berichtete ihr von seiner Arbeit, die ihm einen Überblick über die Organisation des Krieges verschaffe. Lieber wäre er aber «vorn bei einer Infantriekompanie oder noch lieber bei der Fliegerei». Doch Sophie hat seine Grundüberzeugungen erschüttert: «Du bringst mich in einen großen Konflikt, wenn Du mich nach dem Sinn des ganzen Blutvergießens fragst. Vor zwei Jahren hätte ich Dir vielleicht eine Antwort darauf geben können [...]. Aber heute komme ich mir vor wie ein ganz kleiner Junge, der am Anfang seiner Entwicklung steht. Daran bist zum großen Teil Du schuld. Und ich bin froh darum. Aber ich kann Dir trotzdem nicht zustimmen, denn ich habe nicht den Mut aus solch einer Ansicht die Konsequenzen zu ziehen.»[7]

Es gehört zu den besonderen Qualitäten von Fritz Hartnagel, dass er sich Sophie gegenüber immer wieder so offen und verletzlich zeigt. Er, der erwachsene Mann, der junge Offizier mit Verantwortung, fühlt sich wie ein Kind? Kein überzeugendes Argument hat er in der Tasche, mit dem er Sophies Einwände entkräften könnte. Und weil er zugibt, ihr nur aus Angst nicht zuzustimmen, steht er tatsächlich mit leeren Händen da.

Sophie ist kein Mensch, der nachtritt, und sie belässt es erst einmal dabei. Stattdessen erzählt sie Fritz von ihrem Alltag in Ulm, davon, dass die Zeichnungen für *Peter Pan* bald fertig seien und sie schon einen weiteren Illustrationsauftrag bekommen habe, «denn ich sehe nicht ein, warum man im Krieg nur die grausig ernstesten Dinge tun darf», eine Bemerkung, mit der sie Fritz dann aber doch wieder einen Hieb versetzt.[8] Auch die Formulierung, Ulm sei von Soldaten «überschwemmt», klingt nicht freundlich. Dass sie sich zutraut, die politische Lage einzuschätzen, zeigt sie ihm auch: «Der Hoffnung, daß der Krieg bald beendet sein könnte, geben wir uns nicht hin. Obwohl man hier der kindlichen Meinung ist, Deutschland würde England durch Blockade zum Ende zwingen. Wir werden ja alles noch sehen.»[9] Hier schimmert eine Härte durch, die neu ist. Nur Kinder glauben also daran, dass alles schnell vorbei sein könnte. Bitter fügt Sophie hinzu: «Es gibt nichts mehr, über das man richtig sprechen könnte. Denn alles klingt doch lächerlich, muß es besonders für Dich klingen. Wenn ich Dir erzähle, daß im Garten die Blumen vor Nässe schwarze Ränder um die Blütenblätter kriegen [...]. Dieses alles ist Dir schrecklich entfernt, gelt?»[10] Auch wenn Sophie sich oft nach Fritz' Wohlergehen erkundigt und ihn bittet, ihr zu schreiben, schiebt sie ihn mit solchen Sätzen von sich weg. Denn Fritz gehört jetzt zu einer anderen Welt. Es ist eine Welt, die ihr Angst macht und mit der sie nichts zu tun haben will. Aus ihrer Sicht trägt er Mitschuld daran, dass sie beide nun so weit voneinander entfernt sind. Sie kündigt an, ihm *Führung und Geleit* von Hans Carossa zu schicken, als sei das Buch ein Beitrag zu seiner Erziehung. In einem anderen Brief schlägt sie ihm vorsichtig vor, sich nach dem Krieg vielleicht einen anderen Beruf zu suchen.[11]

Sophie Scholl hat in den letzten Wochen eine bemerkenswerte

Veränderung durchgemacht. Unter den Schichten des fröhlichen, lebenshungrigen, manchmal auch leichtsinnigen jungen Mädchens wird eine Frau sichtbar, die glasklare Vorstellungen von dem hat, was richtig und was falsch ist. Und auch wenn sie immer wieder in Situationen geraten wird, die sie verunsichern, so wird sie in einem Punkt niemals schwanken – in ihrer vehementen Ablehnung des Krieges.

Sophies Leben in Ulm war immer noch reich an schönen Dingen, von denen sie Fritz freudig Bericht erstattete. Am 22. September kam das Paket mit dem Kleid aus Worpswede am Münsterplatz an, das sie auf der Reise mit Fritz bei Martha Vogeler bestellt und das er ihr geschenkt hatte: «Das Kleid ist schön, ich hab mir's ganz so vorgestellt. Ob Dir's gefallen würde? Ich sehe darin aus wie ein Lappenmädchen.» Auch die Freude über die neue Wohnung und das schöne Zimmer, das sie mit Inge teilte, hielt noch lange vor. Im Herbst ließ der Vater ein 400 Mark teures Bücherregal einbauen, entworfen von Fritz' Schwager; es könne sich mit dem «schönsten Bücherschrank» messen, befand Sophie. Inge träumte von einem Blüthner-Flügel, und auch Sophie hoffte darauf. Elisabeth Scholl erzählt später, der Flügel sei nicht angeschafft worden, und widerspricht damit zahlreichen Biographen. Doch ein ordentliches Klavier war bei Scholls immer vorhanden, in der Diele der neuen Wohnung war nun auch genug Platz, eine Reihe von Stühlen aufzustellen und kleine Hauskonzerte zu veranstalten. Ende September ging es mit Werken für Cello und Klavier los, es spielten professionelle Musiker, weil die Scholls nun eine «großartige Beziehung zu dem Orchester des Stadttheaters» hatten. Bei Sophie löste das Skrupel aus, wie sie Fritz gestand: «Ich komme mir ganz ungerecht vor, wenn wir dies alles noch genießen können, während ihr dauernd in Gefahr seid und nichts dergleichen habt. Hoffentlich nehmt ihr uns das nicht übel.»[12]

Die deutsche Zivilbevölkerung hatte zu diesem Zeitpunkt fast keine kriegsbedingten Einschränkungen zu verkraften. Zwar bekam man Butter, Fleisch, Milch, Käse, Zucker und Marmelade seit Kriegsbeginn nur noch gegen Lebensmittelkarten, aber es gab genug zu essen. Diese Lektion hatten die Nationalsozialisten aus dem Ersten

Weltkrieg gelernt. Hungern mussten jetzt vor allem Häftlinge, Zwangsarbeiter und die Bewohner der besetzten Länder. Bei Scholls gab es am Sonntag wie immer Tee, Hefekranz und Kompott.

Schon zwei Wochen nachdem die Schule Ende September wieder angefangen hatte, begannen die Herbstferien. Sophie schmiedete Pläne für Ausflüge, aber die Mutter wollte nichts davon hören. Die Tochter habe lange genug Sommerferien gehabt, jetzt solle sie einige Aufgaben im Haushalt übernehmen. Sophie beklagte sich bei Fritz, sie müsse ständig helfen, bei der großen Wäsche oder beim Fensterputzen. Außerdem nähe sie stundenlang Wäsche auf Vorrat, falls sie doch zum Reichsarbeitsdienst müsse.

Fritz revanchierte sich mit Berichten von Erkundigungsfahrten durch den Schwarzwald und Treffen mit dem Armeeoberkommando. Noch sei es friedlich im Westen, schrieb er, Deutsche und Franzosen winkten sich sogar gegenseitig über den Rhein zu, und es gehe das Gerücht, dass die Brückenbesatzungen gemeinsam Wein getrunken hätten. Die Monate zwischen der Kriegserklärung und dem Beginn des Westfeldzugs am 10. Mai 1940 werden heute als «Sitzkrieg» bezeichnet, in Anspielung auf das Fehlen von Kampfhandlungen. Der schöne Herbstwald weckte in Fritz wehmütige Erinnerungen an vergangene Wanderungen und Autofahrten; er bat Sophie um Fotos, «denn man muß hier von der Erinnerung leben».[13]

Auch Sophie beschwor die gemeinsamen Erlebnisse. Sie wäre so gern wieder einmal mit Fritz unterwegs. Es dürften allerdings nur ein paar Tage sein, sonst würde es ihr zu viel. Ob Fritz sich auch manchmal «von allen Menschen freischütteln» wolle? Sophie gab zu, empfindlich zu sein, wenn jemand Ansprüche an sie stelle, manchmal wiege das Alleinsein «alle die Tage auf, in denen man sich gesehnt hat nach einem Menschen».[14] Fritz verstand den Subtext ihres Briefes und bat Sophie, «daß Du Dich auch an mich nicht irgendwie gebunden fühlst».[15] Es entspricht seiner Vorstellung von Ehre, eine Frau – noch dazu eine sehr junge – nicht an sich zu binden, solange die eigene Zukunft ungewiss ist. Als er Urlaub bekam, trafen sie sich in Ulm und verbrachten ein paar Tage miteinander. Sie waren sich sehr nahe, aber anschließend musste Sophie sich etwas von der Seele schreiben:

Ich kann ganz ruhig an Dich denken. Und ich bin froh, es so, ohne jede Verpflichtung tun zu können wie ich will. Es ist schön, wenn zwei miteinander gehen, ohne sich zu versprechen, wir treffen uns da u. da wieder, oder wir wollen immer beieinander bleiben. Sie gehen so einfach ein Stück zusammen, und wenn es sich gibt, daß sich ihre Wege trennen, so geht jedes in seiner Richtung so ruhig weiter.[16]

Immer wieder verspürte Sophie das Bedürfnis, sich von Fritz abzugrenzen und auf ihrer Freiheit zu bestehen. Diese Rückzüge entsprangen nicht nur der Angst, sich zu früh an einen Mann zu binden. Da war noch etwas anderes. Was Sophie nun – kurz vor dem Abitur und damit auf dem Sprung ins Erwachsenenleben – suchte, waren Gesprächspartner, die ihren Intellekt schärften. Und genau so ein junger Mann war vor kurzem im Hause Scholl aufgetaucht. Otto Aicher, meistens Otl genannt, war ein Freund des ein Jahr jüngeren Bruders Werner. «Ich bin froh, daß Werner mit Ottl mehr verkehrt als mit den übrigen Tanzstundenherren seiner Klasse», schreibt Sophie an Fritz, denn Otl sei dem Bruder «ziemlich überlegen, außerordentlich eigenartig und schweigsam (eine sympathische Eigenschaft). Er kommt oft zu uns.»[17] Da Werner selbst ein unabhängiger, intellektueller Geist war, steckte in dieser Charakterisierung ein großes Kompliment. Fritz, weder ein misstrauischer noch ein besonders eifersüchtiger Mensch, sah Otls Stern am Himmel der Scholls ohne Groll aufgehen.

Otl Aicher, Jahrgang 1922, stammte aus einer streng katholischen Familie in Ulm-Söflingen. Er war 16, als sein Gemeindepfarrer Franz Weiß ihn zu einer Veranstaltung mitnahm, bei der sich Priester zu einem Netzwerk gegen die Nationalsozialisten zusammenschlossen. Als die Gestapo Franz Weiß zwei Jahre später verhaftete, war Aicher bereits ein überzeugter Nazi-Gegner. Deshalb beäugte er die in Ulmer Schülerkreisen als stramme HJ-Anführer bekannten Geschwister seines Schulfreunds misstrauisch. Werner Scholl hatte von vornherein mehr Distanz zum NS-System gewahrt als seine Geschwister. Er war nicht freiwillig in die HJ eingetreten und hat dort nie ein Führungsamt bekleidet. Seine Familie erfuhr erst später, dass er es gewesen ist, der eines Nachts der Justitia vor dem Ulmer Gerichtsgebäude

Otto «Otl» Aicher in den vierziger Jahren

mit einer Hakenkreuzflagge die Augen verbunden und ein andermal eine Parteiversammlung mit Knallkapseln erfolgreich gestört hatte.[18]

Man kann davon ausgehen, dass die Scholl-Geschwister im Winter 1939, als Otl in ihrer Runde auftauchte, dem Nationalsozialismus den Rücken gekehrt hatten, sonst hätte Aicher wohl kaum weiterhin einen Fuß in diese Wohnung gesetzt. Er hat diese Annäherung in seinem Tagebuch *innenseiten des kriegs* beschrieben, einem nach Bauhaus-Manier in Kleinschrift verfassten Buch. Die Kluft, die Aicher zunächst noch zwischen sich und den Scholls empfand, führte er auf ihren bürgerlichen Kulturgeschmack zurück: «ich begann einen zusammenhang zu konstatieren zwischen der deutschen innerlichkeit, die man in bürgerlichen sinfoniekonzerten wahrnehmen konnte, und der tatsache, daß der nationalsozialismus entstehen konnte.»[19] Nach einigen Wochen und vielen Gesprächen sah er ein, dass sich die Liebe zu klassischer Musik und bürgerlicher Literatur auf der einen und die Ablehnung des NS-Staats auf der anderen Seite nicht ausschlossen. Aicher blieb nicht ungerührt, wenn Sophie oder Inge Bach spielten. Und es faszinierte ihn, dass sich Inge Scholls Zimmer zu einem Treffpunkt für die jungen, interessanten Leute der Stadt entwickelte. Dort wollte auch Aicher mitmischen, auf seine eigene, kompromisslose Art. In der Kenntnis theologischer und philosophischer Bücher hatte er den Scholls einiges voraus. Gemeinsam lasen sie nun Autoren, die nicht auf der Linie des NS-Systems lagen: Thomas Mann, Bernard Shaw, Stefan Zweig, Werner Bergengruen oder Paul Claudel. «Ich wage zu sagen, dass diese Bücher zu ersten Spuren des Widerstandes wurden»[20], sagte Inge Scholl später. Aicher las allerdings keine Romane, weil er sie für gefährlich hielt, da sie der Welt der Gefühle verhaftet seien; er aber wollte dem Denken den Vorzug geben.

Je näher das Abitur rückte, desto fester war Sophie entschlossen, eine Ausbildung als Erzieherin anzuschließen, und «bestimmt werde ich meinen Beruf als Kindergärtnerin nicht als Nothilfe betrachten, sondern mit ganzem Herzen ausüben».[21] Fritz war inzwischen nach Düsseldorf versetzt worden und berichtete Sophie von einer jungen Frau, die er im Haus eines Bekannten in Köln kennengelernt hatte, «gelackt, gepudert, geschminkt und poliert», was ihm gar nicht gefallen habe, weil «die natürliche Art zu einem raffinierten Wesen ausartet».[22]

Am Münsterplatz schmückten Lina und ihre Töchter die Wohnung für den Advent und hängten einen großen Kranz in der Diele auf. Dort versammelte sich die Familie jeden Abend, um Weihnachtslieder zu singen, von Inge auf dem Klavier und Sophie auf der Flöte begleitet. Werner spielte schon ein paar Stücke auf der Geige. Solche Rituale füllten die Adventsabende aus, berichtete Sophie Fritz, «wir haben sie alle so gerne, gerner beinahe als den Heiligen Abend selbst».[23] Auch Fritz solle es sich ein bisschen nett machen, ermunterte sie ihn und schickte ihm zu diesem Zweck Kerzen, Äpfel und einen kleinen Kranz. Sie war sehnsüchtig gestimmt: «Ich warte jeden Tag auf Post von Dir.»[24] Fritz antwortete, er lese oft in den Hausmann-Gedichten und entdecke immer wieder etwas Schönes.

Heiligabend 1939 zählt Sophie Fritz alle ihre Geschenke auf, weil er sie darum gebeten hat: eine Skiausrüstung, Bücher, Noten, eine Truhe für Briefe und dazu noch viele praktische Dinge. Der Rest der Familie freute sich über Bücher, Tischdecken, Schmuck und Stoffe. Fritz hat von Sophie ein Bild bekommen, das eine Märchenprinzessin zeigt, die für ihren Prinzen durch einen Ring springt. Nur

Sophie Scholl,
Laubsägearbeit, um 1940

Sophie könne eine Prinzessin so malen, schwärmt Fritz, «nicht licht und zart mit graziöser Haltung, sondern dunkel und leidenschaftlich, natürlich und doch anmutig».[25] Doch Sophie hat ihm noch ein viel größeres Geschenk gemacht, das ihn bis zum Ende seines Lebens begleiten wird: Das vergangene Jahr habe viel in ihm bewirkt, schreibt er ihr, denn es sei vieles «zerflossen [...], woran ich glaubte mich halten zu können, und wenn ich in manchen Dingen heute dastehe wie ein 17jähriger Junge, woran nicht zuletzt, oder überhaupt, Du schuld bist, so bin ich eben drum froh darüber. Es ist ja letzten Endes auch ein Fortschritt, wenn man das bisher erlernte als falsch erkennt und deshalb über den Haufen wirft.»[26] Sophie hat die Grundsätze des ehemals begeisterten Soldaten ins Wanken gebracht. Er kann sich ihrem unbestechlichen Blick auf die fatale Logik des Krieges nicht entziehen.

Sophie und Fritz planten eine Reise in die Berge. Dafür verschob er seinen Urlaub immer wieder, bis sie wussten, wann Sophies Abiturprüfungen stattfinden würden. Doch dann geriet das Paar in eine handfeste Krise. Sophie bekam auf einmal Angst vor der Fahrt: «[…] ich glaube, dauernde Nähe von Dir macht mich schwach. Ich vergesse dann, daß ich nicht nur ein Mädchen sein möchte. Dann wünsche ich sogar nichts, als Mädchen zu sein, heute leben und morgen vergehen zu dürfen. Ich weiß es, daß es Schwäche ist, und wenn ich Dir jemals nachgeben werde, so sollst Du wissen, daß ich in dem Augenblick schwach bin, und so viel oder so wenig wie viele Mädchen, die Du und ich nicht sehr hochschätzen.»[27] In dieser Ansage steckt eine deutliche Warnung: Wenn sie sich körperlich nahekommen sollten, wäre es nicht das, was Sophie eigentlich will. Und die Formulierung «Dir nachgeben» stellt klar, wen die Schuld daran träfe: Sie beide, aber vor allem Fritz. Sophie kann ihre «Schwäche», wie sie den Wunsch nach Zärtlichkeit nennt, nicht mit ihrem Selbstbild und den Ansprüchen, die sie an sich stellt, in Einklang bringen.

Fritz reagiert ratlos: «Sofie, ich versteh Dich nicht, wenn Du von Schwäche sprichst. […] Warum hoffst Du dann auf ein baldiges Wiedersehen mit mir, warum soll ich dann viel von mir schreiben, und oft? Warum Sofie?»[28] Er legt den Finger in die Wunde: Sophies Botschaften sind widersprüchlich. Sie will für ihn da sein und gleichzeitig auf Distanz gehen. Das verletzt ihn: «Glaub nicht, daß ich wunder was von Dir wollte. Ich möchte nur bei Dir sitzen, Deine Hand in der meinen halten, und meinen Kopf an Deine Schulter lehnen dürfen, ich möchte teilhaben an Deinen Gedanken, Deinen Freuden und Traurigkeiten, ich möchte nur ein bischen daheim sein dürfen bei Dir.»[29] Aber wenn er sie nur noch bedrücke, dann solle sie es ihm sagen.

Und Sophie? Kann sie den Freund, der an der Front ist, wegstoßen? Sie kann es nicht. Ihr Brief sei wohl unklar gewesen, versucht sie die Wogen zu glätten, sie könne und wolle jetzt nichts dazu sagen, aber er freue sich doch auch auf die Skiferien, oder nicht? Sie schickt ihm den Roman *Vorsommer* von Karl Benno von Mechow. Dieses Buch erklärt das Problem, das sie hat, fast besser als ihre Briefe. Eigentlich sei sie ja davon abgekommen, Romane zu lesen, da sie die Gefühle nur verwirren würden. Es sei wie beim Wein: «Die Wirkung ist groß, solange man trinkt, nachher kommt allenfalls noch etwas Katzenjammer, dann ist es genau wie vorher, selten besser.»[30] Aber dieser Roman sei anders, die Geschichte sei «gründlich und klar durchgeführt. Er ist so beherrscht und sauber.»[31] *Vorsommer* handelt von der Begegnung zwischen einem unsteten Gutsherrn und einer noch kindlichen jungen Frau. Die Liebe lässt beide reifen, doch er begreift am Ende, dass er noch zwei Jahre warten muss, bis er sich ihr erklären darf. Was Sophie Fritz mit diesem Buch sagen will, ist nicht schwer zu verstehen. Sie gibt auch offen zu, dass sie Angst habe vor dem «Verzicht auf Wärme, der es für mich wäre. Ich fürchtete mich auch vor Dir, denn meine Schuld war es ja, daß es überhaupt so weit kam. Ich fürchte mich noch.» Doch dann stellt sie unmissverständlich klar: «Ich kann mich nicht aufgeben für Dich. Ich weiß schon, was Du denkst. Du denkst, das soll sie ja gar nicht. Aber im Grunde müßte sie es eben doch. Um gerade zu sein.»[32]

Ob Fritz sich einen Reim darauf machen kann? Einen Widerspruch löst sie immerhin auf, indem sie ihm erklärt, warum sie trotz ihres Wunsches, Abstand von ihm zu gewinnen, Briefe von ihm erwartet und ihn auch treffen will: «Deshalb, damit wir als Menschen uns nahe bleiben, deshalb sollst Du mir oft schreiben. Weil ich Dich kennen möchte, damit Du mich immer kennst, damit wir wenigstens barmherzig zueinander sein können. Oder ist es falsch?»[33]

Während Sophie auf eine Antwort wartet, schreibt Fritz in Unkenntnis ihrer letzten beiden Briefe. Er deutet ihr vermeintliches Schweigen als Strategie und lobt sie dafür: Sie habe als Mädchen instinktiv richtig gehandelt, indem sie geschwiegen habe. Da platzt Sophie der Kragen: Fritz solle bloß nicht denken, sie würde instinktiv handeln, «damit sprichst Du mir ja, vielleicht ungewollt, jede Selbständigkeit ab. Instinktiv ist ein sehr unbestimmtes Wort. Es wird sowohl bei Tieren wie bei Menschen (besonders bei Frauen) angewandt, wenn man sichs mit dem Verstand nicht mehr recht erklären kann.»[34] Schon fast bissig klingt ihr nächster Satz: «Und daran zweifelst Du doch nicht, daß ich mein Hirn auch manchmal zum Denken gebrauche, nicht nur in der Schule.»[35] Doch ohne versöhnliche Worte beendet Sophie ihre Briefe nie: «Komm bald. Sofie»[36]

Sophies Wunsch, allein zu sein «oder vielmehr ganz über mich verfügbar zu sein»[37], ist auch Thema eines Briefes an Lisa und zeigt, dass Sophie sich grundsätzlich mit der Frage beschäftigt, wie eine gute Beziehung aussehen kann. Sie träume davon, mit Lisa in derselben Stadt zu studieren und vielleicht sogar zusammen zu wohnen. Dann könnten sie sich ohne Ansprüche nahe sein. Ob Lisa noch so gerne Bach spiele, fragt Sophie, und vertraut der Freundin an, «er bedeutet für mich immer mehr, ich finde, er ist der beste Erzieher. Andere berauschen, sie heben einen weg, in Gefühle. Bei Bach aber muss man große Beherrschung zum Spiel und Klarheit aufbringen; der Lohn ist, dass man dabei selbst klar, und das schließt ja beherrscht ein, wird.»[38] Es sei seltsam, dass nur wenige Menschen Bach so hoch schätzten. Selbstbewusst formuliert sie: «Manche wollen gehoben sein, manche wollen sich selbst heben. Klarheit ist aber doch erstrebenswerter als Rausch.»[39]

Wenn man diesen Gedanken über Rausch und Beherrschung auf die Beziehung zu Fritz anwendet, so scheint Sophie große Angst vor dem Verlust der Kontrolle gehabt zu haben. Die Zeit, in der sie sich hat austoben und vor allem eines nicht hat sein wollen, nämlich spießig, war nun vorbei, oder zumindest wünschte sie sich das. Fritz dagegen fragte sich, ob er Sophie ausgenutzt habe. Als er *Vorsommer* gelesen habe, seien ihm manche Stellen vorgekommen, «als hättest Du sie selbst geschrieben für uns, und es ging mir oft der Atem schwerer, wie manchmal bei einem Brief von Dir; und ich habe das ganze Buch auch als einen Brief von Dir aufgefaßt».[40] Er machte sich Sorgen, ob er der Freundin etwas Wertvolles genommen habe, «etwas zerstört, worin Du glücklich warst, nämlich das Kindsein. Aber es ist sehr schwer das Gefühl mit dem Verstand zu bezwingen.»[41]

Fritz begreift also durchaus, dass sie ihm vorwirft, er habe sie zu früh in eine Beziehung gedrängt, in der sie nicht glücklich ist, weil sie die Kontrolle zu verlieren droht, die sie braucht, um vor sich selbst bestehen zu können.

Als sie sich nach über drei Monaten wiedersahen, war die Kluft schnell überwunden. Anfang März fuhren sie ins Kleinwalsertal in den Allgäuer Alpen, dafür schwänzte Sophie ein paar Tage Schule, was ihr die Eltern erlaubt haben müssen. Elisabeth erhielt einen be-

Fritz Hartnagel bei Familie Scholl, Ulm, 1943

geisterten Bericht: Gleich am ersten Tag sei es während einer großen Tour über den Gemstelpass so warm geworden, dass Sophie im Badeanzug gelaufen sei. Nur einen einzigen Wanderer hätten sie getroffen. Am nächsten Tag sei der Schnee von der Sonne aufgeweicht und verharscht gewesen, «dass die Bretter nur so sausten. Zuerst gings im Zickzack den Berg entlang, nachher immer gradaus talabwärts. Es waren lauter leichte Hügelwellen, über die wir fuhren, und ich bin nach jeder ein Stück geflogen. Es war bisher meine schönste Fahrt.»[42] Fritz schrieb ihr beglückt nach der Rückkehr: «Sofie, wir sind doch glückliche Sonnenkinder!»[43]

Weil diese Reise kürzer ausgefallen war als erhofft, plante Sophie sofort eine neue, für die Fritz seine restlichen Urlaubstage nehmen sollte. Sie selbst wollte dafür zwischen mündlicher Prüfung und Zeugnisverleihung noch einmal schwänzen. In einem übermütigen Brief forderte sie den Freund auf: «Denk halt ein einzig Mal: Sofie vor Pflicht. (bzw. Dienst) Du kannsts schon machen, gelt? Ich weiß gar nicht, wie ich ohne diese Hoffnung die letzten gräßlichen Schultage überstehen sollte.»[44] Und obwohl ihr bewusst gewesen sein muss, dass Fritz immer alles daransetzte, sie zu sehen, fügte sie hinzu: «Weißt Du, ich trau Dir nicht so ganz, daß Du recht draufdrückst. Wenn ich Dich aber recht bitte und Dir verspreche, daß ich gewiß netter bin wie das letzte Mal, dann kommst Du vielleicht.»[45] Nach all ihren Anstrengungen, Abstand von dem jungen Offizier zu gewinnen, wirkt der flapsig-kokette Ton ein bisschen seltsam. Noch rätselhafter aber klingt das, was Sophie zwei Tage vorher an Lisa geschrieben hat:

> Ich fühle mich irgendwie für ihn verantwortlich; weißt Du, welches Gefühl es ist, wenn ein Mensch mit seinem ganzen Sein an Dir hängt. Ich habe ihn gern, er ist gut. Und Sinn der Liebe ist es ja nicht, sich von irgendjemand auf eine Höhe hinaufziehen zu lassen. Es herrscht so völlige Klarheit zwischen uns, er ist mir gegenüber ganz ohne Ansprüche. Es ist schön. Ich habe mehr Gefühle einer Mutter als die eines Mädchens für ihn. Er hat sonst niemanden. Ich glaube, das weißt Du alles.[46]

Warum betont Sophie der Freundin gegenüber, Fritz hänge von ihr ab, sie aber nicht von ihm? Ihr Brief nach der zweiten Bergtour mit Fritz klingt jedenfalls alles andere als mütterlich: Ob er einen Augenblick Zeit finde, an die Mondnacht auf dem Hochalmpass zu denken? Ob er auf der Heimfahrt im Zug habe schlafen können? Sie habe die ganze Zeit daran gedacht, wo er jetzt sei. Bei der Abiturfeier hätten ihre Mitschülerinnen festgestellt, «daß ich dringesessen wäre wie grad vom Himmel runter. So kam ich mir auch vor. Im Himmel wars arg schön gewesen. Oder nicht?» Es macht ihr nun nichts aus zuzugeben, dass sie ihn vermisst und es schön fände, wenn er in die Nähe von Ulm versetzt würde, damit sie ihn dort besuchen könnte. Im selben Brief schickt sie ihm drei Wimpern, er habe also drei Wünsche frei, «solche, die in Erfüllung gehen!», setzt sie in Klammern hinzu.[47] Fritz antwortet, auch er komme sich vor, wie aus dem Himmel gefallen. Sein Oberleutnant habe gesagt, «ich sei viel aufgeschlossener und menschlicher geworden».[48]

Ihr Abitur bestand Sophie Scholl mit der Gesamtnote befriedigend. Sie konnte sich zumindest dazu gratulieren, dieses Ergebnis mit sehr wenig Aufwand erreicht zu haben. Danach fuhr sie mit Lisa zwei Tage nach Zwiefalten an der Oberschwäbischen Barockstraße. Lisa, die gerade heftige Konflikte mit ihrer Mutter austrug, hatte geschrieben, es sei ihr völlig egal, wohin sie führen, «wenn ich nur fort kann»[49], ein Satz, der von Sophie hätte stammen können, ebenso wie der nächste: «Und weißt du ich habe manchmal richtig Verlangen danach meinen faulen Körper ein wenig zu schlauchen, geht's dir nicht auch oft so?»[50]

Die kleine Fahrradtour machte den Freundinnen besonders viel Spaß, Sophie berichtet Fritz, sie hätten Kirchen und kleine Dörfer besichtigt, in gemütlichen Gasthöfen gegessen und sich danach auf einer sonnigen Wiese ausgeruht. «Von 2–4 pennten wir in einem noch unbelaubten jungen Laubwäldchen, bloß in Hemd und Hose, u. ließen uns die Sonne auf den Wanst scheinen.»[51]

Fritz versteht genau, was Sophie daran so gefällt. Denn er mag die gleichen Dinge wie sie. Er liest alle Bücher, die sie ihm empfiehlt, und wünscht sich manchmal, sie sei da, damit sie sich gemeinsam über skurrile Typen lustig machen könnten. Als Paar haben sie ein neues Gleichgewicht gefunden, und Sophie schaut zuversichtlich nach vorn auf die Ausbildung, die bald beginnt: «Ich freu mich sehr auf die Kinder. So bin ich endlich in einer ganz anderen Umgebung.»[52]

12.

Dazu bin ich zu egoistisch:

Im Fröbelseminar

Am 8. April 1940 begann Sophie ihre Ausbildung zur Kindergärtnerin. Jeden Morgen radelte sie die 15 Minuten vom Münsterplatz in den Stadtteil Söflingen zum Evangelischen Fröbelseminar. Es war eine kleine Einrichtung mit nur einem Unter- und einem Oberkurs für jeweils acht bis zehn Schülerinnen. Sophie und Susanne Hirzel waren die einzigen Abiturientinnen, sie hatten die Möglichkeit, die Ausbildung in nur einem Jahr statt in zwei Jahren zu absolvieren. Dafür mussten sie sich allerdings den Unterrichtsstoff von beiden Kursen aneignen und die vorgeschriebenen Praktika in den Ferien ableisten. Über die übrigen Mitschülerinnen hatte Sophie nicht viel zu sagen: «Die Mädchen von meinem Kurs [...] sind zum Teil sehr doof. Meist vom Lande. Ich nehms aber nicht tragisch.»[1]

Zum Fröbelseminar gehörte ein Übungskindergarten, in dem die Schülerinnen ihre theoretischen Kenntnisse täglich in die Praxis umsetzen konnten. «Es gibt alle Typen, die Du unter den Erwachsenen auch siehst, erfreuliches und anderes», schrieb Sophie an Lisa. «Ich habe aber gelernt, daß man alle liebevoll anfassen muß. Am meisten liegt mir ein kleiner Blöder am Herzen, der immer ein häßliches Grinsen oder blödes Geheul im Gesicht hat. Er bedarf am meisten der Liebe, Du weißt ja, wie roh oft Kinder sein können.»[2]

Sophie hatte Kinder sehr gern, sie erwähnte ihre Begegnungen mit den Sprösslingen aus der Nachbarschaft oder von befreundeten Familien immer wieder mit Wärme und Begeisterung. Vor allem hatte sie Freude am ungekünstelten Verhalten der Kinder: «Heut aß ich mit Peter und Klaus Eis. So ein Geschrei! Jedem Menschen hielten sie ihre Waffel entgegen und brüllten: Eis! Es war überwältigend. Ich konnte sie kaum bändigen.»[3]

Fritz gegenüber gab sie zu, die Arbeit mache ihr zwar Freude, aber sie sei abends sehr erschöpft, weil sie sich ständig auf die Kinder einstellen müsse. Das würde sie auf Dauer wohl nicht aushalten. «Dazu bin ich zu egoistisch erzogen»[4], lautete ihre Erklärung. Zwar galt Fürsorge bei Scholls als selbstverständlich. Nicht nur Lina, Inge und Elisabeth, auch Sophie machte sich um andere viele Gedanken, wie die begeisterten Dankesbriefe von Lisa und Fritz über liebevoll hergerichtete Geschenkpäckchen beweisen. Trotzdem war Sophie zu sehr auf sich selbst konzentriert, um ihr Glück in einem Beruf zu finden, in dem sie sich ständig um das Wohlbefinden anderer zu kümmern hatte. Ende Mai, nach nicht einmal zwei Monaten Ausbildung, schrieb sie an Lisa, sie hoffe, in den Sommerferien kein Praktikum zu haben, denn sie halte die «Schule» nur aus, weil bald Ferien in Sicht seien.[5]

Der theoretische Unterricht kam Sophies Neigung zum Reflektieren entgegen. «Es war eigentlich ein dauernder geistiger Streit unter uns, und so etwas ist ungeheuer belebend und fördernd»[6], schreibt sie im Rückblick. Emma Kretschmer, die Leiterin des Fröbelseminars, legte Wert darauf, ihre Schülerinnen mit den wichtigsten pädagogischen Strömungen der Moderne vertraut zu machen. Nicht nur die grundlegenden Gedanken Friedrich Wilhelm Fröbels wurden gelehrt, auch die Theorien von Johann Heinrich Pestalozzi und Maria Montessori. Damit bewies Emma Kretschmer Mut, denn die Nationalsozialisten wollten von Reformpädagogik nichts wissen. Statt Erziehung «vom Kind aus zu denken», wie Pestalozzi es gefordert hatte, sahen sie in den Kindern die zukünftigen Erfüllungsgehilfen rassistischer Großmachtpläne. Im Lehrbuch *Grundlagen der körperlichen und geistigen Erziehung des Kleinkindes im nationalsozialistischen Kindergarten* heißt es nach dieser Logik: «Wie liebevoll sorgt das kleine Gretchen für ihre Puppenkinder daheim. Das kleine Hänschen schleicht sich indessen mit einem Stein an den Spatz heran, der vor der Haustür sitzt, um ihn zu töten. Hier der zukünftige Vaterlandsverteidiger, dort die liebevolle zukünftige Hausfrau.»[7] Solche Theorien stießen bei Sophie Scholl auf taube Ohren. Als sie den Jungs im Kindergarten vorschlug, mit dem Konstruktionsbaukasten «Matador» eine «schöne große Kanone» zu bauen, korrigierte sie sich gleich selbst, denn man «soll nicht schon bei Kindern diese verhängnisvolle Neigung großziehen».[8] Stattdessen bauten sie zusammen ein Feuerwehrauto mit einer langen Leiter.

Eine wortgewandte Pädagogin wie Emma Kretschmer konnte zwar den nonkonformen Unterrichtsstoff ihres Seminars rechtfertigen, musste aber dennoch vorsichtig sein. Sie versammelte daher Schülerinnen und Lehrpersonal vor dem Radio, wenn eine Rede Hitlers oder eines anderen bekannten Politikers gesendet wurde. Sophie Scholl wählte gerne solche Momente, um ihre Aufmüpfigkeit zu zeigen. Ungerührt griff sie dann zu einem Buch – möglicherweise sogar zu einem, das von den Nazis nicht gebilligt wurde. Nachdem sie auch die Aufforderung, das Buch zur Seite zu legen, ignoriert hatte, ließ die Schulleiterin sie in Ruhe. Es war das «Wurstigkeitsgefühl, das Frl. Kretschmer schon bei mir bemerkenswert gefunden» hat, wie Sophie selbstbewusst konstatierte.[9] Den Mitschülerinnen im Seminar dürfte bald klar gewesen sein, dass sie keine Anhängerin des NS-Regimes war. Ein Schulkamerad hatte Susanne Hirzel bereits Monate zuvor gesagt: «Du wirst sehen, die Scholls landen noch am Galgen.»[10] Auch andere bemerkten Sophies kaum verborgene Opposition. Susannes Mutter war jedes Mal schockiert, wenn Sophie bei ihren Besuchen im Hause Hirzel eine kritische Äußerung fallen ließ, und fragte sich besorgt, ob ihre Tochter dadurch in Gefahr geraten könnte. Susanne schloss sich nämlich nun gerade der Freundin an: «Sofie, dunkelhaarig und dunkeläugig, war für mich eine helle Gestalt. Kritisch und neugierig blickte sie aus den Augen, hatte einen klaren Kopf und ein mutiges Urteil. So jemand war eine kostbare Seltenheit.»[11] An Sophie habe sie «ihre großartige Unbedingtheit» gefesselt, gleichzeitig sei sie beunruhigt gewesen durch Sophies freimütige Bemerkungen, die sie leicht in Gefahr hätten bringen können. So forderte sie einmal, man müsse sich im System hochdienen und dann den riesigen Nazi-Schwindel aufdecken. Susanne, eine eher nüchtern denkende junge Frau, hielt

Sophie Scholl (ganz li.) und Susanne Hirzel (vorne re.) im Ulmer Fröbelseminar, um 1940/41

das für eine umständliche Taktik, denn bis dahin sei der Krieg längst entschieden.

Die beiden Freundinnen wussten, dass sie so gut wie keine Möglichkeit hatten, auf legale Weise an Informationen jenseits der NS-Propaganda heranzukommen, aber Sophie wollte das nicht akzeptieren. Sie besaß «zusätzlich zu ihrer Intelligenz große innere Freiheit [...] immer in Gedankenaustausch mit ihrem Vater, ihren Geschwistern und ihren Freunden».[12]

Zu diesem Zeitpunkt veränderte Sophie ihr Äußeres erneut. Sie ließ die Haare etwas länger wachsen und kleidete sich weiblicher. Wie ihre Mutter Lina habe Sophie mit leiser Stimme gesprochen, sei aber immer noch ab und zu «knabenhaft keck und übermütig» gewesen, erinnert sich Susanne Hirzel, doch insgesamt sei sie «ruhiger geworden, stolz u. bescheiden zugleich u. drängte sich nie hervor. Sie spottete nie über einen Menschen u. liebte die Kinder unbeschreiblich.»[13] Über private Dinge habe sie meistens geschwiegen. Die Mitschülerinnen im Fröbelseminar hielten Sophie für arrogant, glaubt

Susanne Hirzel, aber dieser Eindruck sei falsch gewesen: «Sie war zurückhaltend, weil sie sich unverstanden, fremd fühlte, vielleicht sogar einsam im Kreis dieser zum Teil harmlosen jungen Frauen.»[14]

Es ist ein Muster, das sich später im Reichsarbeitsdienst wiederholen wird. Sophie Scholl, eng eingebunden in den Familien- und Freundeskreis, kann sich in eine Runde fremder Mädchen, noch dazu wenn diese ihr intellektuell unterlegen sind, nicht gut integrieren. Sie will es auch nicht. Statt neue Freundschaften zu knüpfen, ist sie lieber für sich und liest. Weil sie sich mit den Mitschülerinnen über das Gelesene nicht austauschen kann, schreibt sie an die Menschen, die ihr nahestehen. Die Geschwister bilden den innersten Kern ihrer Vertrauten. «Ja du, da beneide ich dich, daß du zwei Schwestern hast u. überhaupt deine Familie», schreibt Lisa Remppis an Sophie, «nicht wahr, man kann mehr vollbringen, wenn man eine kleine Gemeinschaft bildet.»[15] Ähnlich sieht es Otl Aicher: «mit ihren geschwistern lisl, hans, und werner war sie wie in einem boot, und sie zusammen hatten im elternhaus soviel selbständigkeit, daß sie sich nie abzusetzen hatten wie ich.»[16] Sophie schrieb an Inge, die Briefe von zuhause seien ihr immer die liebsten, denn «sie geben mir jedesmal meine gute Laune wieder. Ich habe in jeder mehr oder weniger angenehmen Situation das Gefühl: es geht gleich vorbei, und, ihr lieben Leute, wenn ihr wüsstet, was ich im Hinterhalt habe.»[17] Der Familienkreis bildete einen Schutzwall, er schottete aber auch ab: «Ihr eigentliches Leben vollzog sich mit anderen»[18], resümiert Susanne Hirzel. Oft empfahl Sophie ihr Bücher religiösen Inhalts, etwa die Predigten des 1845 zum Katholizismus konvertierten anglikanischen Pfarrers John Henry Newman, der es dort bis zum Kardinal gebracht hatte. «Was? Den kennst du nicht?», fragte Sophie erstaunt, als sie mit Susanne über Newman sprach, «da steht dir eine herrliche Welt bevor!»[19] Aber die Freundin, eine Pfarrerstochter, konnte sich für «diese religiöse Literatur» nicht erwärmen.

Unterdessen nahm der Krieg immer größere Ausmaße an. Am 9. April 1940 marschierte die Wehrmacht in Dänemark ein und griff Norwegen von der See her an. Nach zwei Monaten musste Norwegen nach vergeblicher Gegenwehr kapitulieren. Dänemark hingegen war innerhalb eines Tages besetzt und bekam zunächst ein vergleichsweise mildes Besatzungsregime verpasst. Bis Ende August 1943 blieben der dänische König und seine Regierung unter deutscher Besatzung im Amt und auch die übrigen staatlichen Institutionen überwiegend intakt.

Sophie schreibt am ersten Tag der Skandinavien-Invasion an Fritz, der gerade in Gelsenkirchen stationiert ist, die Zeit, da sie nur mit «leichten Gedanken» bei ihm gewesen sei, liege weit zurück. Inzwischen sei ja das ganze Leben von Politik bestimmt, und es sei feige, sich davon abzuwenden. Sie und ihre Geschwister seien politisch erzogen und müssten sich damit auseinandersetzen, aber manchmal wünsche sie sich, ihr Gesicht an Fritz' Schulter zu lehnen und nichts anderes zu spüren als den Stoff seines Anzugs.[20]

Auch Sophie braucht Menschen, bei denen sie Schwäche zeigen darf. Neben Lisa ist es vor allem Fritz, dem sie sich anvertraut, wenn sie betrübt oder verwirrt ist. Sie verlässt sich auf seine unerschütterliche Treue, und sie sehnt sich durchaus auch nach seiner körperlichen Nähe. Manchmal wirbt sie ganz offen um ihn. In einem Brief aus dem Frühjahr 1940 malt sie ihm folgende Szene aus: «Du müßtest sittsam mir gegenüber sitzen, damit Du den Tee nicht verschüttest, und nachher täten wir auf Dein Sofa (oder hast Du keines?) sitzen und was angucken, und auf einmal wäre das Heft oder Buch auf den Boden gefallen, und wir würden es beide liegen lassen. Kindisch, gelt?»[21]

Kurz vor ihrem Geburtstag verriet Sophie ihrer Schwester Elisabeth, das Geschenk der Eltern werde ein sechsteiliges Kaffeeservice sein, um augenzwinkernd hinzuzufügen: «Ich komme mir schon ganz anders vor, wenn ich so was besitze. Ich komme mir schon halb verheiratet vor.»[22] Am 9. Mai 1940, Sophies 19. Geburtstag, stand dann überraschend Fritz vor der Tür. Sie hatten nur wenige Stunden Zeit füreinander, und der hastige Abschied auf dem Ulmer Bahnhof ging beiden noch lange nach.

Ein paar Tage später berichtete Sophie dem Bruder Hans in einem Brief aus den Pfingstferien, dass der Vater seit kurzem «den Krieg durch ein neues Radio (Kurzwellen!)» verfolge.[23] Das war allerdings ziemlich leichtsinnig, denn das Hören von ausländischen «Feindsendern» – um nichts anderes geht es hier – war seit Kriegsbeginn streng verboten. Wer Nachrichten verbreitete, die aus dem Ausland stammten, dem drohte die Todesstrafe. Trotzdem hörten etwa zehn Millionen Deutsche das deutschsprachige Programm der BBC, in dem seit Oktober 1940 auch die 55 Radioansprachen des im Exil lebenden Thomas Mann gesendet wurden.

Was Robert Scholl gerade so genau verfolgte, das war der Westfeldzug, der am 10. Mai 1940 begonnen hatte. Um die gut befestigte Maginot-Linie an der französischen Grenze zu umgehen, hatte sich die Führung der Wehrmacht für den sogenannten Sichelschnitt entschieden. Sie überfiel die neutralen Benelux-Staaten und marschierte vom Norden her in Frankreich ein.

Drei Wochen lang hatte Sophie nichts von Fritz gehört, dann erreichte sie ein Brief aus den Niederlanden. In Tilburg würden sich die Schäden in Grenzen halten, «in Richtung Breda und in Breda selbst sieht es allerdings verheerend aus. Durch Bombenangriffe wurde die Stadt ziemlich zerstört. Auf den Straßen liegen umgeworfene Autos, Kriegsmaterial und tote Pferde in großer Zahl.»[24] Fritz berichtete von vielen Toten und langen Kolonnen französischer Kriegsgefangener. Als er einem der Männer ein Brot reichte, kam es gleich zum Streit zwischen den ausgezehrten Soldaten, den er nur mit Mühe schlichten konnte.

Auch Hans Scholl war nach Westen eingerückt und arbeitete in Belgien als Meldefahrer. Sophie berichtete dem Freund, Hans habe schon zweimal «ganz fröhlich» geschrieben. «Anscheinend kommt er glänzend mit der Bevölkerung aus (dies ist wichtig für Hans) u. macht den Dolmetscher für die ganze Einheit.»[25]

Der Krieg erreichte jetzt erstmals Ulm. Stundenlang kreisten französische Flugzeuge über der Stadt, der Luftangriff am 4. Juni traf allerdings nicht Ulm selbst, sondern das wenige Kilometer westlich gelegene Klingenstein. Auf ihrer Pfingstwanderung wappnete sich Sophie gegen düstere Gedanken: «Wie wir so im Grase lagen, über uns die so lichtgrünen Buchenzweige vor dem mit weißen Spinnweben überzogenen Himmel, da konnte Krieg und Sorge kaum mehr Platz finden neben dieser Schönheit.»[26] Es gebe jedoch vieles, fährt sie in ihrem Brief an Fritz fort, über das sie nicht schreiben könne.

Ihre und seine Gedanken seien so verschieden, das könne sie nicht mehr als Nebensache abtun. Bevor sie genauer erklärt, worauf sie hinauswill, wird ihr bewusst, dass der Zeitpunkt für eine Grundsatzdebatte schlecht gewählt ist, und sie beschwichtigt: «Aber all dies soll nun weggeschoben sein. [...] Wir wollen uns so halten, bis wieder Zeiten kommen, wo wir wieder allein stehen können.»[27]

Im Krieg gelten besondere Regeln für Beziehungen, glaubt Sophie und rät ihrer Freundin Lisa, die Probleme, die es zwischen ihr und Hans gibt, auszublenden: «Denn letzten Endes gilt es ja jetzt, ihnen nur zu helfen, damit ihnen der Krieg kein bißchen etwas anhaben kann. Dazu sind sicher Mädchen und Frauen notwendig. Wir sind in dieser Beziehung nicht ganz verantwortungslos.»[28] Fritz solle den Krieg überstehen, «ohne sein Geschöpf zu werden», wünscht sie ihm und macht ihm sogleich klar, dass er selbst dafür verantwortlich sei: «Wir haben alle unsre Maßstäbe in uns selbst, nur werden sie zu wenig gesucht. Vielleicht auch, weil es die härtesten Maßstäbe sind.» Kryptisch fügt sie hinzu: «Denke manchmal an mich, aber träume nicht von mir.»[29]

Fritz ist für diese Zwischentöne gerade nicht empfänglich. Er sei just knapp dem Tod entronnen, lässt er die Freundin wissen. Nur weil sein Auto wegen eines kaputten Reifens stehengeblieben war, war nicht Fritz, sondern ein Bauer mit seinem Karren über eine Brücke gefahren und hatte damit die Explosion einer Druckmine ausgelöst. Nach diesem Erlebnis habe er sich gefragt, warum die Menschen, statt Mozart zu hören, «sich ermorden und verstümmeln müssen».[30]

Spürbar geschockt, erwähnte Sophie den Vorfall in einem Brief an Lisa. Dann bat sie Fritz um ein Foto, um es immer bei sich zu haben. Er dürfe darauf ruhig seine Uniform tragen. «Du weißt ja selbst, wie fremd, ja wie gegensätzlich sie mir manchmal ist. Ich möchte mich, da sie ja zu Dir gehört, wenigstens bekannt mit ihr machen.»[31] Mit diesem Satz sprang Sophie über ihren Schatten, aber nicht ohne Fritz deutlich darauf hinzuweisen, dass sie das tat.

Ende Mai holte sie jedoch schon wieder zu einer Generalabrechnung aus. Von Politik verstehe sie nicht viel, behauptete sie, und auch wenn sie keinen Ehrgeiz dafür habe, «so habe ich doch ein bißchen ein Gefühl, was Recht u. Unrecht ist, denn dies hat ja mit Politik u. Nationalität nichts zu tun. Und ich könnte heulen, wie gemein die Menschen auch in der großen Politik sind, wie sie ihren Bruder verraten um eines Vorteils willen vielleicht.»[32] Sophie schrieb sich in Rage und nannte die Menschheit «eine Hautkrankheit der Erde». Sie wünsche sich oft auf eine einsame Insel, aber von diesem Fluchtgedanken kehrte sie sogleich zurück zu dem, was sie als ihre Verpflichtung begriff: «Aber im Grunde kommt es ja nur darauf an, ob wir bestehen, ob wir uns halten können in der Masse, die nach nichts anderem als nach Nutzen trachtet.»[33]

Diese Briefe an Fritz aus dem Frühsommer 1940 zeigen, wie Sophie sich ihren Weg durch die in Unordnung geratenen Gefühle und Gedanken bahnte. Brief um Brief kämpfte sie sich vor zu einer klaren Haltung. Manchmal scheinen ihre Worte weniger an den Freund als an sie selbst gerichtet zu sein, und sie entschuldigt sich, weil es ihm seltsam vorkommen müsse, was sie schreibe. Sie würden sich noch zu wenig kennen, stellt sie bedauernd fest. Er müsse sie so lieb haben, wie sie sein *wolle*, nur dann könnten sie sich richtig verstehen. Satz für Satz schreitet sie weiter voran, den Blick unbeirrbar nach innen auf ihren moralischen Kompass gerichtet. Immer wieder schaut sie zu Fritz zurück, will ihn mitziehen und gleichzeitig dafür sorgen, dass er sich nicht auf sie, sondern auf sich selbst verlässt.

Besorgt registriert Fritz, dass sich Sophie von ihm entfernt, und beteuert, ihre Gedanken wichen doch gar nicht so stark voneinander ab, auch er wolle das «Wahre und Gerechte».[34] Seine Bilanz nach dem ersten Monat Westfeldzug ist niederschmetternd, am 14. Juni 1940, als in Deutschland überall die Einnahme von Paris gefeiert wird, schreibt er resigniert: «Wenn man sieht, wie jeder Kriegstag unermeßliche materielle und auch andre Werte zerstört, muß man sich fragen, ob diese Zerstörungen nicht für die gesamte Menschheit einen Verlust bedeuten.»[35]

Sophie denkt in anderen Kategorien. Wieder schreibt sie ihm einen Brief, in dem sie die Dinge eher mit sich selbst auszumachen scheint: «Man muß nur warten können. Ich werde versuchen, mich nicht mit Träumen zufrieden zu geben, mit Schöngeistigkeit und noblen Gesten. Man darf heute nicht sehr weichherzig sein.»[36]

Sophie, um 1940

Trost findet Sophie immer wieder in der Natur, möglicherweise entsteht der Gedanke, Biologie zu studieren, in diesen Tagen. Die Natur kümmere sich nicht um den Krieg, schreibt sie an Fritz, sie wachse weiter, sorge für Tautropfen und Sommerregen. Sie bleibe das, was sie sei, und folge unerschütterlich ihren Gesetzen, obwohl «sich der Mensch inmitten der ganzen Schöpfung so unmenschlich u. nicht einmal tierisch aufführt».[37] Doch schon im nächsten Brief kommt sie auf den Abgrund zurück, der sich durch Fritz' Beruf zwischen ihnen aufgetan hat. Er als Soldat müsse vielleicht Zugeständnisse machen, die sie nicht akzeptieren könne. Wie könne man, wenn man so unterschiedliche Positionen vertrete, zusammenleben? «Der Mensch soll ja nicht, weil alle Dinge zwiespältig sind, deshalb auch zwiespältig sein.»[38] Sie wisse, dass viele Menschen, auch die «sogenannten Christen», das anders sähen als sie. Und dann formuliert Sophie Scholl den Satz, der sie zwei Jahre später in den Widerstand führen wird: «Wie könnte man da von einem Schicksal erwarten, daß es einer gerechten Sache den Sieg gebe, da sich kaum einer findet, der sich ungeteilt einer gerechten Sache opfert.»[39]

Um zu verdeutlichen, was sie meint, erinnert Sophie an die Geschichte aus dem Alten Testament, in der Moses seine Arme Tag und Nacht zum Himmel erhob, um von Gott den Sieg für sein Volk zu erflehen. Doch sobald er seine Arme senkte, habe Gott seinem Volk die Gunst entzogen. Sophie fragt sich, ob Menschen heute noch dazu bereit seien, «ihr ganzes Denken u. Wollen auf eines ungeteilt zu richten». Sie selbst werde diesem Anspruch nicht gerecht, sehr selten tue sie tatsächlich das, was sie für richtig halte. Genau deshalb wünsche sie sich manchmal, nur ein Stück Rinde oder eine Ackerkrume zu sein, also etwas, das keine Verantwortung trage. Schuld an diesem Wunsch nach der Flucht aus der Verantwortung sei eine fatale Müdigkeit, und diese Müdigkeit sei auch schuld daran, dass Fritz nicht wisse, wie es um sie beide stehe. Sie sei immer zu müde und verschiebe das Gespräch darüber auf später.

Als Fritz ihr von seiner Ankunft in Paris berichtet und dem Versuch, dort den Louvre zu besuchen, der allerdings geschlossen ist, kritisiert Sophie die Franzosen für die kampflose Übergabe von Paris:

> Es hätte mir mehr imponiert, sie hätten Paris verteidigt bis zum letzten Schuß, ohne Rücksicht auf die vielen wertvollen Kunstschätze, die es birgt, selbst wenn es, wie sicher war, keinen Nutzen gehabt hätte […]. Aber Nutzen ist heute alles, Sinn gibt es nicht mehr. Ehre gibt es wohl auch nicht mehr.[40]

Otl Aicher erinnert sich später daran, dass Sophie über die französische Kapitulation zu ihm gesagt habe: «der verlust von dingen läßt sich verschmerzen, nicht aber der verlust von sein, nicht der verlust des wesens, nicht der verlust seines angesichts.»[41]

Immer wieder deutet Sophie Fritz in den Briefen an, dass sie sich von ihm trennen will. Ihr Dilemma besteht darin, dass sie glaubt, dem Freund und Soldaten eine Heimat bieten zu müssen. Deshalb bleibt sie auf halbem Weg stehen und grämt sich darüber, ihm keinen fröhlicheren Brief geschickt zu haben. Am Ende reicht ihr Mut nur noch für einen resignierten Abschied: «Entschuldige, wenn Dich der Brief verwirrt. Ich kann mich aber nicht immer zeigen, wie ich nicht bin.»[42] Nach eigener Aussage hat Sophie manchmal verschiedene Fassungen geschrieben, bevor sie die Feldpost abschickte,[43] doch ihre Briefe wirken spontan und offenbaren, wie zwiespältig sie diese Beziehung erlebt.

Es ist ein frustrierter, stellenweise schon sarkastischer Ton, den Sophie Ende Juni 1940 Fritz gegenüber anschlägt. Sicher halte er es für lächerlich, dass sie sich um Politik kümmere, vielleicht finde er es auch unweiblich und meine, sie solle ihre Gefühle über das Denken stellen, vor allem das Mitleid. Dem erteilt sie eine klare Absage: «Ich aber finde, daß zuerst das Denken kommt, u. daß Gefühle oft irreleiten [...].»[44] Auch Tagträume würden sie nur lähmen, fügt sie hinzu, am liebsten sei sie allein, weil es dann nichts gebe, das sie ablenke. Auch wenn Sophie zum Abschied ankündigt, Fritz bald wieder schreiben zu wollen, um ihm wenigstens auf diesem Weg näher zu kommen, sucht sie in diesen Briefen nicht das Gegenüber, sondern sich selbst, ihren eigenen Kern, den sie nicht verraten will. Otl Aicher, der ebenfalls um einen eigenen Weg rang, glaubwürdig und konsequent zu leben, beobachtete an Sophie damals «die mutlosigkeit, einem lebensprinzip folgen zu müssen, das man nicht sich selbst gegeben hatte und das einen anonym überfiel».[45]

Mitte Juni bis Mitte Juli 1940 absolvierte Sophie ein Praktikum in einem Ulmer Kindergarten. Sie hielt ihre Eindrücke in einem Notizheft fest, beobachtete die Kinder sehr genau, registrierte deren Gesichtsausdruck, den Tonfall und die Bewegungen.[46] Ein kleiner Junge präsentierte ihr vier Himbeerbonbons und «während er mir lange und umständlich erklärte, wer ihm die Bonbons geschenkt hatte, stemmte er immer seinen Zeigefinger in meine Backe, als wolle er damit meine Aufmerksamkeit auf sich gerichtet halten. Ich hätte ihm auch ohnedies gespannt zugehört.» Sophie notierte auch ihre Gefühle, ihre Freude darüber, wenn ein Kind so war, wie es ihrer Ansicht nach sein sollte: «frech, bubig, ernst, unschuldig und ehrlich. Dazuhin gescheit und hübsch.» Und über einen kleinen Schmierfink: «Man muß ihn nur richtig liebhaben, so ist auch mit ihm etwas anzufangen.» Aber vor allem hatten es ihr die Säuglinge angetan, sie beschrieb sie geradezu poetisch:

> Dieser zarte Duft ihres blütenähnlichen Fleisches, und der süße zahnlose Mund, die winzigen, dauernd herumschwebenden Händchen und der fast blicklose Blick, das ist wirklich wie eine eben erschlossene Blüte einzig, unantastbar und so erhaben, ein Wunder in unserem Alltag.[47]

In diesem Sommer fielen die ersten Brandbomben auf ihre Heimatstadt. Noch wurde niemand verletzt und kein Haus zerstört. Doch möglicherweise erschütterte die Familie Scholl schon in diesen Tagen eine ungeheuerliche Nachricht: Eine ehemalige Kollegin von Lina arbeitete in Grafeneck, einem Heim für behinderte Menschen. Sie berichtete, in der Anstalt würden Menschen systematisch ermordet.[48]

Seit Juli 1939 hatte es Beratungen über ein «Euthanasieprogramm» gegeben, in deren Folge sechs große Anstalten, darunter Grafeneck und Hadamar, in Vernichtungsstationen umgewandelt wurden, denen andere Einrichtungen ihre Patienten zuführten. Mehr als 70 000 Menschen mit körperlichen, geistigen und seelischen Behinderungen fielen diesen Massenermordungen im Deutschen Reich zum Opfer, etwa die doppelte Zahl an Menschen mit Behinderung wurde in den besetzten und annektierten Gebieten ermordet. Die Vernichtung von «lebensunwertem Leben», wie es in der abscheulichen Sprache des Nationalsozialismus hieß, wurde effizient organisiert: Die Menschen wurden erfasst, begutachtet, in eine Tötungsanstalt transportiert, ermordet und verbrannt. In Grafeneck begannen die Ermordungen am 18. Januar 1940 in einer als Duschraum getarnten Gaskammer. Den Angehörigen wurde anschließend mitgeteilt, ihre Verwandten seien an einer Blinddarmentzündung, den Folgen einer Lungenentzündung oder Ähnlichem gestorben. Viele ließen sich davon nicht täuschen, aber nur wenige Eltern und einzelne Kirchenvertreter wagten es, die Stimme gegen die Morde zu erheben.

Ob die Scholls wirklich schon im Sommer 1940 oder erst im Winter 1941 davon erfuhren, ist nicht mehr genau zu klären. Tatsache ist, dass sie davon wussten. Inge Scholl notierte in ihrem biographischen Bericht: «Verbrennung von Geisteskranken [...] Juden werden in KZ's vergast. Dunkle Tage. Hans hüllt sich in Schweigen, als ich ihm davon erzähle. Hans sagt, in einem Schloss nahe Grafeneck könnten die Geister nimmer zur Ruhe kommen. Nazibonzen, die dort gewohnt hätten, seien vor Grausen geflohen.»[49]

Am 10. August trat Sophie ein vierwöchiges Praktikum im Kindersanatorium Kohlermann in Bad Dürrheim bei Donaueschingen an. Sie sei eine von vier «Tanten», schreibt sie Elisabeth am 15. August, ab dem nächsten Tag seien sie jedoch nur noch zu zweit mit 45 Kindern. Das Heim verfüge über den Luxus eines Solbadbetriebs, deshalb seien «nur sogenannte bessere Kinder» dort, aber keines, «das mir besonders gefallen würde. Ich bin im Gegenteil erstaunt, wie eingebildet und verdorben die Kinder hier zum Teil schon sind.» Ein paar kleine drollige Jungen gebe es durchaus, manche von ihnen seien aber schrecklich verzogen. Die Kinder mussten geweckt und gewaschen werden, wobei es kein fließendes Wasser im Sanatorium gab. Sophie kümmerte sich außerdem um die Essensverteilung, ging mit den Kindern spazieren und sorgte dafür, dass sie ihre Erholungspausen einhielten, weshalb sie oft «um Ruhe [...] schreien» müsse. Der Arbeitstag von sieben Uhr morgens bis halb zehn am Abend werde ihr ziemlich lang. Danach könne sie nicht einmal gemütlich lesen, weil sie das Schlafzimmer mit einer Kollegin teile, die «ein Gehirn wie eine Henne und 130 Pfund unsympathisches Fleisch» habe, «außerdem wäscht sie sich nie und hält sich für schön».[50] Sie habe bewusst Streit mit der anderen angefangen, seitdem habe sie Ruhe. Lisa gegenüber klagte Sophie, die Arbeit sei eine unangenehme, notwendige Pflicht. «Daran sind großenteils die Kinder schuld. Es gibt nur zwei oder drei, die ich gut leiden kann. Die anderen sind nicht dumm noch unsympathisch, aber schon unerträgliche, dazu hochmütige Spießer.»[51] Die 12- bis 14-jährigen Jungen seien sogar richtige «Poussiermichel». Lisa amüsierte sich über Sophies drastische Schilderungen und antwortete, «wie herrlich könnten wir zusammen deine Spießersprößlinge – ich kann sie mir ungefähr ausmalen – hochnehmen u. die Jünglinge schippen!».[52]

Dass Sophie für den Beruf der Erzieherin vielleicht doch nicht restlos geeignet war, merkte sie inzwischen selbst. Elisabeth schrieb ihr, die Kindergärtnerei sei einer der Berufe, «in denen man am meisten auf sich selber verzichten muß».[53] Dazu war Sophie nicht bereit.

Sophie Scholl, «Sophie und Elisabeth», Zeichnung, um 1940

Was Fritz betraf, so hatte Sophie im Herbst 1940 eine Entscheidung getroffen: «Ich bin übrigens fest entschlossen, mit ihm zu einem gültigen Ende zu kommen», schrieb sie Lisa, «es ist schwer und grausam. Aber besser als verlogen.»[54] Die Herbstferien wollte sie bei Lisa in Leonberg verbringen, doch da meldete sich Widerstand von unerwarteter Seite: Lina Scholl verbot ihrer 19-jährigen Tochter die Reise ausdrücklich, weil Hans und Fritz in Ulm erwartet wurden. Sophie beklagte sich bitter, nicht nur darüber, dass sie ihre Wünsche zurückstellen musste, sondern auch über die Verwunderung von Mutter und Geschwistern über ihre «Kühle».

Ausgelöst wurde Sophies Trennungswunsch vermutlich durch eine erneute Diskussion über das Soldatentum. Fritz versuchte, ihr seinen Beruf in einem positiven Licht zu zeigen. Kühn argumentierend führte er an, man könne das Christentum ja auch nicht nach denen beurteilen, die sich Christen nennen. Im Soldatentum stecke doch eine bestimmte Haltung: «Selbstbewußt und doch bescheiden, aufrecht und treu, gottesfürchtig und wahrhaftig, verschwiegen und unbestechlich.» Der Soldat wolle mehr sein als scheinen. Fritz' Aufgabe als Offizier bestehe weniger darin, das Waffenhandwerk zu lehren, als die Soldaten nach diesem Ethos zu erziehen.[55]

Sophie brauchte nur wenige Sätze, um diese Theorie zu zerpflücken. Der Soldat müsse doch in erster Linie Befehlen gehorchen, entgegnete sie Fritz. Und wenn die Regierung wechsle, müsse der Soldat womöglich von einem auf den anderen Tag einer gegensätzlichen Anschauung folgen:

> Wie aber kann ein Soldat eine wahrhaftige Haltung haben, wie Du sagst, wenn er doch zum Lügen gezwungen wird. Oder ist das keine Lüge, wenn man heute der Regierung einen Eid ablegen muß u. morgen der? Denn mit dieser Lage muß man doch schließlich rechnen u. sie war auch schon mal da. Soviel ich Dich kenne, bist Du ja auch nicht so sehr für einen Krieg, u. doch tust Du die ganze Zeit nichts andres, als Menschen für den Krieg ausbilden.[56]

Sophie erzürnte die Naivität, die sie in Fritz' Gedanken ausmachte: «Du wirst doch nicht glauben, daß es die Aufgabe der Wehrmacht ist, den Menschen eine wahrhafte, bescheidene, aufrechte Haltung beizubringen.» Die Parallele zum Christentum ließ sie schon gar nicht gelten, denn kein Christ werde dazu gezwungen, unchristlich zu sein. Ein Soldat hingegen könnte durchaus den Befehl erhalten, gegen seine Werte zu handeln, und dann müsse er eben genau das tun, sonst würde er ja wohl «ausgeschlossen».

Fritz erkannte sofort, dass er Sophie nun endgültig zu verlieren drohte. Vielleicht wurde ihm jetzt erst richtig bewusst, wie dünn der Faden geworden war, der sie verband. Jedenfalls setzte er alles auf eine Karte: Zwei Jahre lang habe er unter der drückenden Ungewissheit gelitten, jetzt sehne er sich nach Klarheit, schrieb er ihr. Kampflos wollte er das Feld jedoch nicht räumen und scheute sich nicht, darauf hinzuweisen, dass auch Sophies Verhalten ihn immer wieder verwirrt habe. Schon oft habe er geglaubt, sie hätten ihr Verhältnis geklärt, «wenn ich dann aber wieder an die vielen Stunden denke, die wir zusammen herzlich verbracht haben – wie wir uns damals am Gartenzaun bei mir zu Hause verabschiedet haben, dann ist mir wieder alles unklar».[57]

Die Diskrepanz zwischen körperlicher Nähe und seelischer Distanz wurde nun ihnen beiden zu viel. Da waren die vielen Diskussionen und Meinungsverschiedenheiten, die tiefe Kluft zwischen dem Soldaten und der jungen Frau, die den Krieg verabscheute und dies dem Soldaten immer wieder auseinandersetzte. Auf der anderen Seite sehnten sich beide nach der Zärtlichkeit des anderen, sie waren miteinander vertraut und stark vom anderen angezogen. Diesen Zwiespalt empfanden sie beide, zogen jedoch unterschiedliche Konsequenzen. Fritz wünschte sich mehr, Sophie weniger Nähe. Meinungsverschiedenheiten dürften doch nicht ausschlaggebend für eine Beziehung sein, beschwor er Sophie: «Kommt es nicht vor allem darauf an, was der eine für den anderen als Mensch bedeutet, wie er ihn schätzt und achtet, und da nicht alles auf dieser Welt gedacht wird, auch wie er für ihn empfindet.»[58] Sophie berührte die Traurigkeit des Freundes. Sie sah sich jedoch außerstande, ihn zu trösten, und stellte nur die leise Frage: «Mein lieber Fritz, ich mache Dir wohl oft sehr dunkel?»[59]

Derweil setzte der Krieg seine eigenen Themen: Nicht nur die Rationierung von Lebensmitteln wurde strenger, die Zivilbevölkerung erhielt seit Herbst 1939 auch Textilien und Schuhe nur noch mit einer «Reichskleiderkarte». Oft ging es in den Briefen von Sophie und Fritz nun ganz banal um Kaffee, Schokolade und Seife, um Schuhe oder Stoff – Dinge, die Fritz als Soldat noch organisieren konnte. Sophie quälte sich wortreich herum, als sie ihn um neue Schuhe für ihre Mutter bat, die große Schmerzen in den Füßen hatte. Fritz nutzte diese Momente nicht aus, sondern reagierte immer hilfsbereit und herzlich auf Sophies Anfragen, um ihr das peinliche Gefühl zu nehmen. Dass die Familie Scholl die Pakete von Fritz und Hans aus Frankreich dankbar empfing, passt nicht recht zu ihrer den Krieg ablehnenden Haltung, denn auf diese Weise beteiligte auch sie sich an der Ausbeutung des besetzten Landes.

Bevor Fritz und Sophie sich im Oktober 1940 endlich gegenübersitzen und aussprechen konnten, berichtete er ihr in wenigen Worten von einer Affäre, die er mit einer jugoslawischen Frau in Amsterdam begonnen hatte. Fritz schämte sich dafür, aber was ihn noch mehr bedrückte, war die Erkenntnis, dass ihn dieses Erlebnis nicht befreit, sondern sein Verlangen nach Sophie nur noch vergrößert hatte. Darüber sei er «beglückt und doch so unsagbar traurig».[60] Sophie reagierte gelassen, riet ihm etwas altklug sogar, er solle über allen anderen Problemen das jugoslawische Mädchen nicht vergessen, man nehme eine solche Verantwortung für andere doch oft zu leicht.[61]

Sophie beschäftigten gerade ganz andere Dinge. Fritz hatte sie gefragt, was sie unter dem Begriff Volk verstehe. Sie antwortete, ein Soldat stehe dem Volk etwa so gegenüber wie ein Sohn seiner Familie. Er stehe zu ihr, egal wie falsch die Familie sich verhalte. Das könne sie nicht akzeptieren, denn «ich finde, daß immer Gerechtigkeit höher steht als jede andere, oft sentimentale Anhänglichkeit. Und es wäre doch schöner, die Menschen könnten sich bei einem Kampfe auf die Seite stellen, die sie für die gerechtfertigte halten.»[62] Sophie äußerte sich so gut wie nie über die Zeit, in der sie ein begeistertes Jungmädel gewesen war, nun aber bekannte sie, auch sie habe früher mit den Tränen kämpfen müssen, wenn sie Soldaten zu Musik auf der Straße habe marschieren sehen. «Aber das sind Sentimente für alte Weiber. Es ist lächerlich, wenn man sich von ihnen beherrschen läßt.»[63] In der Schule habe man ihr beibringen wollen, die Deutschen folgten einer bewusst subjektiven Einstellung, aber «solange sie dabei nicht auch objektiv ist, kann ich dies nicht anerkennen».[64]

Sophies Ablehnung des Nationalsozialismus hatte sich während des ersten Kriegsjahrs gefestigt. Noch immer dachte sie radikaler als ihr Bruder Hans, der in einem Brief an die Mutter vom 1. September 1940 mit dem Gedanken spielte, Offizier zu werden, «da ich meine ewig subalterne Stellung auf Dauer nicht ertrage».[65]

Was hätte Sophie gesagt, wenn sie das gelesen hätte? Hatten die Geschwister überhaupt mitbekommen, wie klar sie sich inzwischen als Gegnerin des Krieges positioniert hatte? Spürten sie ihre tiefe Verzweiflung darüber, nichts gegen diesen Krieg tun zu können?

Hans sah in Sophie zu diesem Zeitpunkt vor allem die kleine Schwester. Er schickte ihr im August 1940 einen Badeanzug, zuvor eine Polobluse aus Frankreich. Der Hund, der ihm zugelaufen sei und den er ihr habe mitbringen wollen, sei ihm leider gestohlen worden, teilte er ihr mit. Eine Gesprächspartnerin auf Augenhöhe wie Inge war Sophie für ihn wohl noch nicht.

Fritz Hartnagel war im Herbst 1940 südlich von Calais stationiert. Seit Juli versuchte die deutsche Luftwaffe, Großbritannien durch die Bombardierung der englischen Küste und englischer Schiffe im Ärmelkanal zur Kapitulation zu zwingen. Doch der neue britische Premierminister Winston Churchill wollte von Friedensverhandlungen nichts wissen und schwor seine Landsleute darauf ein, den Deutschen so lange wie möglich Widerstand zu leisten. Hermann Göring, Oberbefehlshaber der deutschen Luftwaffe und gerade zum Reichsmarschall befördert, unterschätzte zudem die Stärke der Royal Air Force und die ausgezeichneten britischen Abwehrsysteme. Göring, der die Schuld für seinen Misserfolg auf die deutschen Jägerpiloten schob, ließ in blinder Wut britische Städte bombardieren, um die Moral der Zivilbevölkerung zu brechen. Allein London musste 76 Bombennächte ertragen. Die Luftschlacht um England war die erste große deutsche Niederlage in diesem Krieg, was jedoch weder Göring noch Hitler wahrhaben wollten. Doch Hitler suchte neue Bündnispartner, die auch militärische Hilfe leisten wollten. Am 27. September 1940 schloss er mit Italien und Japan den Dreimächtepakt, dem später auch Ungarn, Rumänien, die Slowakei, Bulgarien und Jugoslawien beitraten.

Anfang Oktober 1940 kam Fritz Hartnagel für ein paar Tage nach Ulm. Sophie und er sahen sich jedoch nur selten und waren nur einmal kurz allein. Nach einem gemeinsamen Besuch bei Lisa in Leonberg erhielt sie ein ehrliches Feedback der Freundin: «Du, damals bei uns, warst du übrigens wahnsinnig blöd zu Fritz. Oh, ich dachte immer, wenn ich jetzt Fritz wär', würd ich dich nehmen u. an einen Baum schmeißen oder den Berg hinunter. Also, es würde das größte Unglück geben, wenn du ihn heiratetest. (Tolles Wort.) Das hab' ich voll und ganz eingesehen. Du bist viel zu frech für den guten sanften Fritz; leider gefällt ihm das. Folglich ist er selbst Schuld an allem.»[66]

Das Stichwort «heiraten» erklärt vielleicht, warum Sophie in den letzten Monaten einen so starken Fluchtinstinkt verspürte. Vielleicht hatte Fritz einen solchen Gedanken angedeutet, vielleicht war es auch nur die Ernsthaftigkeit, mit der er ihr seine Liebe zeigte, die sie zunehmend als Einengung empfand. Sie hatte selbst schon vor dem Brief von Lisa ein schlechtes Gewissen verspürt und dem Freund geschrieben, er sei während seines Urlaubs wohl zu kurz gekommen, durch ihre Schuld. Die Reue hielt sich jedoch in Grenzen, denn sie wies ihn ausdrücklich darauf hin, dass auch sie zu kurz gekommen sei, hätte sie doch öfter allein sein wollen.

Fritz reagierte mit wenigen Zeilen: Dass er Zeit brauche, um die Leere in sich zu überwinden, dass er sich vorgenommen habe, Sophie nicht mit seinen Sorgen zu belasten. «[...] vielleicht kannst Du verstehen, daß es nicht ganz schmerzlos geht, zu unterdrücken, was mir lange Zeit das größte Glück war.»[67]

Nun, da die Trennung vollzogen war, schlug Sophie einen freundlich-munteren Ton an, so als könnten sie sofort ein neues Kapitel in ihrer Freundschaft beginnen: Sie wünsche ihm ein paar nette Menschen und auch manchmal ein weibliches Wesen, schrieb sie ihm. Das klingt schon fast herzlos, etwas verbindlicher fügte sie hinzu, sie glaube, «daß Du es in letzter Zeit sehr wohl auch allein aushalten kannst. Ich habe das in Deinen letzten Briefen mit großer Freude gemerkt. Nur wäre es schade, wenn irgendeine Bitternis in Dir zurückbliebe.»[68] Aber Fritz konnte das Ende der Beziehung nicht so leicht verwinden und meldete sich eine ganze Weile nicht mehr.

Sophie dagegen wollte ihn weiterhin wie einen guten Freund an ihrem Alltag teilhaben lassen und erzählte ihm von ihren Studienplänen und von Familienfesten. Fritz konnte sich auf die neue Situation jedoch nicht so schnell einstellen, hatte sie ihm doch den Boden unter den Füßen weggezogen. Vielleicht waren es ihre Schuldgefühle, die sie bald ungeduldig fragen ließen: «Warum besinnst Du Dich nicht auf Dich selbst? Suche Dir doch einen höheren Trost als Träume.»[69] Er halte sie womöglich für hart und unbarmherzig, setzte sie hinzu, dabei wolle sie nichts anderes, als seinen Blick auf das lenken, was sie für das Erstrebenswerte im Leben halte. Ein paar Wochen später, es war Mitte Dezember, wurde sie noch deutlicher: Sie schätze die Wärme eines Menschen genauso wie er, aber sie wolle versuchen, darauf zu verzichten, denn «ich glaube, erst an überwundenen Dingen findet man den wahren Genuß». Am Ende stellte sie die Frage: «Glaubst Du nicht, daß das Geschlecht könnte vom Geiste überwunden werden?»[70] Fritz entgegnete verletzt, wenn sie ein Mönchs- oder Einsiedlerleben führen wolle, dann sei es sinnlos, sich weiterhin Briefe zu schreiben.[71]

13.

Gebt mir Zeit, mich zu bewähren:

Ein Krisenjahr

Obwohl Krieg herrschte und die Menschen sich mehr und mehr von Kartoffeln und Hülsenfrüchten ernähren und sich an Ersatzkaffee, Ersatzkuchen und Ersatzmarmelade gewöhnen mussten, ging das zivile Leben für viele Deutsche weiter. Über die Silvestertage 1940/41 fuhren Sophie, Inge, Werner, Lisa, Otl und sein Freund Grogo zum Skilaufen. Sie hatten eine Hütte oberhalb des Lechtals für sich allein und ließen es sich gut gehen. Morgens schliefen sie lange aus, tagsüber vergnügten sie sich im Schnee, tranken Tee, aßen Brote und am Abend lasen sie bei Kerzenlicht das *Tagebuch eines Landpfarrers* von Georges Bernanos, über das sie dann bis in die Nacht diskutierten. Otl hatte das Buch vorgeschlagen. Bernanos, ein Hauptvertreter der katholischen Erneuerungsbewegung in Frankreich, kritisiert in Romanen und Essays die Gleichgültigkeit und den Opportunismus der Menschen. Seine Protagonisten, oftmals Ärzte oder Priester, müssen sich im Kampf gegen das Böse bewähren und finden nur durch göttliche Gnade Erlösung.

Es fiel den jungen Leuten nicht schwer, Parallelen zum eigenen Leben zu ziehen. Aicher empfahl den Geschwistern auch andere Autoren des *Renouveau catholique* wie Jacques Maritain und Paul Claudel. Denn wie er selbst betrachteten auch die Scholls Literatur als Wegweiser für das eigene Leben. Lesend suchten sie nach Antworten auf ihre Lebensfragen, gerade auch von den Autorinnen und Autoren, die sich nicht mit den Nationalsozialisten gemeingemacht hatten, jedoch in Deutschland geblieben waren: Hans Carossa,

Ricarda Huch, Werner Bergengruen oder Reinhold Schneider. Otl ermutigte die Freunde, Augustinus zu lesen, Thomas von Aquin und John Henry Newman. Dass Aicher damit ein missionarisches Ziel verfolgte, gab er später zu. «Ich habe lange um diese Leute gerungen, und zwar anfänglich fast gegen einen Widerwillen, und Inge hat mir neulich erst zugestanden, sie vermutete früher hinter meinem Kommen immer den Versuch, sie zur Konversion zu treiben.»[1] Genau darum ging es ihm. Aicher wollte seine neuen Freunde für den katholischen Glauben öffnen, was ihm teilweise auch gelang.

Sophie befasste sich im Winter 1940/41 intensiv mit Augustinus. Der 354 in Thagaste im heutigen Algerien geborene Philosoph und Rhetoriklehrer wurde mit 31 Jahren nach einem Bekehrungserlebnis zum Christen und zu einem der einflussreichsten Theologen der Spätantike. Der Kirchenvater gilt mit seinen *Confessiones* betitelten Selbstbetrachtungen zudem als der Begründer der autobiographischen Lebensbeschreibung zum Zweck der Selbsterforschung. In seinen *Bekenntnissen* schreibt er nicht zuletzt sehr eindrücklich über seine Abkehr von Beruf, Ehe und Sexualität. Diese Lektüre hinterließ deutliche Spuren in Sophies Denken. Am 6. Januar 1941 schrieb sie Fritz:

> Meine ganze Liebe aber an einen Menschen zu hängen, oder vielmehr mich ganz mit ihm teilen, das bringe ich jetzt nicht fertig. [...] Aber ich kenne keine Zuneigung, oder Liebe oder wie Du sagen willst, zu einem Menschen mehr. Dies mußte ich Dir auch sagen. Nimm es mir nicht übel. Ich glaube, man kann die Menschen auch anders lieben. Dies will ich versuchen.[2]

In seinem Kriegstagebuch berichtet Otl Aicher, wie sich der Widerwille gegen die Nazis bei ihm persönlich in Enthaltsamkeit verwandelt hat: «die nazis [...] sprachen dauernd von rasse, artgenossen, von der reinheit des blutes, von der fortpflanzung, züchtung, vererbung und vom kampf ums dasein. wir mußten unseren widerspruch artikulieren.»[3] Zwar verstand sich auch Otl als Mensch aus Fleisch und Blut, als Teil der Natur. «wir erfuhren die kraft der erotik als reale kraft, wie jeder andere auch, aber ihre richtung war eine

Werner und Sophie Scholl Anfang der vierziger Jahre

andere, sie mündete in eine intellektuelle anstrengung und in ein moralisches training, es mit dem ganzen staat aufzunehmen. und dazu war ein gedicht manchmal wichtiger als eine berührung.»[4]

Aicher wurde von den Abiturprüfungen ausgeschlossen, weil er niemals Mitglied der HJ gewesen war. Aus Protest trat Werner Scholl daraufhin aus der HJ aus, und obwohl er 18 Jahre alt und die Verpflichtung zur Mitgliedschaft damit aufgehoben war, drohte ihm die Schule damit, auch ihm das Abitur vorzuenthalten. Als Einziger der Scholl-Geschwister verließ Werner die Hitlerjugend selbst. Sophie war zu diesem Zeitpunkt noch Mitglied im BDM und besuchte auch die Heimabende noch – ein Beispiel für die Inkonsequenz, die sie sich immer wieder vorwarf. Zugleich unterstützte sie Werners mutige Haltung. Er durfte das Abitur schließlich doch ablegen, weil die Schule nicht gleich zwei Schüler aus politischen Gründen ausschließen wollte; die Schulleitung scheint befürchtet zu haben, dass das ein schlechtes Licht auf sie werfen würde.

Im Februar bekam Fritz überraschend Heimaturlaub. Trotz der seit Monaten zwischen ihnen herrschenden angespannten Stimmung entschlossen sich Sophie und er, gemeinsam ins Allgäu zu fahren. Einer Fußverletzung wegen wurde sein Urlaub auf drei Wochen verlängert. In dieser Zeit wurde beiden klar: Für eine endgültige Trennung waren sie zu eng miteinander verbunden. Kein Gedanke mehr daran, sich gegenseitig aufzugeben oder aus den Augen zu verlieren. Offenbar überwältigte sie auch diesmal das Bedürfnis nach körperlicher Nähe, jedenfalls äußerte Sophie später, manches wäre besser ungeschehen geblieben. Aber so richtig bereute sie es nicht, denn ein neuer, liebevoller Ton hielt in ihre Korrespondenz Einzug. Und doch war etwas anders: Beide versicherten sich gegenseitig, der andere solle sich frei und ungebunden fühlen. Auf dieser Grundlage konnte Sophie sogar zugeben, dass sie Halt bei ihm suchte:

> Denn ich weiß ja, daß ich auf Dich bauen kann, daß Du mich liebst. Deshalb müssen wir uns ja nicht binden. Ich merke, wie ich Dich von neuem, anders, lieb gewinne. Ich habe Dich gern um des Guten willen, das in Dir ist, um dessentwillen, daß Du ein Mensch bist. Das kann seltsam verbinden.[5]

Wie tragfähig diese neue Form der Beziehung war, musste sich erst noch erweisen, für den Moment waren beide vor allem froh darüber, sich wie früher alles anvertrauen zu können. Auch die Affäre in Amsterdam kam noch einmal zur Sprache. Fritz gestand Sophie mit entwaffnender Offenheit: «Ich glaube, wenn ich ganz ehrlich bin, es ist einfach das Geschlecht, das mich anzieht. Das spielt bei mir oft eine erschreckend große Rolle, und ich muß manchmal allen Willen zusammennehmen um dagegen aufzukommen.»[6] Nun könne er den Kampf gegen die Versuchung gemeinsam mit Sophie führen, hoffte er.

Das Paar vertraute sich auch politisch brisante Überlegungen an, offenbar verließ sich Fritz darauf, dass seine Post nicht gelesen wurde, was auch nicht geschah. Er berichtete Sophie von seinem Entsetzen, als er mit anhören musste, dass der neue Kompaniearzt die Ermordung von «Negern» guthieß, womit er aus afrikanischen Kolonien stammende französische Gefangene meinte. Auch von einer Kommandoreise nach Amsterdam, die angesichts des Streiks von Straßen-

Fritz Hartnagel auf Dienstreise in Amsterdam, 1941

bahnfahrern und Geschäftsleuten angeordnet worden war, berichtete er Sophie. Schon mit der Besetzung der Niederlande 1940 waren die nationalsozialistischen «Rassengesetze» im Land eingeführt worden. Im Frühling 1941 verschärften die deutschen Besatzer ihr Vorgehen gegen die Juden. Das führte zu Protesten, in deren Folge die SS 400 Juden ermordete und zahlreiche Demonstranten in Konzentrationslager verschleppte.

Sophie, die nur von zwanzig Toten wusste, kommentierte die Vorgänge überraschend: «Übrigens, daß man überall (wie in Amsterdam) radikal vorgeht, finde ich nur gut. Es verwirrt die Erkenntnis der ganzen Sache weniger, als wenn man hier etwas gutes, dort was schlechtes findet und nicht weiß, welches nun das wahre ist.»[7] Sophie glaubte also, die nationalsozialistische Schreckensherrschaft lasse sich leichter als unmenschlich entlarven, wenn sie überall mit derselben Brutalität auftrete. Darin steckte zwar eine gewisse Logik, angesichts des Leids der Menschen irritieren diese Gedanken jedoch.

Vom neuen Einvernehmen zwischen Sophie und Fritz musste natürlich auch Lisa schnell erfahren:

> Denn alles Sinnliche, was, sehr roh gesagt, doch der Hauptanziehungspunkt zwischen uns (zwischen Mann und Frau überhaupt ist), habe ich ja ganz ausgeschaltet, wenigstens in Taten. Und ich versuche es auch in Gedanken und Gefühl. Es wird mir schon gelingen. Alles andere ist rein eine Sache des Willens.[8]

Lisa antwortete in ihrer unverblümten Art, sie sei doch «einigermaßen belustigt … von wegen Freundschaft mit Fritz u. so. Sind das nicht ein klein wenig Sprüche? Von der Geduld?» Sie glaube nicht, dass man nach einer Trennung gleich zur Freundschaft übergehen könne, und «ob Fritz mit deiner Freundschaft so sehr gedient ist, ist mir auch recht zweifelhaft».[9] Als Sophie sich rechtfertigte, rutschte ihr ein Satz heraus, der verrät, was sie an Fritz neben seinem Beruf auszusetzen hatte: «Dass mir Fritz im allgemeinen nicht als hochintelligente, bedeutende Bekanntschaft angerechnet wird, weisst Du. Aber sollte ich ihn deshalb, und um meiner eigenen Ruhe willen einfach zurückstoßen?» Am Ende klang es fast so, als täte Sophie ein gutes Werk, indem sie mit Fritz in Verbindung blieb: «Ich hätte es als ein Unrecht, einen scheußlichen Egoismus angesehen, Fritz einfach abzutun.»[10]

In ihrem Tagebuch notierte Sophie im Februar einen Brief an Fritz, den sie nicht abschickte. Sie habe zusammen mit Inge in der Badewanne gesessen und über ihn gesprochen. Es sei das erste Mal überhaupt gewesen, «ich weiß auch nicht, warum ich dies Thema immer so vermied». Es helfe ihr, wenn ein nahestehender Mensch über ihre Beziehung Bescheid wisse. Und doch:

> Ganz es zu berichtigen, dazu habe ich den Mut nicht. Ob ich ihn je aufbringe? Ich habe immer das Gefühl, solange man sich nicht absolut zu

> seinem Fehler bekennt, solange wird er nicht vergeben, oder solange darf ich nicht die Hoffnung darauf haben. Denn meine Eitelkeit ist mir immer noch lieber als das andere. (Wenn es aber kein Fehler ist, warum bekennt man sich dann nicht dazu?)[11]

Kann Sophie zu ihrer Beziehung mit Fritz nicht wirklich stehen, weil sie glaubt, ihre Liebe zu ihm sei nicht so groß, dass sie die körperliche Nähe rechtfertigt? Oder hat sie immer noch Angst davor, auf ihn festgelegt zu werden, wenn sie sich zu ihm bekennt?

Die Abschlussprüfungen im Fröbelseminar zogen sich von Mitte Februar bis Mitte März 1941 hin. Danach folgte ein letztes zweiwöchiges Praktikum in einem Ulmer Säuglingsheim. Noch immer hatte Sophie die Hoffnung, dem RAD zu entkommen, daher bewarb sie sich um eine Stelle als Kinderpflegerin. Das könnte auch der Grund dafür gewesen sein, dass sie mit fast 20 Jahren noch zu den Heimabenden des BDM ging: um nicht zusätzlich unangenehm aufzufallen. Ihre Familie hatte ja bereits Ärger mit der Gestapo.

Als sich herausstellte, dass sie doch zum RAD musste, schrieb sie an Fritz: «Ich habe mich in dieser Anpassungsfähigkeit schon soweit geübt, daß ich heute nicht länger als 5 Minuten mit dem R.A.D. mich geärgert habe, u. daß Fräulein Kretschmer mir am Ende meiner Schulzeit als auffallendstes Merkmal an mir meine Unberührtheit gefunden hat.» Auf der Abschlussfeier des Fröbelseminars wurde eine Moritat mit einem kleinen Vers über jede Schülerin vorgetragen. Über Sophie hieß es: «… stets ist sie (S. Scholl) lustig aufgelegt, nichts hatte sie jemals erregt.» Etwas gekränkt kommentierte Sophie gegenüber Fritz: «Ich bin selbst ein bißchen platt über das Bild, das ich solchen Leuten gebe.»[12]

Im April 1941 wurde Fritz nach Jugoslawien versetzt, in seinem Gepäck ein «Augustinus-Büchlein», das Sophie ihm empfohlen hatte, vermutlich die *Bekenntnisse*. Bald erkannte er darin den Ursprung ihrer Forderung nach Enthaltsamkeit und äußerte seine Zweifel: «Ich kann nicht verstehen, daß Gott dem Menschen einen Leib gegeben hat, und zwar einen lustvollen Leib, um ihn in Versuchung zu führen, um ihn von Anfang an in Widerstreit zwischen Leiblichem und Geistigem zu setzen. Welch grausamer Gott müßte das sein.»[13] Ein paar Wochen später merkte er an, Augustinus habe ja nicht nur die körperliche Liebe verdammt, sondern auch alles andere, was den Sinnen Lust verschaffe, Musik etwa und Malerei, jedenfalls dann, wenn sie nicht der Verherrlichung Gottes dienten.[14] Warum habe Gott ihm dann überhaupt einen Körper gegeben, wenn er ihn nicht genießen dürfe?

Die ersten zwei Monate im RAD-Lager Krauchenwies waren eine schwierige Zeit für Sophie. Eingezwängt in einen streng reglementierten Tagesablauf, in dem es Leerlauf, aber keine Freiräume gab, sehnte sie sich nach dem Außendienst, um wenigstens einer sinnvollen Arbeit nachzugehen. Da sie im Lager keine Freundinnen hatte, war sie auf sich allein zurückgeworfen, und ihre Gedanken kreisten viel um die eigene Befindlichkeit. Am 11. April, sie war erst wenige Tage im Lager, notierte sie in ihr Tagebuch:

> Heut abend, als ich aus dem allgemeinen lustigen Trubel geschwind aufschaute, sah ich durch's Fenster den Abendhimmel, durch die kahlen Bäume den gelben Horizont. Da fiel mir plötzlich ein, daß Karfreitag war. Der so seltsam ferne, gleichmütige Himmel machte mich traurig. Oder die vielen lachenden Menschen, die so beziehungslos zu dem Himmel waren. Ich kam mir ausgeschlossen vor, von der lustigen Gesellschaft und von dem unbeteiligten Himmel.[15]

Sie malte sich den Besuch eines katholischen Gottesdiensts aus, wo sie die Dinge nur zu «erleiden» brauche, anstatt kritisch dem Pfarrer zu lauschen, wie es in der evangelischen Kirche üblich sei. «Ob dies aber das rechte ist?»

Sophie durchlebte eine Glaubenskrise, vielleicht auch infolge der intensiven Auseinandersetzung mit den von Otl Aicher empfohlenen Büchern. Sie wünschte sich, Gott näher zu kommen, ohne zu wissen, wie sie das anstellen sollte. In Krauchenwies hatte sie niemanden, mit dem sie darüber hätte sprechen können. Beschämt gestand Sophie sich ein, Fritz immer lehrerhaft etwas von Unabhängigkeit «vorgefaselt» zu haben. Nun sehnte sie sich so wie er nach der täglichen Postvergabe.

Ein Brief des Vaters, den dieser ihr nach seinem 50. Geburtstag schrieb, war in dieser Situation besonders willkommen. Denn Robert und Sophie waren seelenverwandt: «Bestimmt bin ich auch in meinen künftigen Lebensjahren noch der gleiche Sucher, der ich immer war [...] Aber Stillstand wird Rückschritt. Selbst wenn man glaubt, etwas ganz verdaut zu haben, muß man es immer noch überprüfen und man findet immer wieder einen Rest.»[16] Ganz anders klingen die Briefe der Mutter. Lina Scholl erzählte wenig über sich selbst, sondern versuchte in erster Linie, die Tochter aufzumuntern, und gab ihr Ratschläge: «Laß dir dies nicht schwer fallen, das ist so der Welt Lauf. Ich wünsche dir, daß du zu einem nahrhaften Bauern kommst [...] Viell. darfst du auch im Garten arbeiten, tue dich nur recht hervor u. zeige für alles Interesse, dann wird dirs sehr gut gehen.»[17]

Sophie hat durchaus etwas von Linas Optimismus geerbt. Doch wenn sie sich mit sich selbst und ihren eigenen Schwächen befasst, kippt ihre Stimmung rasch ins Bodenlose. Auch ihre ambivalente Haltung Fritz gegenüber ist immer wieder Anlass für Selbstanklagen. Fritz habe inzwischen die Augen weit aufgemacht, schreibt Sophie in ihr Tagebuch, er sei nun kein Zufluchtsort mehr für «meine Faulheit, für meine Gelüste u. all dieses, das mir doch immer wieder kommt». Ein wenig rätselhaft heißt es dann:

> Ich werde ganz warm, wenn ich an ihn denke, nicht, weil ich ihn einmal gerne gehabt hätte, das habe ich nie; es geschah alles um meinetwillen, u. war deshalb so gemein, hilf, daß es nicht weiter geht. – Aber verschwiegen schaffen wir an unserer Freundschaft, die so seltsam u. unnormal zustande kam. Ein Freund, weil ich will, daß er mein Freund wird.[18]

Leicht zu verstehen sind ihre Gedanken nicht, gerade in diesen Tagen, eine Woche nach Beginn des RAD, als Sophie hoffnungslos einsam und unglücklich ist. Klar ist aber, dass sie sich vorwirft, Fritz ausgenutzt zu haben, denn immer ist sie diejenige gewesen, die den

Grad von Nähe und Distanz bestimmt hat. Genau das hatte Lisa ihr auch schon – andeutungsweise – vorgeworfen.

Erneut schrieb Sophie einen Brief an Fritz, den sie nicht abschickte, sondern nur dem Tagebuch anvertraute. Darin erinnerte sie ihn an gemeinsame Ferien in den Alpen und an der Nordsee und kam auf einen Spaziergang im Herbst 1940 an der Donau zu sprechen, also auf die Zeit, in der sie die Trennung vorangetrieben hatte. Erst jetzt sei ihr klar geworden,

> wie häßlich ich damals war, u. welchen Eindruck Du in Deinen Dienst mitnehmen mußtest. O wie gemein ich doch manchmal sein kann. Und doch bin ich jetzt so froh, daß Du im Februar bei mir warst, daß wir zum Skilaufen gingen; wenn auch manches lieber ungeschehen wäre, so hat es doch zu der Verständigung geführt, die ich schon lange herbeisehnte. Mein lieber Fritz, nun freue ich mich, wenn ich an Dich u. mich denke und bin oft voller Hoffnung.[19]

Am selben Abend schrieb sie ins Tagebuch, sie fühle sich an diesem Tag zum ersten Mal wohl im Lager.

Doch die Zwangsgemeinschaft ging ihr zunehmend auf die Nerven. Auf Fritz' Klage, er müsse abends immer mit den Kameraden zusammensitzen, anstatt allein sein zu können, antwortete sie in einem Briefentwurf:

> O sie nehmen einem mit diesem sturen Komissgeist, der überall herrscht, bald jede Möglichkeit, seinen armen Geist noch ein wenig zu retten vor ihren Uniformen. Wirklich, eine Epoche in der Geschichte des deutschen Volkes! Womit wird man sie später ausfüllen, außer mit Schlachtendaten und ähnlichem?[20]

Als der Außendienst begann, ging es Sophie schlagartig besser. Ihre erste Stelle trat sie am 3. Juni 1941 auf einem Bauernhof an. «Du glaubst gar nicht, welch ein schöner Weg mir da jeden Tag bevorsteht (natürlich werde ich ihn manchmal verfluchen)», schrieb sie gut gelaunt an Inge, «jeden Tag eine Stunde mit dem Rad durch den Wald. Es geht oft bergauf-bergab. Das Gelände hier ist sanft gewellt und deshalb spielt der Himmel hier so eine große Rolle. Heute spielt er sie besonders glänzend.»[21] Endlich traf sie wieder auf normale Menschen, endlich gab es erfreuliche Erlebnisse zu berichten. Gleich am ersten Tag habe sie stundenlang Unkraut jäten müssen, und als sie begriffen habe, dass sich diese Arbeit im Jahr mehrfach wiederholen werde, «überlegte ich mir, wie jeder Faule, wie man das wohl gleich von Anfang an besser machen könnte, daß man nachher nicht die Arbeit haben müßte»[22]. Doch dann habe sie über sich selbst lachen müssen und gedacht: Es gibt Dinge, mit denen man sich einfach abfinden muss.

Ihre Arme würden braun und dick wie die einer Magd, schreibt sie an Elisabeth, das Abendbrot löffele sie mit der Bauernfamilie gemeinsam aus einem großen Topf, denn «es wäre ja dumm und würde mir nur den Appetit verderben, wenn ich da Hemmungen hätte».[23] Die Briefe an die Eltern sind gespickt mit Bitten, denn sie braucht die schriftliche Erlaubnis der Eltern, um schwimmen gehen, über ihren Reisesonntag verfügen und anderswo übernachten zu dürfen. Sie bittet um Briefpapier, ein Handtuch, den Badeanzug, ihre Halbschuhe und Handschuhe. Die schmutzige Wäsche schickt sie nach Hause, wartet auf Pakete mit sauberer Kleidung, und nach einem Wochenende in Ulm bittet sie die Mutter, ihr schnell den Spindschlüssel an dem «sehr dreckigen Band» zu schicken, den sie leider vergessen habe.

Als Inge und Otl Aicher Ende Juni zu Besuch kamen, konnten sie auf dem Bauernhof die Geburt eines Kälbchens miterleben, «an und für sich eine recht unappetitliche Sache», schrieb Sophie an Elisabeth, aber auch faszinierend. Sie müsse tüchtig arbeiten, sei abends so müde wie nie zuvor und alles wäre ganz erträglich, «wenn nur die Schulung wegfallen täte und derartiger Krampf».[24] In einem Brief an Lisa erwähnte sie wieder den Wunsch, eine Ackerkrume zu sein, aber diesmal sagte sie sich entschieden davon los: Das sei eine feige Flucht, denn sie sei nun einmal ein Mensch mit Verantwortung.[25]

Als Sophie ihre beiden Besucher am Sonntag in der Krauchenwieser Pension besuchte, um mit ihnen zu frühstücken, wurde das Radioprogramm von einer Sondermeldung unterbrochen: Es war der

Sophie an der Iller, Juni 1938

22. Juni 1941, der Krieg gegen die Sowjetunion hatte begonnen. Mit dem «Unternehmen Barbarossa» begann die größte militärische Operation der Geschichte: Drei Millionen Wehrmachtsoldaten marschierten mit 500 000 Pferden, 600 000 Kraftwagen und 3350 Panzern in Richtung Moskau. Schon in *Mein Kampf* hatte Hitler gefordert, Deutschland müsse Lebensraum im Osten gewinnen, um seine Zukunft zu sichern. «Der Krieg gegen Russland ist die zwangsläufige Folge des uns aufgezwungenen Kampfes um das Dasein», verkündete nun Generaloberst Erich Hoepner in seiner «Aufmarsch- und Kampfanweisung Barbarossa»: «Es ist der alte Kampf der Germanen gegen das Slawentum, die Verteidigung europäischer Kultur gegen moskowitisch-asiatische Überschwemmung, die Abwehr des jüdischen Bolschewismus. Dieser Kampf muss die Zertrümmerung des heutigen Russlands zum Ziel haben und deshalb mit unerhörter Härte geführt werden.»[26]

Hitler ließ die «Zehn Gebote für den deutschen Soldaten», die unnötige Grausamkeiten gegen Verwundete oder Gefangene untersagten, außer Kraft setzen und aus den Soldbüchern entfernen. Stattdessen forderte er rücksichtsloses Durchgreifen gegen «bolschewistische Hetzer, Freischärler, Saboteure, Juden». Das schloss auch Gewaltmaßnahmen wie das Niederbrennen von Dörfern ein. Der berüchtigte Kommissarbefehl vom 6. Juni 1941 erkannte den politischen Kommissaren der Roten Armee, die für die politische Erziehung der Soldaten zuständig waren, den Status des Soldaten ab und befahl, sie «grundsätzlich sofort mit der Waffe» zu töten. Weil der Kommissarbefehl gegen das Völkerrecht verstieß, wurde er nur mündlich an die Kommandeure weitergegeben.

Einen Monat nach dem Einmarsch sah sich Hitler wegen der großen Landgewinne schon als Sieger: «Grundsätzlich kommt es darauf an, den riesenhaften Kuchen handgerecht zu zerlegen, damit wir ihn erstens beherrschen, zweitens verwalten und drittens ausbeuten können», hielt der Leiter der Parteikanzlei Martin Bormann am 16. Juli 1941 in einem Sitzungsprotokoll die Worte Hitlers fest.[27] Die Sowjetunion sollte als Staat zerschlagen werden und den Deutschen als Siedlungsraum und als Lieferant für Lebensmittel und Arbeitskräfte dienen. Dafür wurde der Hungertod von Millionen Russen in Kauf genommen. Weitere Millionen sollten als Zwangsarbeiter ausgebeutet werden. Im Hinblick auf die restlichen Bewohner der Sowjetunion sah der «Generalplan Ost» des Reichsministeriums für die besetzten Ostgebiete die «Verschrottung» von 31 Millionen Slawen vor.

Im Juli 1941 meldete sich Fritz aus Weißrussland. Russland habe für ihn nichts mehr von der Faszination, die es auf ihn in seiner Jugend ausgeübt habe, als sie zusammen russische Lieder gesungen hätten, schreibt er. Er habe zu den ersten Deutschen gehört, die sich in einem Dorf nördlich von Smolensk einquartierten. Die Menschen dort begegneten ihm freundlich und diensteifrig, es sei ihnen völlig egal, ob sie von Hitler, Stalin oder dem Zaren regiert würden. Der Nutzen des Krieges komme ihm von Tag zu Tag fragwürdiger vor.

Die Familie Scholl erfuhr schon im August 1941 Details über die Ermordung von Juden hinter der Ostfront. Lina schrieb Hans, was sie gerade von einem Bekannten erfahren hatte, der aus Russland zurückgekehrt war. «Er erzählte, dass sie 14 Tage lang in Dünaburg sämtliche Juden umgebracht hätten. Die Erwachsenen, männliche und weibliche, wurden alle erschossen, die Kinder bekamen Spritzen. Die Juden […] hätten geschrieen, besonders die jungen Mädchen.»[28] Im Herbst 1941 schrieb Lina an Werner, auch Fritz Hartnagel habe in Russland viel Armut, Gleichgültigkeit und Schmutz gesehen, jedoch keine «Gräueltaten».[29]

Ob der Holocaust, die systematische Ermordung der europäischen Juden durch Deutsche, im Herbst 1941 einsetzte oder bereits im September 1939, ist eine Frage der Definition. Tatsache ist, dass Reinhard Heydrich als Leiter des Reichssicherheitshauptamts schon nach dem Überfall auf Polen von einem «geheimen Endziel» sprach und dass schon während des Polenfeldzugs Tausende Juden durch Misshandlung, Aushungern, Ghettoisierung, Deportationen, Massenerschießungen und den Einsatz von Giftgas ermordet wurden. Ob die systematische Ermordung der europäischen Juden einer gezielten Befehlskette folgte oder im Rahmen eines «Kommunikationsfeldes» stattfand, ist viel diskutiert worden. Forscher gehen heute davon aus, dass man von 200 000 bis 250 000 deutschen und österreichischen Tätern sprechen muss. Nur durch den weitverzweigten SS- und Polizeiapparat von Gestapo und Ordnungspolizei konnte die ungeheure Anzahl an Morden überhaupt durchgeführt werden.[30]

Mitte Oktober 1941 begannen die Deportationen von Juden aus dem Deutschen Reich, in Ulm rollten die Züge seit November. Robert Scholl erfuhr von seinem Stuttgarter Kollegen Eugen Grimminger, den er noch aus Ingersheim kannte, beunruhigende Dinge. Grimmingers Frau war Jüdin und völlig verzweifelt darüber, dass ihre Schwägerin, eine Witwe mit vier unmündigen Kindern, ohne Hab und Gut nach Polen oder Russland gebracht werden sollte.[31]

Anfang Januar 1942 wurde die erste reguläre Gaskammer im Lager Auschwitz in Betrieb genommen.

Am 6. Juli 1941 hatte Sophie Scholl die Hälfte ihres Reichsarbeitsdiensts hinter sich. Sie freute sich schon auf das Studium in München und eine gemeinsame Wohnung mit ihrem Bruder Hans, als sie erfuhr, dass sich an den RAD ein sechsmonatiger Kriegshilfsdienst anschließen sollte. Sophie erklärte, sie werde alles tun, um dem zu entgehen, sogar Medizin studieren. Ihr Vater stellte einen Antrag auf Befreiung, in dem es heißt, Sophie müsse ihre Mutter unterstützen. Die 60-jährige Lina Scholl war tatsächlich gesundheitlich angeschlagen. Ihr Hausarzt diagnostizierte eine Schwächung des Allgemeinzustands, Magen- und Darmstörungen, Koliken und Probleme mit den Füßen. Aber Sophie wurde nicht vom Kriegshilfsdienst befreit. «Häng Dich doch nicht zu sehr an die Sache [...]», versuchte Inge sie zu trösten, «sieh, es ist soviel offensichtlicher Unsinn in unserer Zeit, hinter dem doch im Ganzen ein Sinn steckt [...] Ich meine, Dir sind doch Deine Flügel [...] im letzten Jahr so schön stark geworden.»[32]

Fritz verwendete das gleiche Bild wie Inge, seine Reaktion allerdings war völlig anders. Fassungslos drängte er seine Freundin, alles zu versuchen, sich befreien zu lassen. Nicht nur um ihrer selbst willen, auch für ihn sei das wichtig, denn er habe mit ihr von der Hoffnung gelebt, dass sie bald frei sein würde. Wenn er könnte, würde er ihr den Dienst abnehmen, denn «mir würde es auch nicht so viel ausmachen, aber Du mußt fliegen können, wohin Dein Herz Dich führt, sonst bist Du keine Sofie mehr».[33] Fritz träumte nun manchmal von einem Leben nach dem Krieg, sich sah er dann als Besitzer einer Hühnerfarm.

Seit August arbeitete Sophie beim Kleinbauern Krele und versorgte voller Freude den sechs Monate alten Säugling, wusch und kochte, spülte und stopfte. «Es ist sehr gemütlich und ich fühle mich äußerst wohl.»[34] Allerdings unter der Voraussetzung, dass sie durch die Geschwister und Freunde ausreichend mit Büchern versorgt war: «Sie bedeuten mir hier mehr, als sie mir überhaupt jemals bedeutet haben.»[35] Denn auch wenn die Arbeit Freude mache, schrieb sie an Lisa,

> der Unter- und Hintergrund bleibt ja doch immer das Lager. Das ist ein Druck, an den man sich schon so gewöhnt hat, dass er bald unbewusst

wird, wenn man nichts anderes mehr weiss und sieht. Ungefähr, nur in viel geringerem Masse wie der Krieg, an den man sich schon gewöhnt hat, und sich trotzdem an Wald und Himmel erfreut. Jetzt gerade allerdings liegt er so schwer auf uns (komisch, allen geht es so) wie noch nie.[36]

Dass der Krieg sie gerade in dieser Zeit so besonders deprimierte, lag sicher auch an den seltenen Nachrichten von Fritz, der mit seiner Panzergruppe im vorderen Frontabschnitt eingesetzt war. Inzwischen befand sich auch ihr Bruder Werner im Kriegseinsatz, er war in Frankreich. Aber Sophie wollte die düstere Stimmung überwinden:

Ich glaube jetzt erst können wir uns bewähren – und bewahren. Oftmals habe ich ein so herrliches Gefühl wie vor einer sportlichen Leistung, wo Du alle Deine Muskeln mit einem siegesfreudigen Gefühl von Dir beherrscht weisst. Ich spüre Kräfte in mir. – Allerdings nicht immer.[37]

Oft rief sich Sophie einen Satz von Jacques Maritain ins Gedächtnis, den Otl Aicher als Losung für den Ulmer Freundeskreis ausgegeben hatte: *Il faut avoir un esprit dur et le coeur tendre*: «Man sollte einen harten Geist und ein weiches Herz haben.»[38] Wie ein Mantra wiederholte Sophie diesen Satz in Briefen, sie schrieb ihn auch vorn in ihren Augustinus-Band hinein, den sie in Krauchenwies unter der Bettdecke las.

Eine Freundin hatte Sophie beim RAD inzwischen doch gefunden, Gisela Schertling aus Thüringen. Mit ihr spielte sie manchmal vierhändig Bach auf der Orgel der Krauchenwieser Kirche. Sie liehen sich dafür heimlich beim Pfarrer den Schlüssel zum Gotteshaus, im Lager durfte niemand davon wissen. «Das ist eine besondere Feststunde für mich, wie Du Dir denken kannst», schrieb Sophie an Lisa, «besonders da es ein solch wunderbarer Gegensatz zu dem ganzen anderen Treiben ist.»[39] Mit Gisela konnte sie auch ernsthaft reden. Ihre Hoffnung, die Freundschaft werde den RAD überdauern, erfüllte sich.

Am 7. Oktober begann Sophie ihren sechsmonatigen Kriegshilfsdienst in Blumberg, wo sie einen Kindergarten der Nationalsozialistischen Volkswohlfahrt leitete. Blumberg, 20 Kilometer südlich von Donaueschingen, nahe der Schweizer Grenze gelegen, ist eine alte Eisenerzstadt, doch die Förderung war bereits Anfang des 18. Jahrhunderts eingestellt worden. 1934 reaktivierten die Nationalsozialisten das Erzbergwerk und trieben den Eisenabbau mit Eile voran. Die Belegschaft wuchs in wenigen Jahren von 55 auf 1600 Beschäftigte, darunter waren ab 1939 viele Kriegsgefangene und Zwangsarbeiter. Bald gab es in Blumberg weder genügend Wohnraum noch eine ausreichende Versorgung mit Lebensmitteln. Anfang 1941 beschloss das Reichswirtschaftsministerium, das Hüttenwerk in Blumberg wieder aufzugeben und stattdessen die Eisenerzgewinnung in Lothringen voranzutreiben. Hunderte Menschen wurden auf einen Schlag arbeitslos, es kam sogar zu Unruhen. «Ich arbeite hier im Kinderhort bei Schulkindern, deren Eltern zu 60 % vorbestraft sind, jedoch für einen Vergleich mit meinen Vorgesetzten noch viel zu gut»,[40] schrieb Sophie an Hans. Sie schlief außerhalb des Zentrums im Stadtteil Zollhaus, wo die Lagerbaracken standen. Immerhin verschaffte ihr das täglich zwei schöne lange Spaziergänge zum Hort und zurück. Die Arbeit machte ihr Freude, obwohl sie anstrengend war:

> Heute war der Nikolaus im Haus. Allerdings ist eine große Anzahl Kinder schon so abgebrüht, daß sie bloß darüber lachten. Mit manchen Kindern ist schwer umzugehen, man könnte Gallensteine darüber kriegen. Es gibt 11-jährige Mädchen mit rosa lackierten Fingernägeln. Aber es sind auch wieder sehr nette darunter, besonders unter den Mädchen sind manche sehr willig, daß man etwas mit ihnen anfangen kann.[41]

Seit September war Fritz in Weimar stationiert. Er sollte dort zur Verstärkung des deutschen Afrikakorps eine 230 Mann starke Nachrichtenkompanie aufstellen. Für Sophie und Fritz brach damit eine besondere Zeit an, sie trafen sich nun an den meisten Wochenenden in Freiburg, Augsburg, Stuttgart oder Konstanz. Dort nahmen sie sich ein Hotelzimmer, Fritz hatte Ringe besorgt, damit sie als verlobt durchgehen konnten und es an der Rezeption keine Probleme gab. Von außen betrachtet sah es so aus, als seien sie ein Paar wie so viele andere, das die wenige Zeit miteinander genoss, die der Krieg ihnen ließ. Aber so einfach war es nicht. Gleich nach der ersten gemeinsamen Nacht Ende Oktober in Augsburg gerieten sie wieder in eine Krise. Fritz sprach es gleich im folgenden Brief aus: «Ich glaube, gerade dieser Augsburger Tag mit seinen schrecklichen Verfehlungen, die uns fast verzweifeln ließen, er brachte mich (uns) weiter. Ich kann Dir noch nicht genau sagen warum und wie und wohin. Ich glaube einfach, daß wir den Weg aus diesem Abgrund finden werden.» Der Abgrund, das machen die folgenden Sätze klar, ist ihre sexuelle Beziehung. Sie sollten sich fragen, ob ihre Beziehung auch auf Gott bezogen sei, schreibt Fritz: «Ja, Sofie, denk dran, wenn uns die Versuchung wieder anfallen sollte, [...] vor allem dann, wenn wir uns in den Armen halten sollten [...].»[42] Für ihn steht fest, daß er in Sophie zugleich Gott liebt. «War es dazu nicht notwendig, dass wir so tief gesunken waren? Und sind wir nicht wenige Stunden danach ein zweites Mal der Versuchung erlegen und wurden in verzweifelte Machtlosigkeit gestürzt um uns zu zeigen, daß man nur mit Gott oder in Gott Macht hat zu widerstehen, um uns zum Glauben zu führen.»[43] Fritz gibt zu, er habe sich von der Freude über ihr Zusammensein überwältigen lassen, aber er kann nicht akzeptieren, dass Sophie ihre Liebe als etwas Wertloses ansehe: «Ich kann nicht glauben, daß dies Schwäche sein soll, die Sehnsucht nach der Liebe des anderen. – Wenn wir dazu fähig sind einen anderen Menschen wirklich zu lieben (gläubig zu lieben), ist dies nicht eine Gabe, die uns von Gott geschenkt wird, oder ist es nicht eigentlich Gottes Liebe, die durch uns wirkt?»[44] Ängstlich wartet Fritz auf Sophies Briefe, immer in Sorge, denn sie seien doch nun «in Gott verflochten», und er fühlt sich von der Aufgabe beseelt, dass sie «auch dem Geschlechtlichen einen Sinn geben, von dem ich noch nicht recht weiß, welcher Platz und welche Bedeutung ihm zukommt».[45] Von Brief zu Brief wird Fritz sich seiner Gefühle sicherer: Dies sei die Liebe, die zur Ehe gehöre. Dass Sophie seine Gedanken nicht teilt, ist ihm jedoch nur zu bewusst: «Wenn ich auch für mich selbst keine Reue empfinden kann, da ich im Geheimen noch immer versuche, etwas Gutes in unserem körperlichen Zusammensein zu finden, oder auch, da ich durch meine Verdorbenheit zu sehr abgestumpft bin, so empfinde ich doch bittere Reue angesichts Deiner Tränen und Deiner Schmerzen.»[46]

Sophies Briefe aus dieser Zeit sind nicht erhalten, aber dass sie Schuldgefühle quälten, geht aus ihren Tagebuchaufzeichnungen hervor:

> O ich bin sehr schlecht. Ich habe gar nimmer die Kraft u. den Mut bereit zu sein zu einer Umkehr. Doch ich muß – daran klammere ich mich. [...] So schäme ich mich u. kann meinen Stolz nicht demütigen. Ich gebe ein unwahres Bild u. muß so immer lügen. Ach ich bin schrecklich müde.[47]

Sophie suchte nach Orientierung, doch wer hätte ihr helfen können? Sie weihte niemanden ein, dafür schämte sie sich zu sehr. Im Glauben fand sie keine Antwort, denn gerade jetzt haderte sie mit Gott und fand kein Vertrauen.

> Ich möchte wie jener Prophet Gott um ein sichtbares Zeugnis seiner selbst befragen. Oder ist das gar nicht mehr nötig. Ich möchte mich selbst ausbreiten wie ein Tuch, daß er darin seinen Tau sammle. Ich merke ich bin sehr verwirrt. Das kommt von der Müdigkeit. Ich habe ein Heimweh.[48]

Auch in Blumberg besuchte Sophie manchmal eine katholische Kirche, um auf dem Harmonium zu spielen. Direkt gegenüber der Kirche wohnte Hilde Schüle, die sie aus Krauchenwies kannte und gelegentlich besuchte. Anfang November war Sophie wieder einmal in der Kirche, um zu beten. Sie kniete nieder, was für sie als Protestantin ungewohnt war, kam aber nicht zur Ruhe. Denn der Gedanke, Hilde könnte hereinkommen und sie so sehen, ließ sie hastig und beschämt aufstehen. «Ich war gar nicht bereit gewesen, ich wollte bloß etwas erzwingen», schrieb sie in ihr Tagebuch.[49]

Dieses Tagebuch spiegelt Sophies Einsamkeit und Verzweiflung wider. Sie quält der Gedanke, allen etwas vorzuspielen. «Ich selbst, wem kann ich noch unter die Augen treten? Nur dem, der alles Schlechte an mir kennt. Alles zu bekennen, dafür bin ich zu feige. Gebt mir Zeit, mich zu bewähren.»[50]

Der freundliche Brief eines Professors aus München, der sich bei Sophie für eine Kiste Äpfel bedankte, löste diese Scham aufs Neue aus. Sophie hatte Carl Muth noch nicht persönlich kennengelernt, aber schon von ihm gehört. Otl Aicher war mit dem eminent gebildeten Publizisten befreundet, der 1903 die einflussreiche katholische Monatsschrift *Hochland* gegründet hatte. Sie war nicht nur ein Forum für die weltoffenen, kulturaffinen Katholiken, sondern wollte auch die innerkatholischen Auseinandersetzungen zwischen traditionellen und modernen Positionen abbilden und konstruktiv voranbringen. Muth nahm auch Artikel von Protestanten und – inzwischen unter Pseudonym – von jüdischen Autoren in sein Heft auf. Wegen der offen regimekritischen Haltung wurde das *Hochland* 1941 verboten. Durch die Vermittlung Aichers hatte Hans Scholl den 74-jährigen Muth im Sommer 1941 in dessen Villa in München-Solln besucht. Die beiden Männer verstanden sich gut, und Hans bot Muth an, seine umfangreiche Bibliothek zu ordnen. Bald wurde Muth zu einem väterlichen Freund und Mentor für Hans. So kam es, dass Lina Scholl dem betagten Mann Lebensmittelpakete schickte. Sophie hatte sich im Auftrag von Inge um eine Kiste Äpfel gekümmert. Dass Muth ihr daraufhin einen so freundlichen Brief schrieb, brachte sie aus dem Gleichgewicht. Zwei Entwürfe für eine Antwort an ihn sind erhalten, Beweis dafür, dass Sophie ihre Briefe tatsächlich vorschrieb, wenn sie ihr besonders wichtig waren.

Als Sophie die Briefe las, die Fritz ihr nach der ersten im Hotel verbrachten Nacht schickte, notierte sie im Tagebuch:

> Nun erst hat er mich erkannt, damit sich losgemacht von mir. Er hat meine Sünde voll erkannt. O es hat weh getan. Sich plötzlich verlassen zu sehen. Er hing an mir wie ein Kind an seiner Mutter. Nun ist er groß. Daraufhin habe ich ja die ganze Zeit gearbeitet. Dies wollte ich doch u. ich bin doch glücklich darüber. Ein lächerlicher Sieg, der mir hier weh tut.[51]

Es gehört schon eine Portion Selbstmitleid dazu, um aus Fritz liebevollen Briefen herauszulesen, er werde sie verlassen. Das Gegenteil war der Fall. Aber: Fritz hatte einen Weg gefunden, ihre Beziehung in sein moralisches und religiöses Weltbild einzufügen. Er konnte die Liebe zu Sophie genießen, weil sie ihn nicht in einen Konflikt brachte. Genau das konnte Sophie nur schwer ertragen. «Er hat mir ja bloß wieder, ohne sein Wissen, gezeigt, wie schlecht u. schwach ich bin. Ich möchte weinen, aber eine Müdigkeit, eine schreckliche Gleichgültigkeit läßt dies nicht zu. Auch habe ich heute 3 Äpfel gestohlen. Warum bloß? Ich bin sehr müde.»[52]

Ein paar Tage später klang sie wieder ganz niedergeschlagen: «Mit Fritz in Freiburg. Schon wieder alles vergebens. Oder doch nicht ganz. Es gehen ihm allmählich Erkenntnisse auf, daß ich glücklich sein müsste. Wenn ich selbst nicht so verzweifelt wäre.» Sie quält die Furcht, die Beziehung zu Fritz entferne sie von Gott:

> Als ich einmal so verzagt war, weil ich immer wieder zurückfiel, da wagte ich es nicht mehr, zu beten, ich nahm mir vor, von Gott nichts mehr zu wollen bis ich wieder eher bestehen könnte vor seinen Augen. O es war doch im Grunde ein Wollen zu Gott. Ich kann ihn aber immer bitten, das weiß ich jetzt.

Sie schrieb Otl von ihrem Problem, schickte den Brief, der leider nicht erhalten ist, jedoch nicht ab.[53]

Das Gefühl, sich auf der Suche nach Gott verirrt zu haben, ließ Sophie nach Vorbildern suchen, die von einem starken Bekehrungserlebnis berichteten. Blaise Pascal las sie besonders gern; ihr gefiel, dass er Mathematiker und zugleich christlicher Philosoph gewesen ist. Nur das Zusammenspiel von Verstand und Herz könne Grundlage menschlichen Erkennens sein, lautet eine seiner Lehren. Dafür müsse man erfassen, wann man die Vernunft der Religion unterwerfen müsse: «Es ist also recht, daß sie sich unterwerfe, wo sie einsieht, daß sie sich unterwerfen soll und daß sie sich nicht unterwerfe, wo sie mit Grunde urtheilt, daß sie es nicht thun soll; aber man muß sich in Acht nehmen, daß man sich nicht täusche.»[54] Diese Sätze stammen aus Pascals Schrift *Über die Religion*, das Buch bekam Sophie in diesem Jahr von Otl Aicher geschenkt.

Lisa gegenüber gab Sophie immerhin zu, dass sie sich anstrengen müsse, um sich selbst «in Ordnung» zu halten. Da bleibe keine Kraft mehr für andere Dinge. Aber sie wollte der Freundin doch auch etwas von der neuen Seite ihres Freundes erzählen:

> Gestern habe ich Fritz in Freiburg getroffen. Er ist so aufgeschlossen, beinahe verwandelt (äußerlich merkt man es nicht, aber über seine Briefe bin ich manchmal erstaunt und beschämt.) Ja ich schäme mich immer mehr, dass er mir einmal lästig war, weil er vielleicht nicht so geistreich und eindrucksvoll ist wie andere. Ich glaube, er verwirklicht seine Erkenntnisse, soweit das einem Menschen in seiner Schwachheit möglich ist.

Sophie wünschte sich einen Besuch von Lisa, denn sie habe das starke Bedürfnis, sich mit ihr auszusprechen. Hingegen habe sie vor dem Zusammensein mit Inge fast ein wenig Angst, weil «ich so nervös bin und vielleicht nicht die Frische und Festigkeit aufbringen würde, um ihr zu begegnen».[55]

Die Beziehung zwischen Sophie und der ältesten Schwester war zu dieser Zeit angespannt, das sah auch Inge so und schrieb im Oktober 1941 in ihr Tagebuch: «Das Verhältnis zwischen uns ist so verändert, viel mehr ist es so, wie es vor einem halben Jahr einmal war. Sie ist so seltsam vergesslich mit Aufräumen, was immer wieder zu kleinen Disharmonien führt. Und ich bin wahrscheinlich zu ungeschickt, es ihr im rechten Ton zu sagen. Es macht mir richtig Kummer […] Vielleicht liegt es auch tiefer. O, wenn ich doch was Rechtes finden kann in diesem Schweigen. Die größte Mühe will ich mir geben, will Gott bitten, dass er mir Geduld gebe und Liebe, Liebe, immer Liebe! Dass er die Missgunst gegen Sofie von mir wegmache! Dass ich dabei doch nüchtern bleibe und nicht in Enthusiasmus verfalle. Dass ich sie recht erkenne und würdigen kann, damit ich ihrer Seele nicht weh tue.»[56]

Auch Inge war so beschäftigt mit sich selbst, dass sie kaum zu merken schien, dass sie die Schwester überforderte. Schon vor Wochen hatte sie Sophie dazu angeregt, einen Artikel zu schreiben: «Also – Sofielein, nimm Dir manchmal Bleistift und Papier zur

Hand und schreib nieder, was Dir so an schönen und klaren Gedanken kommt über die Dinge, die uns wichtig sind. Lass sie nicht einfach wieder fortgehen.»[57]

Es war Otl Aichers Idee, den geistigen Austausch der Ulmer Freunde, die in alle Himmelsrichtungen zerstreut waren, mittels eines Rundbriefs, den er *Windlicht* nannte, aufrechtzuerhalten. Jeder von ihnen sollte etwas beitragen, einen Aufsatz, ein Gedicht oder eine Buchempfehlung. Inge bot an, die Texte abzutippen, zu heften und zu verschicken. Bis heute sind nur einzelne Beiträge aufgetaucht, und es ist nicht sicher, wie viele komplette Hefte überhaupt entstanden sind.[58] Doch der Elan, mit dem sie das gemeinsame Projekt begannen, war groß: «Wir fühlten, dass wir den Kontakt, den dieses Windlicht uns vermittelte, bitter nötig hatten, um in jenen finsteren Zeiten durchhalten zu können»,[59] schrieb Inge im Rückblick. Otl schickte lange, philosophische Aufsätze an Sophie mit der Bitte, ihm «unverhohlen» zu sagen, was sie daran auszusetzen habe, ihm selber fehle leider die Zeit, die Blätter durchzuarbeiten.[60] Und schmeichelnd forderte er sie auf, selbst etwas für das *Windlicht* zu schreiben: «Du bist von jeher kritisch gewesen und hast ein besonderes Auge dafür gehabt, die Dinge so zu sehen, wie sie sind, nimm du doch deine Gabe und nimm so etliche Dinge unter dein Auge […].»[61] Aicher zeigte ihr mit diesem Brief seine Wertschätzung.

Wie genau verfolgte Sophie neben ihren eigenen Problemen die politischen Ereignisse? Mitte Dezember traten die USA in den Krieg ein. Zuvor hatten die Japaner am 7. Dezember die in Pearl Harbor auf Hawaii liegende Pazifikflotte der Vereinigten Staaten überraschend angegriffen. Als die USA daraufhin den Japanern den Krieg erklärten, richteten Deutschland und Italien im Gegenzug am 11. Dezember eine Kriegserklärung an die USA. Wenige Wochen später traten die Amerikaner auf der Arcadia-Konferenz in Washington der Anti-Hitler-Koalition bei, zu der bereits 25 Staaten gehörten.

Im Briefkasten der Familie Scholl lag um die Weihnachtszeit die Abschrift einer Predigt des Münsteraner Bischofs Clemens von Galen. Darin griff der katholische Würdenträger die Praxis der sogenannten Euthanasie an: «Hier handelt es sich um Menschen, unsere Mitmenschen, unsere Brüder und Schwestern! Arme Menschen, kranke Menschen, unproduktive Menschen meinetwegen! Aber haben sie damit das Recht auf das Leben verwirkt? Hast du, habe ich nur so lange das Recht zu leben, solange wir produktiv sind, solange wir von den anderen als produktiv anerkannt werden?» Hans Hirzel klärte die Scholls im Januar darüber auf, dass es Ulmer Gymnasiasten gewesen sind, die die Predigt abgeschrieben und verbreitet haben.[62] Vielleicht kam Hans in dieser Zeit der Gedanke, etwas Ähnliches zu unternehmen.

Aufgrund des Russlandfeldzugs weigerten sich die Scholls diesmal, bei den Sammlungen für das Winterhilfswerk Geld oder Kleidung zu spenden. Fritz hatte ihnen zwar berichtet, wie sehr die Soldaten angesichts der Kälte auf die Spenden aus der Bevölkerung angewiesen seien, aber die Familie blieb bei ihrem Entschluss: Sie wollte nicht dazu beitragen, den Krieg auf diese Weise zu verlängern.

Das Jahr 1941 endete für Sophie in tiefer Verzagtheit. Ein Brief von Lisa brachte sie zum Weinen, denn sie hätte sich so gern in den Weihnachtstagen mit der Freundin getroffen. Dass daraus nichts werden würde, erfuhr sie nicht von Lisa, sondern von ihrer Schwester Elisabeth. Gekränkt schrieb sie der Freundin: «Ich weiß nicht, ob Du an unserer Freundschaft ebenso zähe festhalten willst wie ich.» Etwas versöhnlicher fuhr sie fort, vielleicht klappe es mit dem Treffen ja in den nächsten Monaten. Und weil sie der Freundin ohnehin nicht lange böse sein konnte, öffnete sie ihr für einen kleinen Moment ihr Herz:

> Ich finde das Leben trotz allem noch so reich und gut, nur mögen es die Menschen nicht im Guten gebrauchen. Vielleicht ist es gut, wenn wir ganz arm werden, um für einen weniger vergänglichen Reichtum bereiter zu werden. Denn sucht man nicht, da einem soviel genommen wird, noch Ersatz? Und merkt dann, dass man sich durch zu viel zerstreuen ließ, und sein Herz an unwürdige Dinge hängte. Vielleicht muss man erst entdecken, dass man ein Herz hat. Das ist seltsam.[63]

In diesen paar Sätzen steckt nicht nur Sophies unverwüstlicher Lebensmut, sondern auch die Entschlossenheit, sich vom wesentlichen Ziel ihres Lebens nicht ablenken zu lassen. Aber so stark wie in diesem Moment fühlte sie sich selten. Meistens kam es ihr vor, als zerfalle sie in Einzelteile, die sie nicht mehr zusammenbringen konnte. Wo waren ihre Stärke und Konzentration geblieben? Dem Tagebuch vertraut Sophie an: «Ich kann es nicht, Gedanken nüchtern aufzeichnen, das alles, was ich früher besaß, das kritische Sehen, ist mir verloren gegangen. Bloß meine Seele hat Hunger, o das will kein Buch mehr stillen.»[64]

14.

Studium Nebensache:
Mit Hans in München

Das Jahr 1942 begrüßte Sophie gemeinsam mit Geschwistern und Freunden in Tirol. Nachdem es tagelang geschneit hatte, brauchten sie zwei Anläufe, bis sie sich am 28. Dezember zur Coburger Hütte auf knapp 2000 Metern Höhe durchgekämpft hatten. Neben Inge und Hans waren auch Wulfried Muth, ein Enkel des mit Hans befreundeten *Hochland*-Gründers Carl Muth, und Traute Lafrenz mit von der Partie. Die aus Hamburg stammende Medizinstudentin hatte dort die nach reformpädagogischen Ansätzen geführte Lichtwarkschule besucht. Ihre Klassenlehrerin Erna Stahl – zeitweise auch die Deutschlehrerin von Helmut und Loki Schmidt – war dezidiert gegen den Nationalsozialismus eingestellt und hielt den Kontakt zu ihrer Klasse auch nach der Strafversetzung an eine Oberrealschule im Jahr 1935. Regelmäßig traf sich nun fast die gesamte Klasse in ihrer Wohnung. Erna Stahl stellte Bücher vor, die von den Nazis verboten worden waren, und ermutigte die jungen Leute, sich eine eigene Meinung zu bilden. «Als ich später nach München kam und Hans Scholl traf, führte ich bei ihnen diese Leseabende ein […] über die Literatur und die Kunst fanden wir zueinander, beides war den Geschwistern Scholl ebenso vertraut wie mir.»[1] Im Sommer 1941 waren Hans und Traute für einige Monate ein Liebespaar. Sein Charme und seine geistige Brillanz faszinierten Traute, doch schon bald wurde ihr klar, dass es mit ihnen beiden «nicht passte».[2] Sie blieben Freunde, und Traute knüpfte gute Beziehungen zu Hans' Geschwistern.

Sowohl Inge als auch Traute schrieben einen Bericht für den von Otl Aicher zusammengestellten Rundbrief *Windlicht* über die Tage auf der Hütte, in denen sie den Geist inniger Verbundenheit ihrer kleinen Gemeinschaft in Bilder zu fassen versuchten.[3] Abends, bei Kerzenlicht, Tee und Wein hatten sie sich über Bücher ausgetauscht, etwa über Dostojewskis *Doppelgänger*. Oder darüber diskutiert, warum so viele Menschen kein Bedürfnis nach geistiger Nahrung verspürten: «Schrecken sie denn nie auf, in irgendeinem Augenblick, und fragen: Warum? Woher diese Unruhe in mir, das leise Ziehen? [...] Aber sie scheinen zu schlafen», schreibt Inge. Was die Freundinnen und Freunde verbindet – und sie vom Rest der Welt abschneidet –, ist die Suche nach einer gemeinsamen geistigen Ebene, nach Spiritualität oder Transzendenz. Obwohl die religiösen Erfahrungen, auf die sie zurückgreifen, bei jedem anders sind, glauben sie alle an eine Instanz, die ihnen Richtschnur sein soll. Bücher und die Gespräche darüber markieren den Weg zur Erkenntnis, den sie gemeinsam bewältigen wollen. Denn so wie die Berghütte ist die Welt, die sie suchen, nur unter Mühen erreichbar.

Auf diese Gespräche bezog sich Sophie Scholl einige Wochen später, als sie den Entwurf für ihren ersten *Windlicht*-Beitrag zu Papier brachte. Otl Aicher hatte ihr als Thema die Frage gestellt, warum ein Konzertabend gegenwärtig einen Beigeschmack habe. Sophie begann mit Grundsätzlichem: Musik mache das Herz weich und schaffe die Voraussetzungen für das Wirken des Geistes in der Seele: «Ja, ganz still und ohne Gewalt macht die Musik die Türen der Seele auf.» Wer sich ganz auf die Musik konzentriere und sich ihr hingebe, könne sich aus allem anderen lösen. Die meisten Menschen verschlössen sich jedoch vor dieser Erfahrung und besuchten ein Konzert mit derselben Attitüde, mit der sie einen neuen Hut zur Schau stellten: «Der Geschmack, den ein Konzertabend heute an sich hat, ist der fade, laue Geschmack der Bürgerlichkeit», lautete Sophies Urteil.[4] Doch habe ein Konzert schon dann einen Sinn, wenn es nur einen Menschen richtig berühre, fügte sie hinzu, die harsche Kritik etwas einschränkend. Zuletzt kam sie auf den Punkt zu sprechen, über den sie auf der Skihütte diskutiert hatten, die geistige Dimension des Lebens: Sie müsse verhungern, wenn Gott sie nicht ernährte, schrieb Sophie.

«Und dass es nicht nur der eine lange Faden ist, mit dem wir an Gott geknüpft sind durch die Schöpfung, wie es mir früher schien, wo ich noch nicht wusste, was ein Leben ist, zumal ein Menschenleben.»[5] Musik war für sie eine der Türen zu jener übergeordneten Welt, nach der es sie so stark verlangte.

Der Text blieb unfertig. Sophie gestand Otl ein paar Wochen später, sie schaffe es einfach nicht, weiter daran zu arbeiten, weil sie in Blumberg «40 ungezogene Schulkinder» betreuen müsse und am Abend zu nichts zu gebrauchen sei.[6] Dass es noch andere Gründe gab, schrieb sie nicht. Sie konnte mit Aicher zwar über ihre religiösen Fragen sprechen, in Briefen hielt sie sich jedoch zurück, ihre Zweifel und Selbstanklagen vertraute sie vor allem dem Tagebuch an. Sophie begann zu begreifen, dass die größte Hürde auf dem Weg zur Erneuerung ihres Glaubens in ihr selbst lag. Sie ermahnte sich, bei dem kritischen Blick auf ihre Mitmenschen nicht zu vergessen, dass Gott genau dieser Menschen wegen Mensch geworden sei. «Und man fühlt sich selbst zu gut, zu manchen von ihnen herabzusteigen! O ein Hochmut! Woher habe ich ihn nur?»[7]

Die Wochenenden verbrachte Sophie nach wie vor meistens mit Fritz. Überglücklich gestand er ihr, einem Kameraden gegenüber habe er sie als seine Braut ausgegeben, obwohl er wisse, dass sie ihm «unterirdische Puffer oder Zwicker» verabreicht hätte, wenn sie dabei gewesen wäre. Fritz Hartnagel war mit sich im Reinen und konnte aus vollem Herzen gestehen, er habe sich noch nie bei einem Menschen so unbeschwert gefühlt wie bei ihr. Sophie hingegen machte ihm in ihren Briefen immer wieder klar, dass sie Gewissensbisse hatte, wenn sie an ihre gemeinsamen Wochenenden dachte. Fast schüchtern fragte Fritz sie daher einige Tage nach seinem übermütigen Brief: «Kannst Du so nicht auch meine Umarmung empfangen, ohne daß sie Dich von Gott trennt, sondern vielleicht sogar zu ihm hinführt?»[8] Allerdings, das müsse er zugeben, glaube er auch, dass ihrer körperlichen Vereinigung in manchen Nächten «das heiligende» fehlen würde und nur «die Handlung übrig geblieben ist». Aber selbst dann liege doch ein Sinn in ihrer Umarmung: «Hast Du es noch nie gespürt bei innigem Verbundensein, wie das eigene

Ich zerfließt und etwas ganz Neues, wie von einer fremden Macht, in Dir ist? Dies ist die Macht Gottes, glaube ich.»[9]

Dass Sophie sich lieber mit dem Freund verabredet, als die Wochenenden in Ulm zu verbringen, akzeptieren ihre Eltern kommentarlos. Wenn sie aber doch einmal nach Hause kommt, mustert Lina Scholl ihre jüngste Tochter aufmerksam, denn sie spürt deren Erschöpfung. Am 20. Januar schreibt sie ihr einen langen Brief: «Meine liebe Sophie! Vielleicht bist du, seit du wieder in Blumberg bist, durch die verschiedenen Bahnfahrten u. eiligen Besuche daheim, die sowieso selten sind, körperlich u. seelisch etwas müde! [...] Fast kommt mirs vor, als ob deine Jugend solch rasche Reisen nicht vertrüge u. eine Art Unruhe in dir schaffen [...].»

Lina weiß, wie unglücklich Sophie darüber ist, ihr Leben nicht nach eigenen Wünschen gestalten zu können. Aber Gott habe einen Plan, glaubt sie, und daher ermahnt sie die Tochter streng: «Selbst wenn jeder vernünftige Mensch sagt, es ist verlorene Zeit. Wo kämen wir hin, wenn wir so rechnen würden, was müßten da die denken, die lange krank sind u. dabei jung.»[10]

Sophie ging auf diese Gedanken nicht ein, obwohl sie oft nach Hause schrieb und sich für alle Briefe und Päckchen herzlich bedankte. Aber ihr fehlte die Kraft, sich neben Fritz, Lisa und Otl nun auch noch mit der Mutter auseinanderzusetzen. Deshalb kam auch ihr Artikel für das *Windlicht* nicht über das Entwurfsstadium hinaus. Der Rundbrief, in den vor allem Inge, Hans und Otl viel Zeit investierten, stand ohnehin vor dem Aus, weil die Gestapo ein weiteres Mal auf die Familie Scholl aufmerksam geworden war.

Am 16. Februar 1942 wurde Robert Scholl verhaftet, nachdem eine Angestellte ihn denunziert hatte. Scholl hatte Hitler als Gottesgeißel bezeichnet und sich pessimistisch über den Ausgang des Krieges geäußert. Lina schrieb vier Tage später an Sophie: «Es fällt mir schwer, dir heute etwas mitteilen zu müssen, was für uns alle schmerzlich ist. Seit Montag schon stehen wir drei unter Druck. Da kam die Gestapo, u. verhaftete 1. Vater u. 2. durchsuchten sie Inges Bücher u. das Geheimschränkchen sowie die Nachttischchen. Bei Inge hatte sie es auf euer Windlicht abgesehen.»

Robert Scholl durfte nach dem Verhör wieder an den Münsterplatz zurückkehren, aber es wurde ein Verfahren gegen ihn eingeleitet. Lina schilderte Sophie die Lage und bemühte sich, die Angestellte nicht zu verurteilen. «Seit Freitag ist sie nicht wieder gekommen, nachdem sie die Folgen sah, bekam sie einen Nervenzusammenbruch. Sie läßt uns nun zu allem hier im Stich, wo sich die Arbeit jetzt häuft, das ist uns unverständlich [...] Doch wollen wir ihr nicht Unrecht tun, obwohl wir sie ganz u. gar nicht begreifen.»[11]

Inge, die aus München kommend gerade in dem Moment die Wohnung betreten hatte, als der Vater abgeführt wurde, wurde ebenfalls zur Vernehmung mitgenommen. Es gelang ihr gerade noch, einen verfänglichen Artikel über Napoleon verschwinden zu lassen, bevor sie durchsucht wurde. In ihrem Koffer befand sich die neueste Ausgabe des Rundbriefs. Ob sie der Mutter später davon erzählt hat? Lina stellte in ihrem Brief an Sophie klar, dass sie von den Kindern erwarte, die Familie nicht in Gefahr zu bringen: «Über das Windlicht ist ja gewiß nichts Anrüchiges zu sagen, das wäre ja schlimm, wenn ihr es zu so etwas benutzen würdet, solche eine reine Arbeit. Inge bekam die Briefe gleich wieder zurück. Nun gräme dich nicht, nachdem Gott auch dies in seiner Liebe zugelassen hat. Wir stehen geschlossen bei Vater u. untereinander, es mag kommen, wie es will. Diese Zeit geht auch vorüber.» Elisabeth solle von der Angelegenheit erst einmal nichts erfahren, verfügte Lina, weil sie «nicht so stark ist, wie du». Als sie den Brief beendet hatte, schnappte sich Inge das Blatt und kritzelte noch schnell an den Rand, Sophie solle den Kopf nicht hängen lassen: «Wie es auch gehen mag, wir werden es schaffen und in der tiefsten Verlassenheit ist man am allerwenigsten allein. Trotzdem kann ich es kaum erwarten, bis du kommst und dich mit mir hineinstemmst.»[12]

Sophies Antwortbrief befasste sich zunächst mit ganz praktischen Dingen. Sie bat um frische Wäsche und ein paar Blusen zum grauen Rock, da sie an den nächsten Wochenenden – die letzten ihres Dienstes in Blumberg – nicht nach Ulm kommen könne. Sie würde ihnen zuhause ja gerne helfen, aber «einfach hab ich's zur Zeit auch nicht, ich habe wieder chronisches Kopfweh, aber es geht ja nicht mehr lange».[13] Außerdem benötigte sie eine Salbe gegen ein

Furunkel auf der Brust. Zerknirscht schrieb sie, kaum sei sie von zuhause fort, da habe sie schon wieder Wünsche. Die Familie solle ihr umgehend Bescheid geben, wenn «die Lage» sich ändere, es folgte der Wunsch, die Familie möge «über die schlimmste Zeit» hinwegkommen.

Lina Scholl nahm ihrer Tochter die vielen Bitten und Aufträge nicht übel. Auch wenn sie mit bald 61 nicht mehr so viel schaffte wie früher, war sie emsig bemüht, die auswärts wohnenden Kinder mit Briefen und Päckchen zu versorgen. Die Geschwister genossen die Fürsorge, aber sie weihten die Mutter nur sporadisch in ihre Angelegenheiten ein: «Werner schreibt sehr selten», beklagte sich Lina bei Sophie, «ich weiß nicht, tut ers wegen dem Windlicht, Hans schreibt auch nur das Nötigste. Das gefällt mir nicht, man sollte doch mehr voneinander wissen. Heute packte ich Hans ein Expreßpaket, er hat immer Hunger, auch für Herrn Muth etwas Gemüse.»[14]

Bis Anfang März blieb Fritz in Weimar, dann kam der Marschbefehl: Die Mission in Afrika war gestrichen, stattdessen sollte er in Frankreich eine Kompanie aufstellen, die dann nach Russland verlegt werden sollte. Das waren düstere Aussichten. «Ach Sofie wie soll das nun werden, mir ist Angst und bang. […] ich werde schon durchkommen, auf jeden Fall, habe ich doch nun einen Halt, der mir immer greifbar ist, wenn ich nur will. Und auch Du Sofie, Du willst mich doch weiterhin gern haben, gelt?»[15]

Ein neuer Ton schlich sich in die Briefe von Fritz, er klang entschieden und verzweifelt zugleich. Im Vergleich zu dem kleinen Vogel, der vor seinem Fenster herumhüpfte wie ein «Märchenbild», kam ihm das hektische «Schreibmaschinengeklapper, Telephongeklingel, das Hackenklappen der aus- und eingehenden Soldaten, die ganze wichtigtuerische Geschäftigkeit, wie der Wahnsinnszustand eines Irren» vor, schrieb er.[16] Noch nie habe er Sophie so gebraucht wie jetzt. Sie und ihre Bücher, ihr Geplauder über die Neuigkeiten aus Familie und Freundeskreis seien für ihn «das Fensterchen, durch das ich in eine andere Welt schaue». Inständig bat er sie: «[…] mach es mir auf, so weit und so oft Du's kannst.»[17]

Eifersucht war ein Gefühl, dem beide keinen Raum gaben, und so wirkt es glaubwürdig, dass Fritz im selben Brief, in dem er von der Verlegung seiner Kompanie nach Russland berichtete, schrieb, er hoffe, Sophie und Otl hätten sich wie geplant im Elsaß treffen können, wo Aicher seit kurzem stationiert war. Dass Sophie und Otl sich gut verstanden, hatte Fritz längst akzeptiert, anders als Inge, die sehr eifersüchtig war. Im Februar notierte sie im Tagebuch, «dass die meisten Briefe Sofies in mir irgendetwas reizen. Ich muss sehr auf mich achten und in mir suchen, was da schuld ist und woher dies kommt. Ich möchte dieser Schlange nämlich geradezu auf den Giftkopf treten. Ich möchte nichts als Liebe in mir haben.»[18] Dass die kleine Schwester ihr nach dem Treffen ein Foto des Freundes schickte, das Otl Sophie selbst geschenkt hatte, passte ihr auch nicht. «Ich muss sagen, ich habe es nicht gerade mit klaren Gefühlen aufgenommen. Mein Stolz regte sich und vielleicht auch etwas anderes. Von Sofie war es jedenfalls lieb und großartig.»[19]

Was für eine Beziehung bestand nun zwischen Sophie Scholl und Otl Aicher? Sie waren gute Freunde geworden, und Aicher widmete dem Treffen im elsässischen Münster nicht nur ein knapp dreißig Seiten langes Kapitel in seinem Kriegstagebuch[20], sondern erwähnt Sophie auch in den anderen Kapiteln häufiger. Dass Aicher dabei um Wahrhaftigkeit bemüht ist, steht außer Frage. Aber da er und Inge nach dem Krieg heirateten, kann man nicht erwarten, in seinen erst 1985 erschienenen Aufzeichnungen etwas zu finden, das seine Frau unnötig verletzen würde. «sophie kam mit der bahn. ich war einen tag mit dem rad gefahren und erwartete sie am bahnhof, ein bisschen erregung in der freude.» Aichers Beschreibung von Sophies äußerer Erscheinung fällt eher mager aus: «sophie hatte ein gesicht, wie ich gesichter mag. sie hatte eine frisur, wie mir frisuren gefallen, sie hatte einen körper, wie ich körper mag. den kopf neigte sei ein wenig schräg nach hinten, blinzelte gegen die sinkende Sonne und hatte einen gang mit leicht vorgeschobener hüfte, die füße etwas auseinandergestellt (wie ich). die dunklen haare von ihrem bubikopf fielen auf die geneigte seite.»[21] Spannender ist seine Skizze ihrer Persönlichkeit. Sophie sei schüchtern wie er selbst und stiller als Inge. Aber sie sei zugleich selbstbewusst und «genügte sich in einem fast extremen rigorismus». Er habe sie auch damals, als er die Scholl-Geschwister in ihrer HJ-Zeit aus kritischer Distanz beobachtete, «nicht so verachtet wie ihre dominierende schwester».

In einem kleinen Gasthof in Münster besetzten die beiden eine Eckbank und redeten den ganzen Tag miteinander. Die Wirtin habe sie bekocht, als seien sie ein Paar auf Hochzeitsreise, berichtet er. Sie lasen Gedichte von einem Freund Otls und diskutierten alles, was ihnen auf der Seele brannte. Angefangen bei Otls Lieblingsthema, seiner Kritik an der bürgerlichen Welt, die gesellschaftlichen Status höher schätze als alles andere, arbeiteten sie sich durch die Philosophiegeschichte, bis sie bei elementaren Gottesfragen landeten. «aber gott ist fern, sagt sophie, und er ist ungerecht. ich werfe mich auch vor ihm nieder. aber ich ertrage seine ungerechtigkeit nicht. wenn er den menschen liebt, kann er ihn nicht in die ewige verdammnis werfen. wenn er gott ist, kann er nicht zulassen, dass die menschen sich an der natur ein beispiel nehmen, wo das eine das andere auffrisst, mordet und ausrottet. ich fühle die macht gottes, sagt sophie, aber ich weiß nicht, wer er ist.»[22] Als die Gaststube schloss, nahmen sie sich ein Doppelzimmer, da keine Einzelzimmer mehr frei waren. Sie setzten sich auf das Bett und schrieben ihre Gedanken auf. Es war drei Uhr morgens, als sie sich unter die Decke kuschelten, aber «berührungen brauchten nicht stattzufinden. sexualität kann menschen auf einer ebene binden, die ihre volle freiheit beeinträchtigt», schreibt Aicher in seinem Rückblick. Das ist ein Gedanke, der von Sophie hätte stammen können.[23]

Es gibt noch einen weiteren Mann in Sophies Leben, den Fritz akzeptieren muss. Seit Februar führt sie einen Briefwechsel mit dem in Frankreich stationierten Soldaten Waldemar Gabriel. Sophie und er sind sich noch nie begegnet, eine gemeinsame Bekannte hat den Kontakt hergestellt. Sophie erwähnt Gabriel in ihren Briefen an Lisa und Fritz mehrfach, und die Scholls werden ihn in Ulm auch persönlich kennenlernen. Was sucht Sophie bei Waldemar Gabriel? Sie schickt ihm ihr Foto und dazu einen Brief, der ihn gleich «gefangen» nimmt. Aber er bittet sie auch, nicht so zu schreiben, als stünde er weit über ihr. Das könnte ein wichtiger Hinweis sein: Sophie suchte

Menschen, die sie geistig herausforderten und sie dazu zwangen, ihre eigenen Gedanken klar zu äußern. Waldemar Gabriel war jemand, der in ihr nicht die schutzbedürftige Frau sah wie Fritz, nicht das Kind wie Inge, nicht die kleine Schwester von Hans wie so viele andere. Er war ein geistiger Sparringspartner, der aber – denn das war Otls «Nachteil» – nicht gleichzeitig auch der Freund ihrer Schwester war.

Gabriels Blick auf die Welt war pessimistisch, Sophie widersprach ihm da oft. Das war durchaus eine Strategie von ihr, denn auf diese Weise sprach sie nicht nur dem anderen, sondern auch sich selbst Mut zu. Aber manchmal war auch sie ratlos. Sie könne sich noch gut daran erinnern, berichtete sie Gabriel, wie untröstlich sie als Kind gewesen sei, als sie begriffen habe, dass man nicht leben könne, ohne andere zu töten, Tiere zum Beispiel. Eigentlich sei sie immer noch darüber verzweifelt, nur habe sie es vergessen.

> Und wie könnte eine Harmonie noch vollkommen sein, wenn ein Ton seinen Platz nicht mehr weiß. Und bald scheint mir das Gebrüll der beleidigten Erde, der aus ihrer Ordnung geratenen, dämonisch gewordenen Dinge, der Maschinen, die Diener der Menschen sein sollen und zu ihrem Zerstörer geworden sind, allen unbeirrbaren Frieden zu übertönen. Aber doch kann ich es nicht glauben, ohne dabei unterzugehen.[24]

Über die Zeit in Blumberg zog Sophie am Ende eine positive Bilanz. Sie sei eine erfahrene «Hortnerin» geworden, habe die Menschen studieren können und auch einige Erfolge zu verzeichnen, schrieb sie Lisa.[25] Am Ende des Kriegshilfsdiensts dominierte jedoch ein anderes Gefühl: Sophie freute sich unbändig auf zuhause. Es sei ihr egal, ob sie im Büro oder im Haushalt helfe, «wenn ich nur wieder frei bin».[26] Seit Anfang April 1942 lebte sie wieder in der elterlichen Wohnung am Münsterplatz. Schon nach der ersten Woche konstatierte sie, das Eingliedern in den Familienalltag sei eine «gewaltige, auch anstrengende Umstellung».[27] Bis zum Beginn des Studiums half sie der Mutter im Haushalt und arbeitete stundenweise im väterlichen Büro.

Ostersonntag besuchte Sophie gemeinsam mit Inge die katholische Messe in Otls Gemeinde in Söflingen. Aber sie konnte sich nicht so darauf einlassen, wie sie es sich vorgestellt hatte. Es brauche Übung, folgerte sie, bis man das «Schauspiel» eines katholischen Gottesdiensts als «tiefes inneres Erlebnis» in sich aufnehmen könne. Ein Jahr war vergangen, seit Sophie sich in Krauchenwies vorgenommen hatte, ihren Glauben zu überprüfen und neu zu entdecken. In ihrem Tagebuch aus dem Jahr 1942 reihen sich traurige Gebete aneinander, in denen sie Gott um seine Nähe und Halt bittet.

Fritz und Sophie trafen sich Anfang Mai in Tübingen und fuhren von dort nach Freiburg, wo sie zusammen übernachteten. Fritz schrieb ihr drei Tage später aus Le Mans, es koste ihn viel Kraft, den Soldaten zu spielen, der er eigentlich gar nicht mehr sei: «Ach Sofie, mir fällt das alles so schwer, und ich komm mir so verlogen und unwahr dabei vor, wenn ich so tun muß als ob. Wie gut, daß ich mich zu Dir flüchten kann, Du liebe Sofie.»[28]

Ein paar Tage zuvor hatte Sophie sich an der Ludwig-Maximilians-Universität in München für Biologie und Philosophie eingeschrieben. «In ihrem neuen, schokoladebraunen Faltenröckchen und dem dazugehörigen rosa frühlingsfarbenen Pullover hatte sie Abschied genommen», erinnert sich Inge Scholl, die im Rückblick gern das Kindliche an Sophies Erscheinung betont.[29]

In den ersten Tagen wohnte Sophie bei Carl Muth in Solln. Sie hatte ihn schon am Ende ihrer Weihnachtsferien kurz kennengelernt, er bezeichnete sie Otl gegenüber danach als «ein sehr innerliches und ernstes Mädchen».[30] Aus dem Villenviertel am südlichen Stadtrand zog Sophie zu Hans, der zur Untermiete in der Lindwurmstraße nahe dem Sendlinger Tor wohnte. Wie sie ihren 21. Geburtstag am 9. Mai 1942 verbrachte, ist nicht überliefert. Vielleicht haben sich die Geschwister mit Hans' Freunden im Bodega in der Maffeistraße getroffen, das bald ihr Lieblingsrestaurant wurde, oder sie sind zusammen zum Seehaus, einem besonders schönen Biergarten im Englischen Garten, spaziert.

Sophie war von Hans' Freunden herzlich aufgenommen worden, dennoch dauerte es eine Weile, bis sie sich dem Kreis öffnete. Während ihr Bruder als Wortführer und Ideengeber gerade dann

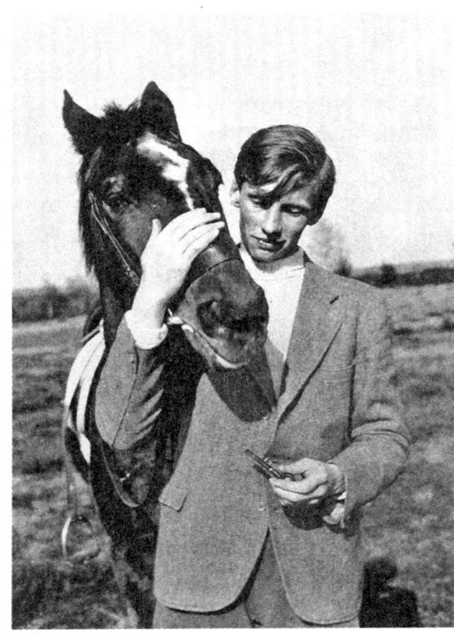

Alexander Schmorell, September 1940

brillierte, wenn die Runde größer war, hielt Sophie sich in solchen Momenten lieber zurück. Aber den Freunden fiel bald auf, dass sie sehr klare Meinungen hatte und über Humor und Hilfsbereitschaft verfügte.

Einer von Hans' engsten Münchner Freunden war der Medizinstudent Alexander Schmorell. 1917 im russischen Orenburg als Sohn einer Russin und eines Deutschen geboren, kam er nach dem frühen Tod der Mutter als Vierjähriger mit seinem Vater, dessen zweiter Frau und seiner russischen Kinderfrau Nanja nach München. Dort eröffnete der Vater eine orthopädische Praxis und kaufte eine schöne Villa in der Harlachinger Benediktenwandstraße am Hochufer der Isar. Russisch blieb die Familiensprache, aber das Aufwachsen in zwei Kulturen immunisierte Alexander nicht gegen die Lockungen der NS-Jugendverbände.[31] Zwischen seinem 15. und 19. Lebensjahr war er Mitglied verschiedener deutschnationaler und nationalsozialistischer Organisationen, doch spätestens während des RAD 1936 wurde ihm klar, dass er ein System, das ihn zur Unselbständigkeit erzog und dessen Anführer er nicht ernst nehmen konnte, ablehnte: «Nach fremden Regeln gehorchen – das ist nichts für mich, auch nicht, nach fremden Regeln zu leben.»[32] Schmorell träumte davon, Deutschland zu verlassen, doch er wollte seinen Vater nicht in Schwierigkeiten bringen, dem die Nazis in diesem Fall vielleicht die Praxis geschlossen hätten. Das Medizinstudium begann Alexander in Hamburg, wo er Traute Lafrenz kennenlernte. Seit 1940 studierte er in München, wo er mit Hans Scholl gemeinsam im Krankenhaus von München-Harlaching famulierte. Die beiden mochten sich auf Anhieb und hatten vieles gemeinsam. Sie waren gesellig, lasen viel und liebten es, sich darüber auszutauschen. Häufig besuchten sie Konzerte, und an ihren freien Wochenenden gingen sie am liebsten in die Berge. Beide waren Mitglieder der 2. Studentenkompanie der Medizinstudenten in München und leisteten ihren Militärdienst in den Semesterferien ab. Schmorell war nicht nur ein Pferdenarr wie Hans, sondern auch künstlerisch begabt. Neben seinem Medizinstudium besuchte er den Unterricht an der Münchner Zeichenschule «Die Form», aber seine große Leidenschaft war die Bildhauerei. In der Harlachinger Villa hatte er ein eigenes Atelier, in dem bald auch Sophie ein paar Tage mit ihm arbeitete. Sie fühlte sich stark zu Alex hingezogen, aber da er ihre Gefühle nicht erwiderte, entwickelte sich nichts daraus.

Im Juni 1942 bezog Sophie ihr erstes eigenes Studentenzimmer in der Mandlstraße, nur ein paar Schritte vom Englischen Garten entfernt. Es gab lediglich einen Schrank, einen Tisch und ein Regal für Sophies Bücher. Auf der Couch lag eine orangefarbene Decke. Dort saßen Inge und Sophie eines Tages gemütlich beisammen, bevor sie sich für ein Konzert zurechtmachten, erinnert sich Inge. Sophie schlüpfte in ein Seidenkleid «mit dem hellen, strahligen Kringelmuster auf sanftem weinroten Grund», darüber zog sie eine kleine Jacke aus Angora.[33]

Jeder Tag in München bringe etwas Neues, schrieb Sophie am 30. Mai 1942 an Lisa. Gestern habe sie mit Professor Muth und dem

Schriftsteller Sigismund von Radecki Tee getrunken, und am Abend hätten sie und Hans sich mit «dem Philosophen» getroffen, womit Josef Furtmeier gemeint ist, ein Nazi-Gegner, den Hans über Carl Muth kennengelernt hatte. «Da wurde nun ein dreistündiges, pausenloses und anstrengendes Gespräch geführt», schreibt Sophie, was strapazierend gewesen sei. Eigentlich habe sie doch das Bedürfnis, für sich zu sein, «denn es drängt mich danach, durch ein äußeres Tun das in mir zu verwirklichen, was bisher nur als Gedanken, als richtig Erkanntes in mir ist. – Aber ich bin doch froh, wenn ich aufnehmen kann. Wenn ich auch noch auf schwankendem Boden stehe.»

Bedauerlich, dass Sophie sich so vage ausdrückt. Wahrscheinlich hat sie aber im Moment gar kein konkretes Ziel vor Augen, sondern will nach der langen fremdbestimmten Zeit endlich ein Leben führen, das sie wirklich als ihr eigenes empfindet. Hans ist ihr dabei eine große Hilfe, er sei «ein guter Bruder für mich, ich gewinne ihn immer lieber».[34]

Ihre Befürchtung, die sie ein Jahr zuvor Erika Reiff gegenüber geäußert hatte, war also nicht eingetreten. Damals hatte sie gedacht, Hans könne sie in Kreise hineinziehen, in denen sie sich unwohl fühle, denn er sei ein «Chamäleon, u. es ist schwer (aber bei seiner Art notwendig) seinen Stimmungen zu folgen, ohne selbst davon erfaßt zu werden [...] er taumelt rastlos von einem zum anderen u. sucht bei ihnen, was er vielleicht bei sich suchen sollte.»[35] Deutliche Worte, die umso mehr überraschen, als Sophie sie an eine Außenstehende geschrieben hat. Was Hans Scholl seiner Freundin Rose Nägele im Sommer 1941 gesteht, klingt allerdings ganz ähnlich: «Ich suche dieses und jenes, finde da und dort endlich das Richtige, quäle mich weiter und schließlich freue ich mich über das Neue, Notwendige [...].»[36] Hans Scholl ist immer auf der Suche nach Austausch, nach Erweiterung seines geistigen Horizonts, nach gemeinsamem Erleben. Seine Leidenschaftlichkeit und Entflammbarkeit reizt die Frauen, die ihm häufig nachlaufen. Dass er wechselnde Liebschaften hat, ist auch kein Geheimnis. Nach dem Prozess wegen Unzucht hat er sich geradezu in neue Beziehungen gestürzt, was seine Biographen unterschiedlich deuten: Jakob Knab erkennt darin den Beweis, «wie er sich zum anderen Geschlecht hingezogen fühlte»,[37] während Robert Zoske die sehr leidenschaftliche Beziehung Hans Scholls zu Lisa Remppis als «Projektionsfläche für seine Reinheitsphantasien» deutet, als «ein Mittel, um seine homoerotischen Anteile umzuleiten».[38] Treue und unbedingte Loyalität hat Hans nur für seine Geschwister und engen Freunde reserviert. Sie schätzen seine gedankliche Beweglichkeit, seinen Humor und die inspirierenden Gespräche, die man mit ihm führen kann.

«Ich bin mir sicher bewußt, in welche Welt ich durch Hans eintrete», hatte Sophie – doch eher ahnungslos – noch im Juli 1941 geschrieben. «Wahrscheinlich werde ich mein Herz manchmal, wenn ich allein bin, fest an seinen Platz stellen müssen (denn wie gerne läßt es sich doch verlocken).»[39] Ist jetzt aber nicht genau das eingetreten, was sie eigentlich hatte vermeiden wollen? Elisabeth Scholl behauptet, Sophie habe überhaupt nicht studiert, was vielleicht übertrieben ist, aber sie scheint tatsächlich nicht viele Vorlesungen besucht und auch zuhause nicht gelernt zu haben. Stattdessen ging sie in Konzerte und zu Leseabenden mit den Freunden von Hans, die bald auch ihre wurden; sie las viel und besuchte regelmäßig Carl Muth, in dem die ganze Familie eine Art Ehrengroßvater und Ratgeber sah; sie fuhr aufs Land oder in die Berge, wann immer sie Lust dazu verspürte. Amüsiert spöttelte Lisa: «Überhaupt muss ich Dich wieder einmal ausfragen: ich höre nur von Philosophierereien, Teetrinken, Segeln und an sich ist doch Dein Studium auch nicht gerade Nebensache und vielleicht doch ein konkretes Ding?»[40] Auch Fritz schrieb ihr in einem seiner letzten Briefe, sie habe ihm noch nie vom Inhalt der Vorlesungen erzählt, «obwohl Du ja eigentlich zum Studium in München weilst. Die Menschen und die vielerlei Eindrücke und Anregungen die Dir vor allem bei Deinen guten Beziehungen begegnen erscheinen mir wesentlicher.»[41]

Kurz vor Ende des ersten Semesters erfuhr Sophie, dass sie in den Ferien zu einem zweimonatigen Rüstungseinsatz verpflichtet wurde. Eine Befreiung davon gebe es nicht, schrieb sie den Eltern am 6. Juni, sie könne sich höchstens bis September zurückstellen lassen, was sie auch tun wolle. Sie hoffe, der Mutter gehe es besser, fügte sie hinzu und erzählte dann sehr fröhlich von einem Ausflug nach Passau und in den Böhmerwald, wo sie einen Bekannten von Muth getroffen hatten, einen strafversetzten Pfarrer. Da sie dort nicht so viele Lebensmittel wie gehofft für ihren alten Freund auftreiben konnten, bat Sophie die Mutter um Forellen und um weißes Mehl, denn Muth durfte kein Schwarzbrot essen. Die Familie erfuhr zudem, dass Hans eine Lesung mit Sigismund von Radecki organisiert hatte. Er habe vor etwa 20 Gästen Gedichte und Essays gelesen, mit «ungeheuren Bewegungen, er spielt alles, was er liest». Sie hätten viel gelacht, Radecki sei früher als Schauspieler sicher sehr gut gewesen.[42]

Zwei Wochen später bedankte sich Sophie für drei Pakete von zuhause. Neben frischer Wäsche hatte die Mutter ihren beiden Kindern ein richtiges Festessen eingepackt, Salat, Rauchfleisch, Brezeln und Koteletts. Hans habe nach dem Abendessen bei ihr übernachtet, daher hätten sie zusammen auch noch ein üppiges Frühstück genossen. Muth habe sich über die Forellen gefreut, und sie wollten noch einmal nach Passau fahren, denn «für uns ist's ein großes Vergnügen».[43] Die Briefe an die Familie vermitteln den Eindruck, dass Sophie das Leben in München genoss. Am letzten Samstag hätten sie ein Konzert gehört, Sonntag sei Hans bei Professor Martin eingeladen gewesen, sie sei in ein Konzert im Schleißheimer Schloss gegangen. Für Inge hat Sophie noch eine besondere Information: Es könne sein, dass Theodor Haecker in derselben Zeit bei Muth wohne, in der auch Inge bei ihm zu Gast sei.

In der Muth'schen Villa in Solln begegneten die Scholl-Geschwister Menschen, die – wie sie selbst – zutiefst besorgt waren über die Zustände in Deutschland, Philosophen, Autoren und Freigeister. Der Hausherr selbst besaß weitreichende kulturphilosophische Kenntnisse und eine klare politische Haltung. So scharte er Gleichgesinnte um sich, und sein Haus wurde zu einem «Kraftfeld»[44] für Hans, seine Geschwister und seine Freunde. Schon im Herbst 1941 hatte Hans hier Theodor Haecker kennengelernt, tief beeindruckt von der sprachlichen Kraft des Kulturkritikers, Schriftstellers und Übersetzers. Der Schwabe Haecker, 1921 zum Katholizismus konvertiert, war aufgrund seiner deutlichen Kritik am Nationalsozialismus schon 1933 für ein paar Tage in Haft gewesen. 1936 traf ihn ein Redeverbot, zwei Jahre später durfte er keine Bücher mehr veröffentlichen. Hans Scholl organisierte 1942 verschiedene private Leseabende für Haecker,

Kurt Huber (re.) mit dem Sohn des Schriftstellers Fritz Müller-Partenkirchen

der bei diesen Gelegenheiten auch Hans' Schwestern sehr beeindruckte.

Einfluss auf die Geschwister Scholl und ihre Freunde hatte auch Kurt Huber. Der Professor lehrte Philosophie, Musikpsychologie und Volksliedkunde an der Münchner Universität. Aus Angst vor der «Bolschewisierung» Deutschlands hatte er den Aufstieg der Nazis zunächst gutgeheißen, sich dann aber zu ihrem Gegner entwickelt. Als Dozent tarnte er sich klug genug, um nicht denunziert zu werden, obwohl ein misstrauischer Kollege seine Studenten als Spitzel in Hubers Vorlesungen schickte.[45] Für aufmerksame Zuhörer waren seine Botschaften jedoch eindeutig, und seine Vorlesung «Leibniz und seine Zeit» zog Studenten verschiedener Fakultäten an. Hans lernte Huber im Juni 1942 bei einer Abendeinladung persönlich kennen und bat ihn gleich um die Erlaubnis, seine Philosophievorlesungen besuchen zu dürfen, obwohl er seines Medizinstudiums wegen nicht regelmäßig würde teilnehmen können.

Während Hans keine Scheu hatte, mit Menschen zu diskutieren, die ihm an Erfahrung und Wissen überlegen waren, hielt Sophie sich in solchen Gesprächen zurück, versuchte aber, so viel wie möglich in sich aufzunehmen. Am Kreis um Carl Muth faszinierte sie vor allem die Festigkeit im Glauben. Denn das empfand sie als ihre Schwachstelle, nur selten fühlte sie sich im Glauben geborgen. «Mein Gott ich kann nichts anderes als stammeln zu Dir», schrieb sie Ende Juni in ihr Tagebuch, «nichts anderes kann ich, als Dir mein Herz hinhalten, das tausend Wünsche von Dir wegziehen.» Gott möge sie an sich reißen und alles in ihr zerstören, was sie von ihm fernhalte.

> Lieber unerträglichen Schmerz als ein empfindungsloses Dahinleben. Lieber brennenden Durst, lieber will ich um Schmerzen, Schmerzen, Schmerzen beten, als eine Leere zu fühlen, eine Leere, und sie zu fühlen ohne eigentliches Gefühl. Ich möchte mich aufbäumen dagegen.[46]

Sophie wünschte sich immer wieder ein Zeichen, dass sie von Gott geliebt und angenommen sei.

Das Münchner Leben der jungen Studentin war ein ständiges Wechselbad zwischen sorglosen Zerstreuungen und tieftraurigen Phasen. Der Einzige, dem sie Einblick in ihre dunklen Momente gewährte, war weiterhin Fritz. Leider sind die Briefe an ihn aus diesen Monaten verloren gegangen, aber in seinen Antworten klingt ihre Verzweiflung noch durch. Er schrieb am 10. Mai: «Ach könnte ich nur etwas dazu beitragen Dir ein friedliches und volles Herze zu schenken. […] Liebe Sofie, wenn Du es für gut hältst, fahre doch einfach für ein pa[a]r Tage weg, such diese Einsamkeit, die Dir mangelt, denn ist es nicht wichtiger, daß Du in Dir selbst einen festen Grund findest, als daß Du irgendein Wissen in Dich einpfropfst. Du bist ja nun endlich (für eine gewisse Zeit wenigstens) ungebunden, tu doch, was für Dich gut und notwendig ist.»[47]

Hatte sie Fritz also geschrieben, ihr fehle es an Zeit für sich allein? Aber wer zwang Sophie, sich mit Hans und seinen Freunden zu treffen oder nach Solln zu fahren? Waren es die vielen Studenten, die sie nervös machten, oder war es einfach die Großstadt? Vielleicht ist die Erklärung viel einfacher: Studentin an der Ludwig-Maximilians-Universität zu sein, das war 1942 nicht das, was Sophie sich darunter vorgestellt hatte. Das Leben in der «Hauptstadt der Bewegung», wie die Nazis München nannten, machte es ihr unmöglich, für mehr als eine kurze Zeitspanne zu vergessen, dass sie in einer Diktatur lebte. Es fiel Sophie immer schwerer, sich mit den herrschenden Umständen zu arrangieren. Die Konzerte, die Ausflüge in die Berge und der vertrauliche Austausch mit Gleichgesinnten ermöglichten es ihr und den Freunden, sich als Individuen zu fühlen und vom NS-Staat, der den Anspruch erhob, alle Sphären des Lebens zu durchdringen, abzugrenzen.

Fritz Hartnagel hatte diese Möglichkeiten nicht. Er flüchtete sich deshalb in die Erinnerung und in seine Träume. Sophie verkörperte für ihn die Gegenwelt, die ihn den Krieg ertragen ließ. Deshalb verstand er nicht, warum sie ihm schrieb, sie habe ihm Schlechtes zugefügt. Sie habe ihm doch im Gegenteil so viel Gutes getan und ihn immer wieder aus seiner Umgebung herausgeführt. Nur durch das Wissen darum, «daß Du mir beistehen willst, schon dadurch, daß Du mich lieb hast und für mich betest», könne er «alles bestehen».[48] Sätze wie diese führten Sophie vor Augen, wie groß ihre Verantwortung für diese Beziehung weiterhin war. Und obwohl sie in manchen Momenten schwer daran trug, spielte sie nicht mehr mit dem Gedanken, diese Last von sich zu weisen.

Das Paar konnte sich noch einmal in München treffen, bevor Fritz in Richtung Stalingrad aufbrach. Was er auf dem Weg dorthin erfuhr und erlebte, auch die schrecklichen Untaten der Wehrmacht, die vor der Zivilbevölkerung geheim gehalten werden sollten, berichtete er Sophie: «Es ist erschreckend mit welcher zynischen Kaltschnäuzigkeit mein Kommandeur von der Abschlachtung <u>sämtlicher</u> Juden des besetzten Rußland erzählt hat und dabei von der Gerechtigkeit dieser Handlungsweise vollkommen überzeugt ist. Ich saß mit klopfendem Herzen dabei.»[49] Diese Information gab Sophie an Hans und seine Freunde weiter. Über Polen hatten sie ähnliche Dinge gehört. Wie lange Hans Scholl sich mit der Frage beschäftigt hat, ob er sich gegen das NS-Regime engagieren solle und vor allem wie, ist nicht bekannt. Aber die Frage trieb ihn spätestens seit dem

Frühjahr 1942 um. Ebenso sicher ist davon auszugehen, dass er mit Sophie darüber gesprochen hat.

Im Juni lag plötzlich eine Verlobungsanzeige von Lisa Remppis und ihrem Freund August Schlehe in Sophies Briefkasten. Sophie hatte Lisas Verlobten noch nicht kennengelernt; die sie überraschende Anzeige kränkte sie. Wie es sich gehört, gratulierte sie, aber sie verbarg ihr Befremden nicht: «So was gedrucktes von einem meiner nächsten Menschen, da bin ich in einer solchen Verfassung, daß ich eigentlich nicht schreiben sollte. Wenn Du heute nacht bei mir schlafen würdest, das wäre besser.»[50] Dass Lisa der Freundin unterstellte, wenig Interesse an einer Begegnung mit August zu haben, verstärkte Sophies Kummer, aber sie gab sich Mühe, das Vertrauen wieder aufzubauen, denn sie wollte «Deinem Gust dieselbe Zuneigung wie Dir entgegenbringen».[51]

Am selben Tag schrieb Sophie auch an Fritz. Nur ihm zeigte sie, wie traurig sie war, nannte ihm diesmal allerdings nicht den Grund. Fritz antwortete: «Ruh Dich in meinen Armen aus, von allem Leid, das Dir zugestoßen ist. Wenn ich auch nicht weiß, was Dir übles widerfahren ist, sei lieb und innig bei mir aufgenommen. Nimm allen Trost, den ich Dir geben könnte, Du liebe Sofie. Wie kannst Du glauben, daß Du mich in Anspruch nimmst, oder mich mit Deinen Sorgen belastest!»[52] Mitte Juli bekam Fritz einen weiteren verzweifelten Brief von ihr, auch diesmal hatte er keine Vorstellung davon, was vorgefallen war. Er schrieb, seine Einheit stehe inzwischen nördlich von Stalino im Donezbecken. Von 73 Kraftfahrzeugen seien bereits zwölf ausgefallen, um Ersatzteile zu beschaffen, müssten sie 500 Kilometer zurückfahren.[53] Aber nichts war Fritz wichtiger als Sophies Wohlergehen: «Oh liebe Sofie, laß mich teilhaben an Deinen Schmerzen, laß uns den Knoten gemeinsam lösen, Du hilfst auch mir damit. Laß mich wissen was Dich schmerzt, was Dich verwirrt und mutlos macht. Denn was Dein Mangel ist, ist auch der meine, und was Dein Reichtum ist, ist auch mein Reichtum, wenn wir uns eng verbunden bleiben.»[54]

15.

Die Stärkeren im Geiste: Die Weiße Rose

Nicht immer spüren Menschen es, wenn sie sich an einem Wendepunkt ihres Lebens befinden. Aber Ende Juni 1942, als Sophie Scholl zum ersten Mal ein Flugblatt der Weißen Rose in der Hand hielt, durchfuhr sie die Erkenntnis wie ein Stromstoß. Hier stand endlich das, was sie dachte, was ihre Eltern, ihre Geschwister, Freundinnen und Freunde dachten: Die Deutschen werden von einer verbrecherischen Diktatur regiert, gegen die die Menschen sich wehren müssen. Gleichzeitig wurde sie von einer diffusen Angst ergriffen: Wenn ihr Bruder in die Abfassung dieses Flugblatts verwickelt ist – und dieser Gedanke stellte sich bei ihr sofort ein –, dann hat er sich mit einem Regime angelegt, das dafür berüchtigt ist, mit seinen Gegnern kurzen Prozess zu machen.

An welchem Tag genau Traute Lafrenz das Flugblatt aus ihrer Tasche zog und Sophie in die Hand drückte, weiß sie später nicht mehr, aber Sophie erinnert sich daran, dass es während einer Vorlesungspause bei Professor Huber geschah. Das schmucklose Blatt, auf Vorder- und Rückseite eng mit Schreibmaschine beschrieben, trägt die Überschrift *Flugblätter der Weissen Rose,* darunter steht die Zahl IV, denn Sophie berichtet im Verhör, es sei das vierte Flugblatt gewesen, dass sie als Erstes gelesen habe.[1] Es stammt aus der Feder von Hans Scholl. Er liefert eine realistische Einschätzung des Kriegsverlaufs und warnt eindringlich «vor jedem Optimismus». Auch auf die unzähligen Toten geht er ein, die der Krieg bereits gefordert hat, und klagt an: «Hitler aber belügt die, deren teuerstes Gut er geraubt und in den sinnlosen Tod getrieben hat.» Um Hitlers Niedertracht zu beschreiben, greift Scholl auf Bilder der Apokalypse zurück: «Sein Mund ist der stinkende Rachen der Hölle und seine Macht ist im Grund verworfen.» Wohl sei der Mensch frei, heißt es weiter, «aber er ist wehrlos wider das Böse ohne den wahren Gott, er ist wie ein Schiff ohne Ruder, dem Sturme preisgegeben, wie ein Säugling ohne Mutter, wie eine Wolke, die sich auflöst».[2] Man erkennt in diesen Formulierungen den Einfluss Theodor Haeckers.

Sophie brauchte nicht lange, um herauszufinden, dass ihr Bruder Hans tatsächlich etwas mit diesem Flugblatt zu tun hatte: Entweder ging es ihr so wie Traute Lafrenz: «Aus den verwendeten Begriffen, der Thematik und den Formulierungen schloss ich sofort, dass die Flugblätter von einem oder mehreren von ‹uns› geschrieben worden sein mussten: [...] es gab literarische Verweise, die wir ständig verwendet hatten.»[3] Auch Jürgen Wittenstein, Kommilitone und Freund, erkannte die «Handschrift» Scholls: «Es war mir sofort klar aus allem, was vorausging, dass er der Urheber sein muss. Mein Freund Hubert Furtwängler ging auch zum Hans und sagte: ‹Sag mal, das muss doch von dir sein.›»[4]

Möglich ist aber auch, dass Sophie von der Idee, Flugblätter herzustellen, schon vorher gewusst hatte, dafür spricht das folgende Indiz: Im Mai bat sie Fritz Hartnagel um 1000 Reichsmark «für einen guten Zweck», den sie ihm nicht näher erläuterte. Außerdem überreichte sie Fritz während einer gemeinsamen Zugfahrt einen Bezugsschein für einen Vervielfältigungsapparat und bat ihn, den Schein so bald wie möglich mit dem Stempel seiner Kompanie zu versehen und ihr zurückzuschicken, damit sie ihn einlösen könne. Was Sophie über den Zweck des Apparats sagte, weiß Fritz später nicht mehr, aber der Schrecken darüber ist ihm im Gedächtnis geblieben, ebenso wie der sich daran anschließende Dialog: «‹Bist Du Dir im Klaren, dass dies Dir den Kopf kosten kann?› Sofie erwiderte darauf mit fester Stimme: ‹Ja, darüber bin ich mir im Klaren.› Merkwürdigerweise haben wir beide kein Wort mehr darüber gesprochen. Vielleicht wollten wir die letzten Stunden vor unserer Trennung nicht mit so schweren Problemen belasten.»[5] Dieses Gespräch unter vier Augen hat auch im Briefwechsel der beiden Spuren hinterlassen. Am 31. August

1942 schrieb Fritz an Sophie: «Den gewünschten Bezugschein kann ich nur unter Schwierigkeiten erhalten, ich habe immer noch Bedenken und weiß nicht, ob der Zweck eventuelle Unannehmlichkeiten rechtfertigen würde.»[6]

Das bedeutet: Sophie Scholl hat schon im Mai 1942 – also einen Monat vor dem Erscheinen der ersten Flugblätter – versucht, ein Gerät für die Vervielfältigung von Texten zu organisieren. Da die Familie Scholl im Winter 1941 Abschriften von Predigten des Bischofs von Münster im Briefkasten gefunden hatte, könnten Hans und sie dadurch auf den Gedanken gekommen sein, selbst NS-kritische Texte zu verbreiten. In Ulm wäre eine solche Aktion zu gefährlich gewesen, zumal dem Vater ein Prozess drohte, aber in München, so vielleicht die Überlegung, ließe sich eine solche Aktion weniger gefährdet durchführen. Wenn die beiden sich aber damals schon über die Herstellung von Flugblättern unterhalten haben, dann muss es dabei auch um den Inhalt gegangen sein. Vielleicht hat Sophie also deutlich früher, als es überliefert ist, eigene Ideen beigesteuert. Gegen diese Theorie spricht, dass Sophie Scholl im Verhör 1943 ganz klar abgestritten hat, etwas mit den ersten vier Flugblättern vom Sommer 1942 zu tun zu haben, doch über den Aussagewert der Verhörprotokolle wird noch zu reden sein.

Klar ist: Es gibt keinen eindeutigen Beweis, dass Sophie mit den ersten vier Flugblättern etwas zu tun hatte, aber es spricht mehr dafür als dagegen, dass sie von diesen Aktionen zumindest etwas ahnte oder wusste.[7]

Weil Hans Traute Lafrenz wie allen anderen Freunden gesagt hatte, man solle die Frage nach den Verfassern nicht stellen, um niemanden zu gefährden, glaubte diese zunächst, hinter den Flugblättern verberge sich eine größere Organisation. Als sie erfuhr, dass nur Hans und Alex für die Aktion verantwortlich waren, reagierte sie enttäuscht und verletzt. Es kränkte sie, dass die beiden sie nicht eingeweiht und um Mithilfe gebeten hatten.[8] Wie muss sich dann erst Sophie gefühlt haben, wenn sie von den Schriften überrascht worden ist? Nachdem sie die ersten vier Flugblätter gelesen hatte, war sie fest entschlossen, sich in Zukunft an solchen Aktionen des Widerstands zu beteiligen.

Nur die ersten vier *Flugblätter der Weissen Rose* tragen diesen Titel und sind von ihren Verfassern von I bis IV durchnummeriert worden.[9] Sie tauchten zwischen dem 27. Juni und dem 12. Juli 1942 in München auf. Die folgenden Flugblätter erschienen erst ein halbes Jahr später, trugen andere Überschriften und keine Nummerierung; sie werden als fünftes, sechstes und – auch wenn es nie vervielfältigt wurde – als siebtes Flugblatt bezeichnet.

Die Flugblätter I–IV wurden von Hans Scholl und Alexander Schmorell in der Schmorell'schen Villa in Harlaching verfasst, auf Matrizen getippt und in einer Auflage von etwa 100 Stück mit einem einfachen Vervielfältigungsapparat, einem sogenannten Handkurbelgerät, abgezogen. Für den Versand haben die beiden Freunde die Blätter in ebenfalls mit der Schreibmaschine adressierte Briefumschläge gesteckt und diese frankiert. Unter den Empfängern waren nicht nur Freunde und Bekannte, sondern auch Münchner Bürger, deren Adressen Scholl und Schmorell aus dem Telefonbuch abgeschrieben hatten: Ärzte, Schuldirektoren, Schriftsteller und Buchhändler, Gastwirte, Lebensmittelhändler und Caféhausbetreiber. Hans und Alexander sahen in ihnen potenzielle Unterstützer, die die Blätter abschreiben oder wenigstens weitergeben könnten, wozu am Ende jedes der vier Flugblätter explizit aufgefordert wurde. Sie rechneten vermutlich nicht damit, dass ein Drittel der Empfänger die gefährliche Post sofort zur Polizei tragen würde.

Schon im ersten Satz des ersten Flugblatts zielen die beiden Studenten ins Herz ihrer Leser: «Nichts ist eines Kulturvolkes unwürdiger, als sich ohne Widerstand von einer verantwortungslosen und dunklen Trieben ergebenen Herrscherclique ‹regieren› zu lassen. Ist es nicht so, dass sich jeder ehrliche Deutsche heute seiner Regierung schämt, und wer von uns ahnt das Ausmass der Schmach, die über uns und unsere Kinder kommen wird, wenn einst der Schleier von unseren Augen gefallen ist und die grauenvollsten und jegliches Mass unendlich überschreitenden Verbrechen ans Tageslicht treten?»[10]

Hans Günter Hockerts hat herausgearbeitet, dass alle vier Flugblätter einem ähnlichen Aufbau folgen.[11] Auf die «Exposition einer Wertidee» folgt die Diagnose des derzeitigen gesellschaftlichen Zustands, daran schließen sich Warnung und Drohung an, und schließlich folgt der Appell zum Handeln: «Leistet passiven Widerstand – *Widerstand* – wo immer Ihr auch seid, verhindert das Weiterlaufen dieser at[h]eistischen Kriegsmaschine, ehe es zu spät ist, ehe die letzten Städte ein Trümmerhaufen sind, gleich Köln, und ehe die letzte Jugend des Volkes irgendwo für die Hybris eines Untermenschen verblutet ist.»[12]

Welche Leserinnen und Leser hatten die beiden Freunde vor Augen? Hans Scholl war der Meinung, nicht die Masse der Deutschen, sondern die «Intelligenz» habe 1933 versagt. Gerade die auf geistigem Gebiet so spezialisierten Deutschen seien nicht in der Lage, «die einfachsten politischen Fragen richtig zu beantworten». Es sei «höchste Zeit [...] diesen Teil des Bürgertums auf seine staatspolitischen Pflichten aufs Ernsteste hinzuweisen».[13] Ihre Hoffnung war, dass die geistige Elite des Landes nicht länger tatenlos zuschauen wollte, wie dieses Regime ihr Land in jeder Hinsicht zugrunde richtete. Und so heißt es im zweiten Flugblatt: «Ein jeder will sich von einer solchen Mitschuld freisprechen, ein jeder tut es und schläft dann wieder mit ruhigstem, bestem Gewissen. Aber er kann sich nicht freisprechen, ein jeder ist *schuldig, schuldig, schuldig!*»[14]

Die beiden Studenten zitieren Schiller, Goethe, Aristoteles, Laotse, Novalis und die Bibel. Sie greifen Gedanken aus Gesprächen mit Carl Muth oder Kurt Huber auf. Trotz der hohen moralischen Anforderungen, die sie stellen, sind sie jedoch realistisch genug, die extreme ideologische Verblendung vieler Deutscher und damit auch mancher ihrer Leser einzukalkulieren. Deshalb sprechen sie nicht über Antisemitismus, sondern ganz konkret über den Massenmord an den Juden und benennen klar die Menschheitsverbrechen der Deutschen. Im zweiten Flugblatt heißt es in einer Passage von Alexander Schmorell: «Nicht über die Judenfrage wollen wir in diesem Blatte schreiben, keine Verteidigungsrede verfassen – nein, nur als Beispiel wollen wir die Tatsache kurz anführen, die Tatsache, dass seit der Eroberung Polens dreihunderttausend Juden in diesem Land auf bestialischste Art ermordet worden sind.»[15] Auch Leser, die latent oder offen antisemitisch denken, Mord und erst recht Massenmord jedoch für verwerflich halten, sollen aufgerüttelt werden und die

Augen nicht weiter verschließen können vor dem, was Deutsche im Osten anrichten: «Hier sehen wir das fürchterlichste Verbrechen an der Würde des Menschen, ein Verbrechen, dem sich kein ähnliches in der ganzen Menschengeschichte an die Seite stellen kann.» Weiter heißt es: «Auch die Juden sind doch Menschen – man mag sich zur Judenfrage stellen wie man will – und an Menschen wurde solches verübt.»

Die Weiße Rose ist nach heutigem Forschungsstand die einzige Widerstandgruppe in der NS-Zeit, die den Mord an den Juden öffentlich anklagt. Und Schmorell wendet sich dann doch noch an diejenigen, die behaupten, die Juden hätten ihr Schicksal verdient: Wie würden sie rechtfertigen, dass die polnische adlige Jugend vernichtet werde? Jeder Leser wisse von diesen ungeheuerlichen Verbrechen: «Warum verhält sich das deutsche Volk angesichts all dieser scheusslichsten, menschenunwürdigsten Verbrechen so apathisch?»[16]

Dass Scholl und Schmorell in ihren Texten vielschichtig argumentieren, führt zu unterschiedlichen Bewertungen hinsichtlich ihrer Motive. Doch wer darüber streitet, ob ihr Widerstand eher christlich, politisch oder humanistisch zu nennen ist, verkennt, dass die Freunde bewusst auf allen diesen Ebenen argumentieren, um möglichst viele Menschen zu erreichen und zu überzeugen. Hinzu kommt, dass die Hast, in der die ersten vier Flugblätter entstanden sind, «manchen Gedanken nicht ausreifen» ließ, wie die Verfasser selbst eingestanden.[17]

Wie Hans Scholl auf den Namen «Weiße Rose» kam, lässt sich heute nicht mehr feststellen. Im Verhör sagte er aus, er habe den Namen «willkürlich gewählt», vielleicht «unter dem Eindruck der spanischen Romanzen von Brentano *Die Rosa Blanca*», die er damals gerade gelesen habe.[18] Diskutiert wird auch ein Bezug auf den 1929 erschienenen Roman *Die weiße Rose* von B. Traven, in dem ein profitsüchtiger Ölmagnat über Leichen geht. Hans kannte das Buch. Sophie gab eine andere Erklärung zu Protokoll: Ihr Bruder habe sie darauf hingewiesen, dass die Fahnen der verbannten Adligen während der französischen Revolution eine weiße Rose als Symbol getragen hätten.[19]

Christoph Probst, um 1942

Auch Alexander Schmorells bester Freund Christoph Probst gehörte zu den Empfängern der Flugblätter. Dass er von den Freunden in die Arbeit nicht einbezogen wurde, hatte einen einfachen Grund: Er sollte als Ehemann und Familienvater geschützt werden. Christoph Probst wurde 1919 in Murnau geboren und stammte wie Schmorell aus einer wohlhabenden Familie. Nach der Scheidung seiner Eltern lebte er abwechselnd bei Vater und Mutter, wechselte deshalb mehrfach die Schule und besuchte auch reformpädagogische Landschulheime. Für kurze Zeit war er begeistertes HJ-Mitglied.[20] Nach Abitur, RAD und Militärdienst begann er 1939 mit dem Medizinstudium und heiratete 1941 Herta Dohrn, die wie er selbst einem nazikritischen Elternhaus entstammte. Sie hatten drei Kinder, zwei Söhne und die Tochter Katharina, die wenige Wochen vor seinem Tod geboren wurde. Im Sommersemester 1942 studierte Christoph mit Alexander und Hans zusammen in München, gehörte aber zu einer anderen Studentenkompanie. Christoph, den die Freunde Christl nannten, war wegen seines offenen und freundlichen Wesens bei allen beliebt. Seine Schwester Angelika konnte dagegen seinen neuen Freund Hans Scholl nicht leiden und bat den Bruder, «er solle diesen Fanatiker ja nicht wieder mitbringen».[21]

Im Juli 1942 kam Inge Scholl für zehn Tage nach München. Sie wohnte bei Carl Muth in Solln und verabredete sich täglich mit Sophie und Hans, die ihr ein vielfältiges Programm boten: ein Beethovenkonzert im Brunnenhof der Residenz, eine Vorlesung von Kurt Huber oder einen Besuch bei dem von Hans hochgeschätzten Buchhändler Josef Söhngen. Einmal trafen sie sich am Abend bei Alexander Schmorell, um Paul Claudels Theaterstück *Der seidene Schuh* mit verteilten Rollen zu lesen. Wenngleich Inge nach dem Krieg in ihren *Erinnerungen an München* nur Gutes über die neuen Freunde der Geschwister zu sagen hatte, äußerte sie sich damals in ihrem Tagebuch kritisch und fühlte sich als «Fremdling» in dieser Runde.[22]

Höhepunkt der Reise war aus Inges Sicht die Lesung von Theodor Haecker im Atelier des Architekten Manfred Eickemeyer in der Leopoldstraße. Hans hatte einen Schlüssel zum Atelier und durfte dort Zusammenkünfte von Freunden organisieren, wenn Eickemeyer unterwegs war. Er arbeitete unter anderem in Krakau und Tarnow für die Organisation Todt. Sie verantwortete große Bauvorhaben wie den Westwall. In den besetzten Gebieten war sie für Straßenbau, Verteidigungsanlagen, Fabriken und Brücken zuständig.[23] Für welche Bauprojekte Eickemeyer im Einzelnen tätig war, ist bisher nicht bekannt, es waren jedenfalls Rüstungsaufträge darunter.[24] Seine Arbeit und die Beziehung zu seiner polnischen Freundin, die später zu ihm nach München zog, verschafften ihm offensichtlich Detailkenntnisse. Denn er war es, der Hans und Alexander von der massenhaften Ermordung der Juden in Polen berichtet hatte.

Ein Thema vermied Inge in diesen Münchner Tagen nach Kräften, die *Flugblätter der Weissen Rose*, denn sie lösten bei ihr vor allem Angst aus. Hans Hirzel, der jüngere Bruder von Sophies Freundin Susanne, hatte ein Flugblatt nach Ulm zum Münsterplatz mitgebracht und Inge auf den Kopf zugesagt, er vermute Hans dahinter. «Ich rede ihm zitternd aus, daß sie von Hans seien», schreibt Inge, aber damit ist das Problem nicht gelöst: «Frau Reiff läßt mich zu sich kommen. Sie ist außer sich vor Angst. ‹Blätter der Weißen Rose›. Am nächsten Tag kommt Sophie. Als ich sie nach den Flugblättern frage, lacht sie fröhlich und sagt, die seien bei den Studenten in aller Hand. Das sei nichts besonderes. [...] Wir sagen den Eltern nichts von der Sache.» In München sprach auch Carl Muth in Inges Beisein über die Flugblätter. Sein Freund und Nachbar, der Schriftsteller Werner Bergengruen, hatte Besuch von einem Journalisten, der ein Flugblatt bekommen und es aus Angst zur Gestapo getragen hatte. Muth verurteilte Inge gegenüber diese «Hasenherzigkeit». Bergengruen wird nach dem Krieg erzählen, er und seine Frau seien der Aufforderung der Flugblätter gefolgt, hätten sie abgeschrieben und zu Freunden getragen. Beide Männer waren angetan von der Aktion, allerdings wussten sie nicht, dass es ihr junger Freund Hans Scholl war, der sich damit in Lebensgefahr brachte. Aber Inge ahnte es: «Angst um Hans. Grauen vor der Ungewißheit, vor dem Nichts.»[25]

Als Sophies erstes Semester zu Ende ging, hatte sie viel gelernt, wenn auch wenig studiert. Bevor sie nach Ulm fuhr, beschrieb sie eine Kunstpostkarte mit einem Stillleben von Cézanne. An wen sie ihre Worte richtete, ist unklar, denn Anrede und Adresse fehlen. Vielleicht war Waldemar Gabriel der Adressat. Sophie schrieb, ihr Bruder müsse jetzt nach Russland, wo ihr jüngerer Bruder bereits sei, ebenso wie die meisten Freunde. Sie fügte hinzu: «In diesem Jahr wird noch eine Entscheidung fallen. Mit jeder Fiber seines Wesens wartet man auf sie.»[26] Sophie schickte die Karte nicht ab. Vielleicht weil ihr auf einmal etwas klar wurde: Sie wünschte sich, dass der Krieg so schnell wie möglich endete, sie wollte auch, dass die Deutschen ihn verlören. Aber was bedeutete das für Fritz, für ihre Brüder und für die Freunde, für all diejenigen, die an der Front waren oder auf dem Weg dorthin?

Am 22. Juli 1942 wurde im Atelier Eickemeyer Abschied gefeiert. Hans und Sophie trafen sich mit ihren Freunden, tranken Bier und Wein und gerieten rasch in eine heftige Diskussion. «Von den jungen Leuten wurde insbesondere davon gesprochen, wie sie sich im Felde verhalten werden», erinnert sich später Professor Huber, der ebenfalls eingeladen war. Schmorell habe angekündigt, er wolle passiv bleiben, aber Hans Scholl, die Studentinnen und er selbst seien anderer Meinung gewesen und hätten Schmorell überstimmt.[27] Offenbar hat Sophie von ihrer als Schülerin vertretenen Forderung nach Passivität im Feld inzwischen Abstand genommen.

Es ist bemerkenswert, dass Huber noch ein dreiviertel Jahr später die Haltung der beiden anwesenden Frauen Traute und Sophie erwähnt, noch dazu in einem Verhör. Sie äußern also klar ihre Meinung und sitzen nicht schweigend dabei, während die Männer diskutieren. Weil Traute später berichtet, sie und Sophie hätten nach der Feier das Atelier aufgeräumt, ist die Vermutung entstanden, die beiden hätten es vielleicht nicht klug gefunden, «in diesen Zeiten die Emanzipation zu proben».[28] Doch das Gegenteil war der Fall. Beide Frauen studierten, sie lebten nach ihrem eigenen Plan und ihren eigenen Vorstellungen, sie nahmen an den Diskussionen ihrer Freunde teil und bezogen darin Stellung. Dass sie sich fürs Aufräumen zuständig fühlten, ist ihrer Erziehung zu verdanken und änderte nichts daran, dass Sophie Scholl und Traute Lafrenz als ernst zu nehmende, wenn nicht gleichberechtigte Gesprächspartnerinnen in dieser Gruppe agierten.

Mitten in der Debatte erschien ein neuer Gast, Hans Hirzel aus Ulm. Als Hans Scholl ihn mit seinem richtigen Namen vorstellte, war er entsetzt, denn er hielt die Zusammenkunft für ein konspiratives Treffen, und ging davon aus, dass Decknamen benutzt würden. Alle Anwesenden seien der Meinung gewesen, das Regime müsse endlich weg, erinnert sich Hirzel über ein halbes Jahrhundert später, nur habe man leider nicht die dafür nötigen Machtmittel zur Verfügung.[29]

Am nächsten Tag versammelten sich die Freunde aus der 2. Studentenkompanie am Münchner Ostbahnhof. Weil Sophie und Traute sich ein Fahrrad teilten, verhandelten sie darüber, wer von ihnen damit zum Bahnhof radeln dürfe. Traute ließ Sophie schließlich den Vortritt, denn es war ihr Bruder, der verabschiedet wurde. Jürgen Wittenstein schoss an diesem Vormittag eine Serie von Fotos, die weltberühmt wurden: Tausendfach sind die Bilder von Sophie Scholl in Strickjacke und mit Margeritenblüte in der Hand abgedruckt

Abschied am Ostbahnhof: Hans und Sophie Scholl, Christoph Probst (v. li.), 23. Juli 1942

worden. Auf einem Foto steht sie mit ausgebreiteten Armen hinter einem Zaun, auf einem anderen sitzt sie zwischen den Soldaten, konzentriert und ernst. Als sie nach vier Stunden allein zurückbleibt, ist das Fahrrad gestohlen.

Zwei Tage später fuhr Sophie nach Ulm, um sich zum Rüstungseinsatz in einer Schraubenfabrik zu melden. Der Abschied von Hans und den Freunden ging ihr tagelang nach. An ihre Freundin Lisa schrieb sie: «Ich hätte nicht geglaubt, dass ich so an ihnen allen, vor allem an Hans, hänge. Hoffentlich können wir uns bald alle gesund wiedertreffen.»[30] Sophie fuhr noch einmal zurück nach München, um gemeinsam mit Traute das Zimmer von Hans nach Papieren zu durchforsten, die ihm gefährlich werden könnten. Vielleicht war ihr erst in Ulm klar geworden, dass die Gerüchte über die Urheberschaft der vier Flugblätter noch lange nicht verstummt waren. Ein Hinweis bei der Polizei hätte genügt, Hans ins Visier der Gestapo geraten zu lassen. Auch der bevorstehende Prozess gegen den Vater könnte sie zu dieser Vorsichtsmaßnahme veranlasst haben.

Abschied am Ostbahnhof: Die Sanitätssoldaten Hubert Furtwängler, Hans Scholl, Naumann, Alexander Schmorell (v. li.) auf dem Weg zu ihrem Einsatz an der Ostfront. Sophie steht hinter dem Zaun, 23. Juli 1942

Robert Scholl wurde am 3. August 1942 wegen «Heimtückevergehen» von einem Sondergericht zu vier Monaten Gefängnis verurteilt. Bis zum Haftantritt drei Wochen später konnte er seine beruflichen Angelegenheiten regeln. Er bat den Stuttgarter Freund Eugen Grimminger, die Geschäfte für ihn weiterzuführen. Für Inge wurde es eine besonders harte Zeit, sie war froh, dass Traute Lafrenz einen Monat lang im Büro aushalf.

Sophie, Inge und Lina Scholl spazierten jeden Abend zum Gefängnis und warfen dort für Robert die *Frankfurter Zeitung* ein. Einen Brief durften sie ihm nur alle zwei Wochen schicken, antworten durfte er nur einmal im Monat. Manchmal nahm Sophie ihre Blockflöte mit. Sie hoffte, der Vater würde es hören, wenn sie vor den Gefängnismauern *Die Gedanken sind frei* spielte. «Ich habe eigentlich keine Sorge um ihn», teilte sie Lisa mit, «wenn es mir auch oft wehtut, ihn dort zu wissen, aber dass dies zu seinem Allerbesten dient, und wie glücklich dieses Wissen macht, wenn man diesen Satz so recht bedenkt: zu seinem Besten! Da hätte ihm ja gar nichts Besseres widerfahren können.»[31] Glaubte Sophie, der Vater würde die Zeit im Gefängnis als eine Auszeichnung betrachten? Etwas Ähnliches hat sie tatsächlich einmal gesagt, nur wenige Wochen zuvor, als sie mit Inge und Traute in einem Ausflugslokal am Rande von München saß. Gut gelaunt hatte Sophie den beiden anderen ausgemalt: «Aber unsere Kinder werden sich vielleicht untereinander rühmen: Ätsch, mein Vater war im Konzentrationslager, meine Mutter hat im Gefängnis gesessen …»[32] Sophie hatte schon damals die Strafe als Auszeichnung verstanden und stellte sich und ihren Vater damit über die Verfolger. Zugleich hatte sie zu diesem Zeitpunkt schon die nachfolgenden Generationen im Blick.

Sophie schrieb dem Vater, sie höre an seiner Stelle gewissenhaft Nachrichten und stehe oft vor der Karte Europas. Das war leichtsinnig, denn nicht nur der Vater, auch die Gestapo könnte auf die Idee kommen, Sophie höre Feindsender. Sie beschloss ihren Brief: «Du spürst doch, dass du nicht allein bist, denn unsere Gedanken, die reißen die Schranken und Mauern entzwei: die Gedanken –!»[33] Der Vater sollte wissen, dass sie das Familienmotto «Allen Gewalten zum Trutz sich erhalten» verinnerlicht hatte.

Hans dachte ähnlich. Als er Werner hinter der Front in Russland begegnete und ihm von der Haft des Vaters erzählte, legte er ihm die Hand auf die Schulter und sagte: «Wir müssen das anders tragen als andere. Das ist eine Auszeichnung.»[34]

Die Zuversicht, die Sophie dem Vater vermitteln will, spürt sie selbst nur selten. Jeden Tag müsse man damit rechnen, zu sterben und von Gott zur Rechenschaft gezogen zu werden, notiert sie im Tagebuch: «Weiß ich denn, ob ich morgen früh noch lebe? Eine Bombe könnte uns heute nacht alle vernichten.» Sophie belastet immer noch die Vorstellung, sie sei leichtsinnig und zu sehr auf weltliche Dinge fixiert. Wieder bittet sie Gott darum, sie von ihrem eigensüchtigen Willen zu befreien.

Die Fähigkeit zur Selbstkritik ist eine positive Eigenschaft, solange sie nicht in eine unfruchtbare Nabelschau mündet. Ist Sophie bewusst, wie nah beides beieinanderliegt? Wahrscheinlich schon, denn sobald sie merkt, dass sie dabei ist, sich etwas vorzumachen, korrigiert sie sich schonungslos. Gerade hat sie eine Seite aus dem Tagebuch gerissen, auf der es um Alexander Schmorell geht, da wird ihr klar, wie lächerlich das ist: «Warum aber soll ich ihn aus meinem Herzen reißen? Ich will Gott bitten, daß er ihm den richtigen Platz darin anweise. Darum soll er auch in dem Heft stehen, jetzt wieder. Und jeden Abend will ich ihn, ebenso wie Fritz und alle anderen, in mein Gebet einschließen.»[35]

Auch Inge Scholl besaß diesen Hang zur Selbsterziehung. Seit Sophie wieder am Münsterplatz wohnte, gab es Konflikte zwischen den Schwestern. «Das Verhältnis zwischen Sofie und mir quält mich», vertraute sie ihrem Tagebuch an, in dem sie auf Otls Anregung alles in Form von Gebeten formulierte. «Ach, Vater, von Herzen bitte ich Dich: Sag' Du mir, wie ich mich zu Sofie verhalten soll. Ich will es tun. Innig bitte ich Dich, Vater, laß mich sie richtig lieb haben und laß mich nicht allzu sehr ihre kleinen Fehler und Lästigkeiten sehen.»[36] Oft ging es tatsächlich nur um Kleinigkeiten, etwa um Kleiderwünsche. Oder um die Verteilung der Hausarbeit: Sophie wollte wieder Klavierunterricht nehmen, was Inge befürchten ließ, die Hausarbeit werde wieder auf ihren Schultern ruhen, während Sophie Klavier spielte. Inge kam zudem noch immer nicht mit der Freundschaft zwischen Sophie und Otl zurecht. Ob Sophie die Nöte der großen Schwester begriff, geht aus ihren Aufzeichnungen nicht hervor.

Fritz Hartnagel wurde Anfang August zum Hauptmann befördert, was den jungen Mann, der einst aus freien Stücken die Offizierslaufbahn gewählt hatte, nicht besonders freute: «Könnte ich nur ein einfacher Soldat sein, der sich geben kann wie er ist.»[37] Fritz war sehr nah an das Kriegsgeschehen herangerückt und musste sich einiges von der Seele schreiben. Er berichtete von Gefangenen, die vor Erschöpfung zusammenbrachen und erschossen wurden, und schilderte die Not der russischen Bevölkerung. Weil die Wehrmacht ihnen die letzten Vorräte raube, müssten Tausende verhungern. Dass die Zahl der Hungertoten in Russland in Wahrheit in die Millionen ging, überstieg zu diesem Zeitpunkt noch sein Vorstellungsvermögen. Ohne seinen Glauben könne er die Schreckensbilder nicht verkraften, schrieb er Sophie: «Wie sollen wir solches Elend, das doch auch das unsrige sein muß, so viel irrsinnige Verworrenheit anders ertragen, als daß wir uns frei machen von allen Erdenwünschen, frei von diesem Leben und uns ganz in die Gnade begeben, die uns verheißen ist.»[38]

Als Fritz von dem Gerichtsurteil gegen Robert Scholl erfuhr, saß dieser bereits im Gefängnis. «Meine arme Sofie», schrieb er am 7. September, «wie viel Schlimmes musst Du noch über Dich ergehen lassen? Wie froh war ich, als Du endlich von Blumberg weg warst, und nun wieder geht es Dir fast noch schlimmer wie mir scheint.» Die Arbeit in der Rüstungsfabrik, dazu die Unterstützung der Mutter im Haushalt und die Sorge um den Vater – all das schien ihm zu viel für Sophie zu sein. Er riet ihr, sich einfach krank zu melden, falls sie es nicht ohnehin schon sei. «Und ich kann wieder nur zusehen, wie Du leiden mußt, ohne Dir helfen zu können.»[39]

Seit Ende August arbeitete Sophie in der Ulmer Schraubenfabrik Constantin Rauch. Nie zuvor hatte sie eine so geistlose Arbeit geleistet, nicht einmal im RAD. Sogar ein dressierter Affe könne diese Handgriffe ausführen, gesetzt den Fall, es sei ihm nicht zu blöd, beschwerte sie sich bei Lisa. Im Vergleich dazu erscheine ihr selbst die Tätigkeit eines Straßenkehrers geradezu erstrebenswert.[40] Sophie kritisierte die Umkehrung der Machtverhältnisse, in der Fabrik gäben die Maschinen den Takt vor und würden zu Sklavenhaltern der Menschen, die sie «zwar selbst erschaffen, dann aber zu ihrem Tyrannen erhoben hatten. Die Maschine erhält hier etwas Dämonisches – und es bedürfte doch nur einer geistigen Umstellung der Menschen, um sie an ihren rechten Platz zu rücken.»[41]

Neben ihr am Fließband stand eine junge russische Zwangsarbeiterin, mit der Sophie täglich ihr Pausenbrot teilte. Bewegt berichtete sie Lisa von der Freundlichkeit und Hilfsbereitschaft dieser Frau und verglich es mit dem geschäftsmäßigen Misstrauen «von uns ‹hochstehenden› Europäern».[42]

Hans Scholl, Alexander Schmorell, Willi Graf und Hubert Furtwängler waren inzwischen über Warschau und Vilnius nach Wjasma

Willi Graf, um 1942

gelangt, 70 Kilometer hinter der Front, zwischen Moskau und Smolensk. Dort wurden die Studenten nicht nur als Hilfsärzte eingesetzt, sondern durch ihre Teilnahme an den Visiten und eine Vorlesung pro Tag auch weiter ausgebildet. Mit der Zeit entwickelte sich zwischen Hans und Willi eine enge Freundschaft.

Willi Graf wurde 1918 im Rheinland geboren und wuchs in Saarbrücken auf. Als Kind strenggläubiger Katholiken ging er nicht zur HJ, sondern wurde Mitglied in einem katholischen Schülerbund. Nachdem das Saarland 1935 dem NS-Staat angeschlossen worden war, weigerte sich Graf weiterhin, der HJ beizutreten, obwohl man ihm mit dem Ausschluss vom Abitur drohte. Konsequent strich er damals die Namen all der Freunde in seinem Adressbuch, die zur HJ wechselten. Nach Abitur und RAD begann Willi Graf in Bonn mit dem Medizinstudium. 1938 kam er wegen bündischer Umtriebe für ein paar Wochen ins Gefängnis und wurde zum Wehrdienst eingezogen. Dort diente er zunächst an der West-, dann an der Ostfront und wurde bereits Zeuge des brutalen Vorgehens der deutschen In-

Alexander Schmorell (li.) und Hans Scholl am Ostbahnhof, 23. Juli 1942

vasoren. Als Hans Scholl ihm von den Flugblättern berichtete und ankündigte, er wolle im Winter neue Aktionen planen, entschied Graf sich bald dafür mitzumachen.

Sophie wusste von diesen Gesprächen nichts. Hans schrieb ihr aus Russland, der Herbst sei dort wunderschön, die endlosen Birkenwälder färbten sich von zartem Gelb in Purpurrot. Jeden Tag scheine die Sonne, und er habe sehr viel Zeit.[43] Durch Alexander Schmorell lernten Hans und Willi ein anderes Russland kennen als ihre Kameraden. Sie besuchten Bauernfamilien in ihren Häusern, sangen und tranken mit ihnen und nahmen an orthodoxen Gottesdiensten teil. Willi Graf erzählt, dass sie bei einer jungen Russin Unterricht nahmen, um die Sprache zu lernen. «Schwer trenne ich mich von Rußland […]», schrieb er in sein Tagebuch.[44] Auf der anderen Seite sahen die jungen Sanitätsfeldwebel während ihrer dreimonatigen Feldfamulatur unaussprechliches Elend. Über die Wirkung dieser Erlebnisse ist viel diskutiert worden. Detlef Bald stellt sie in seinem

Buch *Die Weiße Rose. Von der Front in den Widerstand* als entscheidenden Impulsgeber für den weiteren Widerstand der Weißen Rose dar. Dem hat Johannes Tuchel in seinem Aufsatz «Neues von der ‹Weißen Rose›?» überzeugend widersprochen.[45] Es trifft ganz gewiss zu, dass die jungen Männer von dem, was sie in Russland erlebten, zutiefst verstört waren. Ob die Erfahrungen an der Ostfront aber den Ausschlag für weitere Aktivitäten gaben und ob die Freunde überhaupt eines solchen Impulses bedurften, darf bezweifelt werden. Vermutlich stellten sich Hans und Alexander während ihrer Zeit in Russland nicht die Frage, *ob* sie neue Aktionen durchführen wollten, sondern dachten darüber nach, *wie* sie weitermachen und mehr Menschen erreichen könnten. Was sie zu diesem Zeitpunkt nicht wussten: Sophie hatte bereits damit begonnen, im Alleingang zu handeln.

Während ihres Einsatzes in der Ulmer Schraubenfabrik ging Sophie zum täglichen Mittagessen nicht nach Hause, sondern kehrte bei Familie Hirzel ein, deren Haus näher an der Fabrik lag. Dort traf sie Susannes jüngeren Bruder Hans, von dem sie bereits wusste, dass er bereit war, sich gegen die Nazis zu engagieren. Sophie gab ihm 80 Reichsmark, für die er einen Vervielfältigungsapparat, Wachsmatrizen, Druckerschwärze und 500 Blatt Papier zum Abziehen kaufen sollte. Doch Sophie und Hans Hirzel begannen nicht mit der Herstellung von Flugblättern, sondern suchten nach weiteren Verbündeten. Sophie sprach möglicherweise auch mit Eugen Grimminger, dem Freund des Vaters, der das Steuerbüro für ihn weiterführte und dessen kritische Haltung gegenüber dem Regime ihr bekannt war.

Hirzel hatte schon im Sommer in seinem Freundeskreis gefragt, wer eine Flugblattaktion unterstützen würde. «Ich wusste, das ist das Todesurteil, wenn wir da einsteigen», erinnert sich sein Mitschüler und Freund Franz Josef Müller, «[…] und zur gleichen Zeit war es das tiefe Durchatmen. Endlich eine öffentliche Stimme, die die Wahrheit sagt.»[46] Müller sagte seine Hilfe zu. Der nächste, den Hirzel fragte, war ein Gestapo-Spitzel, der ihn sogleich anzeigte. Als Hirzel davon erfuhr, wiegelte er ab und beteuerte, seine Anfrage sei nur ein Experiment gewesen. Er hatte Glück, denn die Gestapo in Stuttgart verfolgte die Angelegenheit nicht weiter.[47] Aus Angst warf Hirzel den Vervielfältigungsapparat in die Donau, wollte das aber Sophie gegenüber nicht zugeben und erklärte ihr, das Gerät habe nicht funktioniert.

Wie kam Sophie dazu, sich auf eigene Faust zu engagieren? Muss man diese Frage überhaupt stellen? Ist es nicht so, dass sie seit Kriegsbeginn darunter litt, nichts gegen das Töten zu unternehmen? Es könnte jedoch einen Auslöser gegeben haben: Einen Tag vor dem Haftantritt des Vaters wurde Familie Scholl die Nachricht hinterbracht, dass Ernst Reden in Russland gefallen war. Inge schreibt, Sophie habe danach lange aus dem Fenster gestarrt und schließlich gesagt, «Schluss. Jetzt werde ich etwas tun.»[48] Inge Scholls Hang dazu, Erinnerungen in Form von Szenen zu erzählen, ist bekannt, aber dieser Tod hat Sophie mit Sicherheit bewegt. Ernst Reden war der erste nahe Freund der Geschwister, der im Krieg fiel. Und zur gleichen Zeit musste sie den ganzen Tag in der Fabrik Munition produzieren, die dazu gedacht war, Menschen umzubringen. Hinzu kam die Sorge um den Vater und seine Zukunft, die nicht zuletzt auch das Wohlergehen der ganzen Familie betraf. Für Sophie war die Zeit gekommen, Risiken einzugehen, notfalls auch allein.

Fritz Hartnagel war inzwischen in Stalingrad eingetroffen. Trotz einiger Anfangserfolge wurde den Soldaten an der Ostfront bald klar, dass die Deutschen die Sowjetunion unterschätzt hatten. Ein Jahr zuvor, im Herbst 1941, waren zwar einige Verbände bis auf 30 Kilometer an Moskau herangekommen, doch im darauffolgenden Winter waren die Deutschen wieder 300 Kilometer nach Westen zurückgetrieben worden. Im Sommer 1942 erfolgte eine neue deutsche Offensive, diesmal rückte das Ostheer bis nach Stalingrad vor. Fritz gestand Sophie, der Anblick dieser Stadt beschere ihm den erschütterndsten Eindruck «von Elend und Trostlosigkeit, den ich in diesem Feldzug gewonnen habe».[49] Zu Tausenden würden die Menschen, darunter viele Frauen und Kinder, in die Stadt flüchten, die doch bereits zum großen Teil zerstört sei. Was an Häusern noch stehe, werde von den

Deutschen abgebrochen, um an Holz für Truppenunterkünfte und Heizmaterial zu kommen, denn Wald gebe es in dieser Gegend nicht.

Der Kampf um Stalingrad wurde zum Wendepunkt des Krieges. Kein Opfer war Hitler oder Stalin zu groß, um die Oberhoheit zu erringen, um jedes Haus wurde erbittert gekämpft. Darüber, dass die Aussichten auf einen deutschen Sieg immer mehr schwanden, durfte in der Truppe nicht offen gesprochen werden. Stattdessen geriet Fritz mit seinen Kameraden in eine philosophische Diskussion über den «Kampf aus Selbsterhaltungstrieb» und die Vorstellung, dass die Unterdrückung und Vernichtung des Schwächeren durch ein Naturgesetz gerechtfertigt sei.[50] Fritz, der diese Haltung ablehnte, stand mit seiner Meinung wie so oft allein da. Fünf Wochen vorher hatte er Sophie von einem Disput über den Egoismus des Staates geschrieben und sich gewünscht, sie und ihr Vater könnten ihn in einer solchen Situation einmal unterstützen, da er oft einen schweren Stand habe.[51] Diese kleine Randbemerkung aus einem Brief an Sophie zeigt nicht zuletzt, wie wenig Fritz von den Geschlechterklischees seiner Zeit beeinflusst war.

Sophie antwortete, sie würde ihm nur zu gerne beistehen. «[…] daß sich nicht ihr ganzes Inneres gegen dieses Naturgesetz, den Sieg des Mächtigeren über das Schwache, aufbäumt, scheint mir schrecklich und entweder entartet oder ganz und gar unempfindsam. Schon ein Kind ist mit Grauen erfüllt, wenn es den Sieg eines mächtigen Tieres über ein schwaches, und dessen Untergang miterleben muß.» Mit jedem Satz wurde Sophies Ton kämpferischer. Sie zitierte die Verse 19 und 20 aus dem achten Kapitel des Römerbriefs und forderte Fritz auf, das Kapitel nachzulesen, am besten sofort, und besonders auf den zweiten Vers zu achten, in dem Paulus schreibt, das Gesetz des Geistes befreie die Menschen von der Sünde und dem Tod. Für Sophie folgt daraus: «Ja wir glauben auch an den Sieg der Stärkeren, aber der Stärkeren im Geiste.» Aus dem Tod könne niemals Leben erwachsen, fährt sie fort, denn keine tote Mutter hätte je ein lebendiges Kind geboren: «Oh diese faulen Denker! Mit ihrem sentimentalen Stirb und Werde. Nur aus Leben entsteht Leben […]. Sie wissen nichts von einer Welt des Geistes, in der das Gesetz der Sünde und des Todes überwunden wird.»[52]

Der Brief endet mit einem Blick in die Zukunft: Wie sehr sie beide aufatmen würden, wenn das alles vorbei sei. Der Krieg könne ja nicht mehr lange dauern, und ob Fritz nicht an Weihnachten Urlaub bekäme? Dieser Brief hat Fritz damals nicht erreicht, sondern wurde an die Absenderin zurückgeschickt und ist deshalb erhalten geblieben.

Sophie musste zu dieser Zeit selbst nach festem Halt suchen. Sie habe die Verbundenheit mit der Natur verloren, klagte sie ihrer Freundin Lisa und fragte sich, woran das liege und ob sie das vertraute Gefühl zurückholen könne. Als würde sie ein Bild malen, nahm sie sich Zeit, die Farben des Herbstlaubs zu schildern, das Licht der Sonne, die roten Dahlien vor dem weißen Gartentor, die dunklen Tannen und die zitternden, goldbehangenen Birken. Über all das könne man nur staunen, und sei es nicht «beinahe furchterregend, dass alles so schön ist? Trotz des Schrecklichen, das geschieht.» Alle Kreaturen lobten den Schöpfer, nur der Mensch sei in der Lage, sich

> von diesem Lobgesang abzusondern. Und jetzt könnte man oftmals meinen, er brächte es fertig, diesen Gesang zu überbrüllen mit Kanonendonner und Fluchen und Lästern. Doch dies ist mir im letzten Frühling aufgegangen, er kann es nicht, und ich will versuchen, mich auf die Seite der Sieger zu schlagen.[53]

Noch immer hatte Sophie nicht die Sicherheit im Glauben gefunden, die sie sich wünschte, aber ein winziger Hoffnungsstrahl drang bis zu ihrer Verzweiflung vor, und in Anlehnung an die Versuchung Jesu durch den Teufel, wie sie in Matthäus 4,1–11 geschildert wird, schrieb sie:

> Ach ich bin ein fauler Sucher, ich stürze mich von der Zinne des Tempels und denke, Deine Engel halten mich schon und behüten mich vor dem schrecklichen Fall. Doch morgen schon kann ich zerschmettert unten liegen, denn ich weiß nicht, wann die Stunde kommt. O Herr, noch atme ich, ich danke Dir, o Gott, daß Du mich noch leben läßt, daß ich noch Frist habe, um Dich zu suchen.[54]

Nach acht Wochen wurde Robert Scholl wegen guter Führung aus dem Gefängnis entlassen. Es sei wunderbar, ihn wieder zuhause zu haben und von ihm zehnmal am Tag als «Schlammere», bezeichnet zu werden, schrieb Sophie und übersetzte den Ausdruck mit «Schlamperin». Schon Anfang November machte sie das Adventspäckchen für Fritz fertig. Im Hause Scholl herrschte allgemeine Vorfreude, weil Hans aus Russland zurückerwartet wurde, aber Sophies Stimmung war gedrückt. «Die Unsicherheit, in der wir heute dauernd leben, die uns ein fröhliches Planen für den morgigen Tag verbietet und auf alle die nächsten kommenden Tage ihren Schatten wirft, bedrückt mich Tag und Nacht, und verläßt mich eigentlich keine Minute», schrieb sie Fritz.[55] Natürlich freute sie sich auf den Bruder, aber ihr war bewusst, dass mit Hans auch die Gefahr in ihr Leben trat. Es werde neue Flugblätter geben, und diesmal werde sie selbst auch aktiv sein. Davon konnte sie Fritz nicht schreiben, aber sie deutete ihre Ängste an: Jedes Wort müsse man von allen Seiten betrachten, bevor man es ausspreche, man dürfe kaum jemandem vertrauen und müsse ständig vorsichtig sein.[56] Solche Gedanken sind neu in ihrer Korrespondenz, und sie haben ganz sicher mit den geplanten Widerstandsaktionen zu tun. Sophie war nervös, fühlte sich oft müde und mutlos. Aber sie bemühte sich darum, zuversichtlich zu erscheinen, und rappelte sich in solchen schwachen Momenten immer wieder auf. Auch jetzt schrieb sie an Fritz:

> Doch nein, ich will mir meinen guten Mut durch nichts nehmen lassen, diese Nichtigkeiten werden doch nicht Herr über mich werden können, wo ich ganz andere unantastbare Freuden besitze. Wenn ich daran denke, fließt mir Kraft zu, und ich möchte allen, die ähnlich niedergedrückt sind, ein erfrischendes Wort zurufen.[57]

Sophie Scholl war keine furchtlose Heldin. Sie schilderte Fritz ihren Gefühlszustand als den einer Versinkenden, deren Arme und Beine von unheimlichen Wesen des Meeres mit ihren Schlingarmen umklammert und nach unten gezogen würden. Deshalb könne sie ihm oft nichts Schönes schreiben. Sie sei wie gelähmt vor Angst und sehne sich nach jemandem, der ihr diese Angst abnehme, aber: «Ich bin Gott noch so ferne, daß ich ihn nicht einmal beim Gebet spüre.»[58] Dennoch werde sie weiter beten und dabei an Fritz denken, er solle das Gleiche tun. Mehr Hoffnung konnte sie ihm an diesem Tag nicht geben.

Einen Tag später traf eine neue deprimierende Nachricht am Münsterplatz ein: Robert Scholl erhielt Berufsverbot. «Das ist natürlich wieder ein Schlag», teilte Sophie dem Freund mit:

> Wenn man nicht damit rechnen könnte, daß der Krieg innerhalb absehbarer Zeit zu Ende ist, wäre es sogar ein sehr schmerzlicher, denn mit einem Buchhaltergehalt (diesen Posten könnte mein Vater allenfalls noch ausfüllen) kann man keine so große Familie ernähren, Kinder studieren lassen und dazuhin noch eine teure Wohnung halten. Doch im Hinblick auf das Kriegsende möchte mein Vater [...] die Wohnung nicht aufgeben.[59]

Die Scholls waren nicht die Einzigen, die im Winter 1942 mit dem baldigen Ende des Krieges rechneten. Am 8. November landeten alliierte Truppen in Casablanca und Algier und nahmen die deutschen und italienischen Truppen des Afrikakorps in die Zange. Viele deuteten dies und die sich abzeichnende Niederlage in Stalingrad als Vorboten eines Sieges der Alliierten. Dass Sophie an Fritz, für den eine deutsche Niederlage dramatische Folgen haben musste, so *en passent* vom nahen Kriegsende schrieb, deutet darauf hin, dass sie sich die Lage der deutschen Soldaten im umkämpften Stalingrad nicht einmal ansatzweise vorzustellen vermochte. Dafür gibt es noch eine Reihe anderer Indizien, etwa die Frage, ob Fritz ihr einen Packen Briefumschläge besorgen könnte.

Am 19. November, dem Tag, an dem sie diese Bitte formulierte, begann die Gegenoffensive der Roten Armee. Drei Tage später war die 6. Armee eingekesselt. General Paulus erbat die Erlaubnis, auszubrechen, solange die Reihen der Belagerer noch Lücken aufwiesen, doch Hitler verbot jeden Rückzug. Fritz Hartnagel gehörte zu den über 300 000 eingeschlossenen Soldaten der Wehrmacht und ihrer Verbündeten. Der Kessel wurde zu einem Massengrab, in dem die wenigsten der völlig erschöpften Soldaten durch gegnerische Waffen starben. Die meisten verhungerten und erfroren auf grausame Weise.

Hans Scholl hingegen hatte das Glück, gemeinsam mit Sophie Ende November eine kleine Hinterhauswohnung in der Schwabinger Franz-Joseph-Straße 13 beziehen zu können. Von dort sind es nur drei Minuten zu Fuß bis zur Leopoldstraße und 15 Minuten zur Universität. Sophie berichtete den Eltern, dass sie sich dort sehr wohl fühlten. Es folgte eine der für sie typischen Was-ich-noch-brauche-Aufzählungen: Ob die Mutter ihr außer Schuhen und Strümpfen auch die Armbanduhr schicken könne, die sie in Ulm liegen gelassen habe. Eine Wolldecke und eine Tischdecke bräuchten sie auch noch, und leider habe sie vergessen, sich in Ulm abzumelden, ob die Mutter das für sie erledigen könne? Ihre Milchkarte solle sie ihr bitte auch nachschicken. Sie hoffe, die Korbtruhe komme bald an, und die Mutter solle bitte nicht vergessen, das Kabel für den elektrischen Kocher einzupacken. Ob der Vater wohl an eine elektrische Heizplatte kommen könne? Sie hätten sonst nur die Küche der Hausmeistersfrau einen Stock tiefer.[60] Außerdem fragt sie, ob Wilhelm Geyer ihnen wohl eines seiner Bilder überlassen würde. Es werde in ihrer Wohnung sicher viele Betrachter finden. Geyer, von den Nazis als entartet abgestempelt, hatte zwei Wege gefunden, seine Kritik am NS-Staat so zu verpacken, dass er sich und seine Familie nicht gefährdete. Zum einen scharte er Gleichgesinnte um sich, gut getarnt als Kartenrunde, den sogenannten «Tappclub Deutsche Eiche». Zum anderen verarbeitete er seine humanistisch-christliche Haltung in Bildern. Wenn er biblische Themen aufgriff, «drängten sich Analogien zur damaligen Wirklichkeit geradezu auf».[61]

Das neue Domizil war rasch eine beliebte Anlaufstelle für den ganzen Freundeskreis. Willi Grafs Schwester Anneliese wohnte im Dezember sogar ein paar Tage bei den Geschwistern. Sie hatte gerade mit dem Studium begonnen und wartete auf ein freies Zimmer in der Mandlstraße, wo ihr Bruder Sophies Zimmer übernommen hatte. Anneliese Graf beschreibt Sophie als liebenswürdige Gastgeberin, die «mit sanften Bewegungen unentwegt Tee in einem Samowar zubereitete und uns servierte». Interessant habe sie die junge Frau aber nicht gefunden: «Eher schon war es so, dass dieses auf den ersten Blick unscheinbar wirkende Mädchen mit seinem jungenhaften, kindlichen Gesicht und dem unverkennbar schwäbischen Akzent mich nicht sonderlich beeindruckte. Im Gegensatz zu ihrem Bruder.» Sophie stand als Frau nicht nur im Schatten von Traute Lafrenz und Hans' neuer Freundin Gisela Schertling. Sie machte es einem, Anneliese Graf zufolge, auch nicht leicht, mit ihr in Kontakt zu kommen: «Ich trage jedenfalls in mir das Bild einer im wahrsten Sinne des Wortes in sich gekehrten und nur selten aus sich herausgehenden Sophie, deren Ernsthaftigkeit meiner ‹rheinischen Frohnatur› zuweilen entgegenstand. Sie suchte den tiefgehenden Gedankenaustausch und mied das unverbindliche ‹Schwätzen›.»[62]

Anneliese war bei vielen Unternehmungen des Freundeskreises dabei. Von den Gesprächen über neue Flugblätter erfuhr sie jedoch nichts. Und dennoch wuchs genau in dieser Zeit der Kreis der Unterstützer. Die Studentengruppe, die heute als Weiße Rose weltberühmt ist, hat sich selbst nie so genannt und sich auch nicht als fest umrissene Gruppe verstanden. Aber es gab einen inneren Kreis, um den sich ein vielverzweigtes Netzwerk bildete. Zu den Hauptakteuren gehörten Hans und Sophie Scholl, Alexander Schmorell, Willi Graf und – weniger aktiv als ideell unterstützend – Christoph Probst. Kurt Huber, der einzige Nichtstudent in diesem Kreis, stieß als Letzter hinzu.

Traute Lafrenz stand auf der Grenze zwischen dem engeren und dem weiteren Kreis. In Details über neue Flugblätter war sie nicht eingeweiht: «Mir war [...] mein Platz zugewiesen, ich nahm ihn an. Sorgte, daß die Blätter weiter verbreitet wurden ...»[63] Im November 1942 fuhr Traute nach Hamburg und übergab zwei Exemplare des dritten Flugblatts ihrem ehemaligen Schulkameraden Heinz Kucharski. Über ihn gelangten sie an Gretha Rothe, Albert Suhr, Karl Ludwig Schneider und Hans Leipelt, einen Freundeskreis, der auch als Hamburger Zweig der Weißen Rose bezeichnet wird.

Jürgen Wittenstein, der mit Hans studierte, machte sich in Berlin auf die Suche nach Helfern. Sein Freund Hellmut Hartert sollte eine eigene Gruppe aufbauen, doch daraus wurde nichts.

Willi Graf fuhr in den Weihnachtsferien und noch einmal Ende Januar nach Saarbrücken, Bonn und Freiburg, um seine Freunde um Unterstützung zu bitten, vier von ihnen erklärten sich bereit mitzumachen, Willi und Heinz Bollinger, Helmut Bauer und Rudi Alt.

Über Lilo Berndl, die spätere Lilo Fürst-Ramdohr, eine Freundin von Alex, wurde der Kontakt zu dem Regisseur Falk Harnack geknüpft, dem Bruder des Widerstandskämpfers Arvid Harnack. Falk traf sich mit Hans und Alex am 14. November 1942 in Chemnitz. Doch die Harnack-Schulze-Boysen-Gruppe, von den Nazis «Rote Kapelle» genannt, war zu diesem Zeitpunkt bereits aufgeflogen. Insgesamt 117 Verdächtige wurden verhaftet, 46 hingerichtet, darunter im Dezember 1942 auch Arvid Harnack. Falk Harnack lehnte aus diesem Grund eine Zusammenarbeit mit der Weißen Rose zunächst ab, doch im Februar 1943 kam es zu neuen Gesprächen.

Am 3. Dezember fuhren Sophie und Hans mit dem Zug nach Stuttgart. Hans wollte dort Eugen Grimminger treffen und um Geld für neue Aktionen bitten. Sophie war mit Susanne Hirzel verabredet, die sie ebenfalls um Unterstützung bat. Von Susannes Studentenbude gingen die beiden Frauen zum Café Rosenstöckl in der Innenstadt. Auf dem Weg dorthin habe Sophie ihr mitgeteilt, sie sei entschlossen, etwas zu tun, erinnert sich Susanne: «‹Wenn jeder nur eine Meinung hat gegen dieses System, aber nicht handelt, so macht er sich schuldig. Diese ganze Katastrophe ist nur möglich, weil keiner schreit, und die Soldaten draußen, wie die Leute drinnen, brav arbeiten und dadurch ihr Leben einsetzen für diesen Staat. Ich jedenfalls will nicht schuldig werden [...] Wenn jetzt Hitler daherkäme, und ich eine Pistole hätte, würde ich ihn erschießen. Wenn es die Männer nicht machen, muss es eben eine Frau tun.›»[64] Susannes Einwand, wenn Hitler tot sei, stünde sofort Himmler an seiner Stelle, die Kriegsmaschine lasse sich auf diese Weise nicht stoppen, erreichte die Freundin nicht: «Sie lebte auf einer anderen Ebene, fühlte sich von ihrem Gewissen gerufen und hatte, so schien es mir, bei ihren Überlegungen ihr eigenes Sterben miteinbezogen.»[65] Dies ist eine nachträgliche Interpretation von einer Freundin, die in diesen Monaten wenig Kontakt zu Sophie hatte, dennoch ist eines sicher richtig beobachtet: Sophie hatte sich für den riskanten Weg des Widerstands mit allen möglichen Konsequenzen entschieden und ließ sich von den Bedenken der Freundin nicht verunsichern. Dieselbe Entschlossenheit erkannte Susanne Hirzel auch in Hans Scholl. Gut gelaunt sei er im Café aufgetaucht, weil Grimminger ihm 500 Reichsmark versprochen habe. «Bald werden es die Spatzen von den Dächern pfeifen, daß wir von Verbrechern regiert werden», soll Hans frohlockt haben, «wenn es viele, sehr viele einsehen, könnte daraus eine Tat entstehen und die Fackel, die wir werfen, könnte neue Fackeln entzünden.»[66]

Das Tagebuch von Willi Graf ist eine der wenigen Quellen, die einen Eindruck davon vermitteln, wie die geheimen Pläne der Gruppe reiften. Graf deutete die Entwicklung zwar nur an, und erst im Rückblick wird für Außenstehende verständlich, was er mit Eintragungen wie dieser gemeint hat: «2.12.1942. [...] Bei Hans sitzen wir spät und lange zusammen, denn Christl wird jetzt wegfahren. Gespräche über den Aufbau, manche Gedanken sind mir neu.» Die Freunde redeten also auch darüber, wie sie sich Deutschland nach dem Ende der Nazis vorstellten.

War Sophie Scholl bei solchen Gesprächen anwesend? Graf unterscheidet im Tagebuch, ob er «bei Hans» oder «bei Scholls» sitzt. Und wenn seine Schwester Anneliese dabei war, ging es nicht um den Widerstand, so etwa am 4. Dezember: «Abends sitzen Anneliese und ich bei Scholls, wir sprechen von Büchern und den Menschen, deren Leben dahinter steht.»[67] So schafften es die wenigen Eingeweihten, alle anderen, Verwandte und Freunde, im Dunkeln zu lassen. Sie wollten sie schützen. Graf berichtet in seinem Tagebuch, er habe mit seinem Freund Adalbert Grundl am 5. Dezember 1942 ein Gespräch geführt, «sehr ergiebig, fast grundsätzlich». Da die beiden sich seit 1940 kannten, als sie einen Literaturzirkel regimekritischer Studenten gründeten, hat Graf den Freund höchstwahrscheinlich gefragt, ob er Aktionen gegen die Nazis unterstützen würde. Die Antwort fiel aber negativ aus: «Bei ihm das Moment, ob man es verantworten könne, solange nicht ganz klar sei, was später komme.»[68] Eine knappe Woche später heißt es bei Graf: «Am Abend bin ich bei Hans. Wir reden und planen, was zu tun sei.»

Dass die Studenten ihre Freundinnen und Schwestern nicht in

die gefährliche Arbeit einweihen oder gar einbinden wollten, entsprang sicher der Fürsorge. Die hätte im Normalfall auch für Sophie gegolten, aber sie besaß einen Ausnahmestatus. Sie wohnte mit Hans zusammen und hätte ohnehin alles mitbekommen, außerdem hatte sie durch ihre eigenmächtige Absprache mit Hans Hirzel im Herbst bereits bewiesen, dass sie sich nicht mehr auf Abstand halten ließ und zur Mitarbeit entschlossen war. Von daher konnten die nächsten Flugblätter in Schwabing bei Scholls und im Atelier Eickemeyer hergestellt werden, was sicherer und leichter zu organisieren war.

Willi Graf hielt seine beiden Schwestern zwar von der gefährlichen Arbeit fern, aber in den Weihnachtsferien erlebten sie ihn so «mitteilsam wie selten». Er berichtete ihnen detailliert von den Gräueltaten der Deutschen in den besetzten Gebieten und geriet dabei so in Rage, dass er seinen Kopf mehrfach gegen den Türrahmen stieß und verkündete: «Ihr werdet sehen – es wird etwas geschehen.»[69]

Fritz schrieb am 9. Dezember aus dem Kessel von Stalingrad. Er deutete den entsetzlichen Alptraum, in dem er steckte, nur an, aber die Hoffnung, lebend nach Hause zu kommen, schwand. Ein kleiner Vogel sei plötzlich vor ihm aufgetaucht und habe ihm inmitten des Kriegslärms etwas vorgepiepst. Das sei doch sicher ein Gruß von Sophie gewesen. Am 23. Dezember schrieb Fritz, der Tod habe seinen Schrecken verloren. Sophie begriff vielleicht erst jetzt, wie ausweglos und verzweifelt seine Lage war. Ihre Antworten – die Fritz nicht erreichten – klangen mitfühlend. Sie schickte ihm ein Foto von sich. «Wenn nur Du gesund wieder kommst! […] Von allen Grüße! Doch keiner so innig wie der meine. Deine Sophie.»[70]

Kurz vor Weihnachten fuhr Sophie nach Bad Hall in Österreich, wo Otl Aicher sich in einem Sanatorium von der Gelbsucht erholte. Damit sie über die offizielle Besuchszeit hinaus bleiben konnte, baute Aicher ihnen aus Matratzen einen gut versteckten Sitzplatz auf dem Balkon. Sie sprachen über den Krieg und über Stalingrad. Auch über die schwierige Frage, wie man den Deutschen eine Niederlage wünschen konnte, obwohl die liebsten Freunde an der Front standen. Erzählte Sophie ihm von den Flugblättern? «Sie hat mir in Bad Hall alles dargelegt, ohne dass ich auch nur im Entferntesten hätte auf diese Dummheit schließen können», schrieb er nach Sophies Tod an den von ihm verehrten Carl Muth.[71] Doch warum soll ausgerechnet Otl Aicher, der schon lange vor den Scholls ein Regimegegner gewesen war, nichts von den Aktionen der Geschwister gewusst haben? Plausibler erscheint, dass Sophie Otl damals in Bad Hall fragte, ob er ihre Arbeit unterstützen würde. Dann hätte seine Antwort wohl Nein gelautet, denn er beschreibt in seinem Kriegstagebuch den Zwiespalt, in den man gerät, wenn man die Nazis bekämpfen, aber die eigene Familie nicht gefährden will.[72] Sophie war ihm in diesem Konflikt keine Hilfe, sondern führte ihm im Gegenteil vor Augen, wie wenig konsequent er sich verhielt, gerade er, der sich immer in der Position des Radikalen gefallen hatte: «ich empfand sophie als eine moralische instanz, sie beharrte auf der übereinstimmung von denken und tun und sah in der art, wie eine solche übereinstimmung zustande gebracht wurde, den grad der entfaltung einer persönlichkeit.»[73]

Der Besuch in Bad Hall hatte ein Nachspiel, denn Inge Scholl war schwer gekränkt. Sie hatte Otl in Bad Hall bisher nicht besucht. Noch schwerer aber wog, dass Aicher Sophie die auf seinen Rat angefertigten Gebetsaufzeichnungen von Inge zu lesen gegeben hatte, ein eklatanter Vertrauensbruch, der das komplizierte Dreiecksverhältnis zusätzlich belastete. Inge bot dem Freund schließlich sogar an, sich zugunsten von Sophie zurückzuziehen. Als Otl jedoch klarstellte, dass er weiter sie an seiner Seite haben wollte, löste sich dieser Knoten.

Das Jahr ging zu Ende, ohne dass es zu neuen Flugblatt-Aktivitäten gekommen wäre. Aber Sophie wusste, dass neue Aktionen unmittelbar bevorstanden. Bevor sie wieder nach München fuhr, schrieb sie Fritz einen Brief, der ihm Mut machen sollte. Sie denke so viel an ihn, dass sie fast glaube, sie müssten sich begegnen, beteuerte sie. Außerdem schickte sie ihm eine Mahnung: «Du weißt, wie schwer ein Menschenleben wiegt, und man muß wissen, wofür man es in die Waagschale wirft.»[74]

16.

Meinen freien Willen fühle ich:

Aktiver Widerstand

Die Vorlesungen an der Ludwig-Maximilians-Universität begannen nach den Weihnachtsferien wieder am 11. Januar 1943. Hans holte Sophie drei Tage zuvor am Münchner Hauptbahnhof ab. Abends hörten sie zusammen mit Willi Graf Beethovens Klavierkonzert Nr. 3 c-Moll, an «Klarheit und Eindringlichkeit» sei es «unübertroffen», schreibt Graf in sein Tagebuch.[1] Anschließend saßen die Freunde «noch lange im Atelier als Gäste und reden viel, fast zu viel». Eickemeyer habe an diesem Abend sehr ausführlich über Vernichtungslager und die Ermordung von Juden mit Gas gesprochen, berichtete ein Freund später.[2] Weil die Mitglieder der Weißen Rose nicht unter sich waren, wurde nicht über ihre Flugblattaktionen gesprochen. Möglicherweise bezieht sich Grafs Formulierung, sie hätten «fast zu viel» geredet, auf die Gefahr, den Kreis der Eingeweihten aus Unachtsamkeit zu erweitern.

Hans war schon seit Tagen damit beschäftigt, einen neuen Text zu entwerfen, der heute als fünftes Flugblatt der Weißen Rose bezeichnet wird. Vermutlich hat er sich mit Sophie besprochen, nun, da sie zum innersten Kreis gehörte: Was sollten sie diesmal anders machen als bei den ersten vier Flugblättern? Sollten sie sich um einen anderen Ton bemühen, härter oder drängender klingen? Gut möglich, dass Sophie den ersten Entwurf las und Änderungsvorschläge machte. Sicher ist, dass sie die Kasse der Gruppe führte, schon deshalb war sie mit allen strategischen Überlegungen vertraut, auch mit der Frage, wie viele Flugblätter sie diesmal herstellen sollten. Sie hatten mehr

Geld zur Verfügung als bei den vorangegangenen Aktionen und konnten dank Willi Grafs und ihrer selbst nun bei der Herstellung zu viert arbeiten statt wie bisher zu zweit. Deshalb mussten sie auch besprechen, wen sie diesmal zusätzlich anschreiben wollten, bevor sie im Deutschen Museum Adressen aus den dort ausliegenden Telefonbüchern abschrieben.

Willi Graf notierte im Tagebuch die verschiedenen Treffen mit Hans und Alexander. Er erwähnte auch einen Besuch bei Professor Huber in Gräfelfing und kommentierte: «Das Gespräch ist lebendig und grundsätzlich.» Die Besprechung von Huber, Graf und Scholl fand im Kinderzimmer statt, dem einzigen Raum, der beheizt war. Birgit Huber, die zwölfjährige Tochter des Hauses, schnappte Teile der Unterhaltung auf, und obwohl ihr Vater ihr strengstens eintrichterte, «Du hast nichts gehört!», erinnerte sie sich als Erwachsene daran noch sehr genau: «Scholl sagte enthusiastisch, jung, frisch, wie er war: ‹Ja, Herr Professor, wir wollen aber einen unblutigen Widerstand.› Und mein Vater sagte sehr, sehr ernst: ‹Ohne Blut geht's nie.›»[3]

Am 11. Januar traf sich der Freundeskreis wieder bei Eickemeyer im Atelier. Diesmal waren nur Eingeweihte dabei, und sie entwickelten neue Pläne: «Es ist der letzte Abend vor der Abreise des Gastgebers. Wir reden viel und mancher gute Gedanke wird geboren.»[4] Ab dann wohnte der Ulmer Maler Wilhelm Geyer von Dienstag bis Freitag im Atelier, er wollte dort an einem großen Auftrag für Kirchenfenster arbeiten. Da es im Atelier keine Kochgelegenheit gab, kam er jeden Tag zum Essen zu Sophie und Hans. Seit Anfang Januar wusste Geyer in groben Zügen über die illegale Arbeit Bescheid, in die Details war er jedoch nicht eingeweiht und half auch nicht mit.

Willi Grafs knappe Hinweise im Tagebuch, die höchstwahrscheinlich die richtigen Daten nennen, aber inhaltlich vage bleiben, erlauben es nicht, den Ablauf der Herstellung des fünften Flugblatts tagesgenau zu rekonstruieren. Es muss aber ein Tag vor dem 13. Januar gewesen sein, als Hans Scholl und Alexander Schmorell je einen eigenen Flugblattentwurf fertiggestellt haben und ihn Kurt Huber zur Begutachtung vorlegten. Der Professor kam dazu in die

Franz-Joseph-Straße, er erinnerte sich später daran, mit Schmorells Text nicht einverstanden gewesen zu sein, weil ihm mancher Gedanke darin zu kommunistisch geklungen habe.[5] Alex, der ohnehin vorhatte, an diesem Abend ein Konzert zu besuchen, verließ die anderen, ohne zu wissen, wie die Endfassung des Flugblatts aussehen würde.

Der Besuch von Veranstaltungen bot nicht nur eine gute Tarnung, sondern gab den Studenten auch die Kraft, das angespannte Doppelleben durchzustehen. Aus Willi Grafs Tagebuch und aus vielen Briefen geht hervor, dass die Mitglieder der Weißen Rose auch während ihrer Arbeit an den Flugblättern weiterhin Konzerte besuchten, durch den Englischen Garten spazierten oder aufs Land fuhren. Willi Graf sang regelmäßig im Bach-Chor, er ging mit Alexander und Christoph zum Fechten und genoss die gemütlichen Abende mit den Freunden: «Balalaika- und Klampfenspiel. Die Nacht ist schön.»[6]

Huber akzeptierte den Anfang von Scholls Entwurf, redigierte den politischen Teil und verließ anschließend ebenfalls die Wohnung der Geschwister. So blieb es Hans überlassen, die letzte Fassung des fünften Flugblatts zu erstellen. Ob auch Sophie zu diesem Text Formulierungen beigesteuert hat, wissen wir nicht. Huber berichtete, Sophie sei bei verschiedenen Besprechungen in der Franz-Joseph-Straße dabei gewesen, habe sich aber an der Diskussion nicht beteiligt. Das passt ins Bild: Wenn ihr Bruder, Alex, Willi und Kurt Huber miteinander diskutierten, hielt sie sich zurück.

Sophie dachte in diesen Tagen über die Vereinbarkeit der Idee des freien Willens und der göttlichen Vorherbestimmung nach, ein theologisches Problem, das schon für Augustinus von entscheidender Bedeutung war. «Meinen freien Willen fühle ich», schrieb sie in ihr Tagebuch, gleichzeitig war sie davon überzeugt: Gott wisse, wie viel Zeit einem jeden Menschen zugemessen sei und was danach mit ihm geschehe.[7]

Der Alltag der Geschwister war von rastloser Aktivität geprägt. Aber «sobald ich allein bin», notierte Sophie im Tagebuch, «verdrängt eine Traurigkeit jede Lust zu einer Tätigkeit in mir. [...] Über diesen entsetzlichen Zustand kann nur eines helfen. Die schlimmsten Schmerzen, und wären es bloß körperliche, sind mir tausendmal lieber als diese leere Ruhe.»[8] Die Ruhe endete am 13. Januar: «Die Tage vergehen in einer seltenen Hast», notierte Willi. «[...] Besuch bei Hans, auch am Abend bin ich noch dort, wir beginnen wirklich mit der Arbeit, der Stein kommt ins Rollen.»[9] Sophie, Hans, Alexander und Willi begannen mit der Vervielfältigung des fünften Flugblatts. Sie arbeiteten in der Franz-Joseph-Straße. Angst vor unerwarteten Besuchern brauchten sie an diesem Abend nicht zu haben, denn fast die gesamte Münchner Studentenschaft war im Kongresssaal des Deutschen Museums versammelt, wo eine Pflichtveranstaltung zum 470-jährigen Bestehen der Universität stattfand. Wer nicht erschien und keinen Anwesenheitsstempel in seinem Studienbuch vorweisen konnte, dem drohte der Ausschluss vom Sommersemester. Als Wilhelm Geyer abends bei Scholls auftauchte, wunderte er sich, dass die Freunde diese Veranstaltung schwänzten. Hans erläuterte ihm, falls im Kongresssaal etwas vorfallen sollte, würden sie sofort in Verdacht geraten, denn die Gestapo habe sie bereits im Visier. Das ist allerdings keine überzeugende Erklärung. Wenn sie tatsächlich beobachtet wurden, hätten sie sich ja erst recht im Kongresssaal zeigen müssen.

Die 470-Jahrfeier endete tatsächlich in einem Tumult. Verantwortlich dafür war Paul Giesler, stellvertretender Gauleiter und zudem mit der Führung der Geschäfte des Bayerischen Staatsministers des Innern betraut. In seiner Rede verhöhnte Giesler die Studentinnen, die oben auf der Empore saßen: Statt ihre Zeit an der Uni zu vertrödeln, sollten sie dem Führer lieber jedes Jahr ein Kind schenken. Sollten einige von ihnen nicht hübsch genug sein, einen Mann zu finden, werde er ihnen gerne seine Adjutanten zuweisen, er könne ihnen ein «erfreuliches Ergebnis» versprechen. Die Reaktion auf diese Beleidigung erfolgte prompt. Die Frauen pfiffen, scharrten mit den Füßen und drängten dann zum Ausgang. Mitglieder der NS-Studentenschaft wollten sie aufhalten, was einige männliche Studenten dazu veranlasste, ihren Kommilitoninnen zu Hilfe zu eilen. Es kam zu Prügeleien und Festnahmen. 22 Frauen wurden zum Münchner Gestapo-Hauptquartier gebracht und erst in der Nacht wieder freigelassen. Tagelang wurde auf den Fluren der Universität über diesen Vorfall geredet. Die Mitstreiter der Weißen Rose sahen darin ein gutes Zeichen: War es möglich, dass sich die Münchner Studentinnen und Studenten nun endlich gegen das NS-Regime wandten?

Das fünfte Flugblatt trägt die Überschrift *Flugblätter der Widerstandsbewegung in Deutschland*[10] und beginnt mit einem «Aufruf an alle Deutsche!». Wie die vorherigen Blätter ist es beidseitig beschrieben, einzelne Wörter und Zeilen sind gesperrt getippt, der Zeilenabstand ist insgesamt größer. Gleich mit dem ersten Satz wollten die Verfasser die Leserschaft provozieren: «Der Krieg geht seinem sicheren Ende entgegen.» Wenige Zeilen später folgte die Feststellung: «Mit mathematischer Sicherheit führt Hitler das deutsche Volk in den Abgrund.» Und schließlich, gesperrt getippt: «Hitler kann den Krieg nicht gewinnen, nur noch verlängern!» Doch das deutsche Volk wolle das alles nicht sehen, heißt es weiter, willig und blind folge es «seinen Verführern ins Verderben». An dieser Stelle entschieden sich die Autoren für eine doppelte Provokation: «Deutsche! Wollt Ihr und Eure Kinder dasselbe Schicksal erleiden, das den Juden widerfahren ist? Wollt Ihr mit dem gleichen Masse gemessen werden wie Eure Verführer? Sollen wir auf ewig das von aller Welt gehasste und ausgestossene Volk sein?» Statt dieser Passage Antisemitismus zu unterstellen, sollte man zur Kenntnis nehmen, dass die Verfasser das Wissen um das Verbrechen an den Juden hier als bekannt voraussetzten. Weiter heißt es: «Zerreisst den Mantel der Gleichgültigkeit, den Ihr um Euer Herz gelegt! Entscheidet Euch, *eh' es zu spät ist!*»

Auf der Rückseite des Flugblatts richten die Verfasser den Blick auf die Zukunft Deutschlands als Teil Europas. Ein vernünftiger Sozialismus solle die Arbeiter aus dem Zustand der Sklaverei befreien, heißt es dort; das könnte die Passage sein, die Huber als kommunistisch kritisiert hatte. Am Ende steht die Forderung: «Freiheit der Rede, Freiheit des Bekenntnisses, Schutz des einzelnen Bürgers vor der Willkür verbrecherischer Gewaltstaaten, das sind die Grundlagen des neuen Europa.» Wie bei den ersten vier Flugblättern bitten die Verfasser ihre Leser auch diesmal darum, den Text zu verbreiten.

Das Flugblatt wurde in einer Auflage von 6000 bis 9000 Stück hergestellt, eine beachtliche Leistung.[11] «Viel Zeit geht damit vorbei, daß ich mich mit dem Plan beschäftige», notierte Willi Graf, «ob das der richtige Weg ist? Manchmal glaube ich es sicher, manchmal zweifle ich daran. Aber trotzdem nehme ich es auf mich, wenn es auch noch so beschwerlich ist.»[12]

Die Anspannung war vor allem für Sophie und Hans extrem, die dort, wo ein Teil der Arbeit stattfand, auch wohnten und schliefen und immer wieder alle verdächtigen Geräte und Papiere wegräumen mussten. Dass sie tagsüber ein normales Studentenleben führten, mit Vorlesungen, Mittagessen und Besuchen, ging an die Substanz, war aber zugleich ihr Schutz. Als Medizinstudent kannte Hans Scholl Wege, sich künstlich wach zu halten. Er setze sich und seiner Schwester Spritzen, um wach zu bleiben, gestand er Manfred Eickemeyer auf die Frage, ob er nie schlafe.[13] Welches Mittel er spritzte, sagte er nicht. Das gängigste Aufputschmittel der Zeit war Pervitin, auch bekannt als «Panzerschokolade», weil es das Angstgefühl dämpfen und die Konzentrationsfähigkeit steigern sollte. Allerdings führte das Medikament bei vielen zu innerer Unrast. Man nahm es normalerweise in Form von Tabletten ein, es konnte aber auch gespritzt werden. Bis 1941 war Pervitin frei verkäuflich, erst dann wurde es rezeptpflichtig.

Haben die aufputschenden Mittel Spuren in Sophies Briefen hinterlassen? «Ich bin gerade nicht beieinander, etwas, das mir bis jetzt vollständig unbekannt war», schrieb sie am 19. Januar an Otl Aicher, «meine Gedanken springen hierhin und dahin, ohne daß ich richtig über sie gebieten könnte, ich habe ziemliche Kopfschmerzen, das mag schuld daran tragen, wenigstens einen Teil. Doch wird diese Krankheit bald vorüber sein, ich muß selbst Geduld mit mir haben.»[14] Diese Unruhe, von der auch Willi Graf in seinem Tagebuch und Alexander Schmorell in seinen Briefen sprechen,[15] könnte durchaus von Medikamenten herrühren, sie könnte aber auch allein dem Umstand geschuldet sein, dass Sophie inmitten hochverräterischer Aktivitäten steckte und Angst hatte.

Sophie Scholl spielte inzwischen eine wichtige Rolle in der Weißen

Rose. Sie besorgte Papier, Briefumschläge und Briefmarken, half beim Vervielfältigen, beim Falten und Eintüten, sie schrieb Hunderte von Adressen aus Telefonbüchern ab und tippte sie auf die Umschläge. Auch beim Verteilen und Versenden hatte sie einen Anteil. Außerdem führte sie die Kasse und behielt die Kosten im Blick.

Die Studenten hatten einen guten Plan: Sie wollten dieses Flugblatt nicht nur innerhalb von München verschicken, sondern auch Menschen in anderen Städten erreichen. Die Briefe sollten dafür nicht von München aus verschickt, sondern mit Kurieren in die jeweiligen Städte gebracht und erst dort in die Briefkästen geworfen werden. Das sparte Porto, verursachte aber Reisekosten und war extrem gefährlich. Sie hofften, bei der Gestapo den Eindruck erwecken zu können, hier agiere keine lokale Gruppe, sondern ein süddeutsches Netzwerk.

Nachdem Alexander Schmorell wieder die Schreibmaschine und Hans Scholl einen neuen Vervielfältigungsapparat besorgt hatten, bestand das nächste logistische Problem darin, Papier und Briefumschläge zu organisieren. Beides war kriegsbedingt rationiert, deshalb mussten sie alle immer wieder neue Geschäfte ansteuern, wo sie jeweils nur eine kleine Menge kaufen konnten. Nun halfen beim Einkauf neben den Hauptakteuren auch Traute Lafrenz und Gisela Schertling. Die Menge der benötigten Briefmarken warf ebenfalls Probleme auf. Wer bei einem Postamt ein paar Hundert Marken verlangte, machte sich schnell verdächtig.

Die Kurierfahrten mit den Flugblättern im Gepäck waren besonders tollkühne Aktionen, schon eine einfache Gepäckkontrolle im Zug hätte alles auffliegen lassen. Die Männer durften sich als Soldaten ohne Marschbefehl oder Sondererlaubnis zudem nicht weiter als 50 Kilometer von ihrer Kaserne entfernen. Trotzdem reiste Willi Graf vom 20. bis 25. Januar in Uniform nach Köln, Bonn, Saarbrücken, Freiburg und Ulm. Er hatte nicht nur zahlreiche Flugblätter und gefälschte Urlaubsscheine dabei, sondern auch eine weitere Vervielfältigungsmaschine, weil er hoffte, neue Mitstreiter zu finden, die selbst in diese gefährliche Arbeit einsteigen würden.

Währenddessen saß Sophie in ihrem Zimmer in München und las einen Brief von Fritz. Sein Bataillon sei aufgelöst, die Lage aussichtslos. Acht Tage habe er bei minus 30 Grad im Freien gelegen ohne die Möglichkeit, sich aufzuwärmen. Nun seien ihm beide Hände erfroren, und es warte wohl nur noch Tod oder Gefangenschaft auf ihn. Noch hatte er nicht alle Hoffnung aufgegeben, aber seine Worte klingen wie ein Abschied für immer: «Grüße Deine Eltern, Deine Geschwister, und auch um einen Gruß an meine Angehörigen möchte ich Dich bitten, falls ich nicht mehr dazu kommen sollte. Ich bleibe Dein Fritz.»[16]

Was fühlte Sophie, als sie diesen Brief las? Musste sie sich nicht fragen, ob sie zu spät kam mit ihren Flugblättern? Ob sie und ihre Freunde überhaupt eine Chance hatten, damit etwas zu erreichen? Ob sie auch nur ein einziges Menschenleben retten könnten? Vielleicht dachte Sophie aber auch, dass sie sich jetzt erst recht in die Arbeit stürzen musste, damit endlich etwas passierte. Am 25. Januar brach Sophie zu ihrer ersten gefährlichen Mission auf, sie fuhr mit dem Schnellzug nach Augsburg. In einer Aktentasche und einem Rucksack führte sie etwa 2000 Flugblätter und 250 für Augsburg adressierte, aber nur teilweise frankierte Briefe mit sich. Am Bahnhof angekommen, kaufte sie im Postamt 100 Briefmarken, klebte diese auf die noch unfrankierten Umschläge und warf die Augsburger Post je zur Hälfte in den Schalterbriefkasten und in den Hausbriefkasten vor dem Amt. Dann nahm sie den nächsten Zug nach Ulm. Dort sollte eigentlich Hans Hirzel am Bahnhof auf sie warten, aber er war nicht da. Sophie machte sich auf den Weg zu Hirzels, immer in Sorge, auf einen Bekannten zu treffen. Sie übergab Hans die 2000 Flugblätter und kehrte zurück nach München.

Hirzel kümmerte sich mit seinem Freund Franz Müller darum, die Post für Stuttgart versandfertig zu machen. Weil er beim Sonntagsgottesdienst die Orgel spielte, besaß er einen Schlüssel zur Martin-Luther-Kirche. Oben auf der Empore hinter der Orgel konnten die beiden Freunde ungestört die Adressen auf die Briefumschläge tippen und die Flugblätter eintüten. Zwei Tage später fuhr Hirzel nach Stuttgart, eilte zu seiner Schwester Susanne und kippte einen Berg frankierter und adressierter Briefe auf ihr Bett. Dann machte er sich auf den Heimweg.

Susanne Hirzel öffnete sofort einen der Briefe, las das Flugblatt und war außer sich vor Angst. «Die sind Wahnsinnige», dachte sie, «alle werden geschnappt werden, wir sind tot, tot! Aber das Flugblatt ist großartig.»[17] Kurz schoss ihr der Gedanke durch den Kopf, die Briefe zu verbrennen. Doch dann verbrachte sie die halbe Nacht damit, einzelne Stapel in verschiedene Briefkästen zu werfen. Ihr war klar, dass eine Massensendung verdächtig war. Wenn eifrige Postbeamte ein Exemplar öffneten, wäre die ganze Arbeit umsonst gewesen.

Auch Alexander Schmorell war als Flugblattkurier unterwegs. Er brachte Briefe nach Salzburg, Linz und Wien. In Wien warf er auch die Briefe für Frankfurt ein, weil die Zugfahrt von der Isar an den Main teurer war als das höhere Porto. Für Ulm gab es keine Flugblätter, um die Familie Scholl nicht zu gefährden.

In München dagegen wurden Flugblätter verschickt. Als den Studenten die Briefumschläge ausgingen, falteten sie die Blätter zusammen, klebten sie am Rand zu und tippten die Adressen auf die Außenseite des Flugblatts.

In der Nacht vom 28. auf den 29. Januar 1943 probierten sie etwas Neues: Hans, Alex und Willi streuten einige Hundert Flugblätter in der Münchner Innenstadt aus, legten sie in Haus- und Hofeingänge und auf die Bürgersteige. Sophie wäre gerne mitgegangen, aber Hans hielt das für zu gefährlich.

Deshalb zog Sophie auf eigene Faust los und ging dabei sogar ein noch höheres Risiko ein als ihr Bruder. In den nächsten Tagen trug sie immer ein paar Flugblätter in ihrer Aktenmappe und legte sie in Telefonzellen zwischen die Seiten der Telefonbücher oder deponierte sie auf parkenden Autos. War das Trotz, Wagemut oder Leichtsinn? Man hätte sie dabei beobachten und anzeigen können.

Bei der Gestapo herrschte zunächst Ratlosigkeit. Am 29. Januar 1943 wurde Kriminalsekretär Robert Mohr in das Büro des Münchner Gestapo-Chefs Oswald Schäfer gerufen. Der deutete auf einen Stapel mit Exemplaren des fünften Flugblatts auf seinem Schreibtisch und erklärte, «daß diese Flugblatt-Aktion größte Beunruhigung hervorgerufen habe und daß demgemäß die höchsten Stellen von Partei und Staat an einer möglichst baldigen Aufklärung interessiert seien».[18] Mohr solle alle anderen Arbeiten ruhen lassen und sich auf die Suche nach den Urhebern der Flugblätter konzentrieren. Die Gestapo vermutete tatsächlich eine auswärtige Gruppe hinter der Aktion, weil mit der Post versandte Flugblätter in München, Augsburg, Wien, Salzburg, Linz, Frankfurt am Main und Stuttgart aufgetaucht seien und die von Hand ausgestreuten Blätter in der Münchner Bahnhofsgegend gefunden wurden.

Schon im Juni 1942 hatte Robert Mohr nach den Verfassern der *Flugblätter der Weissen Rose* gefahndet. Da er aber keinen Anhaltspunkt gefunden hatte und nach den vier Flugschriften keine weiteren mehr erschienen, hatte er die Ermittlungen recht bald eingestellt. Die ersten brauchbaren Erkenntnisse lieferte das Labor: Papier und Briefumschläge des neuen Flugblatts stammten aus München, und alle Flugblätter wurden von Matrizen abgezogen, die auf derselben Schreibmaschine getippt worden waren. Damit war klar, dass die Täter doch aus München stammten.

Sophie, Hans und ihre Freunde fragten sich in diesen Tagen, wie die Menschen diesmal auf das Flugblatt reagieren würden? Würde ihr Widerstand etwas auslösen, würden sich andere zu Wort melden? Vermutlich machten sie sich auch Gedanken darüber, ob sie einen Fehler gemacht und unwissentlich eine Spur gelegt hatten. Hans war nervös, was viele Freunde bemerkten. Auch Sophies Gemütsruhe war schon lange aus dem Gleichgewicht geraten. Zudem fehlte ihr die Möglichkeit, sich zurückzuziehen und allein sein zu können. Denn die Wohnung in der Franz-Joseph-Straße sei ständig voller Gäste, schrieb sie an Werner. Wilhelm Geyer komme jeden Tag vorbei, wenn er in München sei, Gisela Schertling wohne praktisch bei ihnen, und vor ein paar Tagen sei Elisabeth zu Besuch gekommen, sie werde zwei Wochen bleiben. «Du musst noch Alex und Willi dazu zählen, dann könnte es so etwa stimmen.»[19] Alex hatte inzwischen einen eigenen Schlüssel für die Scholl'sche Wohnung und übernachtete häufig bei ihnen, damit er nach der stundenlangen Arbeit an den Flugblättern nicht mehr nach Harlaching fahren musste. Elisabeth erinnert sich später an den «umfangreichen Gästebetrieb [...]. Was mußte [Sophie] allein an Zeit aufwenden, um markenfreie Lebensmittel aufzutreiben.»[20] Zum Glück schickte Lina Scholl im-

Sophie Scholl bei Herta Probst, Winter 1942/43

mer wieder Lebensmittel nach München. Auch Elisabeth hatte ein Päckchen von zuhause mitgebracht, wofür sich Sophie in einem Brief an die Eltern herzlich bedankte. Außerdem bat sie die Mutter, Herrn Geyer Bodenwachs für ihre Böden und ein weißes Tischtuch mitzugeben. Was sie sonst noch brauche, werde sie beim nächsten Besuch zuhause selbst einpacken.

Wie gut die kleine Gruppe ihre Arbeit geheim halten konnte, zeigt der Umstand, dass Elisabeth Scholl nichts davon mitbekam, obwohl sie genau in der Zeit bei den Geschwistern wohnte, in der das fünfte Flugblatt verschickt und ausgestreut wurde. Die Geschwister nahmen sie mit in die Leibniz-Vorlesung von Professor Huber, ins Konzert und zum Restaurantbesuch mit Freunden. Zuhause saßen sie ganz entspannt mit ihr bei Tee und Wein. Nur einmal erlebte Elisabeth eine Situation, die ihr seltsam vorkam. Hans hatte eine Zugfahrkarte von Alex auf dem Tisch liegen lassen, worüber sich Sophie sehr erregte.

Flugblätter waren in diesen Tagen höchstwahrscheinlich nicht in der Wohnung. Sie wurden im Atelier versteckt, aber auch bei Lilo Berndl und im Keller der Buchhandlung von Josef Söhngen. Diese Details wurden erst nach dem Krieg berichtet und lassen sich heute nicht mehr überprüfen, aber unwahrscheinlich sind sie nicht. Josef Söhngen, dem das traditionsreiche Antiquariat L. Werner am Maximiliansplatz gehörte, verkaufte unter dem Ladentisch noch Bücher, die von den Nazis verboten waren. Hans Scholl und er hatten sich angefreundet, und im Dezember 1942 erzählte Hans ihm von den geplanten Flugblattaktionen. Söhngen berichtete später, er habe im Auftrag von Hans den Kontakt zu antifaschistischen Kreisen aufnehmen sollen. Dass die meisten seiner Aussagen von anderen nicht bestätigt werden, könnte man mit Hans' Taktik erklären, «möglichst wenig Menschen, die in diese politische Sache verwickelt waren, miteinander bekannt zu machen. Es sollte nur ein ganz kleiner Kreis sein, der Berührung miteinander hatte, damit bei einem Eingreifen der Gestapo nur eben dieser kleine Kreis von Menschen erfaßt werden konnte. Bei ihm liefen [...] alle Fäden zusammen.»[21]

Wie aufgewühlt ihre Schwester war, bemerkte Elisabeth nicht. Denn nur vor Lisa ließ Sophie die Maske der Gleichmütigkeit fallen: «Draußen tropfts auf den Fenstersims, in der Wand tickt eine unsichtbare Uhr, eine Geisteruhr sozusagen. Denn sie läßt sich nur höchst selten vernehmen, meistens um Mitternacht [...].» Das Ticken ging auf die Dampfheizung zurück, aber das Bild passte ebenso gut zu Sophies Gemütszustand und war deshalb vermutlich auch bewusst so gewählt. Die Uhr laufe mal schneller, mal langsamer, schrieb sie, manchmal habe es den Anschein, als wolle sie aufgeben, dann wieder klinge es, als würden viele Uhren gleichzeitig schlagen. Auf diese Weise zeigte Sophie der Freundin, wie es in ihrem Inneren aussah, ohne etwas zu verraten: «Ich befinde mich in einem Zustand der Zerstreutheit, den ich selbst ganz schlecht an mir kenne (nur aus der Zeit, da ich einmal verliebt war. Doch das trifft für jetzt nicht zu), und ich bin oft geneigt, es auf Kopfschmerzen zu schieben, doch das ist natürlich niemals der Grund. Doch habe ich es gelernt, auch mit mir selbst Geduld zu haben.» Es war die Angst, die

Sophie umtrieb, und wie so oft fiel ihr auch diesmal das Bild von dem Stück Rinde ein, aber sie war entschlossen, dem Wunsch «nach Erfüllung im Nichtsein» nicht nachzugeben. Sie sei «oft von einer Traurigkeit, beinahe dauernd, befallen, die mir fast schon lieb zu werden droht. Kennst Du das? Es ist ein gefährlicher Zustand, eine Sünde sogar, wenn man seinen eigenen Schmerz pflegt.» Mit diesem Satz trat sie wieder hervor, die Sophie, die so gnadenlos ehrlich, so streng mit sich selbst war, die Sophie, die sich Rechenschaft über ihre Gefühle ablegte und sich keine Schwäche erlauben wollte. Sie müsse sich fast schämen für diesen Brief, entschuldigte sie sich, aber sie schreibe solche Dinge auch nur an Lisa, und die solle den Brief bitte nicht aufbewahren. Zum Ende berichtete Sophie noch, wie schlimm es um Fritz stehe. Später öffnete sie den Brief noch einmal und fügte hinzu, sie habe gerade einen Anruf bekommen. Fritz sei gerettet, und liege jetzt in einem Lazarett.[22]

Einen Tag später, am 3. Februar, sendete der Großdeutsche Rundfunk um die Mittagszeit eine Sondermeldung, in der das Oberkommando der Wehrmacht verkündete: «Der Kampf um Stalingrad ist zu Ende.» Die 6. Armee sei «unter der vorbildlichen Führung des Generalfeldmarschalls Paulus der Übermacht des Feindes und der Ungunst der Verhältnisse erlegen». Bis zum letzten Atemzug hätten die Soldaten gekämpft, alle seien den «Heldentod» gestorben. Erst ein paar Tage danach sickerte die Information durch, es gebe Überlebende. Die BBC sprach von 90 000 deutschen Soldaten, die in Kriegsgefangenschaft geraten seien.

Die Katastrophe von Stalingrad war der Auslöser für das sechste Flugblatt: «Besonders die Opfer, die Stalingrad forderte, bewogen uns, etwas gegen dieses [...] sinnlose Blutvergießen zu unternehmen.»[23] So formulierte es Sophie Scholl gut zwei Wochen später. Verstört durch die Nachrichten und ermutigt vom Tumult bei der 470-Jahrfeier, wollten die Mitglieder der Weißen Rose sich jetzt direkt an die Studenten wenden, «weil wir die Auffassung vertraten, dass die meisten der Studenten revolutionär und begeisterungsfähig sind, sich vor allem aber etwas zu unternehmen getrauen».[24]

Doch schon bevor das neue Flugblatt fertig war, wurde die Gruppe aktiv. In der Nacht vom 3. auf den 4. Februar, noch ganz unter dem Eindruck der Schreckensnachrichten aus Stalingrad, zogen Hans Scholl und Alexander Schmorell mit Pinsel, schwarzer Teerfarbe und einer selbstgefertigten Schablone durch die Innenstadt und schrieben 29-mal an zumeist öffentliche Gebäude «Nieder mit Hitler». Daneben malten sie ein durchgestrichenes Hakenkreuz. Sie folgten keiner ausgeklügelten Route, sondern suchten spontan nach Flächen, die ins Auge fallen. Neben den Eingang der Universität pinselten sie zweimal das Wort Freiheit, ohne Schablone, circa 75 Zentimeter hoch. Während Alex malte, passte Hans auf, ob jemand kam. Höchstwahrscheinlich trug er seine Armeepistole bei sich. Lilo Berndl hatte Alexander Schmorell bei der Herstellung der Schablone geholfen.

Auch von dieser Aktion bekam Elisabeth nichts mit. Am Abend zuvor hatten die drei Geschwister ein Konzert im Bayerischen Hof besucht. Von dort hatte Hans die Schwestern nach Hause begleitet, bevor er mit Alex wieder loszog, um in der Frauenklinik bei einer Geburt zu assistieren, wie er sagte. Elisabeth unternahm an dem Abend noch einen Spaziergang mit Sophie. Sie gingen zum Englischen Garten, und Sophie sinnierte, in so einer Nacht müsse man Maueranschriften anbringen, mit Teerfarbe. Auf Elisabeths Einwand, das sei gefährlich, habe Sophie nur gelacht und gesagt: «Die Nacht ist des Freien Freund.» Später habe Hans angerufen und ihnen aufgetragen, beim Hausmeister eine Flasche Wein zu besorgen, er habe noch Geld in seiner Tasche gefunden. Den Wein tranken sie dann gemeinsam und verbrachten einen «entspannten und gemütlichen Abend».[25]

Am nächsten Morgen stießen die drei Geschwister vor dem Hauptgebäude der Universität auf kleine Grüppchen von Studenten, die leise miteinander redeten und verstohlene Blicke auf die Putzfrauen warfen, die dabei waren, das Wort «Freiheit» von der Wand abzuschrubben. An der Ludwigstraße klebte ein großes weißes Stück Papier an der Wand, das schon wieder halb heruntergerissen worden war. Darunter kamen die Worte «Nieder mit Hitler» zum Vorschein.

Traute Lafrenz stand vor dem Eingang zur Universität, als sie Hans auf das Hauptgebäude zusteuern sah. Er ging gebeugt, aber er lächelte. Da begriff sie, dass er etwas mit den Parolen zu tun hatte.

Elisabeth Scholl
Anfang der vierziger Jahre

«Und von dem Moment fing ich an, wahnsinnige Angst um ihn zu haben.»[26]

Hans und Alex waren mit sich zufrieden, denn sie hatten ein deutliches Zeichen gesetzt. Nach der Vorlesung zog Sophie Elisabeth mit sich zum Ausgang des Hörsaals, denn sie wusste, dass Hans mit Professor Huber reden und ihn bitten wollte, einen Entwurf für das sechste Flugblatt zu schreiben.

Die Gestapo ordnete wegen der Parolen umgehend eine Großfahndung an. Sie schaltete am nächsten Tag auch eine Anzeige in den *Münchener Neuesten Nachrichten*: «Gewaltverbrecher gesucht. 1000 RM Belohnung.»[27] In den Münchner Hotels wurden die Meldezettel überprüft und in den Zügen vermehrt kontrolliert. Die Gestapo hatte bald auch einen Verdächtigen ausgemacht, den Bibliothekar Dr. Max Stefl, dessen Überwachung jedoch nichts erbrachte.

Zum Mittagessen gingen Hans und Sophie mit Elisabeth in das von ihnen nicht zuletzt der kleinen Preise wegen gern besuchte Lokal Bodega in der Maffeistraße. Am Nachmittag des 4. Februar fand im Atelier Eickemeyer eine weitere von Hans organisierte Lesung von Theodor Haecker statt. Er las aus dem ersten Teil seines 1934 erschienenen Buches *Schöpfer und Schöpfung*. Darin wird das Problem der Theodizee behandelt, also die Frage, warum ein unendlicher, allmächtiger Gott eine Welt erschaffen habe, «in der es Sünde und Schuld gibt, was Er voraussehen mußte, und all das Entsetzliche an Leid und Leiden und Tränen, das diesen in der Unermeßlichkeit des Raumes und der Gestirne doch so kleinen Planeten erfüllt».[28] Haecker kam zu dem Schluss: «Das Persönlichste des Menschen ist das Gewissen, das in sich über den Tod hinausgeht.» Die 25 Zuhörer waren tief beeindruckt, auch Sophie, die Fritz ausführlich von der Lesung berichtete: «Seine Worte fallen langsam wie Tropfen, die man schon vorher sich ansammeln sieht, und die in diese Erwartung hinein mit ganz besonderem Gewicht fallen. Er hat ein sehr stilles Gesicht, einen Blick, als sähe er nach innen. Es hat mich noch niemand so mit seinem Antlitz überzeugt wie er.»[29]

Am 5. Februar begleitete Sophie Elisabeth nach Ulm, um dort Inge im Haushalt zu unterstützen, weil Lina Scholl erkrankt war. Schon beim Hereinkommen erzählte Sophie lachend von den Parolen an den Wänden in München. Vielleicht wollte sie die Anspannung auf diese Weise loswerden. Es war eine von Sophies Stärken, dass sie auch unter großem Druck auf ihre Ressourcen zurückgreifen konnte: Lebensfreude und Optimismus gehörten dazu. Irgendwo in ihrem Herzen glaubte sie, alles könne gut werden, und sie schaffte es immer wieder, diese bestärkenden Gefühle in sich wachzurufen.

In den nächsten zehn Tagen musste sie kochen, waschen und putzen, aber sie gönnte sich auch Auszeiten. Sie sei «viele Stunden» bei Otl, der eine Büste von ihr aus Ton modelliere, schrieb sie an Fritz. Sie wolle jetzt auch selbst mit Ton arbeiten und habe schon begonnen, eine Büste von Elisabeth zu formen.

Am 11. Februar musste der Münchner Gestapo-Chef Oswald Schäfer dem Reichssicherheitshauptamt in Berlin melden, die Fahndung nach den Urhebern der Flugblätter sei bisher «ergebnislos verlaufen».[30] Außerdem habe es in der Nacht vom 8. auf den 9. Februar zum zweiten Mal «Schmierereien» in der Innenstadt gegeben, vor allem in der Nähe der Universität, die deshalb unter Bewachung gestellt worden sei. Diesmal hatten Willi und Hans grüne Farbe aus dem Atelier Eickemeyer mitgehen lassen und gleich viermal das Wort «Freiheit» an die Wände der Universität gepinselt.

Zu dieser Zeit saß Kurt Huber schon am sechsten Flugblatt. Es sollte so klingen, als sei es von Studenten geschrieben worden. Am 9. Februar brachte Huber seinen Entwurf in die Franz-Joseph-Straße. Hans und Alex waren mit fast allem einverstanden, nur einen Satz wollten sie unbedingt streichen: «Stellt Euch weiterhin geschlossen in die Reihen unserer herrlichen Wehrmacht.» Das konnten Scholl und Schmorell nach ihren Erfahrungen an der Front und dem, was sie von anderen Soldaten gehört hatten, nicht akzeptieren. Nach einer kurzen, heftigen Diskussion verließ Huber verärgert die Wohnung. Die beiden Freunde strichen noch eine weitere Stelle, in der «unsere herrliche Wehrmacht» erwähnt wurde. Den Rest des Textes übernahmen sie.

Das sechste Flugblatt ist nur auf einer Seite und mit kleinem Zeilenabstand getippt. Statt gesperrt gedruckter Wörter sind mehrere Sätze unterstrichen. Diesmal wird keine Widerstandsgruppe als Verfasser genannt, sondern der Text beginnt gleich mit der Anrede[31]: «Kommilitoninnen! Kommilitonen! / Erschüttert steht unser Volk vor dem Untergang der Männer von Stalingrad. Dreihundertdreissigtausend deutsche Männer hat die geniale Strategie des Weltkriegsgefreiten sinn- und verantwortungslos in Tod und Verderben gehetzt. Führer, wir danken dir! / Es gärt im deutschen Volk: Wollen wir weiter einem Dilettanten das Schicksal unserer Armeen anvertrauen? Wollen wir den niedrigsten Machtinstinkten einer Parteiclique den Rest der deutschen Jugend opfern? Nimmermehr / Der Tag der Abrechnung ist gekommen [...].»[32]

Dies ist die Anklage derjenigen, die das perfide Erziehungssystem der Nazis über sich ergehen lassen mussten: «Im Namen der ganzen deutschen Jugend fordern wir von dem Staat Adolf Hitlers die persönliche Freiheit, das kostbarste Gut des Deutschen zurück, um das er uns in der erbärmlichsten Weise betrogen hat. In einem Staat rücksichtsloser Knebelung jeder freien Meinungsäusserung sind wir aufgewachsen. HJ, SA, SS haben uns in den fruchtbarsten Bildungsjahren unseres Lebens zu uniformieren, zu revolutionieren, zu narkotisieren versucht. ‹Weltanschauliche Schulung› hiess die verächtliche Methode, das aufkeimende Selbstdenken und Selbstwerten in einem Nebel leerer Phrasen zu ersticken.» Die Begriffe Freiheit und

Ehre sollen endlich aus den Händen der Nazis gerissen werden, die sie «bis zum Ekel ausgequetscht, abgedroschen, verdreht» hätten. Der letzte Absatz beginnt mit dem Aufruf: «Studentinnen! Studenten! Auf uns sieht das [...] deutsche Volk! Von uns erwartet es [...] die Brechung des nationalsozialistischen Terrors aus der Macht des Geistes.»[33]

Am 12. Februar 1943 begannen Hans, Alex und Willi mit der Vervielfältigung dieses Flugblatts. Sophie hielt sich immer noch in Ulm auf, denn inzwischen war auch Inge krank geworden. Von Frau Hartnagel hatte sie Fritz' Adresse im Lemberger Lazarett bekommen. Sie schrieb ihm am 10. Februar voller Hoffnung:

> Und nun ist dies Wiedersehen, das uns bevorsteht, für mich so anders als alle anderen. So als würdest Du zurückkehren um ganz dazubleiben. Und wenn ich bisher zu müde war zum Pläne machen, weil sie ja doch durch den Krieg alle zu Schanden wurden, so schießen sie jetzt empor wie Urwaldblumen nach einem langen warmen Regen, so bunt und ungeheuerlich. Doch wollen sie mir gar nicht ungeheuerlich vorkommen, sondern alle sehr durchführbar.

Ihre Hände seien «heiß und zittrig vom langen Wäsche auswringen», fährt sie fort, doch es scheint, als gebe es dafür noch andere Gründe, denn «meine Ungeduld möchte Dich am liebsten morgen schon hier sehen, obwohl Du sagtest, daß dafür wenig Aussicht besteht. Ich glaube es trotzdem.»[34] Seit Jahren war Fritz Hartnagel der Mensch, der Sophie Sicherheit gab, trotz aller Differenzen hat seine stetige und unbeirrbare Liebe sie durch viele dunkle Momente getragen. Wenn Fritz nur erst wieder da sei, schien Sophie zu glauben, dann könne, dann müsse alles gut werden.

Ohne ihren Brief zu kennen – Fritz hatte schon seit einem Vierteljahr keine Post mehr von ihr erhalten –, berichtete er ihr am 12. Februar von seiner Rettung aus Stalingrad. Nun dürfe er aber, wie alle anderen Verwundeten aus dem Kessel, von Lemberg nicht ins Reich transportiert werden, um die Bevölkerung nicht noch mehr zu beunruhigen. Sophie hat diese Zeilen nicht erhalten, aber sie lief jeden Tag voller Erwartung zum Briefkasten. In ihr stiegen «harmlose, farbenreiche Zukunftsträume» auf, schrieb sie ihm. Zwar werde sie wohl im nächsten Semester wieder zu einem Arbeitseinsatz herangezogen werden, aber das sei nicht so schlimm, «weil ich auch noch leiden will (das ist zu viel gesagt, aber wenigstens noch unmittelbarer betroffen sein will) unter der ganzen Zeit. Verstehst Du, das Mitleiden fällt oft schwer und wird gerne Phrase, wenn nicht der eigene Körper weh tut.»[35] Dies ist kein Hinweis darauf, dass Sophie sich opfern wollte; der Satz entspringt vielmehr dem Gefühl eines Menschen, der vom Leid bisher weitgehend verschont geblieben ist und es ernst meint mit dem Vorsatz, die Lasten der anderen wirklich mitzutragen. Noch einmal fragte sie Fritz, ob sie zu ihm fahren solle, sie würde das sofort tun.

Am 14. Februar kam Sophie abends um 21 Uhr am Hauptbahnhof in München an. Hans und Gisela holten sie ab, sie saßen dann noch bis 23 Uhr zusammen, als Gisela schlafen ging – in Sophies Bett. Jetzt endlich konnte Hans der Schwester die vielen Neuigkeiten berichten. Die wichtigste war natürlich das fertige sechste Flugblatt, von dem die Studenten bereits einige Stapel hergestellt hatten und das Sophie jetzt zum ersten Mal las. Dann berichtete Hans von dem Treffen mit Falk Harnack, Huber, Willi und Alex. Es sah so aus, als könne die Vernetzung mit den Berliner Widerstandskreisen doch gelingen. Harnack wollte den Kontakt zu Klaus und Dietrich Bonhoeffer und zu Vertretern des militärischen Widerstands herstellen.[36]

Von der zweiten Malaktion in der Nacht vom 8. auf den 9. Februar wusste Sophie bisher auch noch nichts. Die Geschwister waren so aufgekratzt, dass sie nicht schlafen konnten. Deshalb tippten sie noch bis tief in die Nacht Adressen auf Briefumschläge, in die sie das neue Flugblatt steckten. Irgendwann kroch Sophie zu Gisela ins Bett.

Wie schläft es sich mit 3000 hochverräterischen Flugblättern im Nebenzimmer? Was ging in Sophie vor, als sie dort lag, nur wenige Stunden nach ihrer Ankunft? Während der Fahrt von Ulm nach München habe sie sich «von einem harmlosen ausgelassenen Kind zu einem auf sich gestellten Menschen» verwandelt, wird sie zwei Tage später an Fritz schreiben.[37] Jetzt war sie wieder die Widerstandskämpferin, die kühl und klar denken musste.

Am 15. Februar trafen sich Hans und Sophie Scholl mit Alexander Schmorell, um die Kopien des sechsten Flugblatts in Kuverts zu stecken. Es war ein Montag, deshalb war Wilhelm Geyer noch in Ulm, und sie hatten das Atelier für sich. Auch diesmal hatten sie nicht genügend Umschläge, also tippten sie die Adressen auch wieder auf gefaltete und zusammengeklebte Blätter. Huber hatte ihnen ein altes Studentenverzeichnis überlassen, daraus schrieben sie Adressen ab. Zur Kontrolle adressierte Hans einen Brief an sich selbst.

Mittags kochte Gisela Schertling für sie in der Franz-Joseph-Straße. Während die Männer nachmittags im Atelier weiterarbeiteten, ging Sophie mit Gisela und Otl spazieren. Aicher hatte Urlaub und war bei Carl Muth untergekommen. Erst als er und Gisela wieder fort waren, konnte die Arbeit des Eintütens in der Franz-Joseph-Straße weitergehen. Wieder einmal wurde es sehr spät, zuletzt brachten sie den Vervielfältigungsapparat ins Atelier und versteckten ihn dort im Keller. Hans, Alex und Willi zogen zu einer weiteren riskanten Aktion los: Sie wollten die fertig adressierten Flugblätter bei verschiedenen Postämtern in der Innenstadt einwerfen und auf dem Rückweg Parolen an die Hauswände malen. Diesmal nahmen sie sich auch die Bayerische Staatskanzlei vor, und an die Buchhandlung Hugendubel am Salvatorplatz schrieben sie «Hitler Massenmörder».

Die Gestapo in München übergab das fünfte und das sechste Flugblatt am 17. Februar einem Gutachter, der ihr bei der Identifizierung der Verfasser helfen sollte. Was der Altphilologe Professor Richard Harder herausfand, ist allerdings nicht besonders spannend. Zu erkennen, dass die beiden «Machwerke» sprachlich ein «außergewöhnlich hohes Niveau» und einen «hervorragenden deutschen Stil» aufweisen, dass sie von einem Deutschen verfasst wurden, der seit Jahren im Land lebte und die politischen Ereignisse, speziell in München, verfolgte, war keine große Kunst. Inhaltlich hielt der glühende Nationalsozialist Harder die Texte an vielen Stellen für «Stümperei», und er irrte in der Annahme, dass es sich um einen «weltfremden Akademiker» handele und eher nicht um einen Soldaten. Richtig lag er jedoch mit seinem Fazit, dass die Flugblätter nicht «Ausfluss einer machtpolitisch aktiven Gruppe» waren.[38]

Vier Mitglieder der Weißen Rose befanden sich nun schon seit über einem Monat im Dauerstress. Sie schliefen kaum und hatten immer weniger Kraft für das normale Studentenleben, das sie zur Tarnung weiterführen mussten. Sie waren schließlich keine professionellen Verschwörer und verfügten nicht über die Kenntnisse, die man etwa bei der Gestapo erwarb. Abgesehen von Kurt Huber war die Weiße Rose eine Gruppe junger Menschen, die ihre Mitbürger allein mit der Macht des Wortes aufzurütteln versuchten. Jeder von ihnen hatte einen etwas anderen familiären Hintergrund, eine andere Geschichte. Aber sie alle stammten aus dem Bürgertum, und es ging ihnen materiell gut. Sie hätten das Kriegsende – von dem sie glaubten, dass es nahe sei – einfach abwarten und versuchen können, bis dahin ohne größere Schäden durchzukommen. Doch genau das konnten sie eben nicht mehr – und das war der entscheidende Punkt, der sie miteinander verband. Zu sehr litten sie darunter, was aus ihrem Land geworden war. Jeder von ihnen wollte leben, aber nicht so, wie es der nationalsozialistische Staat ihnen aufzwang. Sie wollten keinen Krieg, sie wollen sich nicht mehr einer geistlosen Macht beugen, die sie verachteten. Ein Leben, in dem man immer aufpassen, immer schweigen und die eigenen Gedanken für sich behalten musste, war nicht das, was sie für lebenswert hielten. Sie waren nicht die Einzigen, die das NS-Regime ablehnten, aber sie gehörten zu den wenigen, die ein hohes Risiko auf sich nahmen, um auf das schreiende Unrecht hinzuweisen. Hans und Sophie Scholl, Alexander Schmorell, Willi Graf, Christoph Probst und Kurt Huber – sie alle waren bereit, ihr sicheres Leben zu gefährden, um für christlich-humanistische Werte zu streiten. Sie hatten sich entschieden, nicht mehr länger tatenlos dabei zuzuschauen, wie die Diktatur all ihre Grundsätze mit Füßen trat. Sie wollten nicht nur für Mitmenschlichkeit und Freiheit des Geistes kämpfen, sondern auch für die Vernunft. Auch ihre Freundinnen und Freunde Traute Lafrenz, Susanne und Hans Hirzel und die anderen aus dem weiteren Kreis der Mitstreiter gingen ein hohes Risiko ein, um ihrer inneren Stimme zu folgen.

Am Dienstag, dem 16. Februar schrieb Sophie am Morgen vor der ersten Vorlesung einen kurzen Gruß an Fritz, gegen Mittag schickte sie einen zweiten hinterher:

> Gestern habe ich einen wunderbaren blühenden Stock gekauft, er steht vor mir auf dem Schreibtisch am hellen Fenster, seine graziösen Ranken, über und über mit zarten lila Blüten besetzt, schweben vor und über mir. Er ist meinen Augen und meinem Herzen eine rechte Freude, und ich wünschte mir nur, daß Du kommst, bevor er verblüht ist. Wann wirst Du nur kommen?[39]

Als Wilhelm Geyer am Nachmittag bei Hans und Sophie den Schlüssel zum Atelier holen wollte, öffnete niemand auf sein Klingeln. Er drückte die Klinke, stellte fest, dass die Tür nicht abgeschlossen war, und trat ein. Im dunklen Hausflur standen Hans und Sophie, offenbar sehr beunruhigt. «Ach, es ist ja Herr Geyer», sagte Sophie erleichtert. Diese Schilderung Geyers von den Geschwistern im dunklen Hausflur ist eine der ganz wenigen, die uns die Geschwister Scholl in Angst und Sorge zeigen. Nach dem gemeinsamen Abendessen im Bodega und einem Konzertbesuch übernachtete Hans bei Gisela in deren Wohnung in der Lindwurmstraße. Sie wird später aussagen, Hans habe sich von der Gestapo beobachtet gefühlt. Sophie kam noch auf eine Tasse Kaffee mit zu Geyer ins Atelier. Dort sagte sie: «Es fallen so viele Menschen für dieses Regime, es ist Zeit, daß jemand dagegen fällt.»[40]

Am Morgen des 17. Februar frühstückte Sophie gemeinsam mit Geyer in ihrer Wohnung. Nach den Vorlesungen schrieb sie an Lisa, sie höre gerade Schuberts Forellenquintett auf dem Grammophon, was ihr so große Freude mache, dass sie sich am liebsten auf der Stelle selbst in eine Forelle verwandeln würde:

> Man kann ja nicht anders als sich freuen und lachen, so wenig man unbewegten oder traurigen Herzens die Frühlingswolken am Himmel und die vom Wind bewegten knospenden Zweige in der glänzenden jungen Sonne sich wiegen sehen kann. Oh ich freue mich wieder so sehr auf den Frühling. Man spürt und riecht in diesem Ding von Schubert förmlich die Lüfte und Düfte, und vernimmt den ganzen Jubel der Vögel und der ganzen Kreatur.[41]

An diesem Tag wurde Sophies Name zum ersten Mal in einem Gestapo-Verhör genannt.

Hans Hirzel hatte einige Wochen zuvor zwei junge Männer angesprochen, die er aus der HJ kannte. Ende Januar werde er Flugblätter versenden und könne dafür noch Helfer gebrauchen. Daraufhin zeigten ihn die beiden bei der Gestapo an. Hirzel wurde am 17. Februar verhört. Es fiel der Name Sophie Scholl, «nicht belastend, aber er ist gefallen», berichtete er später,[42] wahrscheinlich war er tatsächlich derjenige, der ihren Namen überhaupt ins Spiel gebracht hat. Die Beamten nahmen Hirzel nicht ernst und gingen der Sache nicht weiter nach, was er aber nicht wissen konnte. Nach dem Verhör begab er sich sofort zu Inge Scholl und riet ihr dringend, die Geschwister in München zu warnen. Sie solle Hans sagen, das Buch *Machtstaat und Utopie* sei vergriffen; diesen Code hatte er mit Hans verabredet. Inge erreichte ihre Geschwister jedoch nicht. Sie überlegte, Wilhelm Geyer die Warnung mitzugeben, doch der war zu diesem Zeitpunkt schon nicht mehr in Ulm. Deshalb rief sie Otl Aicher im Haus von Carl Muth an. Er versprach, die Warnung weiterzugeben. Doch von da an lassen sich die Abläufe nicht mehr klar rekonstruieren. Aicher behauptet später, er habe die Geschwister zu diesem Zeitpunkt in München noch gar nicht gesehen, was nachweislich nicht stimmt, denn er war schon am Montag bei ihnen zu Besuch. Aicher behauptet weiter, er habe Hans an dem Abend des 17. Februar erreicht, ihn aber nicht gewarnt, sondern sich mit ihm für den nächsten Vormittag um 11 Uhr in der Franz-Joseph-Straße verabredet. Eine Begründung für dieses schwer nachvollziehbare Verhalten gab er nicht.

Der 18. Februar 1943 ist als der Tag in die Geschichte eingegangen, an dem Sophie und Hans Scholl im Hauptgebäude der Münchner Universität Flugblätter verteilt haben und verhaftet wurden. Dieser Tag ist von vielen Menschen geschildert worden, von jedem aus einer anderen Perspektive. Die Verhafteten wollten im Verhör Details verschweigen, um sich und andere zu schützen. Die Verfolger wollten nach dem Krieg besser dastehen. Freunde und Verwandte haben nur einen Ausschnitt mitbekommen oder sind gar nicht vor Ort gewesen.

Fakten und Legenden haben sich inzwischen zu einem schwer durchschaubaren Knäuel verschlungen.[43] Sicher ist: Sophie und Hans Scholl verließen ihre Wohnung an diesem Morgen gegen 10.30 Uhr und gingen mit einem Koffer und einer Aktentasche, in denen über 1000 Flugblätter steckten, zur Universität. Sie betraten das Hauptgebäude etwa um 10.50 Uhr; die Gänge waren leer, denn die Vorlesungen liefen noch. Traute Lafrenz und Willi Graf kamen ihnen entgegen. Beide hatten die Vorlesung von Professor Huber zehn Minuten vor dem Ende verlassen, um pünktlich bei ihrer nächsten Veranstaltung in der Nervenklinik zu sein. Traute wunderte sich über den Koffer und fragte die Freunde, ob sie heute schon blaumachen würden. Sie hatte aber keine Zeit, eine Antwort abzuwarten, sondern eilte davon. Sophie rief ihr noch nach, sie könne sich die Skistiefel gerne ausleihen. Erst in der Straßenbahn begann Traute sich zu fragen, was Hans und Sophie wirklich vorhatten.

Inzwischen hatten die Geschwister damit begonnen, in fliegender Hast Flugblätter auszustreuen: Sie legten sie vor die Hörsaaltüren, auf Fenstersimse, Treppenstufen und Brüstungen, damit möglichst jeder Student und jede Studentin, wenn sie aus den Hörsälen strömten, von den Blättern Notiz nahmen.

Warum gingen die beiden ein solches Risiko ein? Falls sie plötzlich Angst vor einer Entdeckung hatten, dann wollten sie die verbleibenden Flugblätter vielleicht so schnell wie möglich aus der Wohnung schaffen, bevor die Gestapo zu einer Hausdurchsuchung kam. Eine solche Menge Post konnten sie auf die Schnelle unmöglich verschicken. Sie wollten die mit so viel Mühe hergestellten Flugblätter aber auch nicht wegwerfen oder verbrennen, sondern zu den Menschen bringen, für die sie bestimmt waren, zu den Studentinnen und Studenten.

Die Aktion vom 18. Februar war jedoch keine ganz spontane Idee, Hans und Alexander hatten bereits darüber gesprochen, «dass man die restlichen Flugblätter – etwa in der Universität in München ablegen könnte».[44] Auch Willi Graf kannte diesen Plan,[45] nur ein Termin war noch nicht ins Auge gefasst worden. Und was bisher nur wenig beachtet wurde: Schon vor dem 18. Februar sind in der Universität Flugblätter aufgetaucht, wie der Universitätsanwalt Dr. Karl Ernst Haeffner am 9. Mai 1946 dem Rektor schriftlich mitteilte.[46] Sophie erzählte nach ihrer Verhaftung, sie habe die Blätter dort selbst ausgelegt und dabei sogar eine Putzfrau angesprochen: «Wozu heben Sie die Blätter auf? Lassen Sie die ruhig liegen, die sollen doch die Studenten lesen.»[47]

Schließlich könnte die Aktion am 18. Februar 1943 auch einem ganz anderen Impuls entsprungen sein: Die Geschwister wollten ein Zeichen setzen und auf einen Schlag Hunderte Menschen dazu auffordern, sich gegen die Obrigkeit zu stellen. Denn was hatten sie bisher erreicht? Hans sagte später aus, er habe «keine besondere Wirkung dieser Flugblätter feststellen» können. «Ich habe von keiner Seite zu dieser Aktion einen Widerhall gefunden.»[48] Abgesehen davon, dass man sich fragen muss, welche Reaktion auf anonyme Flugblätter er denn eigentlich erwartet hat: Könnte ihr Wagemut nicht auch der Verzweiflung entsprungen sein?

Was auch immer den Anstoß für die riskante Aktion gegeben hat, eines war sie ganz sicher nicht, ein Selbstopfer. Sophie und Hans Scholl wollten den Krieg überleben, und sie wollten frei sein. Genau aus diesem Grund schlüpften sie nach wenigen Minuten durch den Hinterausgang der Universität und hielten ihren Coup für geglückt. Dann merkten sie, dass sie noch nicht alle Flugblätter verteilt hatten, und entschieden sich, wieder zurückzugehen, anstatt die letzten Flugblätter wieder nach Hause zu tragen oder anderswo zu entsorgen. Diesmal hasteten sie die Treppen des Lichthofs hinauf und legten oben im zweiten Stock die letzten Flugblätter aus. Dann gab Sophie einem der Stapel auf der Balustrade einen Stups. Die herabwirbelnden Flugblätter im Lichthof sind inzwischen zu einem Sinnbild für den Widerstand gegen das NS-Regime geworden. Gesehen hat diese Szene jedoch nur der Hausmeister Jakob Schmid, der in diesem Augenblick in den Lichthof trat. Die Geschwister konnte er von seiner Position aus nicht erkennen, aber er wusste, wo die Urheber des Papierregens sich befinden mussten, eilte die Treppen hinauf, entdeckte die beiden, packte Hans am Arm und sagte: «Ich verhafte Sie!»[49] Diese Szene hat der Münchner Zeithistoriker Hans

Günter Hockerts inzwischen minutiös rekonstruiert. Auf dieser Grundlage ist nun deutlich, dass der dramatische Kulminationspunkt in den Filmen und auch in den meisten Biografien zwar in den Grundzügen richtig, aber was die Details betrifft, fehlerhaft dargestellt worden ist.

Die beiden flohen nicht, weil eine Flucht ein Schuldbekenntnis gewesen wäre, das sie unbedingt vermeiden wollten. Stattdessen rief Hans empört aus: «Lächerlich so etwas, es ist eine Unverschämtheit, einen in der Universität herinnen festzunehmen.»[50] Schmid brachte Sophie und Hans zuerst zum Hausverwalter und von dort zu dem bereits erwähnten Universitätssyndikus Haeffner. Alle Ausgänge der Universität wurden geschlossen und die Flugblätter eingesammelt.

Während man bisher davon ausging, dass die Geschwister bis zum Eintreffen der Gestapo gemeinsam bewacht wurden, haben neue Forschungen gezeigt, dass man sie in getrennten Zimmern festhielt.[51] Sophie war in diesen Minuten so geistesgegenwärtig, den Schlüssel zum Atelier Eickemeyer, den sie in der Tasche trug, in einer Ottomane zu verstecken.[52] Hans hingegen wurde bewusst, dass er ein höchst verräterisches Dokument bei sich hatte. In seiner Jackentasche steckte der handschriftliche Entwurf für ein Flugblatt, den ihm Christoph Probst vor gut zwei Wochen, am 31. Januar, gegeben hatte. Ausgerechnet den Freund, der bisher von allen riskanten Aktionen ferngehalten worden war, hat er durch seine Unvorsichtigkeit in Gefahr gebracht. Er zerriss den Zettel unauffällig und versuchte, die Schnipsel auf dem Boden unter anderen Papieren verschwinden zu lassen, aber der Hausmeister sammelte die Schnipsel ein und übergab sie der Gestapo, als diese kurz darauf eintraf.

Kriminalsekretär Robert Mohr, der die Fahndung nach den Urhebern der Flugblätter seit Juni 1942 geleitet hatte, ließ die Geschwister abführen: «Beide, vor allem das Fräulein, machten einen absolut ruhigen Eindruck.»[53] Als sie die überfüllten Flure passierten, bemerkte Hans Gisela Schertling und hoffte, sie werde seine Botschaft verstehen, als er in eine ganz andere Richtung rief: «Sag Alex, er soll nicht auf mich warten.» Der Student, der Hans gerade am nächsten stand, wurde daraufhin verhaftet, kam aber bald wieder frei. Gisela wurde ebenfalls verhört und gab gegenüber der Gestapo preis, dass mit Alex Hans' enger Freund Alexander Schmorell gemeint war. Dieser hatte bald darauf in der Straßenbahn von zwei Verhaftungen in der Universität erfahren und sofort versucht, Hans zu sprechen. Als er ihn telefonisch nicht erreichte und am Nachmittag ein Fremder bei Scholls ans Telefon ging, war ihm klar, dass etwas passiert sein musste. Er beriet sich mit Willi Graf und entschied sich unterzutauchen.

17.

Ich bereue meine Handlungsweise nicht: Unbeugsam bis zuletzt

Das Hauptquartier der Münchner Gestapo befand sich im prächtigen Wittelsbacher Palais an der Brienner Straße, nur einen Kilometer von der Universität entfernt. Im dazugehörigen Park stand ein mehrstöckiger Gefängnistrakt mit 22 Zellen. Seit der Nachricht, man habe «die Maler» verhaftet, herrschte große Spannung in der Behörde. Als der dunkle Wagen vorfuhr, wollten vermutlich alle einen Blick auf diejenigen werfen, die es geschafft hatten, die Gestapo so lange zu narren. Die Geschwister wurden sofort voneinander getrennt. Doch sie hatten sich schon lange vorher auf bestimmte Aussagen verständigt, um im Fall einer Verhaftung dieselbe Geschichte zu erzählen. Ihr beherrschtes Auftreten war Teil dieser Rolle.

Weil es keine weiblichen Gestapo-Beamten gab, wurde Sophie von einer Gefangenen durchsucht. Die 35-jährige Else Gebel, die wegen Mitgliedschaft in einer kommunistischen Widerstandsgruppe schon seit Monaten auf ihren Prozess wartete und im Gefängnis als Buchhalterin arbeiten musste, schrieb ihre Erinnerungen an Sophie später nieder.[1] Als sie ihr zum ersten Mal gegenüberstand, glaubte sie, die Polizei müsse sich geirrt haben: «Niemals hat sich dieses liebe Mädel mit dem offenen Kindergesicht bei solch waghalsigen Unternehmungen beteiligt.» Trotzdem flüsterte sie Sophie beim Abtasten der Kleidung zu: «Wenn Sie irgendein Flugblatt bei sich haben, vernichten Sie es jetzt, ich bin selbst Häftling.» Nur kurz waren sie in der Zelle allein. Else riet der Jüngeren, nichts zuzugeben, was nicht bewiesen sei. Sophie erwiderte, das habe sie bisher auch nicht getan, «aber es ist da noch manches, was sie finden können». Sie glaubte, sie sei «ein schwerer Fall» und habe mit nichts Gutem zu rechnen.

Das Verhör mit Sophie führte Kriminalsekretär Robert Mohr, sein Kollege Anton Mahler befragte Hans Scholl. Zunächst leugneten die Geschwister rundweg, etwas mit den Flugblättern zu tun zu haben. Beide waren konzentriert und machten keine Fehler. Hans konnte sich ein paar freche Antworten nicht verkneifen und wurde dafür zurechtgewiesen. Sophie sprach sogar von ihrer Abneigung gegen das NS-System. Sie begründete diese Haltung mit der Verhaftung ihrer Geschwister wegen bündischer Umtriebe und «als weiteren und schliesslich als hauptsächlichsten Grund für meine Abneigung gegen die Bewegung möchte ich anführen, dass nach meiner Auffassung die geistige Freiheit des Menschen in einer Weise eingeschränkt wird, die meinem inneren Wesen widerspricht. Zusammenfassend möchte ich die Erklärung abgeben, dass ich für meine Person mit dem Nationalsozialismus nichts zu tun haben will.»[2]

Die Vernehmungsprotokolle sind keine wortgenauen Mitschriften, wie es der Name suggeriert.[3] Gestapo-Chef Oswald Schäfer erklärte später, nicht jede Aussage sei notiert worden, «sondern immer erst das Ergebnis einer längeren Befragung».[4] Dennoch ist es sehr wahrscheinlich, dass wörtliche Zitate ihren Weg in das Protokoll gefunden haben. Vor allem da, wo es um die Kritik am NS-Staat oder um die Motive des Widerstands geht, klingt es so, als hätten die Beamten die Formulierungen der Verhafteten übernommen. Deshalb spricht Sophies Stimme aus diesen Akten zu uns.

Die Geschichte, die Hans und Sophie Scholl der Gestapo nun unabhängig voneinander präsentierten, war folgende: Sophie sei an diesem Tag mit Gisela Schertling zum Mittagessen verabredet gewesen, habe aber ihre Pläne kurzfristig geändert und nach Ulm fahren wollen. Der Koffer sei für die frische Wäsche bestimmt gewesen, die sie von zuhause mitnehmen wollte. Sie seien in die Uni gegangen, um Gisela abzusagen. Da die Vorlesungen noch nicht beendet waren, seien sie zum psychologischen Institut im zweiten Stock hinaufgestiegen, wo Sophie ab und zu Veranstaltungen besucht habe. Die Flugblätter seien ihnen schon vorher aufgefallen, sie hätten auch jeder eines eingesteckt, und aus einem übermütigen Impuls heraus habe Sophie einen ganzen Stapel über die Balustrade gestoßen.

Robert Mohr glaubte die Geschichte zunächst: «Zu diesem Zeitpunkt war ich beim Stand der Dinge der Auffassung, dass Hans und Sophie Scholl noch am gleichen Tage mit ihrer Entlassung zu rechnen hätten. Dies gab ich der Sophie Scholl zu verstehen [...].»[5] Die Geschwister wurden in ihre Zellen gebracht und sollten vor der Freilassung noch etwas zu essen bekommen. Doch dann wurde diese Anweisung widerrufen, und von Entlassung war keine Rede mehr. Denn bei der Durchsuchung der Wohnung in der Franz-Joseph-Straße hatte die Gestapo eine Reihe verdächtiger Dinge entdeckt: 140 Briefmarken, ein Heft mit zahlreichen Adressen aus Augsburg und München, eine Schreibmaschine und eine Armeepistole mit knapp 200 Schuss. Außerdem hatten Polizeibeamte den Flugblattentwurf von Christoph Probst in Teilen wieder zusammengesetzt. Deshalb mussten Hans und Sophie um 19 Uhr wieder zum Verhör. Else Gebel wartete lange auf Sophies Rückkehr.

In den frühen Morgenstunden gab Hans Scholl das Leugnen auf. Laut Protokoll entschied er sich dazu, nachdem man ihm Indizien aus seinem Schreibtisch vorlegte: verschiedene Briefe und 140 Briefmarken zu 8 Pfennig.[6] Zudem war inzwischen die Schreibmaschine als diejenige identifiziert worden, mit der Adressen auf Briefumschläge getippt worden waren, in denen Flugblätter versandt worden sind. Vielleicht hat sich Hans Scholl beim Versuch, für all das Erklärungen zu finden, in Widersprüche verwickelt, sicher war er nach den stundenlangen Verhören sehr erschöpft.

Auch der Flugblattentwurf von Christoph Probst könnte den Ausschlag gegeben haben. Hans hatte den Freund schon Ende November um einen Text gebeten, ihn aber erst am 31. Januar erhalten. Dieser Entwurf wird oft als siebtes Flugblatt der Weißen Rose bezeichnet. Unter der Überschrift «Stalingrad!» listete Christoph Probst die Verbrechen Hitlers auf: «Ihm der die Juden zu Tode marterte, die Hälfte der Polen ausrottete, Russland vernichten wollte, ihm der Euch Freiheit, Frieden, Familienglück, Hoffnung und Frohsinn nahm und dafür Inflationsgeld gab. Das soll, das darf nicht sein! Hitler und sein Regime muss fallen, damit Deutschland weiter lebt!»[7]

Ob die Gestapo gleich in dieser Nacht einen Handschriftenvergleich mit einem Brief aus Hans' Wohnung erstellt hat? Im Vernehmungsprotokoll wird dazu nichts gesagt. Aber es muss Hans klar gewesen sein, dass die Gestapo früher oder später darauf kommen würde, wessen Handschrift das war, auch wenn er noch so oft beteuerte, man habe ihm den Zettel anonym in den Briefkasten gesteckt. Da Sophie zur gleichen Zeit beteuerte, Hans habe an diesem Morgen keine Post bekommen – denn in diesem Punkt hatten sie sich nicht absprechen können –, musste Hans irgendwann zugeben, dass der Entwurf, den er vernichten wollte, von Christoph Probst stammte. Würde er nun aber weiterhin leugnen, würde die Gestapo Christoph vermutlich auch für alle anderen Flugblätter verantwortlich machen. Das wollte Hans Scholl unter allen Umständen verhindern.

Hans gestand also, die beiden Flugblätter von Januar und Februar 1943 allein verfasst zu haben. Den Entwurf von Christoph tat er als Folge einer nervlichen Überreizung ab, weil Probsts Frau nach der Geburt des dritten Kindes gerade an Wochenbettfieber erkrankt sei. Nach seinen Motiven befragt, antwortete Hans, ihm sei klar geworden, dass der Krieg nicht mehr gewonnen werden könne. Da habe er ihn wenigstens verkürzen wollen. Außerdem sei ihm «die Behandlung der von uns besetzten Gebiete und Völker ein Greuel», das werde die «friedliche Aufbauarbeit in Europa» nach dem Krieg erschweren. Aus diesen Gründen habe er sich dazu entschlossen, seine Gesinnung durch Taten zu zeigen.[8]

Als Sophie erfuhr, dass Hans nicht mehr leugnete, gestand sie ebenfalls, aber zuvor habe sie verlangt, Mohr müsse ihr beweisen, dass Hans nicht gefoltert worden sei. Dazu öffnete er die Tür zum benachbarten Vernehmungszimmer und ließ Sophie einen Blick auf den Bruder werfen. So schildert es Mohr in seinem Erinnerungsbericht nach dem Krieg.

Es fällt auf, wie oft es heißt, die Scholls seien während der Verhöre gut behandelt worden. Dass Mohr und sein Chef Oswald

Schäfer dies nach dem Krieg behaupteten, muss nicht überzeugen, aber die Geschwister selbst beteuerten ihren Eltern gegenüber, «sie seien von der Münchener Gestapo gut, ja vornehm behandelt worden».[9] Auch Else Gebel bestätigt dies, Sophie habe es ihr gesagt. Hans Günter Hockerts weist darauf hin, dass Schäfer sich zwar in anderen Situationen als brutal und menschenverachtend zeigte, doch dort, wo er auch ohne Gewalt zum Ziel kommen konnte, darauf verzichtet habe. Dies ist jedoch gewiss nicht auf moralische Skrupel zurückzuführen, wie Schäfer nach dem Krieg behauptete.[10]

Seit ihren Geständnissen wussten Hans und Sophie, dass sie verloren waren. In den Verhören der nächsten beiden Tage ging es nur noch darum, möglichst viele Freunde zu schützen. Schäfer lobte im Rückblick Hans Scholls Strategie: «Verhandlungstaktisch verhielt er sich sehr geschickt. Er antwortete auf die gestellten Fragen zwar vollständig, aber stets nur kurz, und vermied damit, durch längere Ausführungen dem Vernehmenden neue Anhaltspunkte zu geben.» Und er habe auf jede Frage erst geantwortet, nachdem er kurz darüber nachgedacht hatte. Der Beamte habe versucht, ihn durch schnelles Nachfragen aus der Ruhe zu bringen, aber Hans «ließ sich das Tempo [...] nicht aufzwingen, sondern blieb bei seiner kurzen Überlegungspause».[11]

Sophie Scholls Vernehmungen liefen anders ab. Sie selbst erlebte sie als «anregend, interessant»[12], denn sie gestalteten sich streckenweise wie ein Gespräch. Selbst aus den kurzen Protokollen wird deutlich, dass Sophie von ihrem Gegner als politisch denkendes Wesen wahrgenommen werden wollte. Ihre Selbstachtung verlangte, sich klar, nüchtern und gefasst zu verhalten, auch angesichts der zu erwartenden Todesstrafe. Deshalb machte sie ihren Standpunkt klar: «Es war unsere Überzeugung, dass der Krieg für Deutschland verloren ist, und dass jedes Menschenleben [,] das für diesen verlorenen Krieg geopfert wird, umsonst ist.»[13]

Sophie behauptete, sie und Hans hätten die beiden Flugblätter von Januar und Februar allein hergestellt und versendet, mit ein wenig Unterstützung von Alexander Schmorell, dessen Name der Gestapo bereits bekannt war und den Sophie in Sicherheit glaubte.

Schließlich erklärte sie selbstbewusst: «Ich war mir ohne weiteres im Klaren darüber, dass unser Vorgehen darauf abgestellt war, die heutige Staatsform zu beseitigen und dieses Ziel durch geeignete Propaganda in breiten Schichten der Bevölkerung zu erreichen.»[14]

Erst am Freitagmorgen um 8 Uhr kam Sophie zurück in die Zelle, wo Else Gebel beunruhigt auf sie wartete. Es hatte sich bereits herumgesprochen, dass die Scholls gestanden hatten. Sophies Erklärung, wie es zu dem Geständnis gekommen ist, gibt Else Gebel in ihrem sehr persönlich formulierten und an Sophie Scholl gerichteten Erinnerungsbrief wieder: «Man hatte bei Hans in der Uni ein aufgesetztes Flugblatt gefunden. Hans hatte es wohl sofort zerrissen und gab an, es von einem Studenten, dessen Namen er nicht wisse, zu haben. Aber die Gestapospitzel hatten Eure Zimmer bereits genauestens durchsucht. Das zerrissene Flugblatt war säuberlich zusammengeklebt und es stimmte die Handschrift mit der eines Freundes überein. Da wusstest Du, daß für Euch nichts mehr zu retten war.»[15] Dieses Zeugnis ist deshalb in hohem Maß glaubwürdig, weil Else Gebel es bereits 1946 verfasst hat; von wem hätte sie diese Information damals haben sollen, wenn nicht tatsächlich von Sophie Scholl? Als Else an diesem Morgen zur Arbeit abgeholt wurde, legte sich Sophie aufs Bett und schlief sofort ein.

Dass die Geschwister mit ihren Aussagen die Freunde schützen wollten, war der Gestapo klar. Mohr schreibt später, diese «Geschwisterliebe, diese Opferbereitschaft und Charakterstärke» habe ihn und alle anderen Beteiligten sehr beeindruckt. Darf man ihm das glauben? Oder will er sich nur menschlicher präsentieren? Sollten die «erfahrenen Kriminalisten», wie Mohr sagt, für die Geschwister Scholl tatsächlich «Sympathie und Hochachtung» empfunden haben? Es war wohl doch eher so, dass die involvierten Gestapo-Leute rasch begriffen, dass Sophie und Hans nicht dazu zu verleiten waren, andere zu verraten, um das eigene Leben zu retten.

Eines kann man Mohr wohl glauben: Er gab Sophie die Möglichkeit, sich als Opfer ihres Bruders herauszureden und damit ganz eventuell ihre Strafe zu mildern. Doch er merkte rasch, dass sie sich darauf nicht einließ:

Wenn die Frage an mich gerichtet wird, ob ich auch jetzt noch der Meinung sei, richtig gehandelt zu haben, so muss ich hierauf mit ja antworten, und zwar aus den Eingangs angegebenen Gründen. Ich bestreite ganz entschieden, von dritter Seite gemeinsam mit meinem Bruder zu unserem Vorgehen veranlasst, aufgefordert oder finanziell unterstützt worden zu sein. Mein Bruder und ich haben vollkommen aus idiellen [sic] Gründen gehandelt und alle entstandenen Unkosten [...] aus eigener Tasche bestritten.»[16]

Die Familie Scholl in Ulm hatte bis zum 20. Februar, einem Samstag, keine Ahnung von der Not, in der Sophie und Hans steckten; niemand hatte sie informiert. Auch als am Morgen des 18. Februar ein Polizist am Münsterplatz klingelte und nach Briefen von Hans und Sophie fragte, alarmierte das niemanden. Dass nicht einmal Inge misstrauisch wurde, die doch einen Tag zuvor noch eine Warnung nach München durchgeben ließ, ist schwer zu begreifen.

Auch am Freitag informierte niemand die Familie, nicht einmal Otl Aicher, der die vergangene Nacht selbst im Gestapo-Gefängnis an der Brienner Straße verbracht hatte. Er war verhaftet worden, als er wie verabredet am Vormittag des 18. Februar bei Hans und Sophie klingelte. Schon am nächsten Tag wurde er wieder freigelassen. Er fuhr nach Ulm, ging jedoch nicht zum Münsterplatz, um der Familie die beunruhigenden Nachrichten zu überbringen. Der Grund dafür könnte die Scham sein darüber, dass er die Warnung an Hans am 17. Februar nicht weitergegeben hatte. Aber auch wenn Aicher Hans angerufen und die Warnung doch weitergegeben hat, hat er sich vermutlich Vorwürfe gemacht, etwa den, damit eine Kurzschlusshandlung ausgelöst zu haben, die zur Festnahme der beiden führte. Es bleibt auch die Frage, warum Inge Scholl an jenem Abend nicht selbst die Geschwister angerufen hatte.

Als Traute Lafrenz am Freitag nach Ulm kam und merkte, dass die Scholls immer noch vollkommen ahnungslos waren, brachte auch sie es nicht fertig, die Wahrheit zu sagen. Am Münsterplatz ging man deshalb davon aus, Hans habe das Wochenende nicht frei bekommen und Sophie sei bei ihm in München geblieben.

In München saßen Sophie und Else am Freitagabend auf ihren Betten in der Zelle und redeten. Bald werde es eine Invasion der Alliierten geben, vermutete Sophie, vielleicht schon in wenigen Wochen. Ob sie dann noch lebe? Else sprach ihr Mut zu. Ihr Bruder Willy Gebel sitze schon seit einem Jahr im Gefängnis, und sein Fall sei noch nicht verhandelt worden. Vielleicht schöpfte Sophie ein wenig Hoffnung, bevor die zweite Nacht im Gefängnis anbrach.

Am Samstagvormittag gingen die Verhöre weiter. Sophie blieb bei ihrer Aussage, dass Willi Graf und seine Schwester «in keiner Weise» an ihrer Arbeit beteiligt gewesen seien. Detailliert erklärte sie die Vorgänge zur Herstellung der Flugblätter, um zu zeigen, dass sie und Hans den Aufwand alleine hatten bewältigen können. Zu den nächtlichen Malaktionen befragt, behauptete Sophie, sie habe sie angeregt. Dann gab sie Auskunft über das Adressbuch, die beiden Schreibmaschinen und die finanzielle Unterstützung von 1000 Reichsmark durch Fritz. Sie berichtete, Fritz habe in Stalingrad gekämpft und starke Erfrierungen erlitten. Außerdem gab sie zu Protokoll – auch das schrieb die Gestapo genau auf –, sie beide verbinde seit 1937 ein «Liebesverhältnis und hatten wir auch die Absicht, uns später einmal zu heiraten».[17]

Nach den ersten vier Flugblättern befragt, stritt Sophie jede Mitwirkung daran ab. Eine mögliche Erklärung dafür ist, dass sie es genau so mit Hans abgesprochen hatte. Dagegen nahm sie andere Dinge, die sie nicht zu verantworten hatte, bereitwillig auf sich.

Am Münsterplatz in Ulm tauchte an diesem Samstag überraschend Werner auf, der kurzfristig Urlaub bekommen hatte. Nun brach Traute Lafrenz das Schweigen und erzählte von den Verhaftungen. Die Familie beschloss, abzuwarten und niemanden in München anzurufen, auch Elisabeth nicht, die gerade eine neue Stelle bei Ingolstadt angetreten hatte.

In München gingen die Verhöre am Samstagabend zu Ende. Bis zuletzt scheinen Sophie und Hans im Rahmen ihrer Möglichkeiten umsichtig agiert zu haben. Aber keiner der beiden bat um Gnade oder versuchte, die Schuld von sich weg auf andere zu schieben. Stattdessen nutzten sie die Verhöre dazu, ihre Position darzulegen.

«Fräulein Scholl wirkte – vielleicht lag das auch mit an dem vorgerückten Stadium der Vernehmung – nicht so angespannt und erfüllt von den Vorgängen, sondern um vieles gelassener als ihr Bruder», erinnerte sich Gestapo-Chef Schäfer Jahre später. «Ich konnte ihren Mut bewundern, wie sie einzelne in den Flugschriften enthaltene Angriffe gegen Hitler begründete und sich, obwohl sie meines Wissens an der Redaktion der Schriften nicht unmittelbar beteiligt war, trotzdem mit ihnen identifizierte.» Diese Beobachtungen stimmen mit anderen Quellen überein. Schäfer fügte hinzu, Sophie habe während der Vernehmung ihren Unwillen gegen das Verfahren gezeigt und Robert Mohr «durch Zwischenfragen in Verlegenheit zu setzen versucht und sicherlich auch in Verlegenheit gebracht».[18]

Mohr hielt ihr vielleicht aus diesem Grund am Samstag einen Vortrag über den «Sinn des Nationalsozialismus, Führer-Prinzip, deutsche Ehre [...] Er will Dir vielleicht noch eine Chance bieten», schreibt Else Gebel, die auch diese Details nur von Sophie selbst erfahren haben kann.[19] Dazu passt die Schlussfrage im Protokoll: «Sind Sie nach diesen Aussprachen nun nicht doch zu der Auffassung gekommen, dass [...] Ihre[r] Handlungsweise und [...] Vorgehen gemeinsam mit Ihrem Bruder und anderen Personen gerade in der jetzigen Phase des Krieges als ein Verbrechen gegenüber der Gemeinschaft insbesondere aber unserer im Osten schwer und hart kämpfenden Truppen anzusehen ist, das die schärfste Verurteilung finden muss.» Dies war eine Steilvorlage, Reue zu zeigen, um damit vielleicht sogar den eigenen Kopf zu retten. Doch Sophies Antwort lautete:

> Von meinem Standpunkt muss ich dies[e] Frage verneinen. Ich bin nach wie vor der Meinung, das Beste getan zu haben, was ich gerade jetzt für mein Volk tun konnte. Ich bereue deshalb meine Handlungsweise nicht und will die Folgen, die mir aus meiner Handlungsweise erwachsen, auf mich nehmen.[20]

Else Gebel überliefert die Weigerung Sophies, sich von ihren Taten zu distanzieren, ein wenig anders, aber nicht weniger entschieden. Da sie beim Verhör nicht zugegen war, muss Sophie ihr diesen Wortlaut berichtet haben: «Sie täuschen sich, ich würde alles genau noch einmal so machen, denn nicht ich, sondern Sie haben die falsche Weltanschauung.»[21]

Am Samstag und Sonntag wurden Sophie und Else von Mithäftlingen mit Tee, Keksen, Wurst und Butter versorgt. Manches davon konnten sie zu Hans schmuggeln lassen. Willi Graf, der bereits seit Donnerstagabend im Gefängnis saß, erhielt eine Zigarette, auf die sie «Freiheit» geschrieben hatten.[22] Am Sonntagmorgen kursierte im Gefängnis die Nachricht, in der Nacht sei ein weiterer «Hauptbeteiligter» eingeliefert worden. Sophie dachte sofort an Alexander Schmorell. Doch Else fand heraus, dass nicht Schmorell, sondern Christoph Probst verhaftet worden war. «Dein Gesicht zeigt Entsetzen [...] Zum ersten Male sehe ich Dich fassungslos.» Vollkommen überrascht kann Sophie nicht gewesen sein, da sie ja wusste, dass ein Flugblattentwurf von Christoph, von dem sie bis zum Verhör wohl gar nichts gewusst hatte, der Gestapo in die Hände gefallen war. Sie versuchte, sich mit der Vorstellung zu trösten, Christoph käme mit einer Haftstrafe davon, denn mit der Vervielfältigung und Verteilung der Flugblätter hatte er nichts zu tun gehabt.

Die Gestapo sah das anders. Christoph Probst musste zunächst seinen eigenen Flugblattentwurf rekonstruieren, weil das von der Gestapo zusammengestückelte Papier Lücken aufwies. Er gestand, die Informationen über das Treffen von Churchill und Roosevelt, über das er in dem Entwurf berichtet hatte, beim Hören eines ausländischen Senders erhalten zu haben, und gab damit eine weitere schwere Straftat zu. Und Probst hatte noch ein ganz anderes Problem: Er konnte nicht eine stolze, unbeugsame Haltung einnehmen wie Sophie oder Hans, denn er war nicht nur für sich selbst verantwortlich, sondern auch für seine Frau und seine drei Kinder. Daher versuchte er, sich als unpolitischen Menschen darzustellen, der in einer Krise etwas geschrieben habe, was nie hätte veröffentlicht werden sollen.

Bedenkt man, dass das gesamte Netzwerk der Weißen Rose aus mehr als 50 Personen bestanden hat, ist es den Verhafteten jedoch gelungen, den Kreis der ersten Verdächtigen erstaunlich klein zu halten.

Die Verfolger der Weißen Rose hatten es nun sehr eilig. Sie ließen die Verhafteten von der Universität München und allen anderen deutschen Universitäten ausschließen. Die Männer wurden aus der Wehrmacht entlassen, so dass kein Militärgericht mehr eingeschaltet werden musste. Stattdessen sollte der in Berlin ansässige Volksgerichtshof tätig werden, die höchste Instanz für politische Straftaten.

Am Sonntagmittag brachte Mohr Obst, Kekse und Zigaretten in die Zelle von Sophie und Else. Um 15 Uhr wurde Sophie von einem Wärter abgeholt, um ihr die Anklageschrift auszuhändigen. Als sie nach wenigen Minuten zurückkam, sei sie «blaß, sehr erregt» gewesen, erinnert sich Else Gebel. Mit zitternden Händen habe sie zu lesen begonnen. «Aber je weiter Du liest, umso ruhiger werden Deine Züge und bis Du zu Ende bist, hat sich Deine Erregung gänzlich gelegt. ‹Gott sei Dank› ist alles, was Du sagst.» Der Grund für diese Erleichterung dürfte der Eindruck gewesen sein, dass die Gestapo vieles von dem zu glauben schien, was die drei ihr weisgemacht hatten. Außer Hans, Christoph und ihr selbst war niemand angeklagt. Allerdings wogen die Vorwürfe schwer: Was man ihnen vorwarf, waren Hochverrat, Feindbegünstigung und Wehrkraftzersetzung. Unbemerkt schrieb Sophie auf die Rückseite der Anklageschrift zweimal das Wort Freiheit. Die Gestapo übersah das, deshalb steht diese Botschaft von Sophie Scholl noch heute auf ihrer Akte.

Am Sonntagnachmittag lagen Sophie und Else auf ihren Betten. Durch das Fenster schien die Sonne herein.

> So ein herrlicher, sonniger Tag, und ich muß gehen. – aber wieviele müßen heutzutage auf den Schlachtfeldern sterben, wieviel junge, hoffnungsvolle Männer ... was liegt an meinem Tod, wenn durch unser Handeln tausende von Menschen aufgerüttelt und geweckt werden. Unter der Studentenschaft gibt es bestimmt eine Revolte.[23]

Ob Sophie das ganz genau so gesagt hat, weiß man nicht. Aber sicher sind Else Gebel diese beiden Gefühle Sophies in Erinnerung geblieben, die Trauer über ihr nahes Ende und die Hoffnung, ihr Tod möge einen Sinn haben.

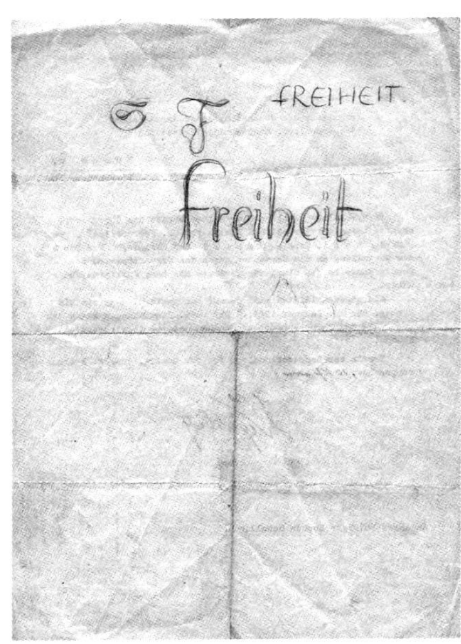

Sophie Scholl, Notiz auf der Rückseite ihrer Anklageschrift, 21. Februar 1943

Als der Pflichtverteidiger erschien, zeigte er weder Interesse an Sophies Fall noch an ihrem Gemütszustand. Sophie fragte ihn, ob Hans als Soldat das Recht auf einen Tod durch Erschießen habe und ob sie selbst öffentlich gehängt werde oder durch das Fallbeil sterben müsse. Eine ausweichende Antwort war alles, was sie von ihm erhielt. Später kam Mohr noch einmal in die Zelle und riet ihr, Briefe an die Familie zu schreiben. Die Abschiedsbriefe der Geschwister Scholl wurden jedoch nicht weitergeleitet. Mohr, der sie gelesen hat, fasst ihren Inhalt so zusammen: «Die Briefe enthielten warme Dankesworte [...] neben dem Hinweis, daß man nicht anders habe handeln können [...] Worte des Trostes und der Entschuldigung für den Schmerz, der den Hinterbliebenen habe zugefügt werden müssen. Schließlich zeugten sie von einer tiefen Gläubigkeit.»[24] Auch Christoph Probst hat zwei Abschiedsbriefe geschrieben. Seine Mutter und seine Schwester durften diese Briefe im Beisein eines Gestapo-Beamten lesen, aber nicht mitnehmen.

Bei Scholls in Ulm meldete sich an diesem Sonntag Jürgen Wittenstein. Aus Angst nannte er seinen Namen nicht, berichtete aber, der Prozess werde am nächsten Morgen um 10 Uhr in München beginnen. Die Eltern und Werner beschlossen, zur Verhandlung zu fahren. Lina buk mit Traute an diesem Abend noch Kekse für ihre Kinder.

Am Sonntagabend legten sich Sophie und Else gegen 22 Uhr zum Schlafen hin. Das Licht wurde in dieser Nacht nicht gelöscht. Sophie war bedrückt bei dem Gedanken an ihre Mutter. Der Vater, glaubte sie, werde ihre Handlungsweise besser verstehen. Bald schlief sie ein, Else musste sie am nächsten Morgen sogar wecken. Sophie erzählte ihr gleich von ihrem Traum: Sie habe ein Kind in einem langen weißen Kleid zur Taufe getragen. Um zur Kirche zu gelangen, musste sie einen steilen Berg besteigen. Plötzlich tat sich vor ihren Füßen eine Gletscherspalte auf. Sie habe das Kind noch gerade auf die andere Seite des Abgrunds legen können, bevor sie selbst in die Tiefe stürzte. Sie deutete den Traum so: Das Kind im weißen Kleid sei ihre Idee, die nun in Sicherheit sei und weiterleben werde. Sie selbst habe nur Wegbegleiterin sein können. Zum Abschied versprach Else, Sophies Eltern von den letzten Tagen zu erzählen.

Auch Hans verabschiedete sich von seinem Zellengenossen. Helmut Fietz berichtete später, Hans sei abwechselnd bedrückt und fröhlich gewesen. Manchmal habe er Fietz auch darum gebeten, ihn einfach in Ruhe zu lassen und zu schweigen. Am Morgen vor dem Prozess schrieb Hans Scholl mit einem in die Zelle geschmuggelten Bleistift noch etwas an die Wand: «Allen Gewalten zum Trotz sich erhalten».[25]

Am Montag, dem 22. Februar 1943, wurde das Verfahren gegen Hans und Sophie Scholl und Christoph Probst im Münchner Justizpalast eröffnet. Die drei Angeklagten wurden um 9 Uhr in Handschellen in den Saal 216 des Schwurgerichts gebracht. Sie sahen sich dort zum ersten Mal wieder, durften sich jedoch weder berühren noch miteinander sprechen und nahmen nebeneinander auf der Anklagebank Platz, von je einem Polizisten links und rechts bewacht. Bald war der Saal mit Parteimitgliedern voll besetzt. Zuletzt stürmte – in roter Robe und schwarzem Barett – Roland Freisler herein, der Präsident des Volksgerichtshofs. Er wollte einen Schauprozess veranstalten, eine einschüchternde Demonstration von Macht und Härte. Freisler hatte dafür seine speziellen Methoden, meistens brüllte er die Angeklagten zusammen, beleidigte und demütigte sie. Der erste Prozess gegen die Mitglieder der Weißen Rose war da keine Ausnahme.

Im Gerichtssaal saß ein junger Mann, der das Verfahren mit Sorge und Mitgefühl verfolgte. Leo Samberger war Jurastudent und hatte hier eigentlich nichts zu suchen. Aber vor ein paar Wochen hatte er in seinem Briefkasten ein Flugblatt vorgefunden, das ihn begeistert hatte. Auch über die Parole «Freiheit» am Hauptgebäude der Uni hatte er sich insgeheim gefreut und die Akteure für ihren Mut bewundert. Als die Geschwister Scholl am 18. Februar verhaftet wurden, hielt sich Samberger gerade im juristischen Seminar auf und beobachtete das hektische Aufsammeln der Flugblätter. Deshalb zögerte er keine Sekunde, als er an diesem Morgen am Kiosk erfuhr, was hier verhandelt wurde. Er ließ seine Vorlesung sausen, eilte zum Gericht und schmuggelte sich in den Saal. Samberger kannte die Angeklagten nicht persönlich, aber ihre Gesichter kamen ihm bekannt vor, denn er gehörte wie sie zu den eifrigen Konzertbesuchern in München. «Die Haltung der Angeklagten machte wohl nicht nur mir einen tiefen Eindruck. Da standen Menschen, die ganz offensichtlich von ihren Idealen erfüllt waren. Ihre Antworten auf die teilweise unverschämten Fragen des Vorsitzenden, der sich in der ganzen Verhandlung als Ankläger aufspielte und nicht als Richter zeigte, waren ruhig, gefasst, klar und tapfer.»[26] Auch Robert Mohr saß im Gerichtssaal und berichtete später, die Angeklagten seien kaum zu Wort gekommen. Alle Ansätze dazu, ihre Aktionen zu verteidigen, seien mit bissigen Entgegnungen abgetan worden. Trotzdem gelang es Sophie zu sagen: «Was wir schrieben und sagten, das denken Sie alle ja auch, nur haben Sie nicht den Mut, es auszusprechen.»[27]

Samberger empfand Freislers Gebrüll als so abstoßend, dass ihm daneben die Forderung des Oberreichsanwalts nach der Todesstrafe für alle drei Widerstandskämpfer als «sachlich und relativ milde» vorgekommen sei. Die Pflichtverteidiger lieferten danach drei Armutszeugnisse ab, weil sie sich in keiner Weise für die Angeklagten einsetzten. Doch da «drängte sich ein Mann in mittleren Jahren erregt auf dem Gang durch die Zuschauerreihe nach vorne und versuchte [...] sich zu Wort zu melden. Es war der Vater der Geschwister Scholl, der offensichtlich für Gestapo und Veranstalter unprogrammgemäß im Verhandlungssaal war [...].» Freisler ließ die Eltern aus dem Saal entfernen.

Nach dreieinhalb Stunden legte das Gericht eine Beratungspause ein. Als sich zur Urteilsverkündung alle wieder in den Saal drängten, blieben Lina und Robert Scholl allein auf dem Flur zurück. Samberger ging zu ihnen, stellte sich vor und bot ihnen seine Hilfe an, obwohl er wusste, dass man für die Angeklagten kaum noch etwas tun konnte.

Der Volksgerichtshof verurteilte die Geschwister Scholl und Christoph Probst zum Tod. Als sie zum Schluss der Verhandlung noch einmal das Wort erhielten, erklärte Hans, er stehe zu seinen Taten. Christoph bat um seiner Kinder willen um sein Leben. Sophie schwieg.

Sie wurden in das Gefängnis nach Stadelheim gebracht. Gegen alle Regeln durften die Eltern Scholl noch einmal mit ihren Kindern sprechen, Werner war auch dabei. «Sofie und Hans waren so gefaßt und abgeschlossen mit dem Leben, daß man selbst getröstet war», schrieb Lina Scholl einen Tag später an Fritz, «Sofie lehnte leicht und lächelnd an der Heizung und hatte einen Glanz in ihren Augen, den ich sonst nicht kannte. Sie ließ gar nichts mehr an sich herankommen, sie hatte wohl in diesen Tagen alles niedergekämpft. Beide rühmten sie die gute Behandlung der Beamten. Hans war sehr abgemagert. Aber seine Augen waren leuchtend und er versicherte uns, daß ihm das Scheiden keinen Schmerz mache, alle sollen wir grüßen, dazu gehören auch Sie.»[28] Sophie sagte zu ihren Eltern: «Das wird Wellen schlagen.»[29] Lina überreichte Sophie noch die Kekse, die sie am Vorabend gebacken hatte. «Ich sagte in den letzten Minuten, als ich ihrem lächelnden Gesicht ganz nahe war: Aber gelt, Jesus, da sagte sie überzeugend: Ja, aber Du auch.»[30]

Als Mohr gegen 15 Uhr in Stadelheim ankam, begegnete Hans ihm auf dem Flur. Obwohl das verboten war und auch ein Aufseher neben ihm stand, ging Hans auf Mohr zu und schüttelte ihm die Hand, um sich für die gute Behandlung seiner Schwester zu bedanken. «Ich war darüber derart gerührt, daß ich kein Wort sagen konnte», behauptet Mohr.[31]

Sophie weinte, als er sie aufsuchte. «Ich habe mich gerade von meinen Eltern verabschiedet und Sie werden begreifen», erklärte sie ihm.

Christoph Probst empfing in der letzten Stunde die katholische Taufe und die Sterbesakramente. Ein gemeinsames Abendmahl, wie Hans es gewünscht hatte, verboten die Gefängnisregeln. Deshalb besuchte der evangelische Gefängnisgeistliche Karl Alt zuerst Hans und dann Sophie. Sie sagte ihm, es sei ihr jetzt ganz gleich, wie sie sterben müsse. Sie habe ihren Eltern und ihrem Freund einen Abschiedsbrief geschrieben. «Ohne eine Träne zu vergießen, feierte auch sie das heilige Mahl, bis der Wächter an die Zellentür pochte und sie hinausgeführt wurde, wobei sie aufrecht und ohne mit der Wimper zu zucken noch ihre letzten Grüße an den ihr unmittelbar folgenden, innigst geliebten Bruder ausrichtete.»[32]

Die Gefangenenwärter berichteten später, sie hätten die drei Todeskandidaten noch einmal für eine letzte Zigarette im Hof des Gefängnisses zusammengebracht.

Um 17 Uhr wurde Sophie Scholl über den Gefängnishof in den Hinrichtungsraum geführt. Dort warteten neben dem Scharfrichter und seinen Gehilfen auch der Oberreichsanwalt, der Gefängnisvorstand, der Gefängnisarzt und ein Urkundsbeamter. Die Fallschwertmaschine, wie man die Guillotine in Deutschland damals nannte, war mit einem schwarzen Vorhang verdeckt. Laut Protokoll war die Verurteilte ruhig und gefasst. Ihre Identität wurde festgestellt, die Gehilfen führten sie an die Fallschwertmaschine heran, und nach wenigen Sekunden war es vorbei. Haupt und Körper wurden in einen bereitgestellten Sarg gelegt.

Zwei Minuten später wurde Hans Scholl in denselben Raum gebracht. Kurz vor seinem Tod rief er laut: «Es lebe die Freiheit!» Um

17.05 Uhr starb Christoph Probst. Knapp zwei Stunden später telegraphierte der Oberreichsanwalt nach Berlin: «Heute ohne Zwischenfall verlaufen.»[33]

In Lemberg öffnete Fritz Hartnagel an diesem Tag den letzten Brief von Sophie. Er wusste nicht, dass sie schon tot war, als lilafarbene Blütenblätter in seinen Schoß fielen.

18.

Das Erbe der Weißen Rose

Die Familie in Ulm erfuhr erst am nächsten Tag von der Vollstreckung der Todesurteile. Auf ganz besonders brutale Weise traf es Elisabeth, die noch nicht einmal von der Verhaftung gewusst hatte. Als sie am Tag nach der Hinrichtung in einem Ingolstädter Café eine Zeitung zur Hand nahm, sprang ihr schon auf der Titelseite die schreckliche Nachricht entgegen, dass ihre Geschwister Sophie und Hans gemeinsam mit Christoph Probst wegen Hochverrats zum Tod verurteilt und hingerichtet worden waren. «Ich habe mir damals nur gewünscht, ich sei verrückt, ich würde mir das alles nur einbilden, es würde bestimmt nicht wahr sein.»[1]

Die Beerdigung der drei Ermordeten fand am 24. Februar auf dem Friedhof Perlacher Forst statt. Außer den Angehörigen durfte niemand daran teilnehmen. Traute Lafrenz war die Einzige, die es wagte, sich diesem Verbot zu widersetzen. Zuvor hatte sie mit Werner die Wohnung in der Franz-Joseph-Straße ausgeräumt und dabei unter Sophies Wäsche Papierrollen mit Adressen aus Frankfurt, Wien und München entdeckt.

Am selben Tag wurde Alexander Schmorell nach einer aufreibenden Flucht gefasst, jemand hatte ihn in einem Münchner Luftschutzkeller erkannt und denunziert. Einige Tage später verhaftete die Gestapo auch Kurt Huber.

Die Scholls wurden in Sippenhaft genommen und ins Ulmer Gefängnis gebracht. Fritz Hartnagel und Robert Scholls ältester Sohn Ernst Gruele versorgten sie mit Lebensmitteln und kümmerten sich um die Wohnung. Elisabeth Scholl wurde Ende April aus dem Gefängnis entlassen, Inge und Lina mussten bis Ende Juli in Haft bleiben, Robert Scholl noch ein weiteres Jahr. Werner Scholl war nicht verhaftet worden, sondern wurde zurückgeschickt an die Front nach Russland, von wo er nicht zurückkehrte.

Am 19. April fand der zweite Prozess gegen die Weiße Rose statt, diesmal standen 14 Angeklagte vor Gericht. Und wieder veranstaltete Freisler ein unwürdiges Schauspiel, in dem er ein Gesetzbuch durch den Gerichtssaal schleuderte, um zu zeigen, was er davon hielt. Kurt Huber, Alexander Schmorell und Willi Graf wurden am Ende dieses langen Prozesstages ebenfalls zum Tod verurteilt. Hohe Haftstrafen gab es für Eugen Grimminger (10 Jahre), Heinrich Bollinger und Helmut Bauer (7 Jahre), Hans Hirzel und Franz Müller (5 Jahre). Traute Lafrenz und Gisela Schertling erhielten 1 Jahr Gefängnis, Susanne Hirzel 6 Monate. Falk Harnack wurde freigesprochen.

Eine Begnadigung von Schmorell, Huber und Graf lehnte der Oberreichsanwalt des Volksgerichtshofs ab: Es handele «sich im vorliegenden Verfahren wohl um den schwersten Fall hochverräterischer Flugpropaganda, der sich während des Krieges im Altreich ereignet hat».[2] Schmorell und Huber wurden am 13. Juli 1943 hingerichtet, Willi Graf erst am 12. Oktober 1943. Bis zuletzt hat die Gestapo erfolglos versucht, mehr Informationen und Namen aus ihm herauszupressen.

Sechs weitere Prozesse schlossen sich an, vier davon in Hamburg. Dort hatte bereits ein Netzwerk von Widerstandskämpfern existiert, bevor die Weiße Rose in Aktion trat. Man kann aber durchaus von einem Hamburger Zweig der Weißen Rose sprechen, denn der Münchner Chemiestudent Hans Leipelt und seine Freundin Marie Luise Jahn versahen eine Abschrift des sechsten Flugblatts mit der Überschrift « … und ihr Geist lebt trotzdem weiter!» und brachten es im April 1943 nach Hamburg, wo sie mit ihren Freunden für die Verbreitung sorgten. Hans Leipelt und Marie Luise Jahn sammelten außerdem Geld für die in Not geratene Witwe und die Kinder von Kurt Huber. Leipelt wurde am 29. Januar 1945 hingerichtet, Marie Luise Jahn zu 12 Jahren Zuchthaus verurteilt. Die Geschichte von

Hans Leipelt und dem Hamburger Netzwerk ist inzwischen durch zahlreiche einzelne Berichte bekannt, eine umfassende Darstellung steht noch aus.[3]

Fritz Hartnagel verbrachte seinen Genesungsurlaub in Ulm und besuchte die Familie Scholl täglich im Gefängnis. Seine Distanz zum Regime machte er auf vielfältige Weise deutlich: Er verweigerte den Hitlergruß, hielt trotz Verbots Kontakt zu den Scholls und plante, sich in den Mannschaftsgrad zurückversetzen zu lassen, wovon Robert Scholl ihn abhielt. Im März 1945 wurde Fritz als Kommandant der Luftnachrichtenschule nach Halle an der Saale versetzt und rettete dort seiner Truppe das Leben, indem er am 14. April verfügte, den Kampf einzustellen. Als man ihn dafür verhaften wollte, kam es zu einem Schusswechsel, in dessen Verlauf Fritz' Adjutant Alfred Bauer, der ihn mutig verteidigt hatte, eine tödliche Verletzung davontrug.[4]

Fritz Hartnagel und Elisabeth Scholl heirateten 1945, Inge Scholl und Otl Aicher 1952.

Mit dem Tod der Hauptakteure 1943 war der Widerstand der Weißen Rose beendet, nicht aber seine Wirkung. Denn es gelang dem Regime nicht, das Schicksal und die Ideen der Weißen Rose in der Öffentlichkeit vollständig zu unterdrücken. Am 27. Juni 1943 lobte Thomas Mann in einer BBC-Radioansprache: «Brave, herrliche junge Leute! Ihr sollt nicht umsonst gestorben, sollt nicht vergessen sein.» Ebenfalls im Juni 1943 verbreitete die sowjetische Armee zwei Flugblätter an der Front, die vom Widerstand der Weißen Rose und von ihrer Ermordung berichteten. Über Helmuth James Graf von Moltke, ein führendes Mitglied des Kreisauer Kreises, gelangte ein Exemplar des sechsten Flugblatts nach England und wurde mit einem erklärenden Kommentar versehen unter dem Titel «Ein Deutsches Flugblatt» von der Royal Air Force hunderttausendfach über verschiedenen deutschen Großstädten abgeworfen.

Heute ist die Weiße Rose die bekannteste Widerstandsgruppe gegen das NS-Regime in Deutschland. Einen besonderen Beitrag dazu leistet die Weiße Rose Stiftung e.V., die 1987 von Mitgliedern und

Angehörigen in München gegründet wurde. Sie betreut die «DenkStätte Weiße Rose am Lichthof der LMU in München», wo eine Dauerausstellung an den Widerstand der Münchner Studenten und ihres Professors erinnert, die jährlich von rund 50 000 Menschen besucht wird, darunter zahlreiche Schulklassen. Daneben organisiert die Stiftung Vorträge, Projekte und den Verleih einer Wanderausstellung zum Thema Weiße Rose, die nicht nur in 17 europäischen Ländern, sondern auch in den USA, Australien und Südafrika gezeigt wurde. Auch das Weiße Rose Institut e.V. in München unterstützt Forschungen zur Geschichte der Weißen Rose und des Widerstands in der NS-Zeit.

Sophie Scholl stand in der ersten Reihe des Widerstands, weder vor noch hinter, sondern neben ihren Gefährten. Ihre Persönlichkeit war vielschichtig. Sie fühlte eine starke lebensbejahende Kraft in sich, liebte die Natur und erkannte in ihr den Ausdruck göttlicher Liebe. Als Mensch glaubte sie, müsse sie sich die Zuwendung Gottes immer wieder erkämpfen. Aus dem ausgelassenen Kind, das beachtet werden wollte, wurde eine junge Frau voller Selbstzweifel, die aber den Kern des fröhlichen Kindes in sich bewahrte. Sie konnte sich selbst nicht belügen und geriet oft in eine beinahe exzessive Selbstbeobachtung hinein. Suchen und Zweifeln waren ihr zur Gewohnheit geworden, und je stärker sie unter dem NS-Staat litt, desto weniger konnte sie darauf setzen, dass jemand anders für die Freiheit einstehen und das Regime stürzen werde.

Auch sie konnte es nicht. Aber Menschsein, das hieß für Sophie Scholl, Verantwortung zu übernehmen und mit dem Einsatz des Lebens für die Freiheit des Geistes zu kämpfen. Sie wusste um die große Versuchung, sich der Übermacht zu beugen, aufzugeben, sich in die Bedeutungslosigkeit zu flüchten, um nur noch Rinde oder Ackerkrume zu sein.

Wachsamkeit, Mut und das entschiedene Eintreten für Menschenwürde und Freiheitsrechte – das ist Sophie Scholls Erbe, das wir bewahren müssen. Wer sie bewundert oder verehrt, muss sich die Frage gefallen lassen, ob er bereit ist, seine Stimme gegen das Unrecht in unserer Gesellschaft zu erheben. Denn Sophie Scholl verachtete Lippenbekenntnisse und eine Zustimmung, aus der kein Handeln erwächst. Die Widerstandskämpferinnen und -kämpfer von damals meinten auch uns, als sie schrieben: «Wir schweigen nicht, wir sind Euer böses Gewissen, die Weisse Rose lässt Euch keine Ruhe!»[5]

Dank

Viele Menschen haben mich bei der Recherche mit Sachverstand und freundlicher Geduld unterstützt: Dr. Hildegard Kronawitter (Weiße Rose Stiftung e.V.), Renate S. Deck (Weiße Rose i-Punkt Forchtenberg), Dr. Heike Krause (Archiv des Ev. Diakoniewerks, Schwäbisch Hall), Folker Förtsch (Archiv Crailsheim), Stefan Kraut (Archiv Künzelsau), Simon Karzel und Margaret Galaske (Stadtarchiv Ludwigsburg), Thomas Kreutzer (Hohenloher Kreisarchiv), Jana Hausmann (Wirtschaftsarchiv Baden-Württemberg, Stuttgart), Dr. Nicola Wenge, Josef Naßl (Dokumentationszentrum Oberer Kuhberg, Ulm).

Mein Dank geht auch an meinen Agenten Thomas Montasser und an die Kolleginnen und Kollegen, die mit mir manche Theorie diskutiert haben: Dr. Barbara Beuys, Angela Bottin, Dr. Christine Friederich (Hikel), Jakob Knab, Dr. Umberto Lodovici, Christiane Moll, Professor Federico Vercellone, Dr. Robert M. Zoske.

Lukas Reddemanns Unterstützung bei der Transkription der Handschriften war mir eine große Hilfe, denn insbesondere Sophie Scholls Handschrift stellt eine echte Herausforderung dar.

Mein besonderer Dank gilt den Mitarbeiterinnen und Mitarbeitern des Instituts für Zeitgeschichte in München, insbesondere Dr. Klaus Lankheit, Alexander Markus Klotz, Heike Musculus und Michael Wichmann.

Bewegend waren für mich die Begegnungen mit Thomas und Martin Hartnagel, die mir spannende Einblicke in die Geschichte ihres Vaters und ihrer Tante gewährten. Das Gespräch mit Elisabeth Hartnagel aus dem Jahr 2011 werde ich ebenfalls nicht vergessen. Auch Markus Schmorell und Professor Wolfgang Huber danke ich für ein offenes Gespräch.

Für ein langes Telefonat und einen E-Mail-Wechsel danke ich Sophie Scholls Mitschülerin Anneliese Dorzback, geborene Wallersteiner (USA). Den Kontakt zu ihr verdanke ich den Filmemacherinnen Sibylle Tiedemann und Ute Badura. Nicole Strate berichtete mir von den Erinnerungen ihrer Mutter Luise Nathan, einer weiteren Mitschülerin Sophie Scholls.

Herzlich danken möchte ich Professor Dr. Hans Günter Hockerts, der mir Einblick in seine Rekonstruktion des 18. Februar 1943 gab, viele Detailfragen beantwortete und mein Manuskript mit wichtigen Kommentaren versah.

Rosemarie Mayr danke ich für die Bildrecherche.

Erster Leser war mein Mann Claus Faika, dem ich für seine nie nachlassende Bereitschaft danke, sich mit meiner Arbeit auseinanderzusetzen.

Meiner Lektorin Teresa Löwe schulde ich ganz besonderen Dank für ihren aufmerksamen, kritischen und ermutigenden Blick.

Anhang

Anmerkungen

Sophies Lachen

1 Peter Normann Waage, Es lebe die Freiheit. Traute Lafrenz und die Weiße Rose. Stuttgart: Verlag Urachhaus 2012, S. 68.
2 Sophie Scholl, Brief vom 1. Februar 1940 [wahrscheinlich 1941], in: Sophie Scholl, Fritz Hartnagel, Damit wir uns nicht verlieren. Briefwechsel 1937–1943. Frankfurt am Main: Fischer Taschenbuch Verlag 2008, S. 260.

1.
Stille Rebellion:
Im Reichsarbeitsdienst

1 Sophie Scholl, Brief an Lisa Remppis, 27. April 1941. IfZ ED 474 Bd. 70.
2 Adolf Hitler, Rede am 2. Dezember 1938, zit. nach Die tödliche Utopie. Bilder, Texte, Dokumente, Daten zum Dritten Reich. München, Berlin: Institut für Zeitgeschichte 2008, S. 272.
3 Sophie Scholl, Brief an Inge Scholl, 5. Mai 1941, IfZ ED 474 Bd. 69.
4 Sophie Scholl, Brief an Susanne Hirzel, 26. Mai 1941. IfZ ED 474 Bd. 72.
5 Sophie Scholl, Brief an Lisa Remppis, 27. April 1941. IfZ ED 474 Bd. 70.
6 Sophie Scholl, Brief an Lisa Remppis, 1. Mai 1941. IfZ ED 474 Bd. 70.
7 Edwin Ernst Weber, Sophie Scholl und das weibliche Reichsarbeitsdienstlager Krauchenwies, in: Zeitschrift für Hohenzollerische Geschichte 34 (1998), S. 217.
8 Ebd., S. 212.
9 Irmgard Hallmann zit. nach Sibylle Tiedemann/Ute Badura, Kinderland ist abgebrannt, Dokumentarfilm 1998 (01:03:43).
10 Sophie Scholl, Brief an Inge Scholl und die Eltern, 25. April 1941. IfZ ED 474 Bd. 68.
11 Sophie Scholl, Brief an Inge Scholl und die Eltern, 10. April 1941. IfZ ED 474 Bd. 68.
12 Ebd.
13 Inge Scholl, Tagebuch, 20. März 1941, zit. nach Barbara Beuys, Sophie Scholl. München: Carl Hanser Verlag 2010, S. 269.

14 Hans Scholl, Brief an Sophie Scholl, 9. März 1941. IfZ ED 474 Bd. 47.
15 Sophie Scholl, Brief an Hans Scholl, 20. April 1941. IfZ ED 474 Bd. 69.
16 Sophie Scholl, Brief an Inge Scholl und die Eltern, 10. April 1941. IfZ ED 474 Bd. 68.
17 Sophie Scholl, Brief an Lisa Remppis, 13. April 1941. IfZ ED 474 Bd. 70.
18 Sophie Scholl, Brief an Lisa Remppis, o. D. (wahrscheinlich Juni 1941). IfZ ED 474 Bd. 70.
19 Sophie Scholl, Brief an Lisa Remppis, 5. Juni 1941. IfZ ED 474 Bd. 70.
20 Sophie Scholl, Brief an Werner Scholl, 10. April 1941. IfZ ED 474 Bd. 69.
21 Sophie Scholl, Brief an Lisa Remppis, 13. April 1941. IfZ ED 474 Bd. 70.
22 Sophie Scholl, Brief an Inge Scholl und die Eltern, 25. April 1941. IfZ ED 474 Bd. 68.
23 Sophie Scholl, Brief an Inge Scholl und die Eltern, 10. April 1941. IfZ ED 474 Bd. 68.
24 Robert Scholl, Brief an Sophie Scholl, 14. April 1941. IfZ ED 474 Bd. 74.
25 Sophie Scholl, Brief an Inge Scholl und die Eltern, 25. 4. 1941. IfZ ED 474 Bd. 68.
26 Inge Scholl, Tagebuch, 20. März 1941, zit. nach Beuys, Sophie Scholl, S. 280–281.
27 Eve Nägele, Brief an Sophie Scholl, 11. April 1941. IfZ ED 474 Bd. 79.
28 Sophie Scholl, Brief an Hans Scholl, 23. Juni 1941. IfZ ED 474 Bd. 69.
29 Sophie Scholl, Brief an Inge Scholl, 23. Juni 1941. IfZ ED 474 Bd. 69.
30 Sophie Scholl, Tagebuch Krauchenwies, 10. April 1941. IfZ ED 474 Bd. 82.
31 Ebd.
32 Ebd.
33 Sophie Scholl, Brief an Hans Scholl, wahrscheinlich 16. August 1941. IfZ ED 474 Bd. 69.
34 Sophie Scholl, Brief an Hans Scholl, 7. September 1941. IfZ ED 474 Bd. 69.
35 Sophie Scholl, Brief an Lisa Remppis, 11. August 1941. IfZ ED 474 Bd. 70.

2. *Wurzeln: Pazifismus und Glaube*

1 Stefan Kraut, Neues zur «Weißen Rose». Geschwister Scholl in Künzelsau. In: Künzelsauer Nachrichten Nr. 9, 27. Februar 2009, S. 6.
2 Zit. nach Heike Krause, Wenn man sich täglich nahe ist – Beziehungen im Lazarett. In: Schwäbisch Hall 1914–1918. Eine Stadt und ihre Region im Ersten Weltkrieg. Schwäbisch Hall: Stadt Schwäbisch Hall 2014, S. 467.
3 Vgl. dazu: Jeffrey Verheys, Der ‹Geist von 1914› und die Erfindung der Volksgemeinschaft. Hamburg: HIS Verlag 2000; Benjamin Ziemann, Front und Heimat. Ländliche Kriegserfahrungen im südlichen Bayern 1914–1923. Essen: Klartext Verlag 1997.

4 Robert Scholl, Brief an Lina Scholl, 6. Februar 1917. IfZ ED 474 Bd. 5.
5 Lina Müller, Brief an Robert Scholl, Ende Oktober 1916. IfZ ED 474 Bd. 5.
6 «Freund Meier», Brief an Robert Scholl, 25. Oktober 1916. Der Brief liegt dem Brief von Lina Müller an Robert Scholl bei, 27. Oktober 1916. IfZ ED 474 Bd. 5.
7 Lina Müller, Brief an Robert Scholl, o. D. IfZ ED 474 Bd. 5.
8 Lina Scholl, Brief an Robert Scholl, 30. November 1916. IfZ ED 474 Bd. 5.
9 Lina Scholl, Brief an Robert Scholl, 29. Oktober 1916. IfZ ED 474 Bd. 5.
10 Robert Scholl, Brief an Lina Scholl, 25. Januar 1917, zit. nach Beuys, Sophie Scholl, S. 20.
11 Lina Scholl, Brief an Robert Scholl, o. D. IfZ ED 474 Bd. 5.
12 Werner Mack, zit. nach Der beschwerliche Weg von Robert Scholl. In: www.swp.de/suedwesten/staedte/crailsheim/hauptaufgabe-ist-die-mangel-verwaltung-23502111.html.

3. Ein Paradies: Die Kindheit in Forchtenberg

1 Inge Scholl, zit. nach Hermann Vinke, Das kurze Leben der Sophie Scholl. Ravensburg: Ravensburger Taschenbuch 1997, S. 13.
2 Sophie Scholl, Die Wiese, 1939/40. IfZ ED 474 Bd. 82.
3 Elisabeth Hartnagel (geb. Scholl), zit. nach Renate S. Deck, www.hohenlohe.de/upmedia/Weisse_Rose_Flyer.pdf.
4 Sophie Scholl, Kleine und große Feste im Jahresablauf, 1937. IfZ Ed 474 Bd. 82.
5 Elisabeth Hartnagel (geb. Scholl) in einem Interview mit der Autorin am 3. Februar 2011.
6 Sophie Scholl, Kleine und große Feste im Jahresablauf, 1937. IfZ Ed 474 Bd. 82.
7 Ebd.
8 Inge Scholl, Biographische Notizen über Hans und Sophie Scholl. IfZ ED 474 ZS/A-26a/4-144–145.
9 Inge Scholl, zit. nach Vinke, Sophie Scholl, S. 26.
10 Kraut, Die Geschwister Scholl in Künzelsau, S. 6.
11 Renate S. Deck, Spuren einer Freundschaft. Sophie Scholl und Lisa Remppis. Lesespaziergang in Langenburg. Langenburg: Shalom Soma Verlag 2014.
12 Elisabeth Hartnagel (geb. Scholl) in einem Interview mit der Autorin am 3. Februar 2011.
13 Elisabeth Hartnagel (geb. Scholl) zit. nach Deck, Spuren einer Freundschaft, S. 28.
14 Robert Scholl, Rechenschaftsbericht, Forchtenberg 15. Dezember 1929, IfZ ED 474 Bd. 5.
15 Ebd.
16 Ebd.

17 Ebd.
18 Inge Scholl, zit. nach Vinke, Sophie Scholl, S. 17.
19 Ebd., S. 19.
20 Ingersheimer Blätter Nr. 7, 2004; ebenso Karl Guttenson in: Katholisches Sonntagsblatt 19/1996.
21 Inge Scholl, zit. nach Vinke, Sophie Scholl, S. 17 f.

4.
Härteres Pflaster: Zwischenstation Ludwigsburg

1 Robert Scholl, Rechenschaftsbericht, Forchtenberg 15. Dezember 1929, IfZ ED 474 Bd. 5.
2 Zit. nach Beuys, Sophie Scholl, S. 46
3 Zit. nach Beuys, Sophie Scholl, S. 47. Die Unterlagen zu diesem Rechtsstreit liegen im Stadtarchiv Forchtenberg, Bestand Forchtenberg I, A 26, A 540, B 65 und B 66 B 10.
4 Lina Scholl, Brief an Anna Jacob, 14. Dezember 1931, IfZ ED 474 Bd. 9.
5 Deck, Spuren einer Freundschaft, S. 19; auch Elisabeth Hartnagel (geb. Scholl) erinnert sich daran, E-Mail von Thomas Hartnagel, 28. Februar 2019.
6 Renate S. Deck, www.gedenkstaetten-bw.de/fileadmin/gedenkstaetten/pdf/gedenkstaetten/forchtenberg_weisse_rose_ipunkt.pdf.
7 Inge Scholl, zit. nach Vinke, Sophie Scholl, S. 20.
8 Inge Scholl, zit. nach Ludwigsburger Kreiszeitung, 22. Februar 1983.
9 Zit. nach Tim B. Müller, Die Chance der Demokratie. In: Die Republik von Weimar. Darmstadt: wbg Theiss 2018, S. 57.
10 Inge Scholl, zit. nach Ludwigsburger Kreiszeitung, 22. Februar 1983.
11 Elisabeth Hartnagel (geb. Scholl), zit. nach Ludwigsburger Kreiszeitung, 22. September 2005.
12 Zit. nach Deck, Spuren einer Freundschaft, S. 39.
13 Emmi Hohlbaum, zit. nach «Ich habe den Mut von Sophie Scholl bewundert», in: Ludwigsburger Kreiszeitung, 27. August 2005.
14 Deck, Spuren einer Freundschaft, S. 8, siehe dazu auch: Ludwigsburger Kreiszeitung 18. Februar 2003.
15 Katholisches Sonntagsblatt 19/1996.
16 Ebd..
17 Lina Scholl, Brief an Anna Jacob, 14. Dezember 1931. IfZ ED 474 Bd. 9.
18 Ebd.

5. *Es wurde unentwegt marschiert: Ulm 1932/33*

1 Zit. nach Deck, Spuren einer Freundschaft, S. 40.
2 Inge Scholl, Tagebuch, 11. Dezember 1932, zit. nach Beuys, Sophie Scholl, S. 66.
3 Sophie Scholl, Brief an Inge Scholl vom 11. Mai 1938. IfZ ED 474 Bd. 69.
4 Inge Scholl, zit. nach Christiane Hikel, Sophies Schwester. Inge Scholl und die Weiße Rose. München: Oldenbourg Verlag 2013, S. 14.
5 Ulmer Bilderchronik Bd. 4. Ulm: Verlag Dr. Carl Höhn 1937, S. 22.
6 Donau-Wacht, 31. Januar 1993, zit. nach Rudi Kübler, Ulm 1933. Die Anfänge der nationalsozialistischen Diktatur. Ulm: Klemm & Oelschläger 2009, S. 13.
7 Ulmer Tagblatt, 11. Februar 1933.
8 Zit. nach Ulrich Thamm, Der Nationalsozialismus. Stuttgart: Reclam Verlag 2002, S. 119.
9 Ulmer Tagblatt, 22. März 1933.
10 Inge Scholl, Tagebuch, 30. Januar 1933, zit. nach Hikel, Sophies Schwester, S. 15.
11 Inge Scholl, Tagebuch, 5. März 1933, zit. nach Hikel, Sophies Schwester, S. 15.
12 Inge Scholl, Tagebuch, 21. März 1933, zit. nach Hikel, Sophies Schwester, S. 15.
13 Zit. nach Kübler, Ulm 1933, S. 10.
14 Robert M. Zoske, Flamme sein! München: Verlag C.H.Beck 2018, S. 17.
15 Adolf Hitler, Rede am 2. Dezember 1938, zit. nach Die tödliche Utopie, S. 272.
16 Zit. nach Zoske, Flamme sein, S. 26.
17 Inge Scholl, Tagebuch, 12. Mai 1933, zit nach Hikel, Sophies Schwester, S. 16.
18 Zit. nach Beuys, Sophie Scholl, S. 85.
19 Elisabeth Hartnagel (geb. Scholl), Stuttgarter Zeitung, 22. Februar 2003.
20 Zit. nach Zoske, Flamme sein, S. 25. Die NSDAP nennt Mai 1933 als Eintrittsdatum, Inge schreibt aber schon im April darüber im Tagebuch.
21 Zit. nach Zoske, Flamme sein, S. 26.
22 Ebd., S. 23.
23 Ebd.
24 Eva Amann in: Geschichtswerkstatt «Die Region Ulm in der NS-Zeit» (Hrsg.), Die «Hitlerjugend» am Beispiel der Region Ulm/Neu-Ulm. Ulm: DZOK-Manuskripte 1, 1993, S. 113.
25 Inge Scholl, Die Weiße Rose, erweiterte Neuausgabe. Frankfurt am Main: Fischer Taschenbuch Verlag 2009, S. 14.
26 Lore Stein-Bogo in: Tiedemann/Badura, Kinderland ist abgebrannt (00:03:30).
27 Hilde März ebd. (00:07:16).
28 Zit. nach Hikel, Sophies Schwester, S. 17.
29 Inge Scholl, Tagebuch, 18. Juni 1933, zit. nach Hikel, Sophies Schwester, S. 17.
30 Arno Klönne, Jugend im Dritten Reich. Die Hitlerjugend und ihre Gegner. Köln: PapyRossa Verlag 2008, S. 33.
31 Ulmer Sturm, 15. Juli 1933.

32 Inge Scholl, Tagebuch, 15. Juli 1933, zit. nach Beuys, Sophie Scholl, S. 83.

33 Elisabeth Hartnagel (geb. Scholl) in einem Interview mit der Autorin am 3. Februar 2011 in Stuttgart.

34 Z. B. Elias Canetti, Masse und Macht. München: dtv Verlag 1980 (zuerst 1960); oder Thomas Brudermann. Massenpsychologie. Psychologische Ansteckung, Kollektive Dynamiken, Simulationsmodelle. Wien/New York: Springer Verlag 2010.

35 Hilde März in: Tiedemann/Badura, Kinderland ist abgebrannt (00:10.21).

36 Anneliese Dorzback in: ebd. (00:17:02).

37 Marianne Obermeier-Weißer, zit. nach ebd. (00:05:31).

38 Zit. nach Kübler, Ulm 1933, S. 45.

39 Susanne Hirzel, Vom Ja zum Nein. Eine schwäbische Jugend 1933–1945. Tübingen: Silberburg-Verlag 2000, S. 70.

6.
Wie ein feuriger wilder Junge: Faszination Hitlerjugend

1 Eva Amann, zit. nach Tiedemann/Badura, Kinderland ist abgebrannt (00:03:52).

2 Hilde David, zit. nach Geschichtswerkstatt «Die Region Ulm in der NS-Zeit» (Hrsg.), S. 108.

3 Geschichtswerkstatt «Die Region Ulm in der NS-Zeit» (Hrsg.), S. 45.

4 Ebd., S. 111.

5 Klönne, Jugend im Dritten Reich, S. 64.

6 Susanne Hirzel, Brief an Ricarda Huch, 14. August 1946. IfZ, ZS/A-26a/4-33-34.

7 Hilde März, zit. nach Tiedemann/Badura, Kinderland ist abgebrannt (00:12:59).

8 Sophie Scholl, Tagebuch, 15. Juli 1938. IfZ ED 474 Bd. 82.

9 Zit. nach Tiedemann/Badura, Kinderland ist abgebrannt (00:11:15).

10 Susanne Hirzel, Brief an Ricarda Huch, 14. August 1946. IfZ, ZS/A-26a/4-34-35.

11 Zit. nach Klönne, Jugend im Dritten Reich, S. 58.

12 Irmgard Hallmann, zit. nach Tiedemann/Badura, Kinderland ist abgebrannt (00:14:19).

13 Zit. nach Martin Klaus, Mädchen im 3. Reich. Der Bund Deutscher Mädel. Köln: PapyRossa 1998, S. 53; Baldur von Schirach, Die Hitlerjugend. Idee und Gestalt. Leipzig 1934.

14 Klaus, Mädchen im 3. Reich, S. 172.

15 Martin Klaus, Mädchen in der Hitlerjugend. Köln: Pahl Rugenstein 1980, S. 44.

16 Klaus, Mädchen im 3. Reich, S. 172.

17 Geschichtswerkstatt «Die Region Ulm in der NS-Zeit» (Hrsg.), S. 110.

18 Hirzel, Vom Ja zum Nein, S. 51.
19 Thomas Hartnagel, E-Mail vom 14. 2. 2019.
20 Eva Amann, zit. nach Geschichtswerkstatt «Die Region Ulm in der NS-Zeit» (Hrsg.), S. 112.
21 Inge Scholl, zit. nach Vinke, Sophie Scholl, S. 44.
22 Nicole Strate (Bottmingen, CH) in einem Telefoninterview mit der Autorin am 27. September 2018.
23 Anneliese Dorzback (USA), E-Mail vom 26. September 2019.
24 Ebd.

7. *Romantisch, idealistisch, fanatisch: Jungmädelschaftführerin*

1 Eva Amann, zit. nach Geschichtswerkstatt «Die Region Ulm in der NS-Zeit» (Hrsg.), S. 110 f.
2 Ebd., S. 111.
3 Bericht vom Sommer 1944, zit. nach Geschichtswerkstatt «Die Region Ulm in der NS-Zeit» (Hrsg.), S. 84.
4 Eva Amann, zit. nach Geschichtswerkstatt «Die Region Ulm in der NS-Zeit» (Hrsg.), S. 111.
5 Diese Begebenheit berichtet Sönke Zankel, Mit Flugblättern gegen Hitler. Der Widerstandskreis um Hans Scholl und Alexander Schmorell. Köln u. a.: Böhlau 2008, S. 89. Zankel zitiert die Seminararbeit von Almut Grote, die mit der Mutter von Helene gesprochen hat. Leider ist die Seminararbeit weder bei Zankel noch bei Grote vorhanden.
6 Inge Scholl, Ringheft II. IfZ ED 474 Bd. 2.
7 Zit. nach IfZ ED 474 Bd. 3.
8 Inge Scholl, zit. nach Vinke, Sophie Scholl, S. 44.
9 Trude Mohr in einem Artikel für das Heft «Wille und Macht. Führerorgan der NS-Jugend», zit. nach Klaus, Mädchen im 3. Reich, S. 44.
10 Zit. nach Michael H. Kater, Hitler-Jugend. Darmstadt: Primus Verlag 2005, S. 71.
11 Jutta Rüdiger 1939, zit. nach Klaus, Mädchen im 3. Reich, S. 48.
12 Adolf Hitler, Mein Kampf. München: 1937, S. 459.
13 Zit. nach Klaus, Mädchen im 3. Reich, S. 46.
14 Eva Amann, zit. nach Geschichtswerkstatt «Die Region Ulm in der NS-Zeit» (Hrsg.), S. 110.
15 Alexander Schmidt, Gegner von Gestern? Jugendbewegung und Hitlerjugend, in: Aufbruch der Jugend. Deutsche Jugendbewegung zwischen Selbstbestimmung und Verführung. Nürnberg: Verlag des Germanischen Nationalmuseums 2013.
16 Zoske, Flamme sein, S. 28.

17 Inge Scholl, Die Weiße Rose, S. 17.
18 Inge Scholl, zit. nach Vinke, Sophie Scholl S. 52.
19 Susanne Hirzel, Brief an Ricarda Huch, 14. August 1946. IfZ, ZS/A-26a/4-34.
20 Zit. nach Die tödliche Utopie, S. 275.
21 Inge Scholl, Ringheft II. IfZ ED 474 Bd. 2.
22 Hans Scholl, Brief an Achim Jacobi, 8. Juli 1937, zit. nach Zoske, Flamme sein, S. 40.
23 Elisabeth Hartnagel (geb. Scholl) in einem Interview mit der Autorin am 3. Februar 2011.
24 Fahrtenbuch der Trabanten, 1936. IfZ ED 474 Bd. 2.
25 Sophie Scholl, Brief an Lisa Remppis, 16. Oktober 1936. IfZ ED 474 Bd. 70.

8.
Jeden Augenblick leben: Die Suche nach sich selbst

1 Inge Scholl, zit. nach Vinke, Sophie Scholl, S. 30.
2 w2.vatican.va/content/pius-xi/de/encyclicals/documents/hf_p-xi_enc_14031937_mit-brennender-sorge.html.
3 evangelischer-widerstand.de/html/view.php?type=dokument&id=91, S. 4–5.
4 Im Tagebuch steht 1935, was Inge Scholl offenbar nachträglich eingefügt hat. Bei späteren Einträgen ist die richtige Jahreszahl 1937 nachgetragen worden. Sophie Scholl hat selbst nur Tag und Monat notiert.
5 Sophie Scholl, Tagebuch, 28. Mai 1937. IfZ ED 474 Bd. 82.
6 Sophie Scholl, Tagebuch, 2. Oktober 1937. IfZ ED 474 Bd. 82.
7 Sophie Scholl, Tagebuch, 18. September 1937. IfZ ED 474 Bd. 82.
8 Sophie Scholl, Tagebuch, 14. Juli 1937. IfZ ED 474 Bd. 82.
9 Sophie Scholl, Tagebuch, wahrscheinlich im August 1937. IfZ ED 474 Bd. 82.
10 Sophie Scholl, Tagebuch, 31. August 1937. IfZ ED 474 Bd. 82.
11 Sophie Scholl, Tagebuch, 23. September 1937. IfZ ED 474 Bd. 82.
12 Elisabeth Hartnagel (geb. Scholl) in einem Interview mit der Autorin am 3. Februar 2011.
13 Sophie Scholl Tagebuch, 14. Juli 1937. IfZ ED 474 Bd. 82.
14 Sophie Scholl, Brief an Inge Scholl, 8. Juli 1938. IfZ ED 474 Bd. 69.
15 Sophie Scholl, Brief an Lisa Remppis, 10. November 1938. IfZ ED 474 Bd. 70.
16 Sophie Scholl, Tagebuch, ohne Datum, 1937. IfZ ED 474 Bd. 82.
17 Prof. Federico Vercellone, Turin, in einem Telefonat mit der Autorin am 10. und 15. Oktober 2019.
18 Sophie Scholl, Tagebuch, ohne Datum, 1937. IfZ ED 474 Bd. 82.
19 Sophie Scholl, Tagebuch, September 1937. IfZ ED 474 Bd. 82.
20 Zit. nach www.kunstdirekt.net/kunstzitate/bildendekunst/manifeste/nationalsozialismus/hitler_haus_der_kunst_37.htm.

21 Zit. nach ebd.
22 www.hausderdeutschenkunst.de/geschichte/grosse-deutsche-kunstausstel lung.html.
23 Adolf Ziegler, zitiert nach: www.hausderdeutschenkunst.de/geschichte/entar tete-kunst.html.
24 Hirzel, Vom Ja zum Nein, S. 114.
25 Sophie Scholl, Tagebuch, 6. Oktober 1937. IfZ ED 474 Bd. 82.
26 Elisabeth Hartnagel (geb. Scholl) in einem Interview mit der Autorin am 3. Februar 2011.
27 Hans Scholl, Brief an Lina Scholl, 27. November 1937, zit. nach Inge Jens (Hrsg.), Hans Scholl und Sophie Scholl, Briefe und Aufzeichnungen. Frankfurt am Main: Fischer Taschenbuch Verlag 2005, S. 15.
28 Vinke, Sophie Scholl, S. 56.
29 Sönke Zankel, Mit Flugblättern gegen Hitler, S. 55.
30 Hans Scholl, Brief an die Eltern, 18. Dezember 1937, zit. nach Inge Jens (Hrsg.), Hans Scholl und Sophie Scholl, Briefe und Aufzeichnungen, S. 16–17.
31 Sophie Scholl, Vernehmungsprotokoll vom 18. Februar 1943, zitiert nach Ulrich Chaussy/Gerd. R. Überschär, «Es lebe die Freiheit!». Die Geschichte der Weißen Rose und ihrer Mitglieder in Dokumenten und Berichten. Frankfurt am Main: Fischer Taschenbuch Verlag 2013, S 220.
32 Vinke, Sophie Scholl, S. 57.
33 Sophie Scholl, Brief an Fritz Hartnagel, 29. November 1937, Damit wir uns nicht verlieren, S. 36.

9.
Liebe?
Alles sentimentaler Quatsch!

1 Sophie bezieht sich hier wahrscheinlich auf Psalm 90, Vers 10: «Unser Leben währet siebzig Jahre, und wenn's hoch kommt, so sind's achtzig Jahre, und wenn's köstlich gewesen ist, so ist es Mühe und Arbeit gewesen; denn es fährt schnell dahin, als flögen wir davon.»
2 Sophie Scholl, Tagebuch, o. D., aber nach dem 6. Oktober 1937. IfZ ED 474 Bd. 82.
3 Zit. nach Hermann Vinke, Fritz Hartnagel. Der Freund von Sophie Scholl. Zürich/Hamburg: Arche Verlag 2005, S. 13.
4 Thomas Hartnagel (Hrsg.), Damit wir uns nicht verlieren, S. 23.
5 Fritz Hartnagel, Brief an Lina Scholl, 15. Februar 1940, zit. nach Damit wir uns nicht verlieren, S. 23.
6 Sophie Scholl, Tagebuch, 2. November 1937. IfZ ED 474 Bd. 82.
7 Sophie Scholl, Brief an Fritz Hartnagel, 20. November 1937, Damit wir uns nicht verlieren, S. 35.

8 Sophie Scholl, Tagebuch, 23. November 1937. IfZ ED 474 Bd. 82.
9 Ebd.
10 Sophie Scholl, Tagebuch, 28. November 1937. IfZ ED 474 Bd. 82.
11 Sophie Scholl, Brief an Fritz Hartnagel, 29. November 1937, Damit wir uns nicht verlieren, S. 36–37.
12 Sophie Scholl, Tagebuch, 10. Dezember 1937. IfZ ED 474 Bd. 82.
13 Sophie Scholl, Brief an Fritz Hartnagel, Mitte Januar 1938, Damit wir uns nicht verlieren, S. 41.
14 Manfred Hausmann, Lilofee. Flensburg: Verlagshaus Christian Wolf o. J., S. 18.
15 Sophie Scholl, Brief an Fritz Hartnagel, 26. Februar 1938, Damit wir uns nicht verlieren, S. 43, 45.
16 Sophie Scholl, Brief an Fritz Hartnagel, Mitte Januar 1938, Damit wir uns nicht verlieren, S. 41.
17 Sophie Scholl, Vernehmungsprotokoll vom 18. 2. 1943, zit. nach Chaussy/Überschär, Es lebe die Freiheit, S. 219.
18 Hirzel, Vom Ja zum Nein, S. 103 f.
19 Sophie Scholl, Vernehmungsprotokoll vom 18. 2. 1943, zit. nach Chaussy/Überschär, Es lebe die Freiheit, S. 219.
20 Hans Scholl, Brief an die Eltern, 14. März 1938, zit. nach Jens (Hrsg.), Hans Scholl und Sophie Scholl, Briefe und Aufzeichnungen, S. 21.
21 Sophie Scholl, Brief an Lisa Remppis, 23. März 1938. IfZ ED 474 Bd. 70.
22 Sophie Scholl, Brief an Lisa Remppis, 29. März 1938. IfZ ED 474 Bd. 70.
23 Sophie Scholl, Brief an Lisa Remppis, 22. April 1938. IfZ ED 474 Bd. 70.
24 Sophie Scholl, Brief an Fritz Hartnagel, 5. Mai 1938, Damit wir uns nicht verlieren, S. 49.
25 Wilhelm Geyer und die Weiße Rose, in: Kunst und Kultur in Ulm, Katalog zur Ausstellung im Ulmer Museum 1993. Tübingen/Stuttgart: Silberburg-Verlag 1993, S. 176.
26 Sophie Scholl, Brief an Lisa Remppis, 13. Januar 1938. IfZ ED 474 Bd. 70.
27 Hanna Kiel, Rene Sintenis. Berlin: Rembrandt-Verlag 1935, S. 19.
28 Sophie Scholl, Brief an Inge Scholl, 16. Juni 1938. IfZ ED 474 Bd. 69.
29 Ebd.
30 Sophie Scholl, Brief an Fritz Hartnagel, 10. Mai 1938, Damit wir uns nicht verlieren, S. 51.
31 Ebd.
32 Ebd.
33 Sophie Scholl, Brief an Fritz Hartnagel, 23. Mai 1938, Damit wir uns nicht verlieren, S. 53.
34 Sophie Scholl, Brief an Lisa Remppis, 4. Juni 1938. IfZ ED 474 Bd. 70.
35 Sophie Scholl, Brief an Lisa Remppis, 19. Mai 1938. IfZ ED 474 Bd. 70.
36 Sophie Scholl, Brief an Inge Scholl, 11. Mai 1938. IfZ ED 474 Bd. 69.
37 IfZ ED 474 Bd. 3.

38 Hans Scholl, Brief an die Eltern, 20. Januar 1938, zit. nach Zoske, Flamme sein, S. 88.
39 Lina Scholl, Brief an den Vorsitzenden des Sondergerichts für den Oberlandesgerichtsbezirk Stuttgart, 31. Mai 1938. IfZ ED 474 Bd. 170.
40 Lina Scholl, Brief an Inge Scholl, 20. Juni 1938. IfZ ED 474 Bd. 14.
41 Robert Scholl, Brief an Hans Scholl, 17. Januar 1938, ED 474 Bd. 54.
42 Sophie Scholl, Tagebuch, 23. 9. 1937. IfZ ED 474 Bd. 82.
43 Zankel, Mit Flugblättern gegen Hitler, S. 92.
44 Sophie Scholl, Brief an Inge Scholl, 16. Juni 1938. IfZ ED 474 Bd. 69.
45 Sophie Scholl, Brief an Inge Scholl, 8. Juli 1938. IfZ ED 474 Bd. 69.
46 Ebd.
47 Lina Scholl, Brief an Inge Scholl, 13. Juli 1938. IfZ ED 474 Bd. 14.
48 Sophie Scholl, Brief an Inge Scholl, 8. Juli 1938. IfZ ED 474 Bd. 69.
49 Sophie Scholl, Brief an Fritz Hartnagel, 29. August 1938, Damit wir uns nicht verlieren, S. 55–57.
50 Sophie Scholl, Brief an Fritz Hartnagel, 15. August 1938, Damit wir uns nicht verlieren, S. 54.

10. Die Sache mit Fritz: Fragiles Gleichgewicht

1 Sophie Scholl, Brief an Fritz Hartnagel, 29. August 1938, Damit wir uns nicht verlieren, S. 57.
2 Fritz Hartnagel, Brief an Sophie Scholl, Anfang September 1938, Damit wir uns nicht verlieren, S. 59.
3 Sophie Scholl, Brief an Fritz Hartnagel, 24. September 1938, Damit wir uns nicht verlieren, S. 60, 62.
4 Sophie Scholl, Brief an Fritz Hartnagel, 29. September 1938, Damit wir uns nicht verlieren, S. 64.
5 Lina Scholl, Brief an Inge Scholl, 29. September 1938. IfZ ED 474 Bd. 14.
6 Robert Scholl, Brief an Inge Scholl, 8. Juni 1938. IfZ ED 474 Bd. 14.
7 Zit. nach Vierteljahrshefte für Zeitgeschichte Jahrgang 6 (1958) Heft 2, S. 175–191.
8 Sophie Scholl, Brief an Lisa Remppis, 6. Oktober 1938. IfZ ED 474 Bd. 70.
9 Sophie Scholl, Brief an Lisa Remppis, Ende Oktober 1938. IfZ ED 474 Bd. 70, der Brief wurde irrtümlich auf 1940 datiert.
10 Fritz Hartnagel, Brief an Sophie Scholl, 21. Oktober 1938, Damit wir uns nicht verlieren, S. 66.
11 Sophie Scholl, Brief an Fritz Hartnagel, 27. Oktober 1938, Damit wir uns nicht verlieren, S. 68.
12 Vinke, Sophie Scholl, S. 60.

13 Sophie Scholl, Brief an Fritz Hartnagel, 10. November 1938, Damit wir uns nicht verlieren, S. 68.
14 Sophie Scholl, Brief an Fritz Hartnagel, Dezember 1938, Damit wir uns nicht verlieren, S. 69.
15 Sophie Scholl, Brief an Lisa Remppis, Herbst 1938. IfZ ED 474 Bd. 70.
16 collections. ushmm.org/search/catalog/pa1143604.
17 Zeugnisse zur Geschichte der Juden in Ulm. Erinnerungen und Dokumente, hrsg. v. Stadtarchiv Ulm, 1991, S. 171.
18 Ingersheimer Blätter Nr. 8, Juli 2015, S. 6.
19 Mathilde Dengler, Wie ich Sophie Scholl erlebt habe. In: Ereignisse, die unser Leben prägten. Senioren erzählen aus der ersten Hälfte des 20. Jahrhunderts, Bd. 2. Heilbronn: Seniorenbüro für andere e.V. 1998, S. 35.
20 Maria Wicker zit. nach Tiedemann/Badura, Kinderland ist abgebrannt (00:50:42).
21 Sophie Scholl, Brief an Lisa Remppis, 10. November 1938. IfZ ED 474 Bd. 70.
22 Maria Wicker zit. nach Tiedemann/Badura, Kinderland ist abgebrannt (00:50:42).
23 Sophie Scholl, Brief an Lisa Remppis, 10. November 1938. IfZ ED 474 Bd. 70.
24 Sophie Scholl, Brief an Fritz Hartnagel, 22. Dezember 1938, Damit wir uns nicht verlieren, S. 70.
25 Sophie Scholl, Brief an Lisa Remppis, 10. November 1938. IfZ ED 474 Bd. 70.
26 Sophie Scholl, Brief an Fritz Hartnagel, 22. Dezember 1938, Damit wir uns nicht verlieren, S. 70.
27 Sophie Scholl, Brief an Fritz Hartnagel, 25. Januar 1939, Damit wir uns nicht verlieren, S. 72.
28 Ebd.
29 Sophie Scholl, Brief an Fritz Hartnagel, 31. Januar 1939, Damit wir uns nicht verlieren, S. 73.
30 Ebd.
31 Fritz Hartnagel, Brief an Sophie Scholl, 1. Februar 1939, Damit wir uns nicht verlieren, S. 74.
32 Sophie Scholl, Brief an Fritz Hartnagel, 18. Februar 1939, Damit wir uns nicht verlieren, S. 75.
33 Fritz Hartnagel, Brief an Sophie Scholl, 22. Februar 1939, Damit wir uns nicht verlieren, S. 75.
34 Sophie Scholl, Brief an Elisabeth Scholl, 21. Mai 1939. IfZ ED 474 Bd. 69.
35 IfZ ED 474 Bd. 3.
36 Sophie Scholl, Brief an Lisa Remppis, 16. Februar 1939. IfZ ED 474 Bd. 70.
37 Zit. nach Jakob Knab, Ich schweige nicht. Hans Scholl und die Weiße Rose. Darmstadt: wbg Theiss 2018, S. 95.
38 Fritz Hartnagel, Brief an Sophie Scholl, vermutlich 8. Mai 1939, Damit wir uns nicht verlieren S. 85.
39 Sophie Scholl, Brief an Fritz Hartnagel, 10. Mai 1939, Damit wir uns nicht verlieren, S. 86.

40 Thomas Hartnagel (Hrsg.), Damit wir uns nicht verlieren, S. 86.
41 Sophie Scholl, Brief an Elisabeth Scholl, 21. Mai 1939. IfZ ED 474 Bd. 69.
42 Sophie Scholl, Brief an Elisabeth Scholl, o. D. (Mai 1939). IfZ ED 474 Bd. 69.
43 Elisabeth Scholl, Brief an Sophie Scholl, 8. Mai 1940. IfZ ED 474 Bd. 76.
44 Sophie Scholl, Brief an Elisabeth Scholl, 19. Juni 1939. IfZ ED 474 Bd. 69.
45 Ebd.
46 Fritz Hartnagel, Brief an Sophie Scholl, 27. Juni 1939, Damit wir uns nicht verlieren, S. 87.
47 Sophie Scholl, Brief an Inge Scholl, 9. August 1939. IfZ ED 474 Bd. 69.
48 Ebd.
49 Fritz Hartnagel, Brief an Sophie Scholl, 27. Juni 1939, Damit wir uns nicht verlieren, S. 96.
50 Sophie Scholl, Brief an Elisabeth Scholl, 19. August 1939. IfZ ED 474 Bd. 69.
51 Elisabeth Hartnagel (geb. Scholl) im Film von Katrin Seybold, Die Widerständigen. Zeugen der Weißen Rose. Dokumentarfilm 2008.

11.
Sag nicht, es ist für's Vaterland: Kriegsgegnerin von Anfang an

1 Zit. nach Dietmar Süß, Die deutsche Gesellschaft im Dritten Reich. München: Verlag C.H.Beck 2017, S. 165.
2 Sophie Scholl, Brief an Fritz Hartnagel, 26. August 1939, Damit wir uns nicht verlieren, S. 99. Der Brief ist zwar auf den 26. 8. 39 datiert, aber wahrscheinlich erst nach Kriegsbeginn beendet worden.
3 Fritz Hartnagel, Brief an Sophie Scholl, 3. September 1939, Damit wir uns nicht verlieren, S. 101.
4 Hans Scholl, Tagebuch, 20. September 1939, zit. nach Jens (Hrsg.), Hans Scholl und Sophie Scholl, Briefe und Aufzeichnungen, S. 33–34.
5 Sophie Scholl, Brief an Fritz Hartnagel, 5. September 1939, Damit wir uns nicht verlieren, S. 102.
6 Vinke, Sophie Scholl, gibt keine Quelle an, Inge Jens (Hrsg.), Hans Scholl und Sophie Scholl, Briefe und Aufzeichnungen, S. 340, bezieht sich auf eine Aussage von Sophies Lehrerin Frau Fries, macht aber keine Quellenangabe.
7 Fritz Hartnagel, Brief an Sophie Scholl, 13. September 1939, Damit wir uns nicht verlieren, S. 105.
8 Sophie Scholl, Brief an Fritz Hartnagel, 19. September 1939, Damit wir uns nicht verlieren, S. 106.
9 Ebd., S. 107.
10 Ebd.
11 Sophie Scholl, Brief an Fritz Hartnagel, 6. Oktober 1939, Damit wir uns nicht verlieren, S. 112.

12 Sophie Scholl, Brief an Fritz Hartnagel, 22. September 1939, Damit wir uns nicht verlieren, S. 108.
13 Fritz Hartnagel, Brief an Sophie Scholl, 27. September 1939, Damit wir uns nicht verlieren, S. 110.
14 Sophie Scholl, Brief an Fritz Hartnagel, 29. Oktober 1939, Damit wir uns nicht verlieren, S. 114.
15 Fritz Hartnagel, Brief an Sophie Scholl, 8. Oktober 1939, Damit wir uns nicht verlieren, S. 113. Die Datierungen der Briefe vom 8. und 29. Oktober sind wahrscheinlich nicht richtig, die Briefe wurden in umgekehrter Reihenfolge geschrieben.
16 Sophie Scholl, Brief an Fritz Hartnagel, 9. November 1939, Damit wir uns nicht verlieren, S. 118.
17 Sophie Scholl, Brief an Fritz Hartnagel, 29. Oktober 1939, Damit wir uns nicht verlieren, S. 115.
18 Elisabeth Hartnagel (geb. Scholl) in einem Interview mit der Autorin am 3. Februar 2011.
19 Otl Aicher, innenseiten des kriegs. Frankfurt am Main: Fischer Taschenbuch Verlag 2004, S. 53.
20 Inge Scholl, zit. nach Vinke, Sophie Scholl, S. 64.
21 Sophie Scholl, Brief an Fritz Hartnagel, 9. November 1939, Damit wir uns nicht verlieren, S. 118.
22 Fritz Hartnagel, Brief an Sophie Scholl, 26. November 1939, Damit wir uns nicht verlieren, S. 120.
23 Sophie Scholl, Brief an Fritz Hartnagel, 28. November 1939, Damit wir uns nicht verlieren, S. 122.
24 Ebd.
25 Fritz Hartnagel, Brief an Sophie Scholl, 1. Januar 1940, Damit wir uns nicht verlieren, S. 132.
26 Fritz Hartnagel, Brief an Sophie Scholl, 25. Dezember 1939, Damit wir uns nicht verlieren, S. 130.
27 Sophie Scholl, Brief an Fritz Hartnagel, 5. Januar 1940, Damit wir uns nicht verlieren, S. 136–137.
28 Fritz Hartnagel, Brief an Sophie Scholl, 10. Januar 1940, Damit wir uns nicht verlieren, S. 138.
29 Fritz Hartnagel, Brief an Sophie Scholl, 12. Januar 1940, Damit wir uns nicht verlieren, S. 139.
30 Sophie Scholl, Brief an Fritz Hartnagel, 13. Januar 1940, Damit wir uns nicht verlieren, S. 140–141.
31 Ebd., S. 141.
32 Sophie Scholl, Brief an Fritz Hartnagel, 15. Januar 1940, Damit wir uns nicht verlieren, S. 142.
33 Ebd.
34 Sophie Scholl, Brief an Fritz Hartnagel, 31. Januar 1940, Damit wir uns nicht verlieren, S. 147.

35 Ebd.
36 Ebd.
37 Sophie Scholl, Brief an Lisa Remppis, 10. Januar 1940. IfZ ED 474 Bd. 70.
38 Ebd.
39 Ebd.
40 Fritz Hartnagel, Brief an Sophie Scholl, 4. Februar 1940, Damit wir uns nicht verlieren, S. 148.
41 Ebd.
42 Sophie Scholl, Brief an Elisabeth Scholl, 8. März 1940. IfZ ED 474 Bd. 69.
43 Fritz Hartnagel, Brief an Sophie Scholl, 9. März 1940, Damit wir uns nicht verlieren, S. 152.
44 Sophie Scholl, Brief an Fritz Hartnagel, 8. März 1940, Damit wir uns nicht verlieren, S. 150.
45 Ebd., S. 150 f.
46 Sophie Scholl, Brief an Lisa Remppis, 6. März 1940. IfZ ED 474 Bd. 70.
47 Sophie Scholl, Brief an Fritz Hartnagel, 21. März 1940, Damit wir uns nicht verlieren, S. 153.
48 Fritz Hartnagel, Brief an Sophie Scholl, 25. März 1940, Damit wir uns nicht verlieren, S. 155.
49 Lisa Remppis, Brief an Sophie Scholl, 4. März 1940. IfZ ED 474 Bd. 78.
50 Lisa Remppis, Brief an Sophie Scholl, o. D. (März 1940). IfZ ED 474 Bd. 78.
51 Sophie Scholl, Brief an Fritz Hartnagel, 3. April 1940, Damit wir uns nicht verlieren, S. 156.
52 Sophie Scholl, Brief an Fritz Hartnagel, 9. April 1940, Damit wir uns nicht verlieren, S. 160.

12.
Dazu bin ich zu egoistisch: Im Fröbelseminar

1 Sophie Scholl, Brief an Elisabeth Scholl, Ende April/Anfang Mai 1940. IfZ ED 474 Bd. 69.
2 Sophie Scholl, Brief an Lisa Remppis, o. D., aber nach dem 12. Mai. IfZ ED 474 Bd. 70.
3 Sophie Scholl, Brief an Elisabeth Scholl, Ende April/Anfang Mai 1940. IfZ ED 474 Bd. 69.
4 Sophie Scholl, Brief an Fritz Hartnagel, o. D., wahrscheinlich 5. Juni 1940, Damit wir uns nicht verlieren, S. 177.
5 Sophie Scholl, Brief an Lisa Remppis, o. D., aber nach dem 18. Mai 1940. IfZ ED 474 Bd. 70.
6 Sophie Scholl, Brief an Lisa Remppis, 22. April 1940. IfZ ED 474 Bd. 70.
7 Richard Benzing, Grundlagen der körperlichen und geistigen Erziehung des

Kleinkindes im nationalsozialistischen Kindergarten. Berlin: Zentralverlag der NSDAP 1941, S. 40.

8 Sophie Scholl, Brief an Fritz Hartnagel, o. D., wahrscheinlich 5. Juni 1940, Damit wir uns nicht verlieren, S. 177.

9 Sophie Scholl, Brief an Elisabeth Scholl, 10. April 1940. IfZ ED 474 Bd. 69.

10 Hirzel, Vom Ja zum Nein, S. 132.

11 Ebd., S. 128.

12 Ebd., S. 129.

13 Susanne Hirzel, Brief an Ricarda Huch, 14. August 1946. IfZ ZS/A-26a/4-33–34.

14 Hirzel, Vom Ja zum Nein, S. 131.

15 Lisa Remppis, Brief an Sophie Scholl, 20. Juni 1940. IfZ ED 474 Bd. 78.

16 Aicher, innenseiten, S. 82.

17 Sophie Scholl, Brief an Inge Scholl, 22. August 1940. IfZ ED 474 Bd. 69.

18 Hirzel, Vom Ja zum Nein, S. 131.

19 Ebd.

20 Sophie Scholl, Brief an Fritz Hartnagel, 9. April 1940, Damit wir uns nicht verlieren, S. 159 f.

21 Sophie Scholl, Brief an Fritz Hartnagel, o. D., vermutlich Mitte April 1940, Damit wir uns nicht verlieren, S. 162.

22 Hier und im Folgenden: Sophie Scholl, Brief an Elisabeth Scholl, o. D. (Anfang Mai 1940). IfZ ED 474 Bd. 69.

23 Sophie Scholl, Brief an Hans Scholl, 15. Mai 1940. IfZ ED 474 Bd. 69.

24 Fritz Hartnagel, Brief an Sophie Scholl, 16. Mai 1940, Damit wir uns nicht verlieren, S. 165.

25 Sophie Scholl, Brief an Fritz Hartnagel, 27. Mai 1940, Damit wir uns nicht verlieren, S. 175.

26 Sophie Scholl, Brief an Fritz Hartnagel, 16. Mai 1940, Damit wir uns nicht verlieren, S. 167.

27 Ebd.

28 Sophie Scholl, Brief an Lisa Remppis, o. D. 1940, aber nach dem 18. Mai. IfZ ED 474 Bd. 70.

29 Sophie Scholl, Brief an Fritz Hartnagel, 16. Mai 1940, Damit wir uns nicht verlieren, S. 168.

30 Fritz Hartnagel, Brief an Sophie Scholl, 18. Mai 1940, Damit wir uns nicht verlieren, S. 169.

31 Sophie Scholl, Brief an Fritz Hartnagel, 19. Mai 1940, Damit wir uns nicht verlieren, S. 170.

32 Sophie Scholl, Brief an Fritz Hartnagel, 29. Mai 1940, Damit wir uns nicht verlieren, S. 175 f.

33 Ebd., S. 176.

34 Fritz Hartnagel, Brief an Sophie Scholl, 8. Juni 1940, Damit wir uns nicht verlieren, S. 180.

35 Fritz Hartnagel, Brief an Sophie Scholl, 14. Juni 1940, Damit wir uns nicht verlieren, S. 181.

36 Sophie Scholl, Brief an Fritz Hartnagel, 17. Juni 1940, Damit wir uns nicht verlieren, S. 182 f.

37 Ebd., S. 183.

38 Sophie Scholl, Brief an Fritz Hartnagel, 22. Juni 1940, Damit wir uns nicht verlieren, S. 185.

39 Ebd.

40 Sophie Scholl, Brief an Fritz Hartnagel, 28. Juni 1940, Damit wir uns nicht verlieren, S. 189.

41 Aicher, innenseiten, S. 80.

42 Sophie Scholl, Brief an Fritz Hartnagel, 22. Juni 1940, Damit wir uns nicht verlieren, S. 186.

43 Sophie Scholl, Brief an Elisabeth Scholl, 26. Juli 1940. IfZ ED 474 Bd. 69.

44 Sophie Scholl, Brief an Fritz Hartnagel, 28. Juni 1940, Damit wir uns nicht verlieren, S. 189.

45 Aicher, innenseiten, S. 82.

46 Im Folgenden: Praktikumsberichte aus Ulm und Bad Dürrheim. IfZ ED 474 Bd. 82.

47 Sophie Scholl, Brief an Lisa Remppis, 26. Juni 1942. IfZ ED 474 Bd. 70.

48 Barbara Leisner, Ich würde es genauso wieder machen. Sophie Scholl. München: Ullstein Taschenbuchverlag 2001, S. 168.

49 Inge Scholl, Chronologischer Bericht, November 1941, IfZ ED 474 Bd. 286, S. 4.

50 Sophie Scholl, Brief an Elisabeth Scholl, 15. August 1940. IfZ ED 474 Bd. 69.

51 Sophie Scholl, Brief an Lisa Remppis, 17. August 1940. IfZ ED 474 Bd. 70.

52 Lisa Remppis, Brief an Sophie Scholl, 20. August 1940. IfZ ED 474 Bd. 78.

53 Elisabeth Scholl, Brief an Sophie Scholl, 18. August 1940. IfZ ED 474 Bd. 76.

54 Sophie Scholl, Brief an Lisa Remppis, 1. Oktober 1940. IfZ ED 474 Bd. 70.

55 Fritz Hartnagel, Brief an Sophie Scholl, 9. August 1940, Damit wir uns nicht verlieren, S. 199.

56 Sophie Scholl, Brief an Fritz Hartnagel, 19. August 1940, Damit wir uns nicht verlieren, S. 205.

57 Fritz Hartnagel, Brief an Sophie Scholl, o. D. (Ende August 1940), Damit wir uns nicht verlieren, S. 209.

58 Fritz Hartnagel, Brief an Sophie Scholl, 3. September 1940, Damit wir uns nicht verlieren, S. 210.

59 Sophie Scholl, Brief an Fritz Hartnagel, 17. September 1940, Damit wir uns nicht verlieren, S. 215.

60 Fritz Hartnagel, Brief an Sophie Scholl, 19. September 1940, Damit wir uns nicht verlieren, S. 217.

61 Sophie Scholl, Brief an Fritz Hartnagel, 26. September 1940, Damit wir uns nicht verlieren, S. 223.

62 Sophie Scholl, Brief an Fritz Hartnagel, 23. September 1940, Damit wir uns nicht verlieren, S. 220.
63 Ebd.
64 Ebd.
65 Hans Scholl, Brief an Lina Scholl, 1. September 1940, zit. nach Jens (Hrsg.), Hans Scholl und Sophie Scholl, Briefe und Aufzeichnungen, S. 49.
66 Lisa Remppis, Brief an Sophie Scholl, 30. Oktober 1940. IfZ ED 474 Bd. 78.
67 Fritz Hartnagel, Brief an Sophie Scholl, 28. Oktober 1940, Damit wir uns nicht verlieren, S. 227.
68 Sophie Scholl, Brief an Fritz Hartnagel, 21. Oktober 1940, Damit wir uns nicht verlieren, S. 225.
69 Sophie Scholl, Brief an Fritz Hartnagel, 25. November 1940, Damit wir uns nicht verlieren, S. 238.
70 Sophie Scholl, Brief an Fritz Hartnagel, 15. Dezember 1940, Damit wir uns nicht verlieren, S. 245–246.
71 Fritz Hartnagel, Brief an Sophie Scholl, 27. Dezember 1940, Damit wir uns nicht verlieren, S. 249.

13. Gebt mir Zeit, mich zu bewähren: Ein Krisenjahr

1 Otl Aicher, Brief an Carl Muth, 28. Dezember 1941, zit. nach Beuys, Sophie Scholl, S. 327.
2 Sophie Scholl, Brief an Fritz Hartnagel, 6. Januar 1941, Damit wir uns nicht verlieren, S. 251.
3 Aicher, innenseiten, S. 54 f.
4 Ebd., S. 58.
5 Sophie Scholl, Brief an Fritz Hartnagel, 28. Februar 1941, Damit wir uns nicht verlieren, S. 266.
6 Fritz Hartnagel, Brief an Sophie Scholl, 27. Dezember 1940, Damit wir uns nicht verlieren, S. 282.
7 Sophie Scholl, Brief an Fritz Hartnagel, 7. März 1941, Damit wir uns nicht verlieren, S. 274.
8 Sophie Scholl, Brief an Lisa Remppis, 27. März 1941. IfZ ED 474 Bd. 70.
9 Lisa Remppis, Brief an Sophie Scholl, 21. März 1941. IfZ ED 474 Bd. 78.
10 Sophie Scholl, Brief an Lisa Remppis, 1. April 1941. IfZ ED 474 Bd. 70.
11 Sophie Scholl, Tagebuch Blumberg, wahrscheinlich am 22. Februar 1941. IfZ ED 474 Bd. 82.
12 Sophie Scholl, Brief an Fritz Hartnagel, 22. März 1941, Damit wir uns nicht verlieren, S. 289.
13 Fritz Hartnagel, Brief an Sophie Scholl, 4. Mai 1941, Damit wir uns nicht verlieren, S. 299.

14 Fritz Hartnagel, Brief an Sophie Scholl, o.D. (um Pfingsten 1941), Damit wir uns nicht verlieren, S. 309.
15 Sophie Scholl, Tagebuch Krauchenwies, 11. April 1941. IfZ ED 474 Bd. 82.
16 Robert Scholl, Brief an Sophie Scholl, 14. April 1941. IfZ ED 474 Bd. 74.
17 Lina Scholl, Karte an Sophie Scholl, o. D., aber laut Poststempel v. 20. oder 30. April 1941. IfZ ED 474 Bd. 74.
18 Sophie Scholl, Tagebuch Krauchenwies, 10. April 1941. IfZ ED 474 Bd. 82.
19 Sophie Scholl, Briefentwurf an Fritz Hartnagel, 20. April 1941, Tagebuch Krauchenwies. IfZ ED 474 Bd. 82.
20 Sophie Scholl, Briefentwurf an Fritz Hartnagel, 18. April 1941, Tagebuch Krauchenwies. IfZ ED 474 Bd. 82.
21 Sophie Scholl, Brief an Inge Scholl, 3. Juni 1941. IfZ ED 474 Bd. 69.
22 Ebd.
23 Sophie Scholl, Brief an Hans Scholl, 13. Juni 1941. IfZ ED 474 Bd. 69.
24 Sophie Scholl, Brief an Elisabeth Scholl, 26. Juni 1941. IfZ ED 474 Bd. 69.
25 Sophie Scholl, Brief an Lisa Remppis, 21. Juni 1941. IfZ ED 474 Bd. 70.
26 Zit. nach www.bpb.de/themen/PTYTHH,7,0,Der_zweite_Weltkrieg.html.
27 Zit. nach Ian Kershaw, Hitler Bd. 2, DVA, München 2000, S. 80.
28 Zit. nach Christiane Moll (Hrsg.), Alexander Schmorell/Christoph Probst. Gesammelte Briefe, Berlin: Lukas Verlag 2011, S. 148.
29 Ebd., S. 149.
30 Frank Bajohr in: Was befahl Hitler? In: ZEIT Geschichte Nr. 1/2017, 14. Februar 2017.
31 Beuys, Sophie Scholl, S. 315.
32 Inge Scholl, Brief an Sophie Scholl, 6. August 1941. IfZ ED 474 Bd. 75.
33 Fritz Hartnagel, Brief an Sophie Scholl, 20. August 1941, Damit wir uns nicht verlieren, S. 325.
34 Sophie Scholl, Brief an Inge Scholl, 27. August 1941. IfZ ED 474 Bd. 69.
35 Sophie Scholl, Brief an Elisabeth Scholl, 11. August 1941. IfZ ED 474 Bd. 69.
36 Sophie Scholl, Brief an Lisa Remppis, 23. August 1941. IfZ ED 474 Bd. 70.
37 Ebd.
38 Er findet sich in Maritains letztem Buch, Der Bauer von der Garonne – ein alter Laie macht sich Gedanken, siehe dazu Jens (Hrsg.), Hans Scholl und Sophie Scholl, Briefe und Aufzeichnungen, S. 345.
39 Sophie Scholl, Brief an Lisa Remppis, 23. August 1941. IfZ ED 474 Bd. 70.
40 Sophie Scholl, Brief an Hans Scholl, 20. November 1941. IfZ ED 474 Bd. 69.
41 Sophie Scholl, Brief an die Eltern, 5. Dezember 1941. IfZ ED 474 Bd. 68.
42 Fritz Hartnagel, Brief an Sophie Scholl, 1. November 1941, Damit wir uns nicht verlieren, S. 330 f.
43 Ebd.
44 Fritz Hartnagel, Brief an Sophie Scholl, 10. November 1941, Damit wir uns nicht verlieren, S. 334.

45 Fritz Hartnagel, Brief an Sophie Scholl, 11. November 1941, Damit wir uns nicht verlieren, S. 336.
46 Ebd., S. 339.
47 Sophie Scholl, Tagebuch Blumberg, 1. November 1941. IfZ ED 474 Bd. 82.
48 Ebd.
49 Sophie Scholl, Tagebuch Blumberg, 4. November 1941. IfZ ED 474 Bd. 82.
50 Sophie Scholl, Tagebuch Blumberg, 5. November 1941. IfZ ED 474 Bd. 82.
51 Sophie Scholl, Tagebuch Blumberg, 4. November 1941. IfZ ED 474 Bd. 82.
52 Ebd.
53 Sophie Scholl, Tagebuch Blumberg, 10. November 1941. IfZ ED 474 Bd. 82.
54 Pascal, Über die Religion, hg. v. Michael Holzinger, Berliner Ausgabe 2013, S. 130.
55 Sophie Scholl, Brief an Lisa Remppis, 17. November 1941. IfZ ED 474 Bd. 70.
56 Inge Scholl, Tagebuch, Oktober 1941, zit. nach Miriam Gebhardt, Die Weiße Rose. Wie aus ganz normalen Deutschen Widerstandskämpfer wurden. München: Deutsche Verlagsanstalt 2017, S. 72–73.
57 Inge Scholl, Brief an Sophie Scholl, 2. Oktober 1941. IfZ ED 474 Bd. 75.
58 Barbara Schüler, «Im Geiste der Ermordeten …» Die «Weiße Rose» und ihre Wirkung in der Nachkriegszeit. Paderborn u. a.: Ferdinand Schöningh 2000, S. 179.
59 Inge Scholl, zit. nach Jens (Hrsg.), Hans Scholl und Sophie Scholl, Briefe und Aufzeichnungen, S. 316.
60 Otl Aicher, Brief an Sophie Scholl, 23. November 1941. IfZ ED 474 Bd. 88.
61 Otl Aicher, Brief an Sophie Scholl, 7. Dezember 1941. IfZ ED 474 Bd. 88.
62 Inge Scholl, Chronologischer Bericht. IfZ ED 474 Bd. 286.
63 Sophie Scholl, Brief an Lisa Remppis, 12. Dezember 1941. IfZ ED 474 Bd. 70.
64 Sophie Scholl, Tagebuch Blumberg, 12. Dezember 1941. IfZ ED Bd. 82.

14.
Studium Nebensache:
Mit Hans in München

1 Zit. nach Waage, Es lebe die Freiheit, S. 32.
2 Sibylle Bassler, Die Weiße Rose. Zeitzeugen erinnern sich. Hamburg: Rowohlt Verlag 2006, S. 43.
3 Jens (Hrsg.), Hans Scholl und Sophie Scholl, Briefe und Aufzeichnungen, S. 349 ff. und S. 327.
4 Sophie Scholl, Tagebuch Blumberg, o. D. IfZ ED 474 Bd. 82.
5 Ebd.
6 Sophie Scholl, Brief an Otl Aicher o. D. (Mitte Februar 1942). IfZ ED 474 Bd. 73.
7 Sophie Scholl, Tagebuch Blumberg, 12. Februar 1941. IfZ ED 474 Bd. 82.

8 Fritz Hartnagel, Brief an Sophie Scholl, 15. Januar 1942, Damit wir uns nicht verlieren, S. 344.
9 Ebd.
10 Lina Scholl, Brief an Sophie Scholl, 20. Januar 1942. IfZ ED 474 Bd. 74.
11 Lina Scholl, Brief an Sophie Scholl, 20. Februar 1942. IfZ ED 474 Bd. 74.
12 Ebd.
13 Sophie Scholl, Brief an die Eltern, 25. Februar 1942. IfZ ED 474 Bd. 68.
14 Lina Scholl, Brief an Sophie Scholl, 8. März 1942. IfZ ED 474 Bd. 74.
15 Fritz Hartnagel, Brief an Sophie Scholl, 12. März 1942, Damit wir uns nicht verlieren, S. 350.
16 Fritz Hartnagel, Brief an Sophie Scholl, 15. oder 16. März 1942, Damit wir uns nicht verlieren, S. 353 f.
17 Fritz Hartnagel, Brief an Sophie Scholl, 29. März 1942, Damit wir uns nicht verlieren, S. 355.
18 Inge Scholl, Tagebuch, zit. nach Beuys, Sophie Scholl, S. 345.
19 Ebd. S. 344.
20 Aicher, innenseiten, S. 72–99.
21 Ebd., S. 73.
22 Ebd., S. 83.
23 Ebd., S. 80 f.
24 Sophie Scholl, Brief an Waldemar Gabriel, 24. Juni 1942. IfZ ED 474 Bd. 72.
25 Sophie Scholl, Brief an Lisa Remppis, 14. Januar 1941. IfZ ED 474 Bd. 70.
26 Sophie Scholl, Brief an die Eltern, 10. März 1942. IfZ ED 474 Bd. 68.
27 Sophie Scholl, Brief an Lisa Remppis, 5. April 1942. IfZ ED 474 Bd. 70.
28 Fritz Hartnagel, Brief an Sophie Scholl, vermutlich 7. Mai 1942, Damit wir uns nicht verlieren, S. 357.
29 Inge Scholl, Erinnerungen an München. IfZ ED 474 Bd. 293, S. 21.
30 Zit. nach Beuys, Sophie Scholl, S. 331.
31 Moll (Hrsg.), Alexander Schmorell/Christoph Probst, Gesammelte Briefe, S. 43–50.
32 Alexander Schmorell, Brief an Angelika Probst, 1. Mai 1937, zit. nach Moll (Hrsg.), Alexander Schmorell/Christoph Probst, Gesammelte Briefe, S. 294.
33 Inge Scholl, Erinnerungen an München. IfZ ED 474 Bd. 293, S. 54.
34 Sophie Scholl, Brief an Lisa Remppis, 30. Mai 1942. IfZ ED 474 Bd. 70.
35 Sophie Scholl, Brief an Erika Reiff, 19. Juli 1941. IfZ ED 474 Bd. 72.
36 Hans Scholl, Brief an Rose Nägele, 24. Juli 1941. IfZ ED 474 Bd. 50.
37 Knab, Ich schweige nicht, S. 52.
38 Zoske, Flamme sein, S. 95.
39 Sophie Scholl, Brief an Erika Reiff, 19. Juli 1941. IfZ ED 474 Bd. 72.
40 Lisa Remppis, Brief an Sophie Scholl, 23. Juni 1942. IfZ ED 474 Bd. 78.
41 Fritz Hartnagel, Brief an Sophie Scholl, 23. Februar 1943, Damit wir uns nicht verlieren, S. 457–458 (Fritz wusste nicht, dass Sophie zu diesem Zeitpunkt schon hingerichtet worden war).

42 Sophie Scholl, Brief an die Eltern, Inge und Elisabeth, 6. Juni 1942. IfZ ED 474 Bd. 68.

43 Sophie Scholl, Brief an die Eltern und Inge, 17. Juni 1942. IfZ ED 474 Bd. 68.

44 Jakob Knab, «Eine Bibliothek, das ist ja eine Art Biographie». Die religiösen Mentoren der Weißen Rose, in: Detlef Bald/Jakob Knab (Hrsg.), Die Stärkeren im Geiste. Zum christlichen Widerstand der Weißen Rose. Essen: Klartext Verlag 2012, S, 48.

45 Professor Wolfgang Huber (München) in einem Telefonat mit der Autorin am 10. Februar 2020.

46 Sophie Scholl, Tagebuch München, 29. Juni 1942. IfZ ED 474 Bd. 82.

47 Fritz Hartnagel, Brief an Sophie Scholl, 10. Mai 1942, Damit wir uns nicht verlieren, S. 359.

48 Ebd., S. 360.

49 Fritz Hartnagel, Brief an Sophie Scholl, 26. Juni 1942, Damit wir uns nicht verlieren, S. 368.

50 Sophie Scholl, Brief an Lisa Remppis, 12. Juni 1942. IfZ ED 474 Bd. 70.

51 Sophie Scholl, Brief an Lisa Remppis, 26. Juni 1942. IfZ ED 474 Bd. 70.

52 Fritz Hartnagel, Brief an Sophie Scholl, 3. Juli 1942, Damit wir uns nicht verlieren, S. 373.

53 Fritz Hartnagel, Brief an Sophie Scholl, 10. Juli 1942, Damit wir uns nicht verlieren, S. 376.

54 Fritz Hartnagel, Brief an Sophie Scholl, 13. Juli 1942, Damit wir uns nicht verlieren, S. 377.

15. *Die Stärkeren im Geiste: Die Weiße Rose*

1 Sophie Scholl, Vernehmungsprotokoll vom 18. Februar 1943, zit. nach Chaussy/Überschär, Es lebe die Freiheit, S. 247.

2 Flugblätter der Weissen Rose IV, zit. nach www.bpb.de/geschichte/nationalsozialismus/weisse-rose/61022/flugblatt-iv.

3 Traute Lafrenz, zit. nach Waage, Es lebe die Freiheit, S. 121.

4 Jürgen Wittenstein, zit. nach Katrin Seybold, Die Widerständigen.

5 Thomas Hartnagel, Damit wir uns nicht verlieren, S. 358.

6 Fritz Hartnagel, Brief an Sophie Scholl, 31. August 1942, Damit wir uns nicht verlieren, S. 400 f.

7 So auch: Moll (Hrsg.), Alexander Schmorell/Christoph Probst, Gesammelte Briefe, S. 172, und Vinke, Fritz Hartnagel, S. 101.

8 Bassler, Die Weiße Rose, S. 45.

9 Einen Überblick gibt Hans Günter Hockerts, Die Flugblätter der Weißen Rose, in: Ein Museum der bayerischen Geschichte, hrsg. von Katharina Weigand und

Jörg Zedler, München 2015, S. 475 ff., und ders., Die Weiße Rose im Widerstand. Gesicherte Deutungen – strittige Fragen, in: Zur Debatte. Themen der Katholischen Akademie in Bayern, Heft 5/2011.

10 Flugblätter der Weissen Rose I, zit. nach www.bpb.de/geschichte/nationalsozia lismus/weisse-rose/61009/flugblatt-i.

11 Hans Günter Hockerts, Die Flugblätter der Weißen Rose, S. 477; ders., Die Weiße Rose im Widerstand, S. 2.

12 Flugblätter der Weissen Rose I.

13 Hans Scholl, Vernehmungsprotokoll vom 20. Februar 1943, zit. nach Chaussy/Überschär, Es lebe die Freiheit, S. 292.

14 Flugblätter der Weissen Rose II, zitiert nach: www.bpb.de/geschichte/national sozialismus/weisse-rose/61015/flugblatt-ii.

15 Ebd.

16 Ebd.

17 Hans Scholl, Brief an die Mutter, Inge und Sophie, zit. nach Jens (Hrsg.), Hans Scholl und Sophie Scholl, Briefe und Aufzeichnungen, S. 109.

18 Hans Scholl, Vernehmungsprotokoll vom 20. Februar 1943, zit. nach Chaussy/Überschär, Es lebe die Freiheit, S. 295.

19 Sophie Scholl, Vernehmungsprotokoll vom 20. Februar 1943, zit. nach Chaussy/Überschär, Es lebe die Freiheit, S. 248.

20 Moll (Hrsg.), Alexander Schmorell/Christoph Probst, Gesammelte Briefe, S. 83 f.

21 Zit. nach ebd., S. 173.

22 Hikel, Sophies Schwester, S. 29.

23 Moll (Hrsg.), Alexander Schmorell/Christoph Probst, Gesammelte Briefe, S. 162.

24 Widerständigkeit und Verweigerung – Manfred Eickemeyer und Kurt von Fritz, in: Marita Krauss und Erich Kasberger, Ein Dorf im Nationalsozialismus. Pöcking 1930–1950. München: Volk Verlag 2020, S. 250.

25 Inge Scholl, Chronologischer Bericht. IfZ ED 474 Bd. 286, S. 5.

26 Sophie Scholl, Brief an einen Bekannten, 19. Juli 1942. IfZ ED 474 Bd. 72.

27 Kurt Huber, Vernehmungsprotokoll vom 27. Februar 1943, zit. nach Chaussy/Überschär, Es lebe die Freiheit, S. 460.

28 Beuys, Sophie Scholl, S. 365.

29 Hans Hirzel, zit. nach Katrin Seybold, Die Widerständigen.

30 Sophie Scholl, Brief an Lisa Remppis, 27. Juli 1942. IfZ ED 474 Bd. 70.

31 Sophie Scholl, Brief an Lisa Remppis, 2. September 1942. IfZ ED 474 Bd. 70.

32 Inge Scholl, Erinnerungen an München. IfZ ED 474 Bd. 293, S. 45.

33 Sophie Scholl, Brief an Robert Scholl, 7. September 1942. IfZ ED 474 Bd. 68.

34 Inge Scholl, Die Weiße Rose, S. 46.

35 Sophie Scholl, Tagebuch München, 9. August 1942. IfZ ED 474 Bd. 82.

36 Hikel, Sophies Schwester, S. 31.

37 Fritz Hartnagel, Brief an Sophie Scholl, 1. August 1942, Damit wir uns nicht verlieren, S. 383.

38 Fritz Hartnagel, Brief an Sophie Scholl, 18. August 1942, Damit wir uns nicht verlieren, S. 393.
39 Fritz Hartnagel, Brief an Sophie Scholl, 7. September 1942, Damit wir uns nicht verlieren, S. 402–403.
40 Sophie Scholl, Brief an Lisa Remppis, 2. September 1942. IfZ ED 474 Bd. 70.
41 Sophie Scholl, Brief an Robert Scholl, 22. September 1942. IfZ ED 474 Bd. 68.
42 Sophie Scholl, Brief an Lisa Remppis, 2. September 1942. IfZ ED 474 Bd. 70.
43 Hans Scholl, Brief an Sophie Scholl, 10. September 1942. IfZ ED 474 Bd. 47.
44 Willi Graf, Tagebuch, zit. nach Inge Jens (Hrsg.), Willi Graf. Briefe und Aufzeichnungen, Frankfurt am Main: Fischer Taschenbuch Verlag 2004, S. 71.
45 Johannes Tuchel, Neues von der «Weißen Rose»? Kritische Überlegungen zu «Detlef Bald: Die Weiße Rose. Von der Front in den Widerstand». Berlin: Otto-Suhr-Institut für Politikwissenschaft 2003.
46 Franz Müller, zit. nach Katrin Seybold, Die Widerständigen.
47 Klaus Wiegrefe in: Der Spiegel, 24. März 2003, S. 49.
48 Inge Scholl, Chronologischer Bericht. IfZ ED 474 Bd. 286, S. 6.
49 Fritz Hartnagel, Brief an Sophie Scholl, 14. September 1942, Damit wir uns nicht verlieren, S. 406.
50 Fritz Hartnagel, Brief an Sophie Scholl, 18. Oktober 1942, Damit wir uns nicht verlieren, S. 417.
51 Fritz Hartnagel, Brief an Sophie Scholl, 9. September 1942, Damit wir uns nicht verlieren, S. 405
52 Sophie Scholl, Brief an Fritz Hartnagel, 28. Oktober 1942, Damit wir uns nicht verlieren, 419–420.
53 Sophie Scholl, Brief an Lisa Remppis, 10. Oktober 1942. IfZ ED 474 Bd. 70.
54 Sophie Scholl, Tagebuch München, 5. Oktober 1942. IfZ ED 474 Bd. 82.
55 Sophie Scholl, Brief an Fritz Hartnagel, 7. Oktober [wahrscheinlich November] 1942, Damit wir uns nicht verlieren, S. 424.
56 Ebd., S. 425.
57 Ebd.
58 Sophie Scholl, Brief an Fritz Hartnagel, 18. November 1942, Damit wir uns nicht verlieren, S. 432.
59 Sophie Scholl, Brief an Fritz Hartnagel, 19. November 1942, Damit wir uns nicht verlieren, S. 433.
60 Sophie Scholl, Brief an die Eltern, 29. November 1942. IfZ ED 474 Bd. 68.
61 Silvester Lechner, Thomas Vogel, Kunst und Kultur in Ulm, S. 173.
62 Anneliese Knoop-Graf, Das wird Wellen schlagen – Erinnerungen an Sophie Scholl. Berlin: Gedenkstätte Deutscher Widerstand 2002, S. 5.
63 Traute Lafrenz, zit. nach Inge Scholl, Die Weiße Rose, S. 132.
64 Hirzel, Vom Ja zum Nein, S. 181.
65 Ebd.
66 Ebd.
67 Willi Graf, Tagebuch, zit. nach Jens (Hrsg.), Willi Graf, Briefe und Aufzeichnungen, S. 84.

68 Ebd., S. 85 und S. 268.
69 Ebd., S. 306.
70 Sophie Scholl, Brief an Fritz Hartnagel, 26. und 30. Dezember 1942, Damit wir uns nicht verlieren, S. 439, 440.
71 Beuys, Sophie Scholl, S. 398.
72 Aicher, innenseiten, S. 167.
73 Ebd., 178.
74 Sophie Scholl, Brief an Fritz Hartnagel, o. D., wahrscheinlich 3. Januar 1943, Damit wir uns nicht verlieren, S. 444.

16.
Meinen freien Willen fühle ich:
Aktiver Widerstand

1 Zit. nach Jens (Hrsg.), Willi Graf, Briefe und Aufzeichnungen, S. 95.
2 Zit. nach Jens (Hrsg.), Willi Graf, Briefe und Aufzeichnungen, S. 30, Anmerkung 3.
3 Birgit Weiß-Huber, zit. nach Katrin Seybold, Die Widerständigen.
4 Zit. nach Jens (Hrsg.), Willi Graf, Briefe und Aufzeichnungen, S. 96.
5 Kurt Huber, Vernehmungsprotokoll vom 27. Februar 1943, zit. nach Chaussy, Es lebe die Freiheit, S. 463.
6 Zit. nach Jens (Hrsg.), Willi Graf. Briefe und Aufzeichnungen, S. 86 f.
7 Sophie Scholl, Tagebuch München, 12. Januar 1943. IfZ ED 474 Bd. 82.
8 Sophie Scholl, Tagebuch München, 13. Januar 1943. IfZ ED 474 Bd. 82.
9 Zit. nach Jens (Hrsg.), Willi Graf. Briefe und Aufzeichnungen, S. 99.
10 5. Flugblatt, zit. nach www.bpb.de/geschichte/nationalsozialismus/weisse-rose/61025/flugblatt-v.
11 Zur schwierigen Ermittlung der Auflagenhöhe siehe Christiane Moll, Die Weiße Rose, in: Peter Steinbach/Johannes Tuchel (Hrsg.), Widerstand gegen den Nationalsozialismus. Bonn: Bundeszentrale für Politische Bildung 1994, S. 452, Anm. 58.
12 Zit. nach Jens (Hrsg.), Willi Graf. Briefe und Aufzeichnungen, S. 99.
13 Zit. nach: Christian Petry, Studenten aufs Schafott. Die Weiße Rose und ihr Scheitern. München 1968, S. 94.
14 Sophie Scholl, Brief an Otl Aicher, 19. Januar 1943. IfZ ED 474 Bd. 73.
15 Willi Graf, Tagebuch, zit. nach Jens (Hrsg.), Willi Graf. Briefe und Aufzeichnungen, S. 99; Alexander Schmorell am 9. Dezember 1942, zit. nach Moll (Hrsg.), Alexander Schmorell/Christoph Probst, Gesammelte Briefe, S. 515.
16 Fritz Hartnagel, Brief an Sophie Scholl, 17. Januar 1943, Damit wir uns nicht verlieren, S. 445.
17 Hirzel, Vom Ja zum Nein, S. 189.
18 Robert Mohr, zit. nach Inge Scholl, Die Weiße Rose, S. 172.
19 Sophie Scholl, Brief an Werner Scholl, 29. Januar 1943. IfZ ED 474 Bd. 69.

20 Inge Scholl, Die Weiße Rose, S. 166.
21 Josef Söhngen, zit. nach Inge Scholl, Die Weiße Rose, S. 127.
22 Sophie Scholl, Brief an Lisa Remppis, 2. Februar 1943. IfZ ED 474, Bd. 70.
23 Sophie Scholl, Vernehmungsprotokoll vom 18. Februar 1943 (wahrscheinlich 19. Februar in den frühen Morgenstunden), zit. nach Chaussy/Überschär, Es lebe die Freiheit, S. 230.
24 Sophie Scholl, Vernehmungsprotokoll vom 20. Februar 1943, zit. nach Chaussy/Überschär, Es lebe die Freiheit, S. 243.
25 Elisabeth Scholl, zit. nach Inge Scholl, Die Weiße Rose, S. 165.
26 Traute Lafrenz, zit. nach ebd., S. 133.
27 Zit. nach Moll, Die Weiße Rose, S. 457.
28 Theodor Haecker, Schöpfer und Schöpfung. Leipzig: Verlag Jakob Hegner 1934, S. 25.
29 Sophie Scholl, Brief an Fritz Hartnagel, 7. Februar 1943, Damit wir uns nicht verlieren, S. 446.
30 Chaussy/Überschär, Es lebe die Freiheit, S. 71.
31 In der ersten Variante hieß es «Deutsche Studentin! Deutscher Student!», nachdem die Matrize gerissen war, wurde die Anrede geändert.
32 6. Flugblatt, zit. nach www.bpb.de/geschichte/nationalsozialismus/weisse-rose/61022/flugblatt-vi.
33 6. Flugblatt.
34 Sophie Scholl, Brief an Fritz Hartnagel, 10. Februar 1943, Damit wir uns nicht verlieren, S. 448.
35 Sophie Scholl, Brief an Fritz Hartnagel, 13. Februar 1943, Damit wir uns nicht verlieren, S. 453.
36 Falk Harnack zit. nach Inge Scholl, Die Weiße Rose, S. 149 ff.
37 Sophie Scholl, Brief an Fritz Hartnagel, 16. Februar 1943, Damit wir uns nicht verlieren, S. 454.
38 Zit. nach Chaussy/Überschär, Es lebe die Freiheit, S. 53.
39 Sophie Scholl, Brief an Fritz Hartnagel, 16. Februar 1943, Damit wir uns nicht verlieren, S. 454.
40 Wilhelm Geyer, zit. nach Inge Scholl, Die Weiße Rose, S. 168.
41 Sophie Scholl, Brief an Lisa Remppis, 17. Februar 1943. IfZ ED 474 Bd. 70.
42 Hans Hirzel, zit. nach Katrin Seybold, Die Widerständigen.
43 Hans Günter Hockerts, Der Verhaftungstag der Geschwister Scholl. Eine quellenkritische Spurenlese (Manuskript, eingereicht bei den Vierteljahrsheften für Zeitgeschichte). München 2020.
44 Alexander Schmorell, Vernehmungsprotokoll vom 26. Februar 1943, zit. nach Chaussy/Überschär, Es lebe die Freiheit, S. 364.
45 Willi Graf, Vernehmungsprotokoll vom 26. Februar 1943, zit. nach Chaussy/Überschär, Es lebe die Freiheit, S. 414.
46 Zit. nach Zankel, Mit Flugblättern, S. 400.

47 Zit. nach Else Gebel, Dem Andenken an Sophie Scholl. IfZ Fa 215, Bd. 2, Die Weiße Rose. Korrespondenzen und Berichte, S. 2–3.
48 Hans Scholl, Vernehmungsprotokoll vom 20. Februar 1943, zit. nach Chaussy/Überschär, Es lebe die Freiheit, S. 286.
49 Sophie Scholl, Vernehmungsprotokoll vom 18. Februar 1943, zit. nach Chaussy/Überschär, Es lebe die Freiheit, S. 225.
50 Jakob Schmid, zit. nach Moll, Die Weiße Rose, S. 458, Anmerkung 95.
51 Hans Günter Hockerts, Der Verhaftungstag der Geschwister Scholl.
52 Geheime Staatspolizei, Staatspolizeileitstelle München, Suchungsbericht 21. Februar 1943. IfZ ED 474 Bd. 176.
53 Robert Mohr, zit. nach Inge Scholl, Die Weiße Rose, S. 173.

17. *Ich bereue meine Handlungsweise nicht: Unbeugsam bis zuletzt*

1 Else Gebel, Dem Andenken an Sophie Scholl. IfZ Fa 215, Bd. 2, Die Weiße Rose. Korrespondenzen und Berichte, S. 1–5.
2 Sophie Scholl, Vernehmungsprotokoll vom 18. Februar 1943, zit. nach Chaussy/Überschär, Es lebe die Freiheit, S. 220.
3 Die Vernehmungsprotokolle lagen zuletzt sowohl im zentralen Staatsarchiv der DDR als auch im ausgelagerten MfS-Archiv in Dahlwitz-Hoppegarten und sind erst seit dem Ende der DDR zugänglich.
4 Oswald Schäfer, Brief an Robert Scholl, 13. September 1951. IfZ ED 474 Bd. 6.
5 Robert Mohr, zit. nach Inge Scholl, Die Weiße Rose, S. 174.
6 Hans Scholl, Vernehmungsprotokoll vom 18. Februar 1943 (wahrscheinlich 19. 2. 1943, in den frühen Morgenstunden), zit. nach Chaussy/Überschär, Es lebe die Freiheit, S. 274.
7 7. Flugblatt, zit. nach Chaussy/Überschär, Es lebe die Freiheit, S. 46.
8 Hans Scholl, Vernehmungsprotokoll vom 18. Februar 1943 (wahrscheinlich 19. 2. 1943, in den frühen Morgenstunden), zitiert nach Chaussy/Überschär, Es lebe die Freiheit, S. 274.
9 Robert Scholl, Bestätigung für Oswald Schäfer, 5. September 1951. IfZ ED 474 Bd. 6.
10 Oswald Schäfer, Brief an Robert Scholl, 13. September 1951. IfZ ED 474 Bd. 6.
11 Ebd.
12 Else Gebel, Dem Andenken an Sophie Scholl. IfZ Fa 215, Bd. 2, Die Weiße Rose. Korrespondenzen und Berichte, S. 3.
13 Sophie Scholl, Vernehmungsprotokoll vom 18. Februar 1943, zit. nach Chaussy/Überschär, Es lebe die Freiheit, S. 230.
14 Ebd., S. 236.
15 Else Gebel, Dem Andenken an Sophie Scholl. IfZ Fa 215, Bd. 2, Die Weiße Rose. Korrespondenzen und Berichte, S. 2.

16 Sophie Scholl, Vernehmungsprotokoll vom 18. Februar 1943, zit. nach Chaussy/Überschär, Es lebe die Freiheit, S. 236.

17 Sophie Scholl, Vernehmungsprotokoll vom 20. Februar 1943, zit. nach Chaussy/Überschär, Es lebe die Freiheit, S. 249.

18 Oswald Schäfer, Brief an Robert Scholl, 13. September 1951. IfZ ED 474 Bd. 6.

19 Else Gebel, Dem Andenken an Sophie Scholl. IfZ Fa 215, Bd. 2, Die Weiße Rose. Korrespondenzen und Berichte, S. 3.

20 Sophie Scholl, Vernehmungsprotokoll vom 20. Februar 1943, zit. nach Chaussy/Überschär, Es lebe die Freiheit, S. 254.

21 Else Gebel, Dem Andenken an Sophie Scholl. IfZ Fa 215, Bd. 2, Die Weiße Rose. Korrespondenzen und Berichte, S. 3.

22 Ebd.

23 Ebd., S. 4.

24 Robert Mohr, zit. nach Inge Scholl, Die Weiße Rose, S. 177.

25 Inge Scholl, Die Weiße Rose, S. 182.

26 Leo Samberger, zit. nach Inge Scholl, Die Weiße Rose, S. 184.

27 Karl Alt, Wie sie starben. Die letzten Stunden der Geschwister Scholl, in: Inge Scholl, Die Weiße Rose, S. 188.

28 Lina Scholl, Brief an Fritz Hartnagel, 23. Februar 1943, Damit wir uns nicht verlieren, S. 463.

29 Zit. nach Inge Scholl, Die Weiße Rose, S. 64.

30 Lina Scholl, Brief an Fritz Hartnagel, 25. Februar 1943, Damit wir uns nicht verlieren, S. 467.

31 Robert Mohr, zit. nach Inge Scholl, Die Weiße Rose, S. 178.

32 Alt, Wie sie starben, S. 190.

33 Strafsache Scholl und Andere. IfZ ED 474 Bd. 176.

18.
Das Erbe der Weißen Rose

1 Elisabeth Scholl, zit. nach Bassler, Die Weiße Rose, S. 21.

2 IfZ ED 474 Bd. 187.

3 Angela Bottin, Enge Zeit. Spuren Vertriebener und Verfolgter der Hamburger Universität vor 1933 bis nach 1945. Berlin: Dietrich Reimer Verlag 2021.

4 Kurt Wolfgang Keller, Das Kriegsende 1945 in Halle (Saale): Zwei Offiziere verweigern den Befehl, weiter zu kämpfen. Fritz Hartnagel, der Freund von Sophie Scholl, und sein Adjutant Alfred Bauer, in: Erinnerungskultur. Evangelische Forschungsakademie 2015, hrsg. v. Christian Ammer, S. 47–63.

5 Flugblätter der Weissen Rose IV.

Literatur

Ungedruckte Quellen

Der Nachlass der Familie Scholl befindet sich im Institut für Zeitgeschichte: Zitiert: IfZ ED 474 und Bandnummer

Gedruckte Quellen

Ulrich Chaussy/Gerd. R. Ueberschär, «Es lebe die Freiheit!». Die Geschichte der Weißen Rose und ihrer Mitglieder in Dokumenten und Berichten. Frankfurt am Main: Fischer Taschenbuch Verlag 2013

Thomas Hartnagel (Hrsg.), Sophie Scholl, Fritz Hartnagel, Damit wir uns nicht verlieren. Briefwechsel 1937–1943. Frankfurt am Main: Fischer Taschenbuch Verlag 2008

Inge Jens (Hrsg.), Hans Scholl und Sophie Scholl, Briefe und Aufzeichnungen. Frankfurt am Main: Fischer Taschenbuch Verlag 2005

Dies., Willi Graf (Hrsg.), Briefe und Aufzeichnungen. Frankfurt am Main: Fischer Taschenbuch Verlag 2004

Christiane Moll (Hrsg.), Alexander Schmorell/Christoph Probst. Gesammelte Briefe. Berlin: Lukas Verlag 2011

Erinnerungen von Zeitzeugen

Otl Aicher, innenseiten des kriegs. Frankfurt am Main: Fischer Taschenbuch Verlag 2004

Sibylle Bassler, Die Weiße Rose. Zeitzeugen erinnern sich. Hamburg: Rowohlt Verlag 2006

Mathilde Dengler, Wie ich Sophie Scholl erlebt habe. In: Ereignisse, die unser Leben prägten. Senioren erzählen aus der ersten Hälfte des 20. Jahrhunderts Bd. 2. Heilbronn: Seniorenbüro für andere e. V. 1998

Geschichtswerkstatt «Die Region Ulm in der NS-Zeit» (Hrsg.), Die «Hitlerjugend» am Beispiel der Region Ulm/Neu-Ulm, Ulm: DZOK-Manuskripte 1, 1993

Susanne Hirzel, Vom Ja zum Nein. Eine schwäbische Jugend 1933–1945. Tübingen: Silberburg-Verlag 2000
Anneliese Knoop-Graf, Das wird Wellen schlagen – Erinnerungen an Sophie Scholl. Berlin: Gedenkstätte Deutscher Widerstand 2002
Katrin Seybold, Die Widerständigen. Zeugen der Weißen Rose, Dokumentarfilm 2008
Sibylle Tiedemann/Ute Badura, Kinderland ist abgebrannt, Dokumentarfilm 1998

Literatur

Wolfgang Benz, Im Widerstand. Größe und Scheitern der Opposition gegen Hitler. München: C.H.Beck 2019
Barbara Beuys, Sophie Scholl. München: Carl Hanser Verlag 2010
Wilfried Breyvogel (Hrsg.), Piraten, Swings und Junge Garde. Jugendwiderstand im Nationalsozialismus. Bonn: Dietz Taschenbuch 1991
Renate S. Deck, Spuren einer Freundschaft. Sophie Scholl und Lisa Remppis. Lesespaziergang in Langenburg. Langenburg: Shalom Soma Verlag 2014
Die tödliche Utopie. Bilder, Texte, Dokumente, Daten zum Dritten Reich. München, Berlin: Institut für Zeitgeschichte 2008
Miriam Gebhardt, Die Weiße Rose. Wie aus ganz normalen Deutschen Widerstandskämpfer wurden. München: Deutsche Verlagsanstalt 2017
Christiane Hikel, Sophies Schwester. Inge Scholl und die Weiße Rose. München: Oldenbourg Verlag 2013
Hans Günter Hockerts, Die Flugblätter der Weißen Rose, in: Ein Museum der bayerischen Geschichte, hrsg. von Katharina Weigand und Jörg Zedler, München 2015, S. 475 ff.
Ders., Die Weiße Rose im Widerstand. Gesicherte Deutungen – strittige Fragen, in: Zur Debatte. Themen der Katholischen Akademie in Bayern, Heft 5/2011
Michael H. Kater, Hitler-Jugend. Darmstadt: Primus Verlag 2005
Martin Klaus, Mädchen in der Hitlerjugend. Köln: Pahl Rugenstein 1980
Ders., Mädchen im 3. Reich. Der Bund Deutscher Mädel. Köln: PapyRossa 1998
Arno Klönne, Jugend im Dritten Reich. Die Hitlerjugend und ihre Gegner. Köln: PapyRossa Verlag 2008
Jakob Knab, Ich schweige nicht. Hans Scholl und die Weiße Rose. Darmstadt: wbg Theiss 2018
Rudi Kübler, Ulm 1933. Die Anfänge der nationalsozialistischen Diktatur. Ulm: Klemm & Oelschläger 2009
Stefan Kraut, Geschwister Scholl in Künzelsau, in: Künzelsauer Nachrichten 9, 27. 2. 2009
Kunst und Kultur in Ulm, Katalog zur Ausstellung im Ulmer Museum 1993, Tübingen/Stuttgart: Silberburg-Verlag 1993

Barbara Leisner, Ich würde es genauso wieder machen. Sophie Scholl. München: Ullstein Taschenbuchverlag 2001

Christiane Moll, Die Weiße Rose, in: Peter Steinbach/Johannes Tuchel (Hrsg.), Widerstand gegen den Nationalsozialismus. Bonn: Bundeszentrale für Politische Bildung 1994

Peter Normann Waage, Es lebe die Freiheit. Traute Lafrenz und die Weiße Rose. Stuttgart: Verlag Urachhaus 2012

Ernst Piper, Geschichte des Nationalsozialismus von den Anfängen bis heute. Bonn: Bundeszentrale für Politische Bildung 2018

Inge Scholl, Die Weiße Rose, erweiterte Neuausgabe. Frankfurt am Main: Fischer Taschenbuch Verlag 2009

Dietmar Süß, Die deutsche Gesellschaft im Dritten Reich. München: Verlag C.H.Beck 2017

Johannes Tuchel, Neues von der «Weißen Rose»? Kritische Überlegungen zu «Detlef Bald: Die Weiße Rose. Von der Front in den Widerstand». Berlin: Otto-Suhr-Institut für Politikwissenschaft 2003

Hermann Vinke, Das kurze Leben der Sophie Scholl. Ravensburg: Ravensburger Taschenbuch 1997

Ders., Fritz Hartnagel. Der Freund von Sophie Scholl. Zürich/Hamburg: Arche Verlag 2005

Edwin Ernst Weber, Sophie Scholl und das weibliche Reichsarbeitsdienstlager Krauchenwies, in: Zeitschrift für Hohenzollerische Geschichte 34 (1998)

Sönke Zankel, Mit Flugblättern gegen Hitler. Der Widerstandskreis um Hans Scholl und Alexander Schmorell. Köln, Weimar, Wien: Böhlau Verlag 2008

Robert M. Zoske, Flamme sein! Hans Scholl und die Weiße Rose. München: Verlag C.H.Beck 2018

Bildnachweis

Hermann Vinke: Hoffentlich schreibst Du recht bald. Sophie Scholl und Fritz Hartnagel. Eine Freundschaft 1937–1943, Ravensburg 2006: S. 15, 167
Stadtarchiv Crailsheim/Slg. Hartnagel: S. 27, 34, 37, 48, 84, 89, 126, 143, 157, 173, 187, 268
Christine Hikel: Sophies Schwester. Inge Scholl und die Weiße Rose, München 2013: S. 71, 117
Institut für Zeitgeschichte, München: S. 100 (IfZArch, ED 474, Bd. 69), 119, (IfZArch, ED 474, Bd. 83_I), 178 (IfZArch, ED 474, Bd. 83_II), 296 (IfZArch, ED 474, Bd. 3)
Familie Hartnagel: S. 107, 112, 129, 161, 189, 196, 272
HfG-Archiv/Aicher-Archiv Ulm, Abdruck mit freundlicher Genehmigung von Florian Aicher: S. 155
Familie Schmorell: S. 220
SZ Photo/Süddeutsche Zeitung Photo: S. 225
Universitätsarchiv München (UAM), Studentenkartei II (Christoph Probst): S. 235
George (Jürgen) Wittenstein / akg-images: S. 239, 240, 245
ullstein bild: S. 244

Personenregister

Aus dem Verlagsprogramm

Zeugnisse aus dem Widerstand

Dietrich Bonhoeffer / Maria von Wedemeyer

Brautbriefe Zelle 92
1943–1945

Herausgegeben von Ruth-Alice von Bismarck und Ulrich Kabitz
Mit einem Nachwort von Eberhard Bethge

7. Auflage. 2016. 308 Seiten mit 30 Abbildungen. Paperback

Helmuth James und Freya von Moltke

Abschiedsbriefe Gefängnis Tegel
September 1944–Januar 1945

Herausgegeben von Helmuth Caspar von Moltke und Ulrike von Moltke

3. Auflage. 2011. 608 Seiten mit 13 Abbildungen und 3 Faksimiles. Leinen

Freya von Moltke

Erinnerungen an Kreisau
1930–1945

3. Auflage. 2016. 139 Seiten mit 20 Abbildungen. Paperback

Joy und Günther Weisenborn

Liebe in Zeiten des Hochverrats
Tagebücher und Briefe aus dem Gefängnis 1942–1945

2017. 298 Seiten mit 32 Abbildungen. Gebunden

Gott will Taten sehen
Christlicher Widerstand gegen Hitler

Ein Lesebuch mit Originaltexten
Ausgewählt, eingeleitet und kommentiert
von Margot Käßmann und Anke Silomon

2013. 479 Seiten mit 48 Abbildungen. Gebunden

C.H.Beck